MENSCH UND RAUM

GEO GRAPHIE

HAUPTSCHULE 7–9
SCHLESWIG-HOLSTEIN

Herausgegeben von
Peter Fischer und Bernd Walther
bearbeitet von
Dietrich von Horn und Richard Thumerer

mit Beiträgen von
Peter Fischer, Dr. Wolfgang Fregien, Erich Geyer, Bernhard Grota,
Hildegard Hugo, Ulrich Jäger, Uwe Jansen, Rainer Koch,
Lutz Lennardt, Edgar Reinert, Agathe Schüren, Bernd Walther

in Zusammenarbeit mit der Verlagsredaktion

Projekt
Seiten mit diesem Zeichen zeigen, wie ihr etwas gemeinsam tun könnt, zum Beispiel eine Erkundung durchführen oder eine Wandzeitung herstellen.

 Wissenswertes
Seiten mit diesem Zeichen stellen dir ein Thema vor, mit dem du dein Wissen erweitern kannst. Das Thema bezieht sich auf das Kapitel.

 **Erkunden und Erarbeiten**
Seiten mit diesem Zeichen stellen geographische Arbeitsmethoden und Hilfsmittel vor. Anleitungen und Aufgaben helfen dir beim Kennenlernen und Üben.

 Rätsel und Spiele
Bei Seiten, die mit diesem Zeichen markiert sind, kannst du dich selbst testen oder deinen Nachbarn. Ihr könnt diese Seiten auch in der Gruppe bearbeiten.

Inv.-Nr. 06/A 40222

Redaktion: Otto Berger
Technische Umsetzung: Bernd Schirok
Kartographie und Graphik: Volkhard Binder, Hannover;
Franz-Josef Domke, Hannover;
Dieter Stade, Hemmingen

1. Auflage ✔
Druck 4 3 2 1   Jahr 01 2000 99 98

Alle Drucke dieser Auflage können im Unterricht nebeneinander verwendet werden.

© 1998 Cornelsen Verlag, Berlin
Das Werk und seine Teile sind urheberrechtlich geschützt. Jede Verwertung in anderen als den gesetzlich zugelassenen Fällen bedarf deshalb der vorherigen schriftlichen Einwilligung des Verlages.

Druck: Cornelsen Druck, Berlin

ISBN 3-464-08191-5

Bestellnummer 81915

 gedruckt auf säurefreiem Papier, umweltschonend hergestellt aus chlorfrei gebleichten Faserstoffen

Inhaltsverzeichnis

Fés in Marokko

Der Orient:
Machtfaktoren Wasser und Erdöl 6/7

Der große Wüstengürtel der Erde 8
Islamische Lebensformen 11
  1. Mohammed, Koran und Gebet 11
  2. Auf dem Weg zum Gottesstaat 13
  3. Die Rolle der Frau im Islam 15
  4. Die orientalische Stadt 16
Trockenräume und Bewässerung 17
  1. Lebenselement Wasser:
    In einer Oase 17
  2. Der Assuan-Hochstaudamm 18
Projekt:
Bodenversalzung 19
Entwicklung durch Erdöl und Erdgas 20
  1. Erdöl vom Golf 20
  2. Abu Dhabi – Reichtum durch Erdöl 22
  3. Trinkwasser aus Meerwasser 24

Unterschiedliche Interessen im
Nahen Osten 26
  1. Israel und seine Nachbarn 26
Projekt:
Jerusalem 27
  2. Konflikt um Wasser –
    das Südostanatolien-Projekt 28
  3. Erdöl und Umwelt 30
  4. Konflikte um Erdöl 31

Wie viele
Menschen trägt die Erde 32/33

Die Tropen 34
  1. Das Märchen von der Fruchtbarkeit 34
  2. Folgen der Zerstörung
    des tropischen Regenwaldes 36
Afrika: Muss Hunger sein? 38
In der Sahelzone: Kampf gegen die Wüste 40
Methode:
Wir werten ein Klimadiagramm aus 43
Einheimische und europäische
Produktionsformen 44
  1. Brandrodungsfeldbau bei den Bantu 44
  2. Plantage und Marktwirtschaft 45
Afrikas Bodenschätze für die Weltwirtschaft 46
Brasilien – Schlüsselland in Lateinamerika 48
Mexiko – ein Industrieland? 50
Hoffnung auf ein besseres Leben in Städten 52
1492–1992: Fünfhundert Jahre Europäer
in Lateinamerika 54
Methode:
Fächerübergreifendes Arbeiten:
Beispiel Guatemala 56

Weltmacht USA 58/59

Eine Nation mit vielen Gesichtern 60
  1. Erschließung und Besiedlung 60
  2. Probleme der Minderheiten 62
Hoch industrialisierte Landwirtschaft 64
  1. Anbauzonen und ihr Wandel 64
  2. Von der Ranch zum Agrobusiness 65
  3. Kalifornien – Commercial farming 66
  4. Grundlagen der Landwirtschaft 67
Alte und neue Industrieräume 68
  1. Der Manufacturing Belt 68

Verladestation für Getreide

2. Im Sunbelt	70
3. Wandel zur Dienstleistungsgesellschaft	72
Methode: Auswerten von Karten	74
American Way of Life	76
Wissenswertes: Land der Riesenstädte	78
New York – Schmelztiegel der Nationen?	80
Projekt: Weltmacht USA	82

Russland: Kernstaat der GUS   **84/85**

GUS – die Gemeinschaft Unabhängiger Staaten	86
Das Landklima	88
1. Sibirische Kälte nur im Winter	88
2. Tundra-Taiga-Mischwald-Steppe	90
Erschließungsprobleme eines Kontinentalraumes	92
1. Schwierige Bedingungen in Sibirien	92
2. Westsibirien – Bodenschätze unter Eis und Schnee	94
3. Erdgas aus Sibirien	96
Wirtschaft im Umbruch	98
1. Von der Planwirtschaft zur Marktwirtschaft	98
2. Leben in Moskau	100
3. Aus Kolchosbauern werden Fermer	102
4. Vom Kombinat zur Aktiengesellschaft	104
Zerstörung natürlicher Lebensgrundlagen	106
1. Umweltprobleme	106
2. Raubbau an der Taiga	107
Russland und seine Nachbarn – von Europa bis Asien	108
Rätsel und Spiele: Die vielen Gesichter der GUS	110

Indien und China – zwischen Tradition und Moderne   **112/113**

Indien: Traditionelle Gesellschaftsordnung	114
1. Kasten und heilige Kühe	114
2. Das Los der indischen Frauen	116
3. Die indische Landwirtschaft	118
4. Land-Stadt-Wanderungen	120
China: Aufbruch zur Marktwirtschaft	122
1. Das Leben auf dem Dorf	122
2. Leistungsstarke Landwirtschaft	124
3. Auf dem Weg zur Industriemacht	125
4. Die „geöffneten Küstengebiete" – Schaufenster des neuen Chinas	127
Bevölkerungswachstum und Bevölkerungsplanung in Indien und China	128
1. Warum in Indien so viele Familien so viele Kinder haben	128
2. Der chinesische Weg in der Bevölkerungspolitik	129
Methode: Arbeiten mit Tabellen und Diagrammen	130
Methode: Anfertigen von Kartenskizzen	132
Wissenswertes: Die lautlose Explosion der Weltbevölkerung	133

Eine Welt oder viele Welten?   **134/135**

1. Hunger – Weltproblem Nr. 1	134
2. Teufelskreis der Armut	136
Eine Welt, zwei, drei, vier, fünf Welten?	138
Eine Welt: Zehn Kulturerdteile	140

Der Pazifikraum: Motor der Weltwirtschaft? 142/143

🏠 Projekt:
Vorstellungen von Japan 144
Japan: Industriegigant und Welthandelsmacht 146
  1. Rohstoffzwerg und Handelsriese 146
  2. Ursachen des Erfolges 148
  3. Raum- und Umweltprobleme 149
Dynamische Wachstumsländer im Wandel 152
  1. Hongkong und Taiwan 152
  2. Die Tiger stellen sich vor 153
Neue Wirtschaftsgemeinschaften
im Pazifikraum 154
  1. ASEAN 154
  2. NAFTA 154
  3. APEC 155

Europa – ein Kontinent wächst zusammen 156/157

Europa: Unterschiede und Gemeinsamkeiten 158
  1. Was Jugendliche über Europa denken 158
  2. Kulturelle Vielfalt und Einheit 159
Europa ohne Grenzen 160
Industrieräume im Wandel:
  Arbeitsplätze verändern sich 162
  1. Von der Industrie-
    zur Dienstleistungsgesellschaft 162
  2. Strukturwandel in Bochum 164
  🌍 Wissenswertes:
  Von der industriellen
  zur technologischen Revolution 166
Armut und Reichtum
in der Europäischen Union 168
Die Erweiterung der EU nach Osten 170

Der Mensch beeinflusst seinen Lebensraum 172/173

Lebensgrundlage Wasser 174
Lebensgrundlage Luft 176
🏠 Projekt:
  Das Ozonloch 177
Waldschäden in Europa 178
Energie – Grundlage unseres Wohlstandes 180
Traditionelle Energien 182
Ausstieg aus der Kernenergie? 184
Alternative Energieträger 186
  1. Wasserkraft 186
  2. Windenergie 187

Kuala Lumpur

  3. Sonnenenergie 188
  4. Erdwärme 188
  5. Energieträger Wasserstoff 189
  6. Energie aus Biomasse 190
🏠 Projekt: Unsere Schule
spart Heizenergie und Strom 191

Ökosystem Weltmeer 192/193

Weltmeere und Kontinente 194
Nahrung und Rohstoffe aus dem Meer 196
  1. Fisch – ein Grundnahrungsmittel 196
  2. Drohende Überfischung 198
Die Gefährdung der Meere 199
  1. Verschmutzung durch Öl 199
  2. Belastungen des Ökosystems durch
    Nähr- und Schadstoffe 200
  3. Die Ostsee – ein sterbendes Meer? 201
Die Bedeutung des Meeres für das Klima 202
  1. Wassermassen und Meeresströmungen 202
  2. Treibhauseffekt und
    Meeresspiegelanstieg 204

Register 206
Bildquellen 208

6.1 Teichbelüftung in einer Oase

6.2 Grenze zwischen Israel und Jordanien

Alle Länder Nordafrikas und des Nahen Ostens leiden an Wassermangel. Die Grundwasservorräte nehmen ab, während die Bevölkerung wächst. Verschiedene Staaten nutzen das Wasser von Nil, Jordan, Euphrat und Tigris. Einige Politiker haben bereits laut über die Möglichkeit eines Krieges um Wasser nachgedacht.

Der Orient: Machtfaktoren Wasser und Erdöl

7.1 Ölförderung in der Wüste

Zwei Drittel der weltweiten Ölreserven liegen im Nahen Osten. Saudi-Arabien ist der größte Erdölproduzent der Welt. Alle Länder sind auf Erdöl angewiesen. Erdöl ist einer der wichtigsten Rohstoffe der Welt. Zwischen Iran und Irak sowie zwischen Irak und Kuwait gab es einen Krieg um die Ölquellen am Golf.

Der große Wüstengürtel der Erde

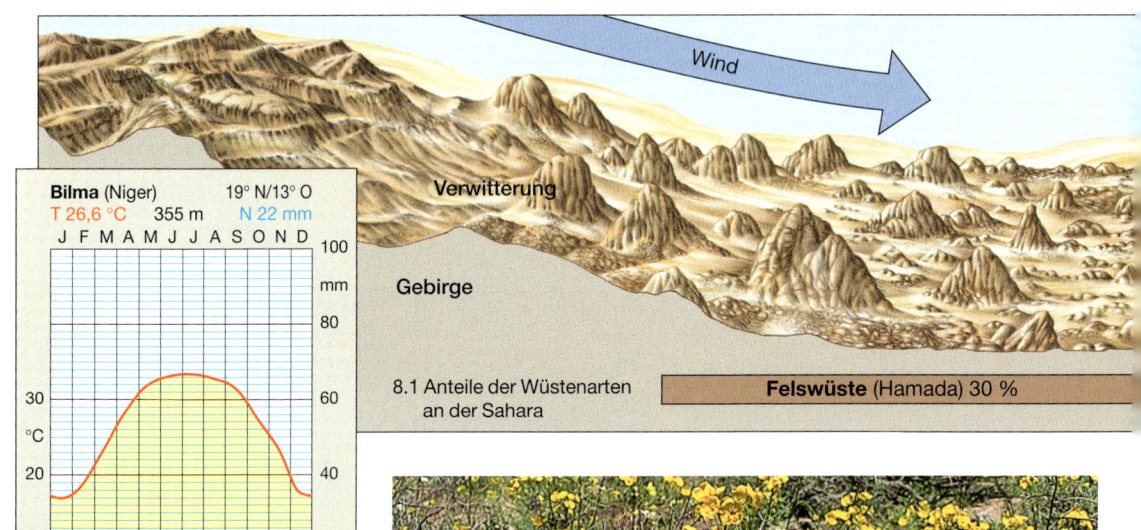

Wind

Verwitterung

Gebirge

Bilma (Niger) 19° N/13° O
T 26,6 °C 355 m N 22 mm

8.1 Anteile der Wüstenarten an der Sahara

Felswüste (Hamada) 30 %

1. Temperaturunterschiede, Wasser und Wind „formen die Wüste". Erkläre diese Aussage mit deinen eigenen Worten.

1. Versuch: Du brauchst trockenen Sand und einen starken Föhn. Schütte den Sand auf ein größeres Blatt Papier. Blase aus einem Winkel von etwa 30° den Sand an. Beobachte die Größe und Verteilung der Sandkörner. Leite daraus die unterschiedlichen Arten der Wüsten ab und ordne sie der oberen Bilderleiste zu.

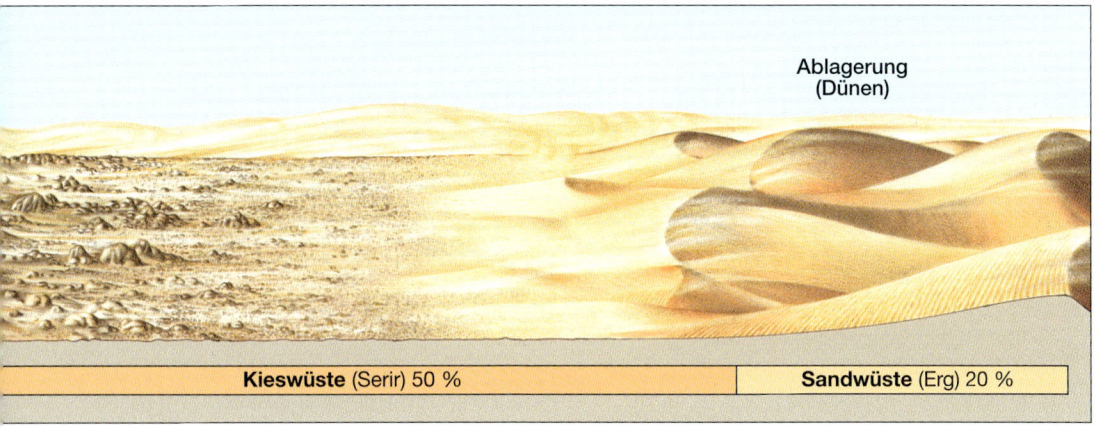

Kieswüste (Serir) 50 % | **Sandwüste** (Erg) 20 %

Ablagerung (Dünen)

In großen Teilen der Erde fällt in den Bereichen der Wendekreise nördlich und südlich des Äquators kaum Regen. Da die Verdunstung dort sehr hoch ist, bleibt der Boden trocken. Diese Gebiete sind Wüsten. Trotz der Trockenheit wachsen aber einige Pflanzen. Deren Samen, Knollen oder Zwiebeln ruhen im Boden bis einer der seltenen Regenfälle eintritt. Meist aber scheint die Sonne. Dabei wird das Gestein noch heißer als die Luft. Im Sommer erhitzt es sich auf über 70 °C und dehnt sich aus. Nachts wird die gespeicherte Wärme ungehindert wieder abgestrahlt. Das Gestein kühlt auf etwa 20 °C ab und zieht sich wieder zusammen. Dabei entstehen Risse. Felsbrocken werden abgesprengt. Am Fuß von Gebirgen oder von Bergländern breiten sich oft riesige Flächen mit Gesteinsschutt aus.

Den hohen Sommertemperaturen können auffallend niedrige Wintertemperaturen gegenüberstehen: In der Libyschen Wüste fällt das Thermometer im Januar nachts manchmal auf –5 °C.

2. Versuch: Du kannst eine Wüstenpflanze zum Blühen bringen. Besorge dir im Blumenmarkt eine „Rose von Jericho". Lege sie in eine Schale und gieße warmes Wasser darüber. – Die aus den Wüsten Afrikas und Vorderasiens stammende Pflanze verschließt sich in Dürrezeiten zu einem ballähnlichen Büschel, die Wurzeln sterben ab. Die Pflanze löst sich vom Boden und wird vom Wind oft hunderte von Kilometern durch die Wüste gerollt. Kommt sie mit Wasser in Berührung, dreht sie ihre Wurzeln zur Erde und erwacht zu neuem Leben.

10.1 Sanddünenwüste in der Sahara

Wusstest du, dass
- die Wüsten weltweit eine Fläche von 14 Mio. km² einnehmen, was beinahe der vierzigfachen Fläche Deutschlands entspricht?
- man in der Wüste ertrinken kann, wenn plötzlich Regen ein Wadi (Trockental) in einen reißenden Strom verwandelt?
- durch Stürme der Wüstenstaub bis zu 10 000 Meter hoch in die Atmosphäre gewirbelt werden kann und sich dann über die gesamte Erde verteilt?
- der Temperaturunterschied zwischen Tag und Nacht in der Wüste bis zu 50 °C betragen kann?
- die Temperaturen in Gesteinen bis zu 80 °C schwanken können und dadurch die Gesteine zerbrechen?
- die Kamele tellerartige Hufe haben, damit sie im Wüstensand nicht einsinken?

1. Ordne die Wüstengebiete der Erde den Ziffern zu (Abb. 10.2 und Atlas).

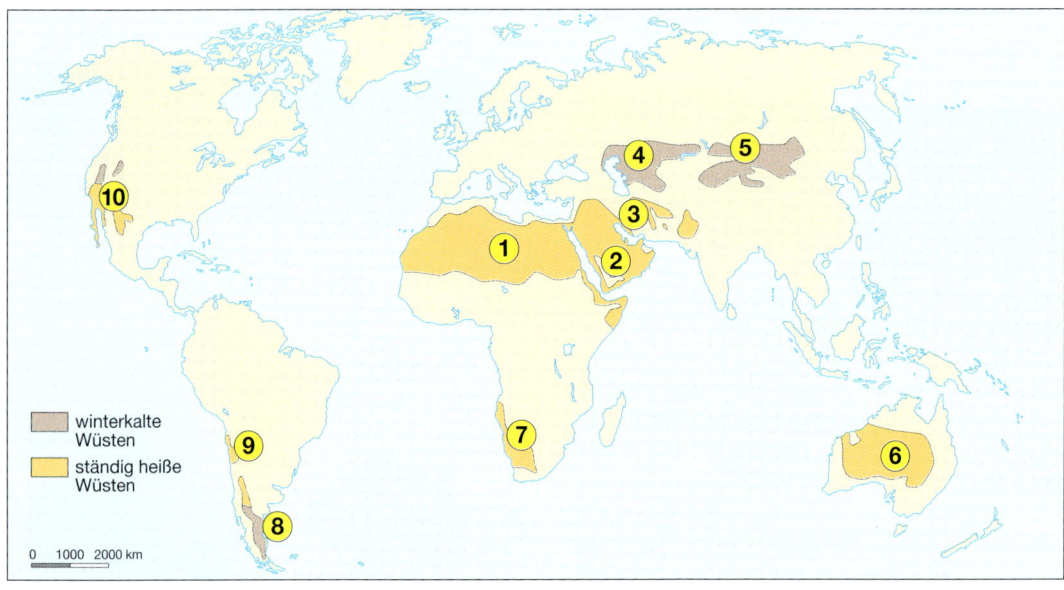

10.2 Die Wüsten der Erde

Islamische Lebensformen

1. Mohammed, Koran und Gebet

Mohammed, der Prophet

Mohammed wurde um 570 n. Chr. in Mekka geboren. Schon in seiner Jugend beschäftigte er sich mit religiösen Fragen. Die Kaufleute in Mekka verspotteten ihn, weil er eine gerechte Behandlung für alle Menschen forderte. Schließlich zwangen sie ihn Mekka zu verlassen. 622 n. Chr. wanderte er mit seinen Anhängern nach Medina aus und baute dort eine neue Gemeinde auf. Religiöse Gesetze und Regeln bestimmten das Zusammenleben der Menschen. Das Jahr 622 ist der Beginn der islamischen Zeitrechnung. Als Mohammed im Jahr 632 starb, war seine Lehre bereits auf der Arabischen Halbinsel verbreitet.

Der Koran

Der Koran, das „Vorzutragende", ist das heilige Buch des Islam. Islam heißt „Ich ergebe mich". Im Koran sind die Offenbarungen Allahs in 114 Suren (Abschnitten) niedergeschrieben, die Mohammed durch den Engel Gabriel empfing. Mohammed ist danach in einer Reihe von Propheten der letzte, der Gottes Gesetze verkündete. Daher gibt nach islamischer Auffassung der Koran die endgültige Wahrheit wieder. Er enthält Gebete, Anweisungen als Lebenshilfen für den Alltag und die Rechtsprechung. Der Koran ist in arabischer Sprache geschrieben und wird heute von 1,2 Milliarden Muslimen beachtet.

11.1 Betende in einer Moschee

Vor uns hält ein Lkw. Der Fahrer dreht Körper und Gesicht nach Osten und verrichtet, mal stehend, mal auf Knien, das Gebet. Später sehen wir in einem Dorf mit einem großen schwarzen Würfel bemalte Wände. Achmed, unser Reiseführer, erklärt: „Da wohnt ein Haddsch, jemand, der an der Pilgerfahrt nach Mekka teilgenommen hat." Er springt aus dem parkenden Bus und drückt einem alten Mann ein paar Münzen in die Hand.

Ein paar Tage später sitzen wir auf Gebetsteppichen in einer Moschee. Die Moschee ist ein Versammlungshaus. Hier kann sich der Muslim entspannen, nachdenken, mit Freunden sprechen und beten. In der Mitte beten die Männer, in einem Nebenraum die Frauen. Sie tragen Kopftücher, wie ihre Religion es vorschreibt. Wenn die Betenden sich Richtung Gebetsnische, dem Mihrab, verneigen, blicken sie Richtung Mekka. Dort steht die Kaaba, das Hauptheiligtum des Islam. Neben der Gebetsnische befindet sich die Gebetskanzel (Minbar). Von dort spricht der Vorbeter, der Imam, zu religiösen und politischen Fragen.

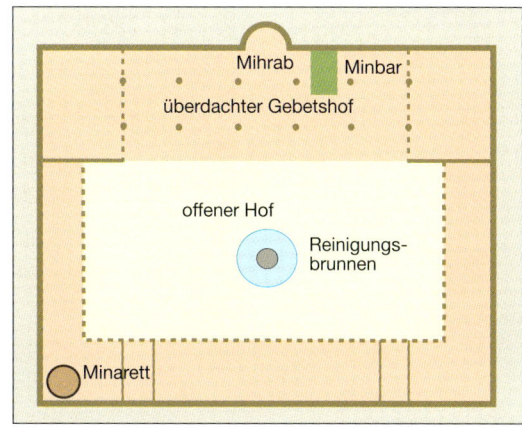

11.2 Grundriss einer Moschee

Die fünf Säulen des Islam

Die erste Säule ist das **Glaubensbekenntnis**: „Es gibt keinen Gott außer Allah und Mohammed ist sein Prophet." Der Gebetsrufer, der Muezzin, singt es vom Moscheeturm (Minarett) oder spielt ein Tonband ab. Es beginnt mit „Allah-u akbar" (Allah ist der Größte) und endet mit „La ilaha illallah" (Es gibt keinen Gott außer Allah).

Die zweite Säule sind die täglichen **fünf Pflichtgebete**. Zu bestimmten Tageszeiten erklingt in der gesamten islamischen Welt der Ruf des Muezzins vom Minarett. Dann unterbrechen die gläubigen Muslime ihre Arbeit. Auch die Geschäfte sind während der Zeit des Gebetes geschlossen. Bevor der Gläubige mit dem Gebet beginnt, wäscht er seine Hände mit Wasser oder Sand, zieht die Schuhe aus und schaut in die Richtung, in der Mekka liegt. Dann verneigt er sich und betet.

Die dritte Säule sind die **Almosen für die Armen**, eine Art religiöser Steuer. Muslime zahlen 2,5 bis 10 Prozent ihres Einkommens an die Gemeinschaft der Gläubigen. Für viele islamische Staaten ist dies die wichtigste Einnahmequelle. Die Reichen geben den Armen, Kranken und Leidenden etwas ab; meistens bekommen sie ein kleines Geldgeschenk.

Die vierte Säule ist das Fasten im **Ramadan**, das nach dem islamischen Kalender im neunten Monat des Mondjahres stattfindet. Daher verschiebt sich die Fastenzeit jedes Jahr um 10 bis 13 Tage. Liegt der Ramadan in den heißen Sommermonaten, ist das Fasten besonders belastend. In der Fastenzeit dürfen Muslime zwischen Sonnenaufgang und Sonnenuntergang weder rauchen, noch essen noch trinken. Vom Fastengebot sind Kranke, Kinder, Alte, Reisende, schwangere und stillende Frauen, aber auch körperlich schwer Arbeitende ausgenommen.

Die fünfte Säule ist die **Wallfahrt nach Mekka** zur Kaaba. Jeder Gläubige soll mindestens einmal in seinem Leben zur Stadt des Propheten pilgern. Heute ist die Pilgerfahrt nach Mekka meist eine Flugreise. Nach der Pilgerfahrt hat man das Recht den Ehrentitel Haddsch zu führen. An der Pilgerfahrt nehmen jedes Jahr mehr als eine Million Gläubige aus aller Welt teil.

1. Beschreibe den Bauplan einer Moschee.
2. Erkläre die Begriffe Imam, Islam, Koran, Sure, Minarett, Moschee, Muezzin, Muslim und Ramadan.
3. Nenne die „Fünf Säulen des Islams" und beschreibe sie.

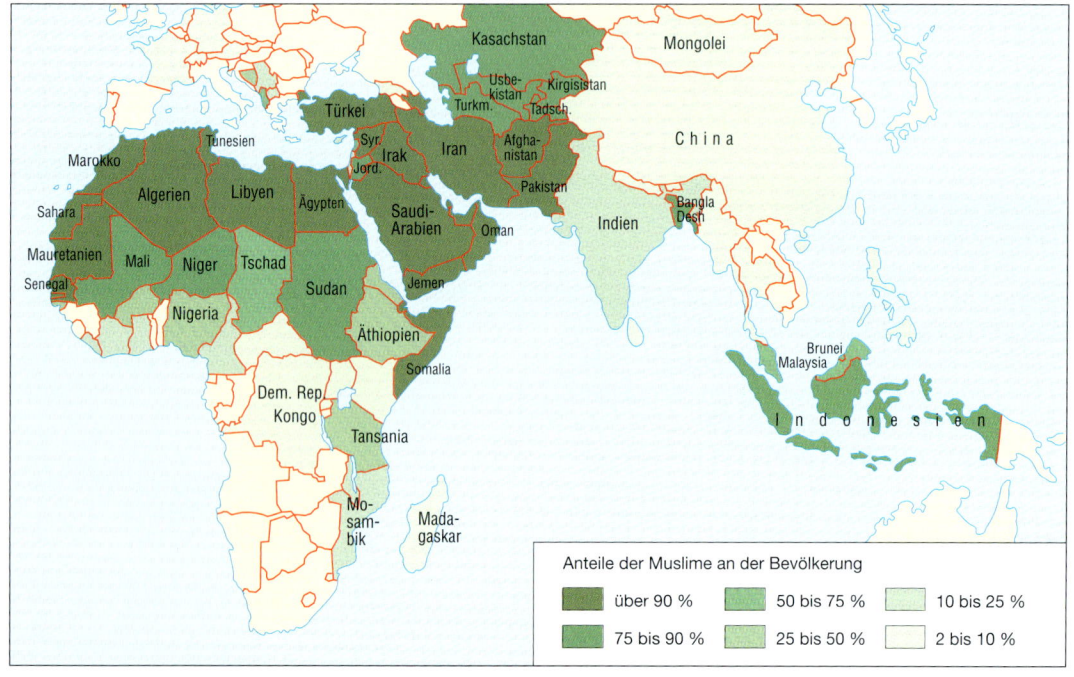

12.1 Die Verbreitung des Islam

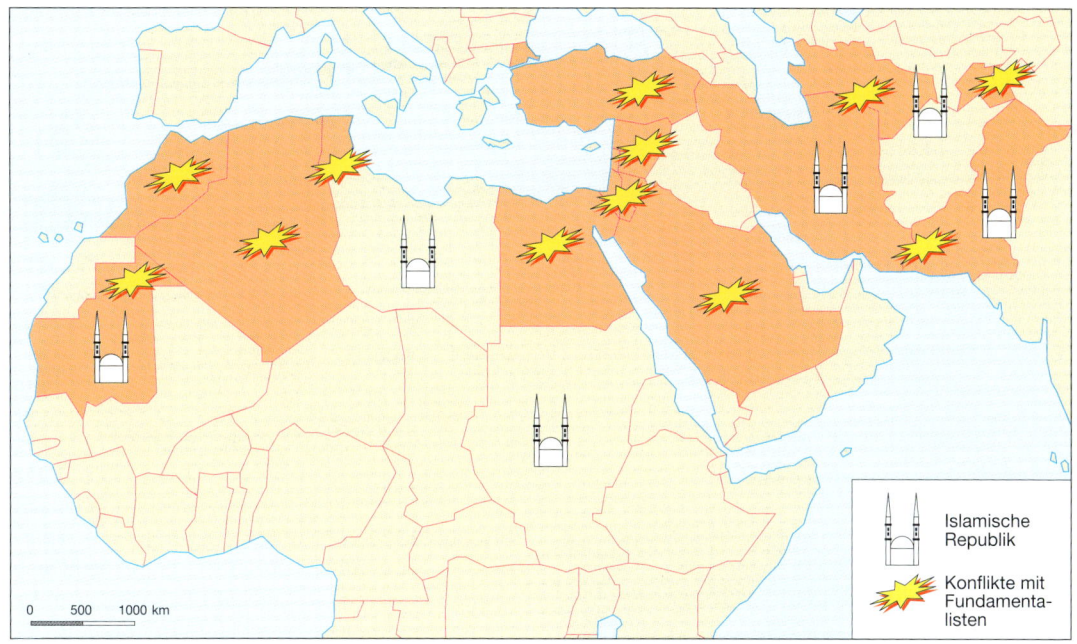

13.1 Islamische Republiken und Staaten, die Konflikte mit islamischen Fundamentalisten haben

2. Auf dem Weg zum Gottesstaat

Muslime, die die alten, einmal festgelegten Regeln verteidigen und alles Neue bekämpfen, werden als Fundamentalisten bezeichnet. Die islamischen Fundamentalisten sind gegen einen Staat nach westlichem Vorbild. Sie lehnen die westliche Lebensweise ab. Sie fordern, dass jeder die Koranvorschriften befolgt und dass die Gottesgelehrten die Herrschaft übernehmen.

Sie begründen ihre Forderung so:
"Die Menschheit steht heute vor dem Abgrund. Sie wendet sich von Gott ab und jeder denkt nur noch an sich selbst. Dieser Verfall der Werte ist besonders im Westen ausgeprägt. Die demokratische Staatsform in den westliche Ländern hat gezeigt, dass sie den Menschen nicht hilft. Sie ist ungerecht. Die westliche Welt ist für uns kein Vorbild mehr. Die Menschheit benötigt daher eine neue Führung. Der Koran ist eine Mahnung für die ganze Welt.

Nur der Islam, und alleine er, besitzt die Kraft das Leben wieder neu zu gestalten. Er zeigt den richtigen Lebensweg auf. Deshalb muss der Islam in dieser Zeit des Umbruchs und der Unruhe die Weltführung übernehmen. Die islamische Umma, die Gemeinschaft aller Muslime auf Erden, muss erneut ins Leben gerufen werden."

13.2 Dorfmoschee

*Im Namen Allahs, des Barmherzigen!
Lob und Preis Allah, dem Herrn aller Weltbewohner,
Dem gnädigen Allerbarmer, der am Tage des Gerichts herrscht.
Dir allein wollen wir dienen,
Und zu dir allein flehen wir um Beistand.
Du führe uns auf den rechten Weg,
Den Weg derer, die deiner Gnade sich freuen –
Und nicht den Pfad jener, über die du zürnst
Oder die in die Irre gehen.*

Al-Fatiha (Eröffnungssure des Korans)

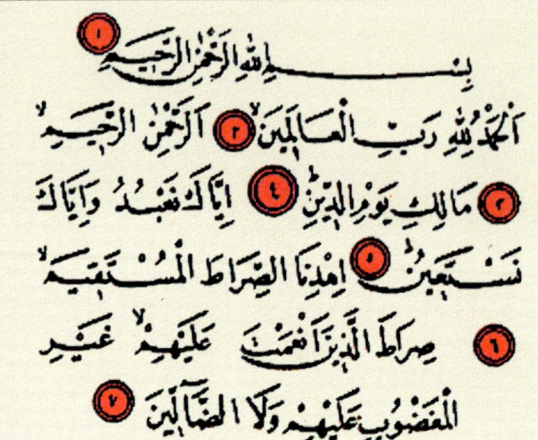

14.1 Das Glaubensbekenntnis im Islam

14.2 Kinder in der Koranschule

14.3 Frauen unter dem Schleier

Wie ein Gottesstaat aussehen soll

Die Gemeinschaft aller Muslime ist von Allah festgelegt. Die Menschen befolgen seine Gesetze. Sie glauben an ihn und an seinen Propheten, der die Gesetze offenbarte. Mohammed war der erste, der die Gemeinschaft der Gläubigen leitete.

Die Gemeinschaft der Muslime kennt keine Staatsgrenzen mehr. Sie richtet sich nur nach dem islamischen Recht, das alle Bereiche des Lebens regelt. Im Mittelpunkt stehen die „Fünf Säulen des Islam". Für alle Muslime gilt ein Alkoholverbot. Banken dürfen keine Zinsen nehmen. Die Armensteuer soll einen Ausgleich zwischen Arm und Reich schaffen. Der Koran verbietet Verschwendung. Privateigentum ist erlaubt, jedoch müssen die Gläubigen es zum Wohl der Allgemeinheit einsetzen.

Warum die Fundamentalisten Zulauf haben

Die Fundamentalisten behaupten, die Industrialisierung aus dem Westen habe dem Volk geschadet. Die neue Umwelt mit den glitzernden Konsumgütern aus der westlichen Welt ist ihnen unheimlich, denn die Wirtschaft wächst viel langsamer als die Bevölkerung. Sie sehen den Wohlstand im Westen und vergleichen ihn mit ihrem Elend. Sie versprechen den Gläubigen, dass die Rückkehr zum Koran ihre Probleme lösen wird.

1. Nenne die „Islamischen Republiken".
2. Erläutere die Vorstellungen der islamischen Fundamentalisten von einem Gottesstaat.
3. Nenne einige Gründe, warum die islamischen Fundamentalisten gegen „den Westen" sind.

15.1 Innenhof der Cami-Moschee in Istanbul

3. Die Rolle der Frau im Islam

Im Koran steht, dass Allah Frauen und Männer als gleichwertige Wesen geschaffen hat. Dies gilt in erster Linie für die Gläubigen. Väter können aber ihre Töchter zur Heirat zwingen. Mit dem Ehevertrag verpflichtet sich der Mann für den Unterhalt der Familie zu sorgen. Als Gegenleistung muss die Frau ihm gehorsam sein. Er kann ihr daher verbieten das Haus zu verlassen. Jedoch hat der Mann auf das Vermögen der Frau, z. B. ihren Goldschmuck, keinen Zugriff. Der Mann kann die Ehe beenden, indem er seine Frau verstößt. Für die Frau ist es fast unmöglich sich scheiden zu lassen. Auch vor Gericht gilt die Zeugenaussage einer Frau nur halb so viel wie die eines Mannes.

Viele Frauen aus wohlhabenden Familien haben eine gute Schul- und Berufsausbildung. Sie sind selbstbewusst, weil sie Berufe ausüben, die früher nur den Männern vorbehalten waren. Muslime und Musliminnen, die sich genau an die Regeln des Korans halten, werfen ihnen vor, sie würden sich vom Islam abwenden. In Wirklichkeit bekennen sich gerade diese modernen, unabhängigen Frauen zum Islam.

1. Im Koran steht, dass Männer und Frauen gleichwertig sind. Stimmt das auch im Alltag?
2. In welchem Land liegt Luxor?
3. Was könnte in dem Museum ausgestellt sein?
4. Nenne Gründe, warum Nermin an ihrem Arbeitsplatz und auf der Straße immer ein Kopftuch trägt.

Das Kopftuch

Nermin ist Angestellte in einem Museum in Luxor. Sie ist 24 Jahre alt und stolz darauf im vergangenen Jahr das Studium als Museumspädagogin erfolgreich abgeschlossen zu haben. Nun arbeitet sie schon seit mehr als einem Jahr hier in Luxor. Neben Arabisch spricht sie fließend Englisch und Deutsch.

Deutsche Besucherinnen kommen mit ihr ins Gespräch. Es geht um Mode und Kleidung. Nermin sagt: „Als berufstätige Frau kleide ich mich gern nach islamischen Vorstellungen. Stets trage ich ein Kopftuch, das zu meiner Kleidung passt. Deshalb habe ich viele verschiedene ‚başötüsü'."

„Es ist doch nicht nur ein Kleidungsstück, das Sie tragen, weil es gerade „in" ist?", fragt eine junge Frau aus Düsseldorf. Nermin lacht. „Natürlich nicht. Damit besänftigen wir Frauen auch die strenggläubigen Muslime, die um die Familienehre fürchten und Frauen lieber im Hause sähen. Schauen Sie, Frauen sollen in der Öffentlichkeit zurückhaltend auftreten. Deshalb tragen wir ein schickes Kopftuch und Kleider oder Kostüme, die die Arme bis zum Handgelenk verhüllen.

Zu Hause trage ich manchmal Jeans und T-Shirt. Wissen Sie, die „Kleiderordnung" bei uns trennt zwischen Auftreten in der Öffentlichkeit und im Privatleben. Was bei Ihnen üblich ist, glaube ich, wäre für uns Frauen im Orient vielleicht gar nicht so gut. Ich glaube, dann müssten wir einen Teil der Freiheiten, die wir uns mühsam im Laufe der Zeit erkämpft haben, wieder abgeben."

16.1 In der Altstadt von Damaskus

4. Die orientalische Stadt

Die alten Städte des Orients sind gleich gebaut:
- **Sackgassen** sind das auffälligste Element des Stadtgrundrisses. Die engen Gassen spenden Schatten, hemmen den Wind und den Staub. Sie sind so breit, dass ein voll bepacktes Kamel gerade hindurch passt.
- Die **Große Moschee** (Freitagsmoschee) ist das religiöse und politische Zentrum. Im Mittelalter war die Moschee Tag und Nacht geöffnet und Zufluchtsort für Obdachlose und Kranke.
- Der **Basar** (Suq) ist das Handels- und Handwerkerviertel nahe der Großen Moschee. Die engen Gassen sind meist überdacht. Der Basar ist nach Branchen und Gewerben gegliedert. Feste Öffnungszeiten gibt es nicht. Nachts wird er verschlossen. In den Karawansereien (Khane) neben dem Basar betreiben Großhändler und Geldwechsler ihre Geschäfte.
- Die **Stadtmauer** ist mit wehrhaften Torbauten (Bab) versehen.
- Die **Innenhofhäuser** sind zur Gasse fensterlos.
- In der **Koranschule** (Medresse) wird, wie in der Moschee, gelehrt und gepredigt.
- Die **Zitadelle** (Burg; Kasba) ist Sitz der Machthaber (Sultan, Emir, Gouverneur).
- Die Bewohner der **Wohnquartiere** gehören entweder der gleichen Glaubensgemeinschaft an oder kommen aus dem gleichen Landstrich.

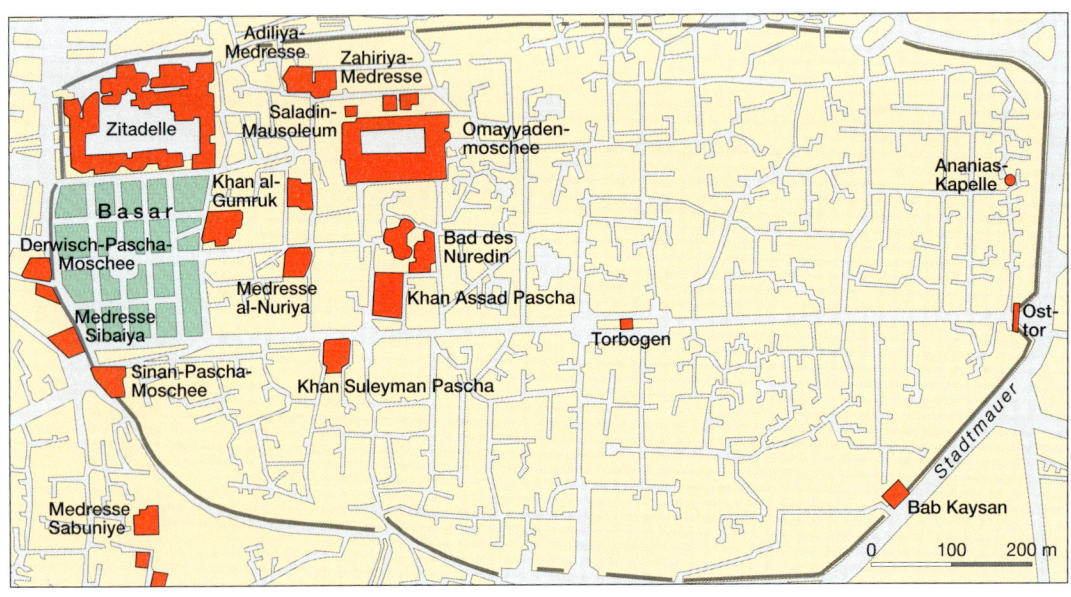

16.2 Plan der Altstadt von Damaskus

Trockenräume und Bewässerung

17.1 Stockwerkanbau

1. Lebenselement Wasser: In einer Oase

Nur an wenigen Stellen ist in der Wüste immer Wasser vorhanden: in den **Oasen**. Oase bedeutet „Raststelle". Man kann sich einen größeren Gegensatz kaum vorstellen als den zwischen einer trostlosen Wüste ohne jede Pflanze und einer Oase mit ihren grünen Dattelpalmen und sorgfältig bebauten Feldern. Wer tagelang der Einsamkeit und der unbarmherzigen Hitze der Wüste ausgesetzt war, freut sich auf Schatten und Kühle, auf das Grün der Bäume und Felder, auf das Gezwitscher der Vögel und das Plätschern des Wassers.

Das Wasser ist lebensnotwendig und kostbar. Es ist meist Grundwasser. Die Oasenbewohner wissen, dass sie es nicht verschwenden dürfen. Daher bewirtschaften sie die Oasen in drei Stockwerken: Im **„Erdgeschoss"** wachsen auf kleinen Beeten Gemüse (Tomaten, Bohnen, Erbsen, Möhren, Zwiebeln, Fenchel) sowie Gewürze und Tee. Im **„mittleren Stockwerk"** stehen Obstbäume (Oliven, Mandeln, Granatäpfel, Aprikosen und Zitrusfrüchte). Das **„Dachgeschoss"** bilden die Palmen. Als Schattenbäume schützen sie die unteren Kulturen und sie liefern Datteln, eine wirtschaftliche Grundlage der Oasenbauern.

Auf den Märkten in den Oasen tauschen seit vielen Jahrhunderten Oasenbewohner und Nomaden ihre Waren aus. Dieses traditionelle Leben ist gefährdet: „Seit die Nahrungsmittel anderswo preiswerter produziert werden, geht es mit uns bergab", klagt Hassan, ein Oasenbauer. „Es gibt nicht mehr genügend Arbeitsplätze. Und seit die jungen Leute von dem Leben in den Städten und von dem vielen Geld gehört haben, das sie auf den Ölfeldern verdienen können, laufen sie uns davon!"

Seit einigen Jahren sind viele Oasen bedroht, weil das Grundwasser knapp wird. Vermutlich haben die Tiefbrunnen bei den neu angelegten Oasen den Grundwasserspiegel im weiten Umkreis absinken lassen.

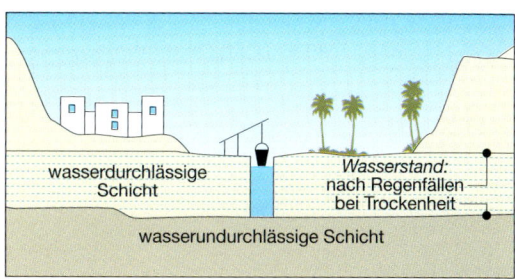

17.2 Wadi-Oase

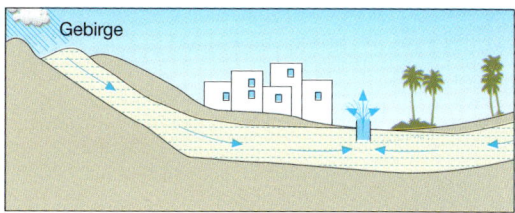

17.3 Oase mit artesischen Brunnen

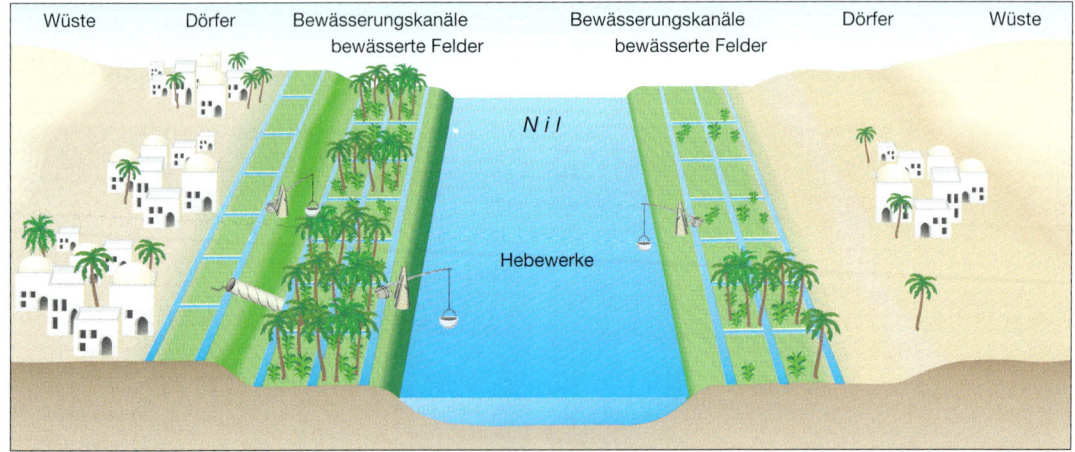

18.1 Querschnitt durch die Nil-Oase

2. Der Assuan-Hochstaudamm

Ägypten besteht fast ganz aus Wüste. Nur ein geringer Teil der Fläche ist landwirtschaftlich genutzt und besiedelt. Mit dem Wasser aus dem Nil entstand eine fruchtbare **Flussoase.** Die Methoden der Bewässerung wurden ständig verbessert. Doch um 1950 ließ sich die Ackerfläche nicht weiter ausdehnen, weil das Wasser fehlte. Die Bauern, die **Fellachen**, konnten die explosionsartig anwachsende Bevölkerung nicht mehr ernähren. Der Staat musste daher Getreide einführen.

Die Ägypter bauten den Hochstaudamm von Assuan um das Nilwasser zu speichern. Früher konnten die Fellachen nur einmal im Jahr ernten, dann wenn die Flutwelle des Nils den fruchtbaren Schlamm abgesetzt hatte. Nach der Fertigstellung 1971 konnten sie ihre Felder ganzjährig bewässern und zwei bis drei Ernten einbringen. Sie legten weitere Bewässerungsflächen in der Wüste an. Die Erntemengen von Zuckerrohr, Mais und Reis verdoppelten sich. Die in den Staudamm eingebauten Turbinen lieferten Strom für neue Industriebetriebe. Tausende von Menschen fanden Arbeit.

Doch unterhalb des Staudamms wurde der Nil ein anderer Fluss: Da seine Fließgeschwindigkeit höher ist als früher, gräbt er sich tiefer ein. Fundamente von Brücken werden unterspült. Im Stausee lagert sich der Schlamm ab und fehlt als Dünger auf den Feldern. Die Bodenversalzung nimmt zu.

1. Nenne Gründe für den Bau des Dammes.
2. Vergleiche die Vor- und Nachteile.
3. Soll man den Damm wieder abreißen?

18.2 Der Assuan-Hochdamm, Länge 2,6 km, Fassungsvermögen des Stausees 164 Mrd. m^3

Projekt
Bodenversalzung

Am Beispiel von Ägypten können wir sehen, dass es Probleme gibt, wenn eine Wüstenfläche durch intensive Bewässerung mit Brunnen- oder Flusswasser zu fruchtbarem Ackerland gemacht werden soll. Denn in diesen Trockengebieten führt eine künstliche Bewässerung häufig zu einer Versalzung des Bodens.

Wenn das auf die Felder geleitete Wasser in der großen Hitze völlig verdunstet, bleiben die im Wasser gelösten Salze als Salzkruste an der Bodenoberfläche zurück. Wissenschaftler sprechen von Salzanreicherungen im Bereich der Bodenoberfläche. Beim Assuanstaudamm hatte das zur Folge, dass ein Teil der neugewonnenen Ackerfläche schon bald darauf nicht mehr landwirtschaftlich genutzt werden konnte.

Die meisten Pflanzen können nur einen geringen Salzgehalt im Boden vertragen. Nimmt der Salzgehalt zu, sterben sie ab. Um dieses zu ver-

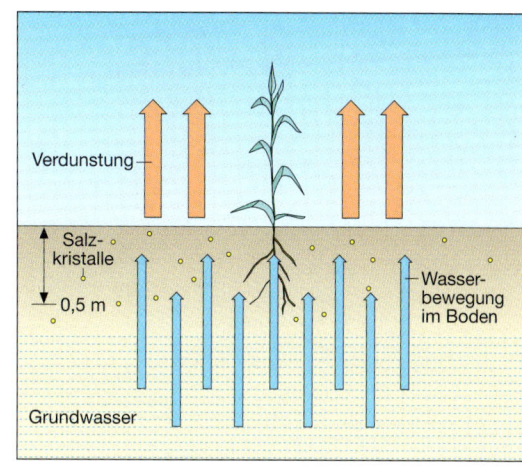

19.1 Schema der Bodenversalzung

meiden muss die Salzlösung durch noch mehr Wasser wieder verdünnt und abgeleitet werden. Dieses Wasser aber ist in Wüstengebieten sehr knapp und kostbar.

Die Ursache dieser **Bodenversalzung** wollen wir in einem Versuch näher untersuchen.

Dafür brauchen wir:
- drei flache Teller oder Glasschalen (Durchmesser ca. 15 cm)
- 150 g Blumenerde
- Salz
- eine Waage
- einen Messzylinder
- einen Teelöffel
- einen Folienschreiber

V e r s u c h s d u r c h f ü h r u n g

1. Zunächst müssen die Teller beschriftet werden:
   Teller 1: **Feucht mit Salz**   Versuchsbeginn, Name der Arbeitsgruppe
   Teller 2: **Trocken mit Salz**   Versuchsbeginn, Name der Arbeitsgruppe
   Teller 3: **Ohne Salz**   Versuchsbeginn, Name der Arbeitsgruppe
2. Gebt je 3 Teelöffel Salz auf den Boden der dafür vorgesehenen Teller.
3. Füllt 50 g Blumenerde auf alle drei Teller. Drückt die Erde fest auf den Boden.
4. Gießt bei Teller 1 und 3 so viel Wasser hinzu, dass die Erde feucht aussieht.
5. Stellt die Teller 2 und 3 auf die Heizung oder an einen anderen warmen Ort.
6. Nur der Teller 1 wird täglich gut bewässert.
7. Beschreibt nach drei Tagen, was ihr seht.

Entwicklung durch Erdöl und Erdgas

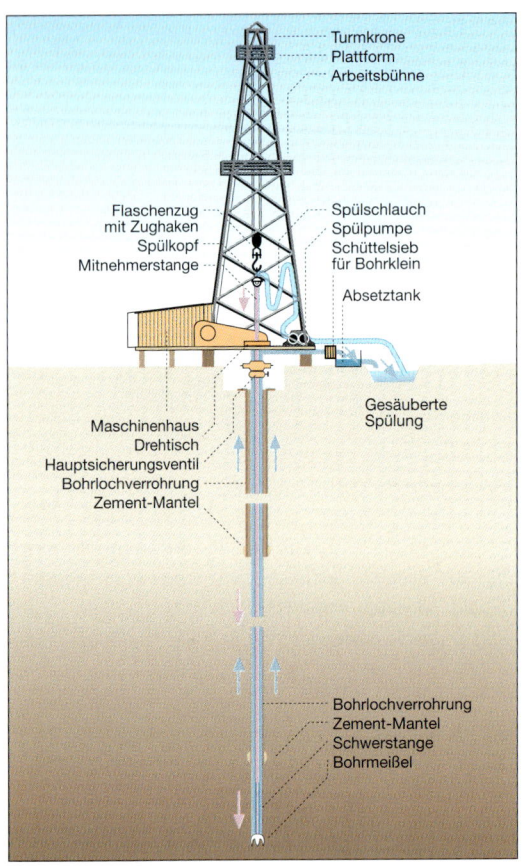

20.1 Bohrturm

1. Erdöl vom Golf

Erst seit knapp hundert Jahren bohrt man nach Erdöl. Das sichtbare Merkmal einer Bohrstelle ist der Bohrturm. Er besteht meist aus einer quadratischen Grundfläche von 10 x 10 m, ist 40 m hoch und wiegt 45 Tonnen. Zu der Bohrmannschaft gehören der Bohrmeister, die Bohrmonteure und die Bohrarbeiter. Bohrungen reichen bis zu einer Tiefe von 7500 m. Diese Arbeit erfolgt auch im Küstenbereich (Off-shore-Bohrung) oder auf dem Meer. Die Bohrinseln reichen mit ihren Füßen bis auf den Meeresgrund.

Angestellte der Ölkonzerne führen lange Untersuchungen durch und bereiten die Förderung von Erdöl vor. Zuerst überprüfen sie die Erdschichten nach möglichen Erdöllagerstätten. Anschließend werden Probebohrungen durchgeführt. Nur jede zehnte Bohrung ist fündig.

Bei manchen Bohrungen tritt das Öl durch den eigenen Überdruck in der Lagerstätte wie aus einer Quelle an die Erdoberfläche. Ist dieser Druck zu gering, muss man das Öl mit Pumpen fördern.

Auf dem Weg nach Deutschland oder in die anderen Industrieländer muss das Erdöl über weite Entfernungen transportiert werden. Auf dem Landweg wird es dabei im allgemeinen durch dicke Rohre gedrückt. Diese **Pipelines** können mehrere tausend Kilometer lang sein.

20.2 Ras Tanura – Tanklager im größten Erdölverladehafen der Welt

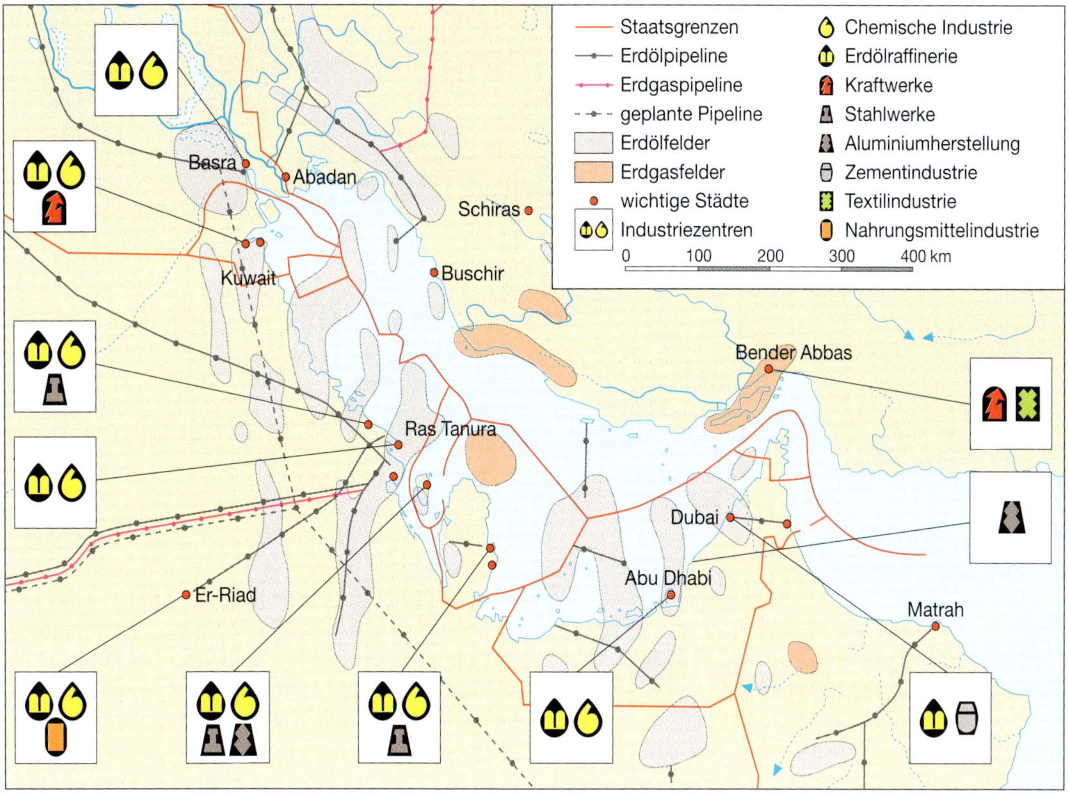

21.1 Wirtschaft am Golf

Rund die Hälfte des Erdöls wird auf dem Seeweg in **Tankschiffen** vom Förderland zum Verbraucherland gebracht. Manche dieser „Supertanker" sind über 400 m lang. Sie können bis zu 300 Millionen Liter Rohöl fassen, was einen Güterzug von 100 km Länge ergäbe. Diese Schiffe passen nicht mehr durch den Sueskanal, der das Rote Meer mit dem Mittelmeer verbindet. Damit hat der Sueskanal seine Bedeutung für die Ölversorgung Mitteleuropas verloren.

Die größten Erdölvorkommen der Welt haben die Staaten am Persischen Golf sowie Russland, Venezuela, Mexiko, die USA, Libyen, Nigeria und auch China.

1. „Der Reichtum der Golfstaaten kommt vom Öl." Erkläre diese Aussage.
2. Auf welchen Kontinenten liegen die großen Erdölvorkommen?
3. Suche im Atlas Staaten mit hohem Erdölverbrauch.
4. Warum war der Sueskanal für die Tankschifffahrt von großer Bedeutung?

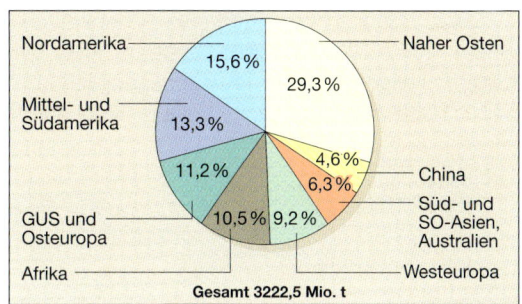

21.2 Erdölförderung (1995)

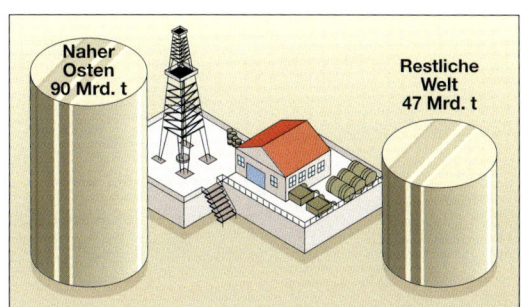

21.3 Erdölreserven

22.1 „Steht nicht so herum – geht einkaufen" (Karikatur aus Chicago Daily News 1980, verändert)

2. Abu Dhabi – Reichtum durch Erdöl

1960: An der Südküste des Persischen Golfes erstrecken sich die ehemaligen Seeräuberstaaten, die heutigen Emirate. Die Wüste und das Meer sind die Grenzen. Die Bevölkerung lebt isoliert und in Armut. Immer wieder kommt es zu Streitigkeiten zwischen den einzelnen Großfamilien. Die Menschen hoffen, dass auch sie eines Tages viel Erdöl verkaufen können.

Zwar wurde schon 1953 in Abu Dhabi Öl gefunden, nur 20 km vom Meer entfernt. Aber die Küste ist voller Riffe und daher unzugänglich. Immerhin hatte die Ölgesellschaft einen „Flughafen" herrichten lassen: einen ebenen Salzstreifen, markiert von zwei Reihen schwarzgestrichener Ölfässer. Es führte keine befestigte Straße in die Stadt.

Noch immer wohnen die 3300 Einwohner in Lehmhütten. Zwischen den Hütten kratzen dürre Hühner im Sand, Ziegen und Esel fressen Papierfetzen. Im Land wohnen auch Ausländer: 1000 Pakistanis, 650 Inder und 60 Weiße aus Amerika und Europa. Sie alle haben weder eine Strom- noch eine Wasserversorgung. In Abu Dhabi gibt es nur eine Schule und ein kleines Krankenhaus.

Ein großes Erdölfeld wurde zwar von einer ausländischen Gesellschaft erschlossen, aber noch hortet der Emir die Einkommen aus den Ölexporten.

22.2 Abu Dhabi 1960

Abu Dhabi (Stadt) Bevölkerungsentwicklung	
Jahr	Einwohner
1960	5 000
1965	7 000
1970	30 000
1975	141 000
1980	243 000
1985	350 000
1990	365 000
1995	370 000

Vereinigte Arabische Emirate (VAE): 1,5 Mio. Einw. (1995), davon drei Viertel Gastarbeiter; größte Gruppe: 180 000 asiatische Hausmädchen

23.1 Bauboom in Abu Dhabi

23.3 „Die Araber werden bequem"

1995: Vollklimatisierte Glaspaläste, Wolkenkratzer und riesige Einkaufszentren spiegeln den Reichtum wider. Abu Dhabi ist stark westlich geprägt, trotz der über 300 Moscheen. Die Stadt gehört zu den reichsten der Welt. Palmen säumen die breiten Straßen. Der Autoverkehr ist beängstigend: Taxis, die teuren europäischen und amerikanischen Autos der Einheimischen und die zahllosen japanischen Kleinwagen der asiatischen Gastarbeiter. Gärten mit Springbrunnen, Parks und Spazierwege haben Abu Dhabi den Beinamen „Gartenstadt des Golfs" eingebracht.

Der Aufbau begann nach 1970. Einheimische Arbeitskräfte aber fehlten. Deshalb mussten Ausländer geholt werden.

Viele Super-Hotels wurden gebaut. Sie waren nie richtig ausgelastet. Auf einer Sandbank vor der Stadt entstanden künstlich bewässerte Gemüsefelder, Treibhäuser und eine Baumschule. Doch schon am Stadtrand beginnen die Gegensätze: Kamele ziehen durch die Wüste und Nomaden übernachten in ihren Zelten.

Weil das Erdöl nur noch eine begrenzte Zeit reicht, wird eine eigene Industrie aufgebaut und für den Tourismus geworben.

1. Welche Veränderungen hat das Erdöl für Abu Dhabi gebracht?

2. Erläutere, warum der Export von Erdöl auf Dauer keine Garantie für Wohlstand gibt.

Erdölförderung im Emirat Abu Dhabi	
Jahr	Mio. t
1962	0,8
1965	13,5
1970	33,3
1975	64,6
1980	65,0
1985 (VAE)	58,2
1990 (VAE)	102,0
1995 (VAE)	107,9

Erdölreserven der VAE: 100 Mrd. barrel (1 barrel = 159 Liter). Zum Vergleich: Erdölimporte von Deutschland: 100,6 Mio. t (1995)

23.2 Abu Dhabi 1995 – eins der sieben Emirate (Scheichtümer der VAE)

3. Trinkwasser aus Meerwasser

Wasserarme Länder versuchen seit Jahrzehnten ihre Wasserprobleme zu beheben. Die Entsalzung von Meerwasser scheint die ideale Lösung zu sein, denn der größte Teil des Wassers – 97 Prozent – ist in den Ozeanen gespeichert. Zwei Drittel aller Entsalzungsanlagen auf der Welt arbeiten in den Ländern am Persisch-Arabischen Golf. Die meisten Anlagen stehen an der Küste von Saudi-Arabien. Sie verteilen entsalztes Wasser über eine 3000 km lange Pipeline an Städte und Dörfer.

Im Prinzip ist die **Meerwasserentsalzung** ganz einfach. Dazu führen wir einen Versuch durch. Wir füllen einen Topf mit einem Liter Wasser, geben einen Esslöffel Salz hinzu und bringen das Wasser zum Kochen. Am Deckel kühlt sich der Dampf ab: Die Wassertropfen sind Süßwasser. Eine andere Möglichkeit kennen wir aus der Biologie. Zwei verschiedene Flüssigkeiten sind nur durch eine dünne Haut, eine Membran, getrennt. Die Flüssigkeiten, in unserem Fall Salzwasser und Süßwasser, tauschen sich aus. Den Vorgang nennt man Osmose (aus dem Griechischen = Austausch). Die Techniker drehen den Vorgang bei der Osmose um. Sie lassen Hochdruckpumpen das Salzwasser gegen eine Membran drücken. Diese hält das Salz zurück.

Die Entsalzung von Meerwasser ist jedoch sehr energieaufwendig. Süßwasser aus dem Meer kostet vier- bis achtmal mehr als „normales" Trinkwasser. Noch können die erdöl- und erdgasreichen Länder im Nahen und Mittleren Osten auf ihre Energiequellen zurückgreifen.

24.1 Die Wassertürme von Kuwait

Im Meerwasser sind Salze gelöst. In der Nordsee sind es 33 Gramm Salz auf einen Liter Wasser, das entspricht vier Teelöffeln Salz. Im Persisch-Arabischen Golf beträgt der Salzgehalt 40 g/l, im Roten Meer 45 g/l. Aus 100 Litern Meerwasser stellt eine Entsalzungsanlage 30 bis 40 Liter Trinkwasser her. In Deutschland verbraucht jede Person durchschnittlich 140 Liter Wasser am Tag, in Saudi-Arabien 450 Liter.

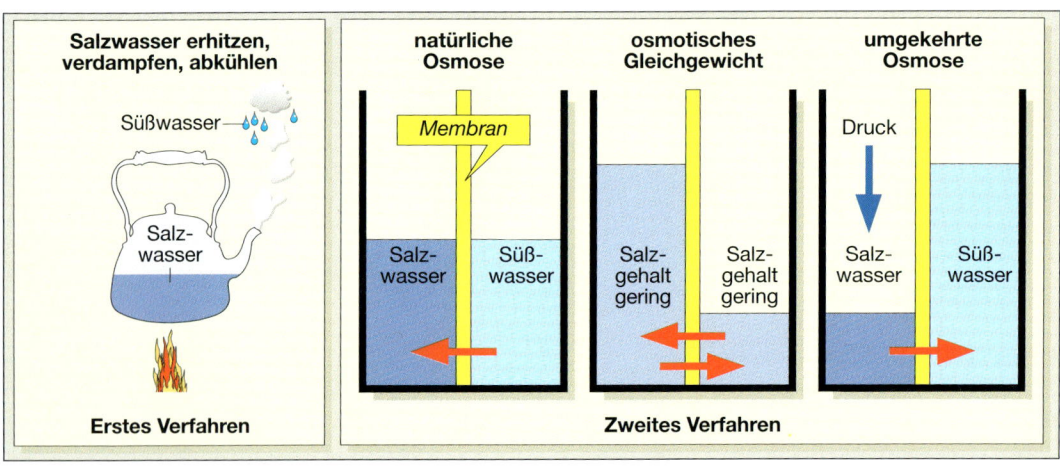

24.2 Aus Salzwasser wird Süßwasser

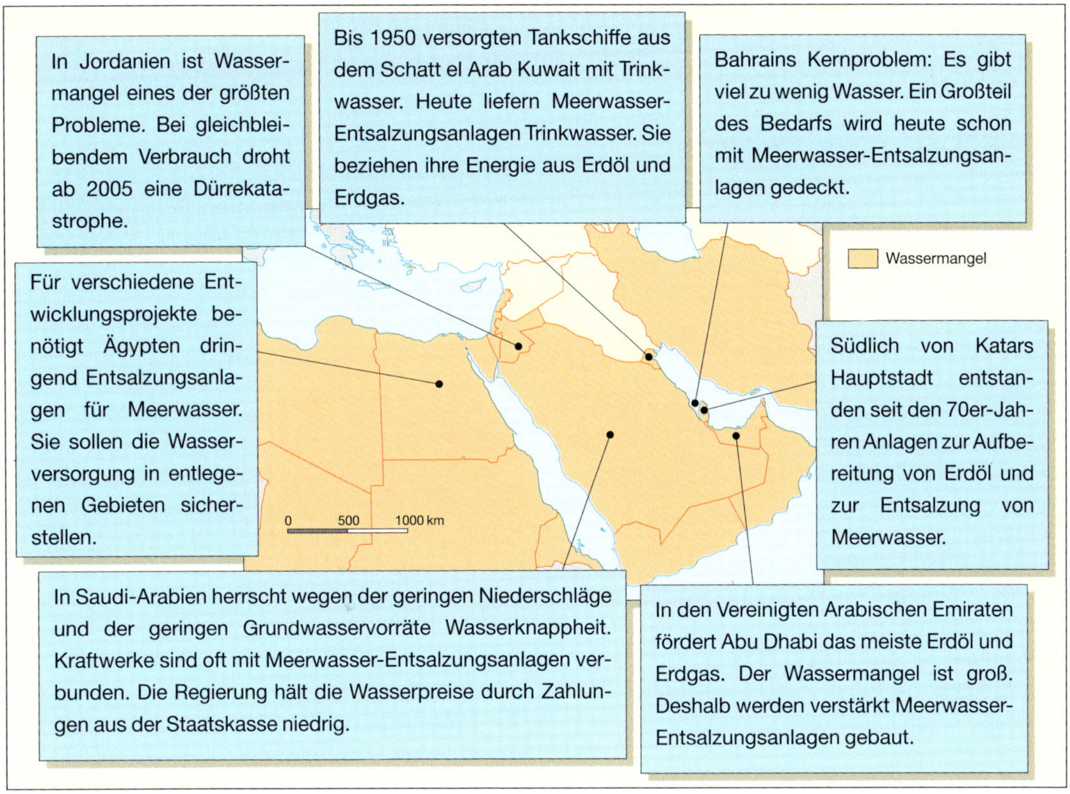

In Jordanien ist Wassermangel eines der größten Probleme. Bei gleichbleibendem Verbrauch droht ab 2005 eine Dürrekatastrophe.
Bis 1950 versorgten Tankschiffe aus dem Schatt el Arab Kuwait mit Trinkwasser. Heute liefern Meerwasser-Entsalzungsanlagen Trinkwasser. Sie beziehen ihre Energie aus Erdöl und Erdgas.
Bahrains Kernproblem: Es gibt viel zu wenig Wasser. Ein Großteil des Bedarfs wird heute schon mit Meerwasser-Entsalzungsanlagen gedeckt.
Wassermangel
Für verschiedene Entwicklungsprojekte benötigt Ägypten dringend Entsalzungsanlagen für Meerwasser. Sie sollen die Wasserversorgung in entlegenen Gebieten sicherstellen.
Südlich von Katars Hauptstadt entstanden seit den 70er-Jahren Anlagen zur Aufbereitung von Erdöl und zur Entsalzung von Meerwasser.
0 500 1000 km
In Saudi-Arabien herrscht wegen der geringen Niederschläge und der geringen Grundwasservorräte Wasserknappheit. Kraftwerke sind oft mit Meerwasser-Entsalzungsanlagen verbunden. Die Regierung hält die Wasserpreise durch Zahlungen aus der Staatskasse niedrig.
In den Vereinigten Arabischen Emiraten fördert Abu Dhabi das meiste Erdöl und Erdgas. Der Wassermangel ist groß. Deshalb werden verstärkt Meerwasser-Entsalzungsanlagen gebaut.

25.1 Trinkwasserprobleme in Trockengebieten

1. Lies die Texte (25.1) durch. Was haben die Länder gemeinsam?

2. Beschreibe, wie eine Meerwasser-Entsalzungsanlage arbeitet.

3. Erläutere, warum Trinkwasser aus Meerwasser sehr teuer ist.

Meerwasserentsalzung auch auf Helgoland
Das Seewasser wird an der Oberfläche entnommen, mechanisch gereinigt und mit Chlor entkeimt. Pumpen drücken das auf 25 °C erwärmte Seewasser durch eine Membran. Die Anlage verarbeitet 115 m³ Meerwasser in der Stunde.

Raffinerie
Diesel-aggregat
Meerwasser-Entsalzungsanlage
Zisterne
Erdgas
Strom
Meerwasser
stark salzhaltiges Wasser

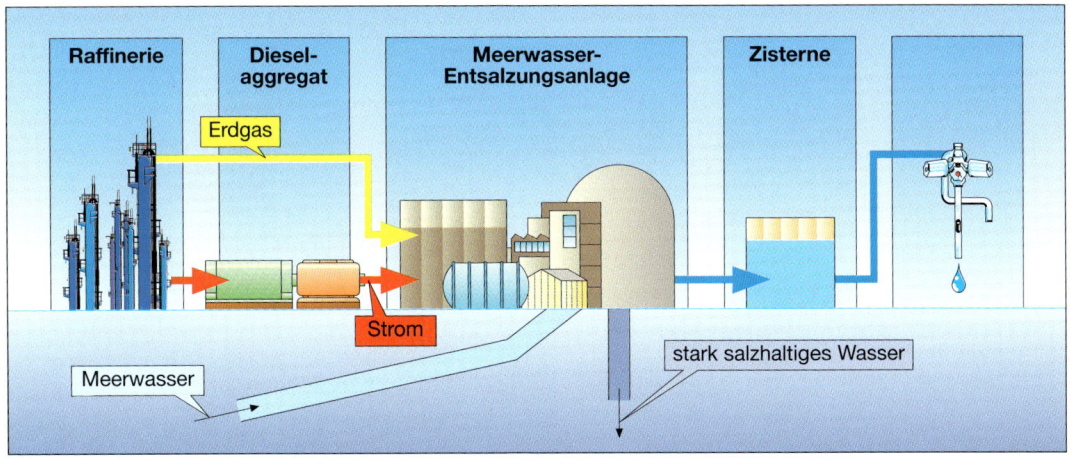

25.2 Schema einer Meerwasser-Entsalzungsanlage

Unterschiedliche Interessen im Nahen Osten

1. Israel und seine Nachbarn

Wie kommt es, dass zwei Völker um das gleiche Land streiten? Das Gebiet, in dem heute der Staat Israel liegt, heißt bei den Arabern Palästina.

Einst hatte der jüdische König David dort Jerusalem zu seiner Hauptstadt gemacht. Später wurde das Land von den Römern erobert und viele Juden verließen ihre Heimat.

Schließlich besetzten muslimische Herrscher Palästina. Am Ende des 1. Weltkrieges vertrieben die Engländer die damals herrschenden Türken. Danach wanderten wieder Juden ein, auch viele Überlebende der Judenverfolgung Hitlers zogen später dorthin. Dagegen wehrte sich die einheimische arabische Bevölkerung. Die UNO beschloss deshalb 1947 die Teilung in einen jüdischen und einen arabischen Staat.

Als 1948 der Staat Israel ausgerufen wurde, kam es zum Krieg. Nach dem Sieg der Israelis verließen die meisten der 780 000 arabischen Bewohner das Land oder wurden vertrieben. 1967 wollten die Araber das verlorene Land zurückerobern, doch Israel gewann den 6-Tage-Krieg und besetzte nun auch den Gaza-Streifen und die Westbank. Als die Israelis begannen dort neue jüdische Siedlungen zu errichten, gab es einen Aufstand der Araber. Die Unruhen kosteten hunderten von Menschen das Leben.

Ein Vertrag zwischen der israelischen Regierung und der Palästinensischen Befreiungsorganisation (PLO) soll nun den Frieden bringen. Die PLO hat in einem Abkommen erstmals Israels Recht auf einen eigenen Staat anerkannt, Israel will die Selbstverwaltung der Palästinenser in den besetzten Gebieten erlauben.

Es wird aber noch lange dauern, bis das gegenseitige Misstrauen abgebaut sein wird.

1. Warum gab es Streit zwischen Arabern und Juden?
2. Beschreibe die Entwicklung des Staates Israel.
3. Erläutere, wie Israelis und Palästinenser ihre Konflikte lösen wollen.

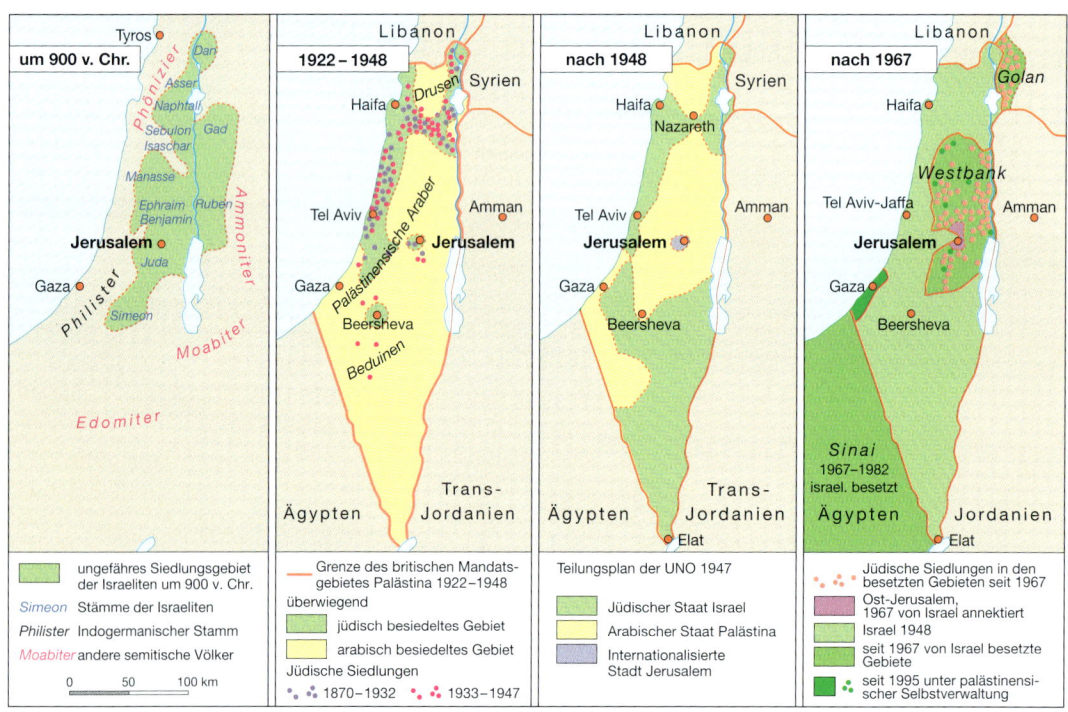

26.1 Die Entwicklung des Staates Israel

Projekt
Jerusalem

27.1 Jerusalem – Blick vom Ölberg aus nach Westen, im Vordergrund die Altstadt

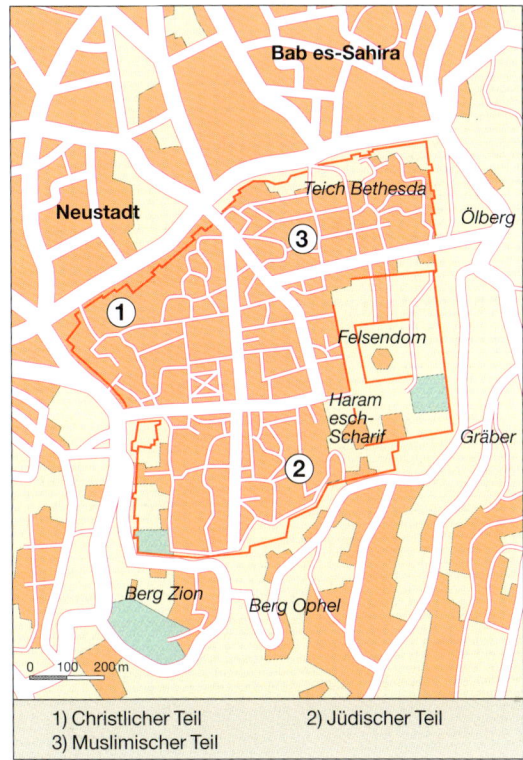

27.2 Altstadt von Jerusalem heute

A. Wir fragen nach der Bedeutung der Stadt.
B. Wir bilden drei Gruppen: 1. für Erdkunde, 2. für Geschichte und 3. für Religion.
C. Wir sammeln Informationen über die Stadt. Benutzt Reiseführer, Nachschlagewerke, Erdkunde-, Geschichts- und Religionsbücher.

1. Erdkunde: Die Stadt liegt auf 750 bis 800 m hohen Hügeln. Zum Mittelmeer beträgt die Entfernung (Luftlinie) 56 km. Die Hauptstadt von Israel hat über 600 000 Einwohner …

2. Geschichte: Jerusalem hat eine 5000-jährige Geschichte. Im 11. Jahrhundert vor Christi Geburt eroberten die Israeliten unter David die Stadt … Die Kreuzritter eroberten sie 1099 n. Chr. und machten sie zur Hauptstadt eines christlichen Königreiches … Die Knesset (das israelische Parlament) erklärte 1980 Jerusalem zur „ewigen, ungeteilten Hauptstadt Israels"… Der Präsident der Palästinenser bestand 1996 darauf, dass Ostjerusalem die Hauptstadt von Palästina sei …

3. Religion: Jerusalem ist für Juden, Christen und Muslime eine heilige Stadt.

D. Wir werten die Informationen aus. Die Ergebnisse stellen wir in einer Wandzeitung vor.

28.1 Atatürk-Damm

2. Konflikt um Wasser – das Südostanatolien-Projekt

Wassertunnel sichert Türkei politischen Trumpf

Türkei startet Bewässerungsprojekt an Euphrat und Tigris – Syrien und Irak fürchten um Versorgung

In Südostanatolien, im Land der rebellischen Kurden, hat der türkische Staatspräsident gestern feierlich den ersten von zwei Bewässerungstunneln eröffnet. Mit 26 km Länge und einem Durchmesser von 7,6 m ist der Urfa-Tunnel der größte der Welt. 2,5 Mio. m³ Wasser sollen nun täglich vom Atatürk-Staudamm in die trockene Harran-Ebene fließen. Der Tunnel ist Teil des Südostanatolien-Projektes, mit dem die Türkei die Flüsse Euphrat und Tigris für die Bewässerung und Energiegewinnung nutzbar machen will. Das Wasser soll „brüderlich" geteilt werden. Syrien und der Irak zweifeln daran.

(nach: Frankfurter Rundschau, 10. 11. 1994)

Urfa: Weite Ebenen ohne Baum und Strauch, von Trockenheit aufgerissene Böden, auf denen selbst Ziegen und Schafe verenden. Hitze von bis zu 60 Grad im Schatten lähmt alles Leben. Die Lehmhäuser einsamer Dörfer verschwinden in den endlosen ockergelben Flächen nahe der syrischen Grenze. Die Dorfbrunnen sind nahezu ausgetrocknet. „Das Wasser reicht für uns und die Tiere kaum noch", sagt eine in bunte Tücher gehüllte Bäuerin, „im vergangenen Jahr hat die Dürre unsere Weizenernte zerstört." „Jetzt müssen wir sogar unser Jungvieh verkaufen, sonst muss die achtköpfige Familie verhungern", klagt ihr Mann. „Wenn das Wasser kommt …", träumen sie beide.

(nach: Frankfurter Allgemeine Zeitung, 11. 10. 1994)

Garten Eden durch Staudämme

„Stolz derjenige, der sich Türke nennen kann." Der vom türkischen Staatsgründer Atatürk geprägte Satz beschreibt das Gefühl vieler Türken in den Tagen der Eröffnung des Urfa-Kanals. Ein Traum wird wahr: Das Projekt wird dem Land an Euphrat und Tigris, der Heimat Abrahams, der Wiege der Zivilisation, seine legendäre Fruchtbarkeit wiedergeben. Politiker preisen den Atatürk-Staudamm als Jahrhundertwerk. Ein 173 m hoher Riegel, aufgehäuft aus 85 Mio. m³ Gestein und Beton, staut einen See von etwa 900 km² mit 27 Mrd. m³ Wasser. Über Tunnel und Kanäle sollen 750 000 ha in den Ebenen fruchtbar gemacht werden. Über 25 000 neue Arbeitsplätze sollen entstehen.

(nach: Berichten aus Tageszeitungen, 10. 11. 1994)

29.1 Geplante Wassernutzung am Euphrat

Bewässerungsland am Euphrat	
Türkei	1 100 000 ha
Syrien	640 000 ha
Bewässerungsland am Tigris	
Türkei	550 000 ha

Energiegewinnung aus den Stauseen		
	Baujahr	Leistung in Megawatt
Keban-Stausee	1974	1200
Karakaya-Stausee	1986	1800
Atatürk-Stausee	1992	2400
Assad-Stausee	1968	800

Wasser als Wirtschaftsfaktor und Konfliktstoff in Nahost

Das Südostanatolien-Projekt, das den Bau von 23 Dämmen an Euphrat und Tigris vorsieht, soll einmal 3,1 Millionen ha Land (eine Fläche etwa doppelt so groß wie das Land Schleswig-Holstein) ackerbaulich nutzbar machen. Ernten von Weizen, Mais, Reis, Baumwolle und Zuckerrüben sollen die türkischen und internationalen Märkte beliefern können.

19 Anlagen zur Energiegewinnung sollen durch Wasserkraft 27 Milliarden kWh Strom liefern und damit die Industrialisierung der gesamten Türkei fördern. Für dieses Entwicklungsprojekt werden hunderte von Dörfern und aus dem Altertum stammende historische Baudenkmäler im aufgestauten See versinken. Rund 200 000 Menschen werden ihr Zuhause verlieren und müssen umsiedeln.

Erste ernste Umweltprobleme sind schon eingetreten. Im Bereich der drei bereits fertig gestellten Stauseen ist die Luftfeuchtigkeit so gestiegen, dass einige Obstkulturen nicht mehr gedeihen. Die Malaria breitet sich aus. Umweltschützer befürchten die Zunahme der Versalzung (siehe Seite 19).

„Dieses Land eint unser Volk. Vor uns liegen bessere Tage", schwärmte 1990 der damalige Präsident. In Südostanatolien leben viele Kurden. Dort tobt ein Bürgerkrieg zwischen dem türkischen Militär und kurdischen Guerillakämpfern. Die PKK, die „Arbeiterpartei Kurdistans", kämpft für einen eigenen Kurdenstaat.

„Dieses Wasser ist unser Wasser. Wasser gehört wie Öl demjenigen, der es hat", sagte 1992 der türkische Präsident. Sollte die Türkei die Schleusen am Atatürkdamm schließen oder den Durchlauf drosseln, so hätte das für Syrien und den Irak, die zu 90 % vom Euphrat- und Tigriswasser abhängen, katastrophale Folgen. Ein Konflikt droht. Es wird immer wichtiger mit internationalen Verträgen zu verhindern, dass die Wasserfrage nicht zu einer dauernden Kriegsgefahr wird.

1. Was verspricht man sich in der Türkei vom Südostanatolien-Projekt?

2. Welche Gründe könnte die Türkei haben die Abgabe des Wassers an Syrien oder den Irak einzuschränken?

3. Nenne Vergleichbares zwischen dem Südostanatolien-Projekt und dem Assuan-Projekt.

4. Diskutiert die Frage, ob man den Besitz von Öl mit dem von Wasser vergleichen kann.

Grundstoff Rohöl

Rohöl ist ein helles bis schwarzgrünes, dünn- bis dickflüssiges öliges Gemenge, das aus etwa 500 verschiedenen Kohlenwasserstoffen besteht. Gewonnen wird es auch aus Braun- und Steinkohlenteer sowie aus Ölschiefer.

Gas
zum Heizen und Kochen, zum Schweißen, als Treibgas, Flüssiggas und Kühlmittel

Rohbenzine
für Motorenbenzin

Technische Lösungsmittel für Kautschuk-Löser und Lackverdünner, für Fettöl-Löser, Testbenzin und Waschbenzin

Heizöle
für Haushalt, Industrie, Eisenbahn und Schifffahrt

Kerosin
für Düsenkraftstoff, für Lampenpetroleum und Viehschutzmittel

Gasöl
für Dieselkraftstoff und leichtes Heizöl, für Motorenbenzin

Paraffine
für Medikamente, Kerzen, Verpackungen, für Fußboden- und Autopolitur, für Isoliermaterial

Tränkung für Streichhölzer und Kartonage

Chemische Produkte
für Chemikalien und synthetischen Kautschuk für Kunststoffe, Glyzerin, für Schmerzmittel und Gefrierschutzmittel

Säureteer
für Waschmittel

Bitumen
für Anstrichmittel und Kleber, als Tränkmittel für Teerpappe und für Bodenbeläge, für den Straßenbau, für Wasserbau, Kabel- und Rohrschutz

Petroleum
für Kosmetika

Schmieröle
für Turbinen, Getriebe, Isolierungen, für Dieselmotoren, Autos, Flugmotoren, Spindeln, Maschinen, Dampfzylinder

Schmierfette
für Kraftfahrzeuge, Wälzlager, Maschinen

Gas und Ruß
für Gummi und Farben

Technische Öle
für Industrie Schmieröle

Weißöle
für medizinische Öle, Salben, Creme

30.1 Produkte, die aus Erdöl gewonnen werden

30.2 Brennender Öltanker

3. Erdöl und Umwelt

Immer wieder kommt es zu Unfällen beim Transport des Erdöls auf dem Wasserweg. Unweigerlich fließt dann Öl aus. Seevögel (wie Möwen, Seeschwalben, Enten u. a.) sind dann besonders gefährdet: Sie lassen sich durch die Ölflecken anlocken, weil sie die farbige Fläche für festes Land halten. Sie lassen sich darauf nieder. Das Gefieder verklebt, die wärmende Schutzschicht der Federn wird durchbrochen. Nicht besser ergeht es den anderen Meeresbewohnern, z. B. den Seehunden. Sie vergiften sich, wenn sie das ölverschmutzte Wasser trinken.

30.3 Verendeter Vogel

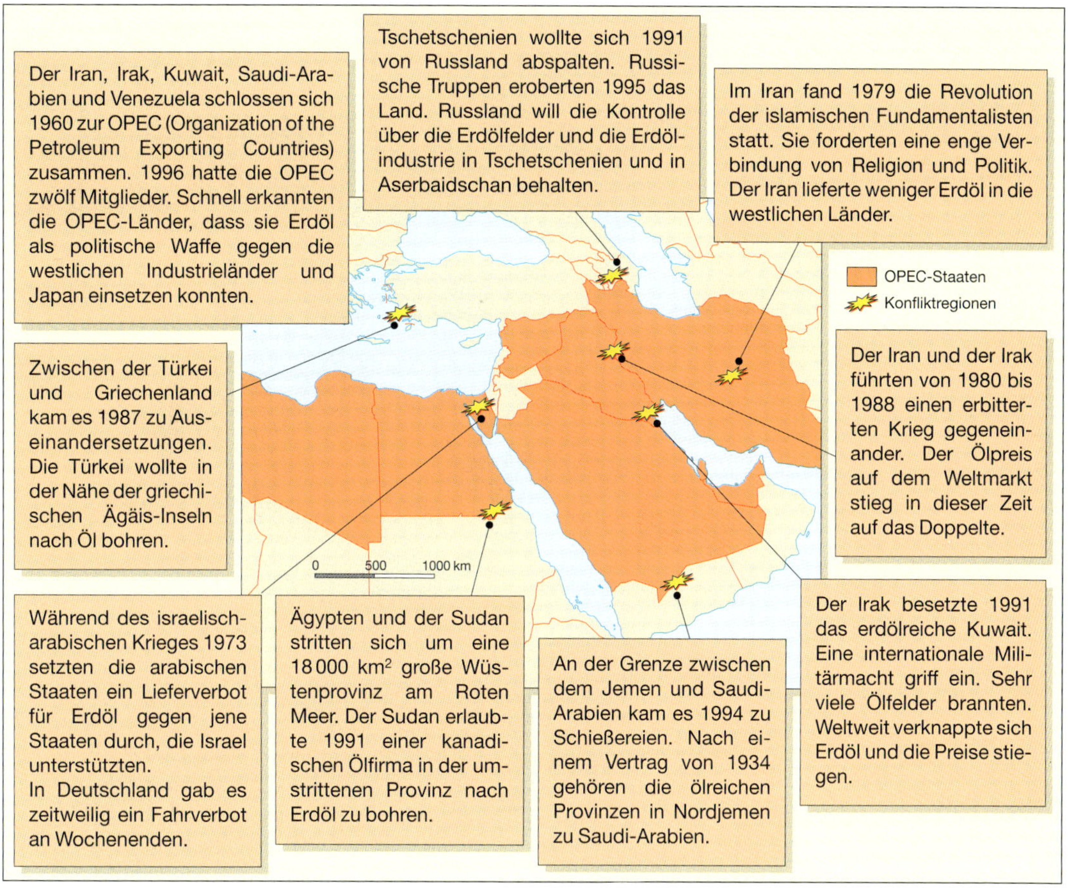

Der Iran, Irak, Kuwait, Saudi-Arabien und Venezuela schlossen sich 1960 zur OPEC (Organization of the Petroleum Exporting Countries) zusammen. 1996 hatte die OPEC zwölf Mitglieder. Schnell erkannten die OPEC-Länder, dass sie Erdöl als politische Waffe gegen die westlichen Industrieländer und Japan einsetzen konnten.
Tschetschenien wollte sich 1991 von Russland abspalten. Russische Truppen eroberten 1995 das Land. Russland will die Kontrolle über die Erdölfelder und die Erdölindustrie in Tschetschenien und in Aserbaidschan behalten.
Im Iran fand 1979 die Revolution der islamischen Fundamentalisten statt. Sie forderten eine enge Verbindung von Religion und Politik. Der Iran lieferte weniger Erdöl in die westlichen Länder.
OPEC-Staaten
Konfliktregionen
Zwischen der Türkei und Griechenland kam es 1987 zu Auseinandersetzungen. Die Türkei wollte in der Nähe der griechischen Ägäis-Inseln nach Öl bohren.
Der Iran und der Irak führten von 1980 bis 1988 einen erbitterten Krieg gegeneinander. Der Ölpreis auf dem Weltmarkt stieg in dieser Zeit auf das Doppelte.
0
500
1000 km
Während des israelisch-arabischen Krieges 1973 setzten die arabischen Staaten ein Lieferverbot für Erdöl gegen jene Staaten durch, die Israel unterstützten.
In Deutschland gab es zeitweilig ein Fahrverbot an Wochenenden.
Ägypten und der Sudan stritten sich um eine 18 000 km² große Wüstenprovinz am Roten Meer. Der Sudan erlaubte 1991 einer kanadischen Ölfirma in der umstrittenen Provinz nach Erdöl zu bohren.
An der Grenze zwischen dem Jemen und Saudi-Arabien kam es 1994 zu Schießereien. Nach einem Vertrag von 1934 gehören die ölreichen Provinzen in Nordjemen zu Saudi-Arabien.
Der Irak besetzte 1991 das erdölreiche Kuwait. Eine internationale Militärmacht griff ein. Sehr viele Ölfelder brannten. Weltweit verknappte sich Erdöl und die Preise stiegen.

4. Konflikte um Erdöl

Argentinien führte 1982 wegen der Falkland-Inseln einen Krieg gegen Großbritannien. Kriegsgrund waren vermutete Erdölvorkommen. Die Inseln sind seit 1833 in britischem Besitz.

Seit 1988 gab es Konflikte zwischen Vietnam und China wegen der Spratly-Inseln. In der Umgebung wurden Ölvorkommen vermutet. Auch Malaysia, Taiwan, die Philippinen und Brunei erhoben Anspruch auf die Inseln im Südchinesischen Meer.

Zwischen Peru und Ecuador brach 1995 ein militärischer Konflikt wegen des Grenzverlaufs aus. In der Region sind Erdölvorkommen bekannt.

1. Denke dir alle Produkte aus Erdöl fort, die du jetzt siehst oder benutzt. Was stellst du fest?
2. Nenne alle zwölf Mitgliedsländer der OPEC.
3. Erläutere, warum Erdöl als Waffe eingesetzt werden kann.

34,00
Iranisch-irakischer Krieg
Golf-Konflikt (Kuwait)
29,00
28,00
21,00
19,50
19,50
18,67
18,00
17,60
17,50
16,30
OPEC-Richtpreis
13,50
11,28
Überangebot
9,50
3,39
Erste Ölkrise
OPEC-Rohölpreise
in $/Barrel
1 Barrel = 159 Liter
1973 74 79 81 82 86 88 89 90 91 92 93 94 95 97
31.1 Wie die Rohölpreise sich ändern

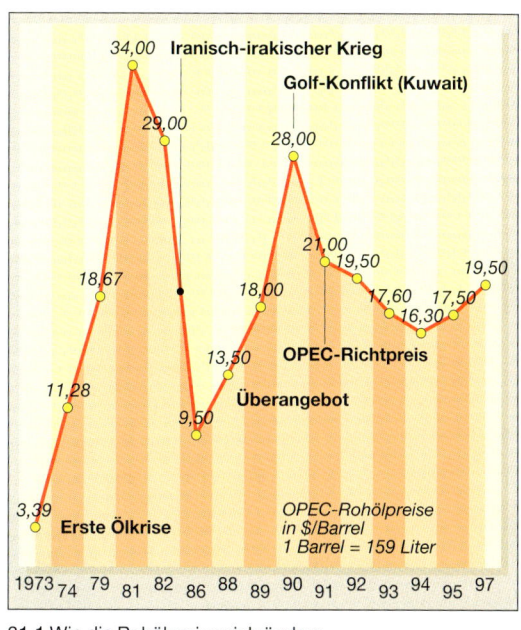

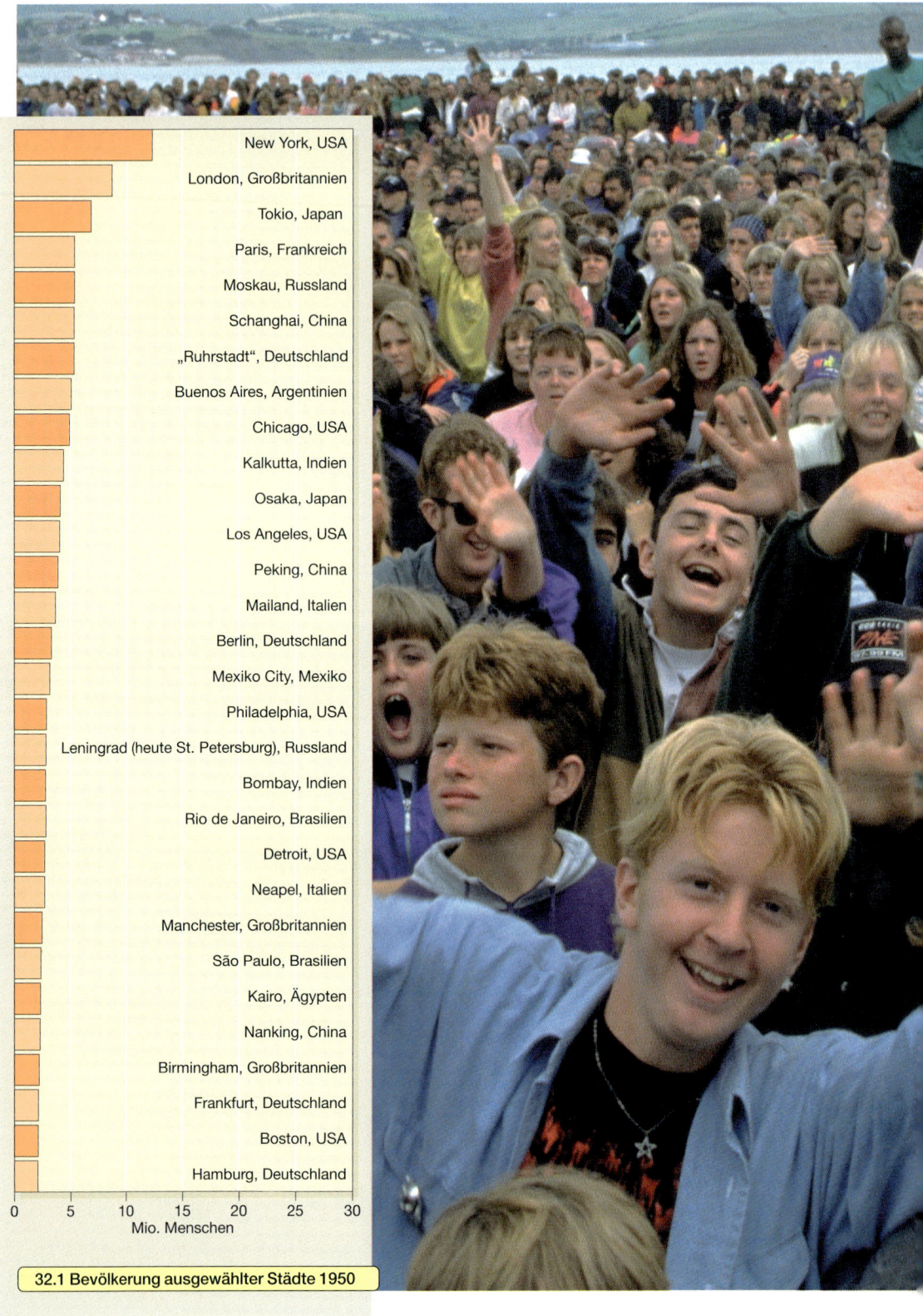

32.1 Bevölkerung ausgewählter Städte 1950

Wie viele Menschen trägt die Erde?

33.1 Bevölkerung 2015 (Prognose)

Die Tropen

1. Das Märchen von der Fruchtbarkeit

Immergrüner tropischer Regenwald ist ein Sammelbegriff für die Waldtypen in den immerfeuchten Tropen beiderseits des Äquators. Das größte Regenwaldgebiet der Erde befindet sich in Amazonien im Tiefland des Amazonas. Die Waldfläche ist ca. sechsmal so groß wie Deutschland.

Warum kommt gerade im tropischen Regenwald die vielfältigste und üppigste Pflanzenwelt der Erde vor? Hier wirken Klima, Boden und Wald eng zusammen. Es findet zwischen ihnen ein Austausch statt. Diese Beziehungen können sich bis zu einem gewissen Grad selbst regeln.

Klima. Die Niederschläge sind sehr hoch. Sie betragen bis zu 5000 mm im Jahr (Schleswig-Holstein bis zu 1000 mm im Jahr). Ein wesentlicher Teil davon wird vom Blätterdach festgehalten, von wo er direkt wieder verdunstet. Die Folge sind Wolkenbildung und erneut Regen. Die Luftfeuchtigkeit ist hoch. Sie ist für Menschen schwer erträglich. Es herrscht eine Temperatur von etwa 25 °C. Die Jahreszeiten Frühling, Sommer, Herbst und Winter gibt es hier nicht. Da die Temperaturen am Tag erheblich schwanken, sprechen wir von einem Tageszeitenklima.

Boden. In dem feuchtheißen Tropenklima verwittert der Boden viel schneller als bei uns. Dabei entstehen 20 bis 40 m mächtige Braun- und Roterden. Die Rotfärbung entsteht durch den hohen Eisenanteil im Boden. Lange Zeit glaubte man, der Boden sei besonders fruchtbar.

34.1 Der tropische Regenwald zerrinnt im Stundenglas

Der Nährstoffkreislauf

Die Nährstoffe liegen in den Pflanzen selbst, nämlich in Zweigen, Ästen und Stämmen. Wenn sie absterben, werden sie von Ameisen, Termiten und Würmern zernagt und zersetzt. Diese Zersetzung läuft sehr schnell ab. Schon nach einem dreiviertel Jahr ist das abgestorbene Material in Nährstoffe umgewandelt. Durch die schnelle Zersetzung kann sich aber nur eine dünne Schicht von fruchtbarem Boden bilden, die Humusschicht. Die Wurzeln der Regenwaldbäume sind deshalb nur kurz.

Eigentlich müssten die Nährstoffe vom Regen wieder weggespült werden. An den Wurzeln der Pflanzen gibt es aber Pilze, die diese Nährstoffe anziehen und sie langsam an die Pflanzen weitergeben. Sie bilden zusammen eine Lebensgemeinschaft. Die Pilze versorgen die Pflanzen mit Nährstoffen und erhalten dafür von den Pflanzen Stoffe, die sie selber nicht bilden können. Diese Wurzelpilze verhindern ein Versickern der Nährstoffe in tiefere Bodenschichten. So entsteht ein kurzgeschlossener Nährstoffkreislauf. Die Wurzeln der Pflanzen bleiben wie ein Teppich dicht an der Oberfläche.

> **Verbrannter Regenwald**
> In den tropischen Regenwäldern fällt die Hälfte des weltweiten Niederschlags. Sie regulieren damit die Wasserversorgung und bestimmen das Klima mit. Sie wirken wie riesige Schwämme. Sie saugen das Wasser während der Regenzeit auf und geben es langsam wieder an die Atmosphäre und die weit verzweigten Fluss-Systeme ab. Die Tropenwälder kühlen den darüberstreichenden heißen Wind ab.
> (Deutsche Umwelthilfe, Infoblatt 9, Radolfzell 1988)

1. Vergleiche den tropischen Regenwald mit dem europäischen Laubwald.
2. Warum ist es ein Märchen, dass der tropische Regenwald besonders fruchtbar ist?

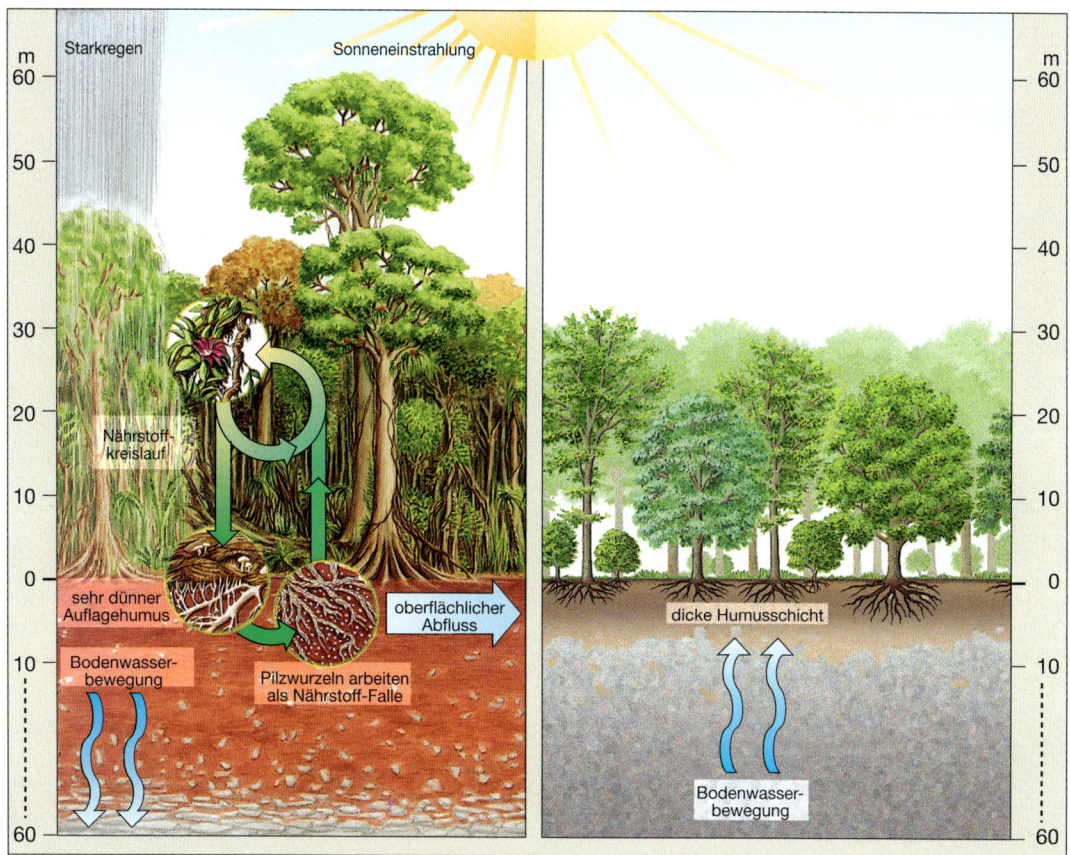

35.1 Tropischer Regenwald und europäischer Laubwald im Vergleich

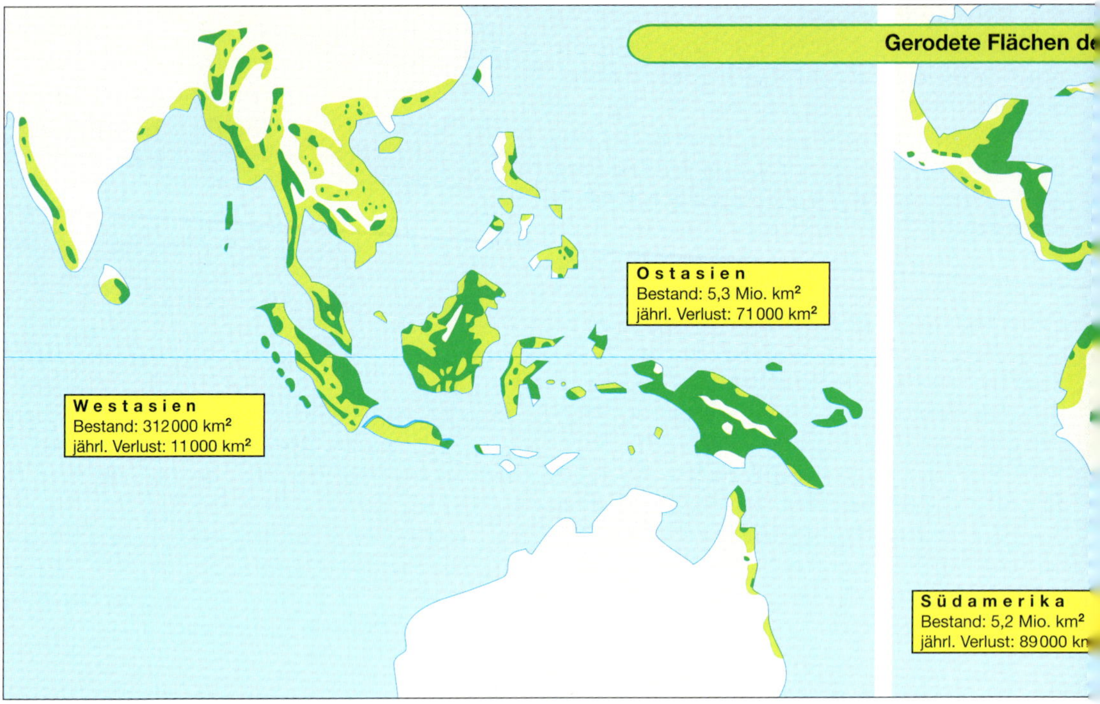

Gerodete Flächen de

Ostasien
Bestand: 5,3 Mio. km²
jährl. Verlust: 71 000 km²

Westasien
Bestand: 312 000 km²
jährl. Verlust: 11 000 km²

Südamerika
Bestand: 5,2 Mio. km²
jährl. Verlust: 89 000 km

2. Folgen der Zerstörung des tropischen Regenwaldes

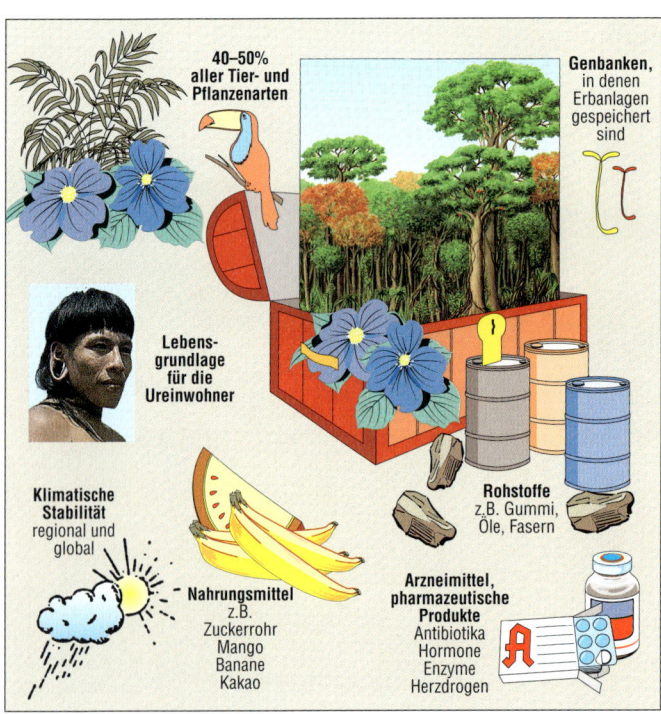

Ein Siedler berichtet:
„Auf unseren Feldern wächst nichts mehr. Für Dünger haben wir kein Geld. Mein Frau ist malariakrank und zwei meiner Kinder sind gestorben. Am liebsten möchte ich zurück. In dieser Hölle können wir ohne Hilfe nicht überleben."

36.1 Schatzkammer Regenwald – bald geplündert?

...mergrünen Regenwaldes

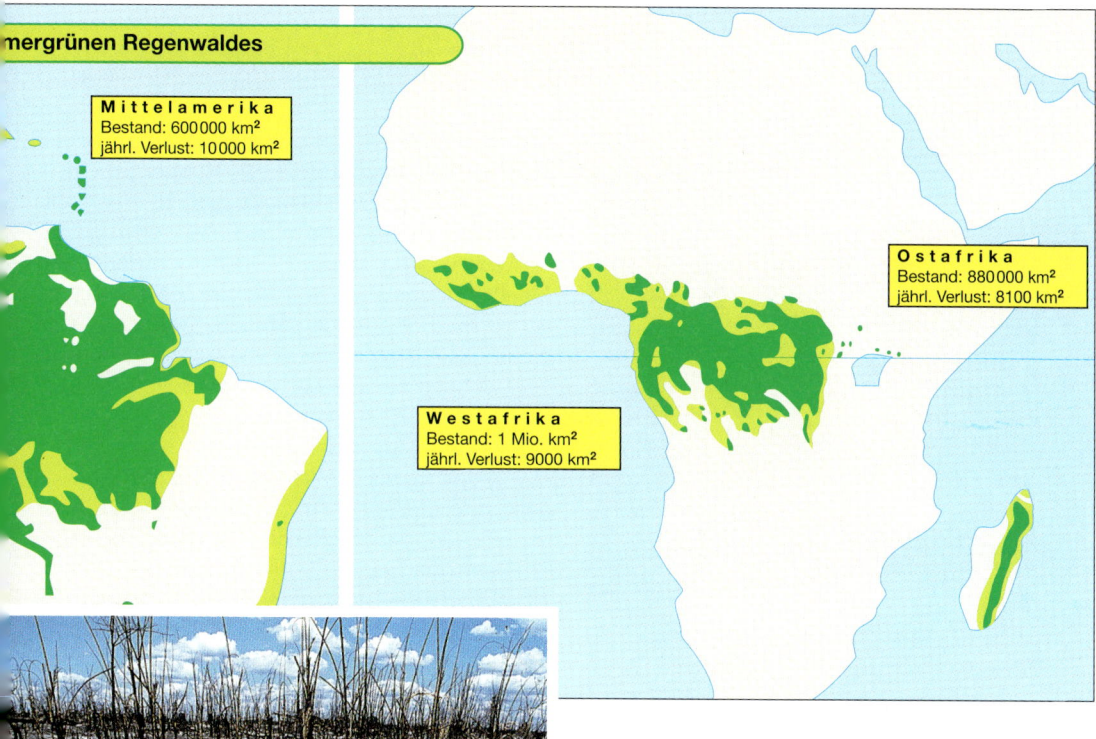

Mittelamerika
Bestand: 600 000 km²
jährl. Verlust: 10 000 km²

Ostafrika
Bestand: 880 000 km²
jährl. Verlust: 8100 km²

Westafrika
Bestand: 1 Mio. km²
jährl. Verlust: 9000 km²

37.1 Abgebrannter Regenwald

37.2 Erosionsrinnen

Zur Zeit werden auf der Erde jede Sekunde etwa 6300 m² tropischen Regenwaldes gerodet. Bis heute ist der ursprüngliche Bestand um die Hälfte auf acht Millionen km² – etwa die Größe der USA – geschrumpft. Es ist fraglich, ob im Jahr 2060 nur ein Quadratmeter Regenwald erhalten sein wird.

Folgen bei der Vernichtung des Regenwaldes:
- Der Boden wird bei Starkregen abgespült.
- Der Grundwasserspiegel sinkt.
- Die Ernte geht zurück.
- Pflanzen und Tiere sind noch nicht alle erforscht. Wenn der Regenwald vernichtet wird, verringert sich die Artenvielfalt auf der Erde.
- Die Ureinwohner (Indianer, Pygmäen) verlieren ihren Lebensraum.
- Fehlt die schützende Pflanzendecke, wird der Boden durch die Sonneneinstrahlung steinhart.
- Die Menschen, die den Regenwald gerodet und Felder angelegt haben, müssen wegziehen.
- Das Weltklima kann sich ändern, weil der gerodete Regenwald keine Feuchtigkeit mehr an die Luft abgeben kann.

1. Nenne weitere Folgen der Zerstörung.
2. Ordne die Folgen a) für das Gebiet des Regenwaldes, b) für die Erde.

Afrika: Muss Hunger sein?

Die Transportmaschinen starten von Europa und Nordamerika. Ihre Ziele sind die **Hungergebiete** in Afrika. Die Flugzeuge haben Lebensmittel und Medikamente an Bord. Mal müssen sie in Dürregebiete fliegen, dann wieder in Staaten, in denen die Menschen vor Krieg und Bürgerkrieg fliehen. Im Jahr 1960 hatte Afrika 280 Mio. Einwohner. Das sind dreieinhalbmal so viel wie heute in Deutschland wohnen. Heute leben in Afrika schon 750 Mio. Menschen und im Jahr 2025 werden es wahrscheinlich 1,5 Milliarden sein.

In den meisten afrikanischen Staaten arbeiten sehr viele Menschen in der Landwirtschaft. Aber sie können die wachsende Bevölkerung kaum ernähren. Oft sind die Böden ausgelaugt. Düngemittel sind teuer und werden daher nur wenig eingesetzt. Einige Staaten bauen Exportprodukte an wie Kaffee, Kakao oder Baumwolle. Die Flächen fehlen für den Anbau von Nahrungsmitteln. Selten setzen die Bauern Maschinen ein, weil sie dafür kein Geld haben. Andere bearbeiten den Boden mit falschen Maschinen, z.B. mit schweren Traktoren, die die Humusschicht zerstören.

38.1 Warten auf eine warme Mahlzeit

Wohin Hunger führen kann
Das Unheil fängt schon vor der Geburt an. Die Mutter ist unterernährt und deshalb hat das neugeborene Kind Untergewicht. Weil afrikanische Frauen sehr viel arbeiten müssen, fehlt ihnen oft die Kraft die Säuglinge länger als ein halbes Jahr zu stillen. Die Babys erhalten Nahrung, die sie häufig nicht vertragen. Die Mangelernährung führt zu einem Rückstand in der Entwicklung. Schlecht ernährte Kleinkinder sind häufiger krank als andere und haben keine Lust etwas zu entdecken. Sie sind antriebsarm. In der Schule können sie dem Unterricht nicht folgen und bleiben weiter zurück. Viele verlassen die Schule ohne Abschluss. Weil sie keinen Schulabschluss haben, müssen sie sich als Erwachsene mit schlecht bezahlten Jobs zufrieden geben. Von dem wenigen Geld können sie sich keine guten Lebensmittel leisten. Sie müssen trotz der Unterernährung harte Arbeit leisten. Wenn hungernde Frauen Kinder zur Welt bringen, beginnt der Teufelskreis der Unterernährung von neuem. In Afrika leiden Ende des 20. Jahrhunderts 350 Mio. Menschen an Hunger oder Mangelernährung.

38.2 Versuch nach Regen etwas anzubauen

Tatsachen, die zu denken geben

Die zehn ärmsten Länder der Welt sind: Ruanda, Mosambik, Äthiopien, Tansania, Sierra Leone, Burundi, Malawi, Tschad, Uganda und Madagaskar. Jeder Einwohner von Ruanda erwirtschaftete 1995 ein Einkommen von umgerechnet 120 DM im Jahr. *(In Deutschland hat ein Schüler oder eine Schülerin im Durchschnitt 50 DM Taschengeld im Monat.)*

Der Anteil von Exportgütern:
Ruanda: 60% Kaffee, 23% Tee.
Äthiopien: 62% Kaffee, Tee, Gewürze.
Tschad: 80% Baumwolle und Vieh.

Unterernährte Kinder:
Äthiopien jedes 2., Tansania jedes 3., Kenia jedes 5. Kind.

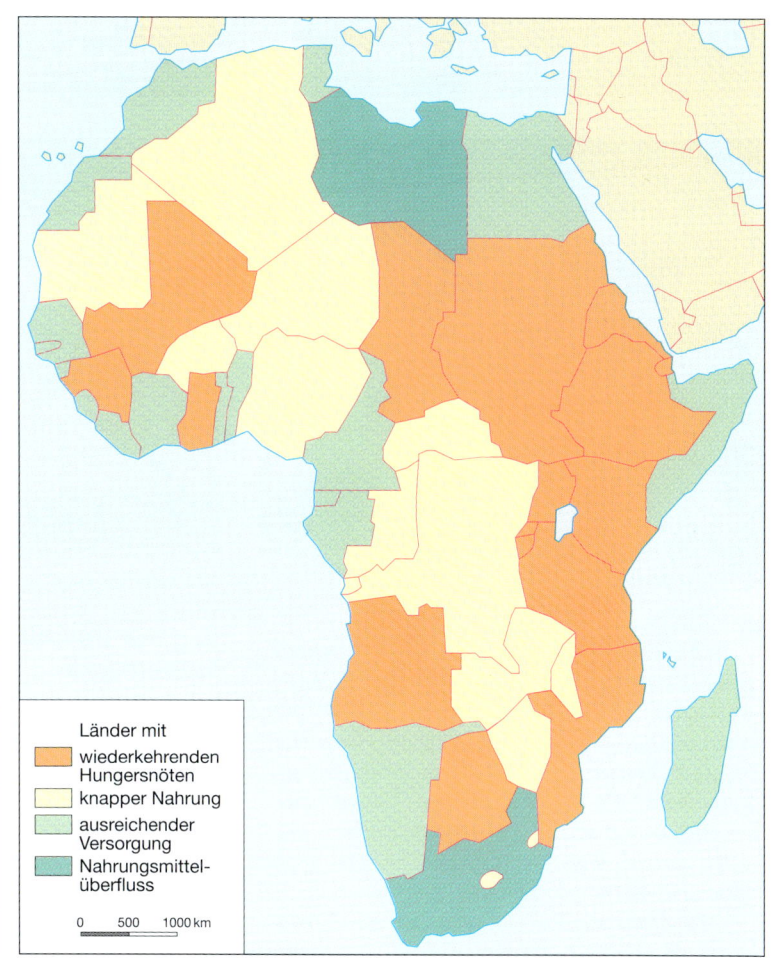

Länder mit
- wiederkehrenden Hungersnöten
- knapper Nahrung
- ausreichender Versorgung
- Nahrungsmittelüberfluss

39.1 Ernährung in Afrika

Was afrikanische und ausländische Fachleute meinen:

Afrika ist kein „Hungerkontinent". Hunger und **Mangelernährung** treten nur in einigen Regionen auf. Der Kontinent kann sich eigentlich selber versorgen. Dazu müssen die Bauern vom Staat mehr Geld für ihre Erzeugnisse erhalten. Es ist unsinnig Getreide einzuführen und es verbilligt an die Stadtbewohner zu verkaufen. Berater müssen den Bauern zeigen, wie sie den Boden schonend bearbeiten. Sie sollten die Umwelt besser als bisher schützen. Zu überlegen ist, ob nicht Nahrungsmittel für die eigene Bevölkerung statt Genussmittel für die Industrieländer erzeugt werden sollten. Programme für die Familienplanung können das Bevölkerungswachstum bremsen. Kriege und Bürgerkriege führen zu Hunger, weil sie die Lebensgrundlage der Bevölkerung zerstören.

Land	Weizen	Gerste	Mais
Äthiopien	14,8	12,1	17,3
Kenia	14,8	13,7	20,5
Nigeria	12,0	k. A.	12,5
Die höchsten Erträge in der Europäischen Union			
Irland	77,2		
Belgien		59,9	
Großbritannien			94,1

Ernteerträge sind in Dezitonnen (dt) pro Hektar (ha) angegeben: 1 Dezitonne = 100 kg, 1 Hektar = 10 000 m^2

39.2 Ernteerträge in dt/ha (1994)

1. Nenne Gründe, warum Afrika als Hungerkontinent bezeichnet wird.
2. Wie wirken sich Hunger und Mangelernährung aus? Zeichne den Teufelskreis der Unterernährung.

In der Sahelzone: Kampf gegen die Wüste

40.1 Die Wüste auf dem Vormarsch

40.3 Zerstörte Vegetation

Von der Umwelt- zur Hungerkatastrophe

Fatimatha lebt in dem kleinen Ort Taroum, nordöstlich von Niamey, der Hauptstadt von Niger. Sie kennt nur das Ergebnis der Ausbreitung der Wüste: Mangel an Wasser. Seit sechs Jahren ist der Dorfbrunnen endgültig versiegt. Der Weg zum nächsten Brunnen, der noch Wasser hat, ist weit. Mehrmals täglich geht Fatimatha ihn mit einem Wassereimer auf dem Kopf und einem weiteren in der Hand.

Am Brunnen drängeln sich die Frauen und Mädchen. Auch in den Nachbardörfern sind die Brunnen versiegt. In der sengenden Sonne kommt es immer wieder zu Streitereien, vor allem mit den Viehhirten aus dem Norden, die endlich ihre mageren, vor Durst brüllenden Tiere tränken wollen.

Die Bäume, die früher um den Brunnen standen, kennt Fatimatha nur aus den Erzählungen ihrer Großmutter. Diese erinnert sich auch noch genau an die ersten Entwicklungshelfer, die eine Schule und eine Arztstation bauten. Durch die bessere medizinische Versorgung wuchs die Bevölkerung sehr schnell. Die Bauern rodeten weite Flächen im Umkreis des Dorfes um neue Felder anzulegen. Die noch verbliebenen Bäume und Sträucher wurden nach und nach für den täglichen Bedarf an Feuerholz geschlagen.

Eine typische bäuerliche Familie im Sahel besteht aus sechs Personen. Sie besitzt 20 Ziegen und einen Esel. Mann und Frau bestellen gemeinsam fünf Hektar Ackerfläche mit Hirse. Nur in jedem fünften Jahr können sie ihren Jahresbedarf von 1200 kg Hirse decken. Normalerweise müssen sie etwa die Hälfte zukaufen. Dies setzt voraus, dass sie das dafür notwendige Geld erwirtschaften können.

Zusätzliches Einkommen erzielt die Familie durch den Verkauf von fünf Ziegen im Jahr (für 200 kg Hirse), Lohnarbeit (für 200 kg Hirse), Sammeln von Brennholz und Futter (für 100 kg Hirse) sowie Flechtarbeiten (für 50 kg Hirse).

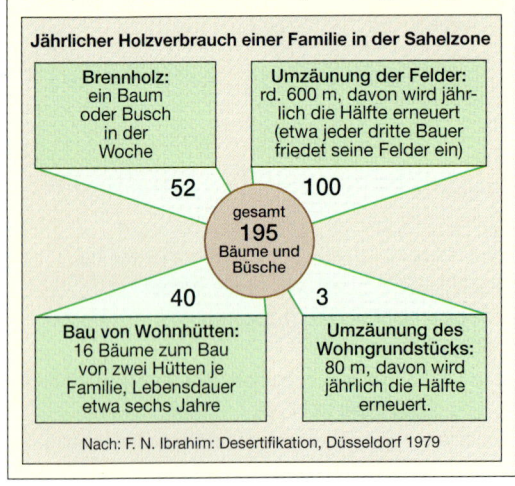

Jährlicher Holzverbrauch einer Familie in der Sahelzone

- Brennholz: ein Baum oder Busch in der Woche — **52**
- Umzäunung der Felder: rd. 600 m, davon wird jährlich die Hälfte erneuert (etwa jeder dritte Bauer friedet seine Felder ein) — **100**
- Bau von Wohnhütten: 16 Bäume zum Bau von zwei Hütten je Familie, Lebensdauer etwa sechs Jahre — **40**
- Umzäunung des Wohngrundstücks: 80 m, davon wird jährlich die Hälfte erneuert. — **3**

gesamt 195 Bäume und Büsche

Nach: F. N. Ibrahim: Desertifikation, Düsseldorf 1979

40.2 Von der Selbstversorgung zum Verhungern

(nach einer Reportage des WDR)

Kadaver von verendeten Tieren im Sand; bis auf das Skelett abgemagerte Menschen in Flüchtlingslagern, die kraftlos den Tod erwarten; Kinder mit krankhaft aufgedunsenen Bäuchen, ein Zeichen von Mangelernährung – diese Schreckensbilder aus Gebieten südlich der Sahara kennen wir aus vielen Berichten in Zeitungen und aus dem Fernsehen.

1973 war das Jahr der ersten großen Hungerkatastrophe. Drei Jahre hatte es nicht genügend geregnet. Die Felder verdorrten, das Vieh verhungerte, verdurstete oder musste wegen Entkräftung notgeschlachtet werden. Schließlich verhungerten auch die Menschen. Im Staat Mali starben 90 % der Kleinkinder. Nach 1975 regnete es wieder mehr, aber bereits 1984 erreichten uns erneut Schreckensnachrichten. In Mauretanien und im Sudan waren zwei Drittel der Bevölkerung vom Hungertod bedroht.

Weide- und Ackerland gehen verloren. Jedes Jahr wird eine Fläche so groß wie Schleswig-Holstein zur Wüste. 20 Millionen Menschen sind betroffen. Die Ausbreitung der Wüsten findet in vielen Trockengebieten der Erde statt.

41.2 Kahlgefressenes Land um die Brunnen

Sahel ist ein arabisches Wort und bedeutet „Ufer". Früher, als noch arabische Kaufleute mit ihren Karawanen in wochenlangen Reisen die Wüste durchquerten, war diese Bezeichnung gerechtfertigt. Die ersten Grashalme und Dornbüsche erschienen den Reisenden als „rettendes Ufer". In dieser Übergangszone zwischen Wüste und Savanne fanden sie Wasser und Nahrung für die Tiere. Hier wohnten wieder Menschen, mit denen sie Handel treiben konnten. Heute ist das „rettende Ufer" ein gefährdeter Raum. Die Sahara rückt immer weiter nach Süden vor.

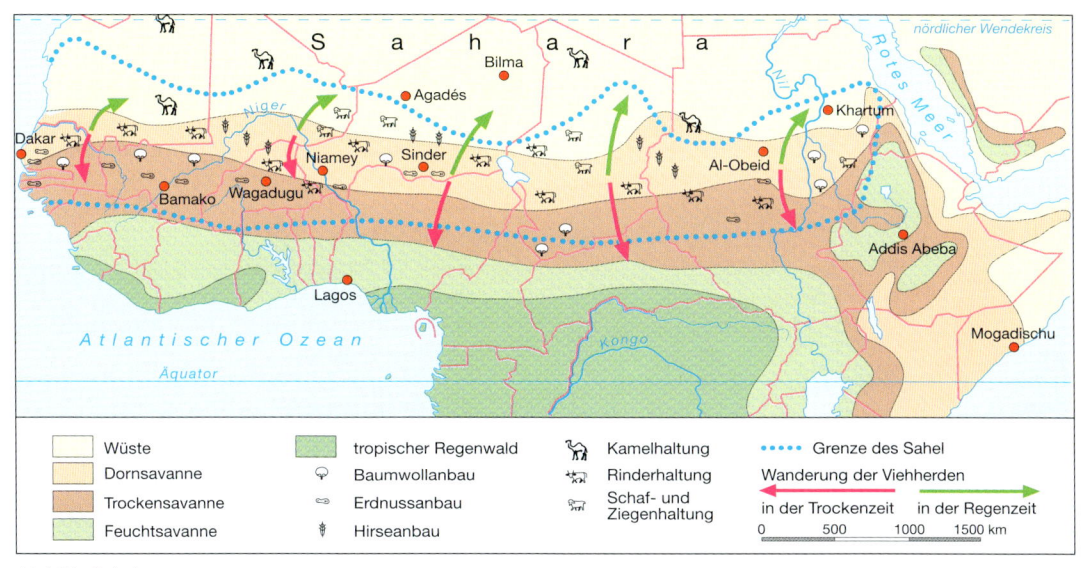

1. Bestimme die Lage der Sahelzone. Nenne die Staaten, die an ihr Anteil haben (Abb. 41.1 und Atlas).
2. Was berichtet Fatimatha von ihrer Heimat?
3. Erläutere, warum der Sahel heute kein „rettendes Ufer" mehr ist.

41.1 Die Sahelzone

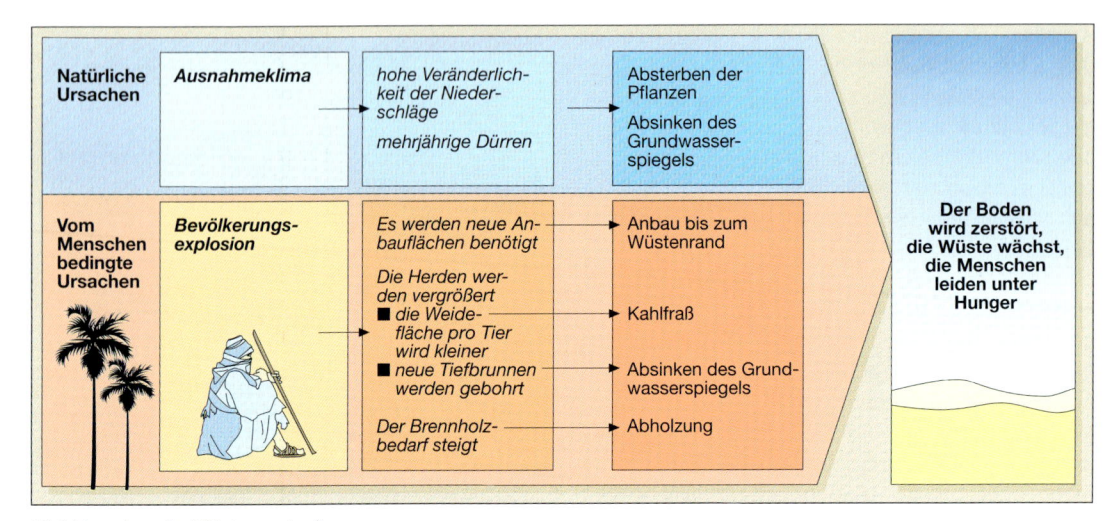

Natürliche Ursachen	*Ausnahmeklima*	hohe Veränderlichkeit der Niederschläge → mehrjährige Dürren	→ Absterben der Pflanzen / Absinken des Grundwasserspiegels	**Der Boden wird zerstört, die Wüste wächst, die Menschen leiden unter Hunger**
Vom Menschen bedingte Ursachen	*Bevölkerungsexplosion*	Es werden neue Anbauflächen benötigt	→ Anbau bis zum Wüstenrand	
		Die Herden werden vergrößert ■ die Weidefläche pro Tier wird kleiner ■ neue Tiefbrunnen werden gebohrt	→ Kahlfraß → Absinken des Grundwasserspiegels	
		Der Brennholzbedarf steigt	→ Abholzung	

42.1 Ursachen der Wüstenausbreitung

42.2 Wiederaufforstung

Hilfe für den Sahel

Kahlschlagflächen mit einem Radius von bis zu 100 km sind um die Städte entstanden. Der Boden trocknet schnell aus. Wind trägt die feine Erde fort. Durch den Regen werden tiefe Rinnen in die Erde gegraben. Um die Wüstenausbreitung zu stoppen schlagen Experten folgende Maßnahmen vor:

- das Bevölkerungswachstum eindämmen,
- den Viehbestand verringern,
- die Weidegebiete wechseln – vor allem in der Nähe von Tiefbrunnen,
- die Herden durch die Anlage von mehreren kleinen Brunnen besser verteilen,
- Futterreserven durch Bewässerung und Anpflanzen von Futtersträuchern schaffen,
- die Ackerbaugrenze 100 km zurücknehmen,
- Aufforsten (gegen Bodenverwehung, Erosion),
- Brennholzplantagen in der Nähe der Städte anlegen,
- geschlossene Öfen statt offener Feuerstellen verwenden,
- weniger für den Export anbauen,
- Getreide nur in Notfällen einführen,
- den Bauern höhere Preise für heimische Nahrungsmittel zahlen,
- Vorratsspeicher bauen,
- auch den Kleinbauern Möglichkeit geben ihre Erzeugnisse zu vermarkten.

1. Die Experten schlagen 14 Maßnahmen vor. Schreibe drei wichtige Maßnahmen auf und begründe sie.

42.3 Kahlfraß von Bäumen

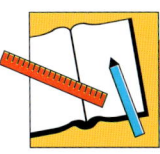

Wir werten ein Klimadiagramm aus

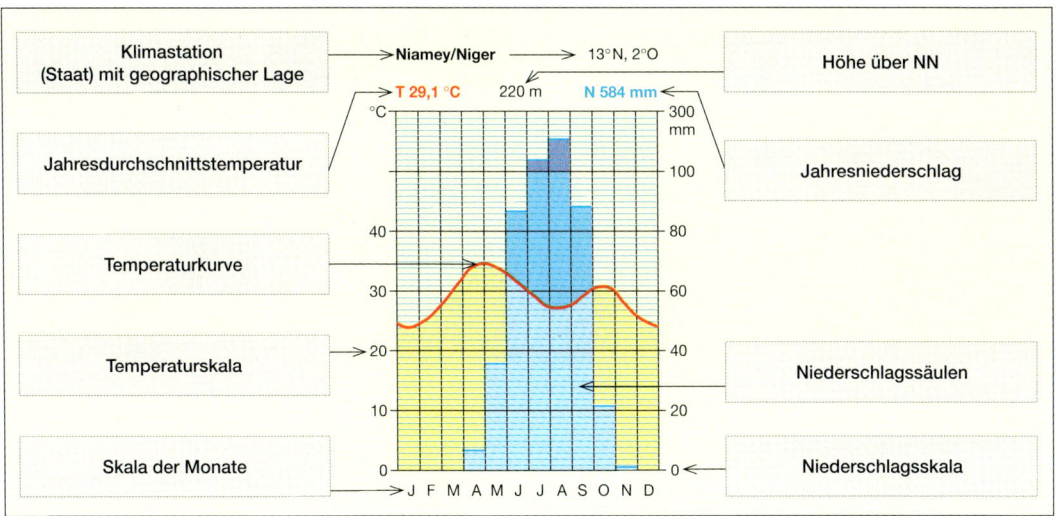

43.1 Klimadiagramm von Niamey

Am leichtesten lässt sich das Klima an einem Ort durch ein Klimadiagramm darstellen. Es zeigt den durchschnittlichen Temperaturverlauf (in °Celsius), die durchschnittliche Menge der Niederschläge (in mm) und die Verteilung auf das Jahr. Du kannst also ablesen, wann der kälteste oder wärmste Monat in einem bestimmten Ort war und ob es dort viel oder wenig geregnet oder geschneit hat.

Wenn die Niederschlagssäulen über die Temperaturkurve hinausreichen, dann haben Pflanzen genügend Wasser zum Wachsen, d. h. bei einer Temperatur von 20 °C müssten mehr als 40 mm Niederschlag fallen oder bei einer Temperatur von 10 °C müssten mehr als 20 mm Niederschlag fallen. Solche feuchten **(humiden)** Monate sind mittelblau markiert. An einigen Orten auf der Welt können die monatlichen Niederschläge erheblich höher als 100 mm sein. Eine solche Säule würde dann über die Buchseite hinausgehen. Deshalb ist der Maßstab über 100 mm Niederschlag verkürzt (1 cm = 200 mm) Niederschläge über 100 mm sind dunkelblau eingefärbt.

Erreichen die Niederschlagssäulen die Temperaturkurve nicht, ist die Verdunstung höher als der Niederschlag. Die Pflanzen können nicht wachsen. Diese trockenen **(ariden)** Monate sind gelb gezeichnet.

Liegen die Niederschlagssäulen mal über und mal unter der Temperaturkurve, spricht man von **wechselfeuchtem** Klima.

1. Beschreibe das Diagramm.
- Wo liegt die Klimastation?
- Wann fallen die meisten Niederschläge?
- Welche Monate sind besonders trocken?

2. Ziehe Schlüsse aus dem Diagramm.
- Ist das Klima trocken, feucht, wechselfeucht?
- Welche Schlüsse lassen sich aus dem Klima auf das Wachstum der Pflanzen ziehen?

3. Zeichne zwei Klimadiagramme.

Hier hast du die Klimaangaben von Algier (Algerien) 59 m, 18 °C, 762 mm.

Monat	J	F	M	A	M	J	J	A	S	O	N	D
°C	12	13	15	16	20	23	26	27	25	21	17	14
mm	110	83	76	41	46	17	2	4	42	80	128	135

Die zweiten Klimaangaben sind von Yangambi (Kongo) 487 m, 24,6 °C, 1828 mm.

Monat	J	F	M	A	M	J	J	A	S	O	N	D
°C	24	25	25	25	24	24	25	25	25	25	25	25
mm	85	90	120	140	160	140	160	170	180	220	180	140

Vergleiche die beiden Diagramme. In welchen Klimazonen liegen die Orte?

Einheimische und europäische Produktionsformen

44.1 Tropische Knollenfrüchte: Bataten, Maniok, Yams und Taro

1. Brandrodungsfeldbau bei den Bantu

Die Bantu betreiben **Wanderfeldbau.** Bis zu 40 Menschen pro Quadratkilometer können bei dieser Wirtschaftsform im Regenwald leben. Ackerflächen im Regenwald werden durch Brandrodung urbar gemacht. Dabei werden die Bäume geringelt, damit sie absterben. Danach zündet man sie an.

Die Bantu leben in Dörfern. Zu Beginn eines trockeneren Jahresabschnitts werden kleinere Bäume und Büsche abgeschlagen. Urwaldriesen lässt man häufig als Schattenbäume stehen um Jungpflanzen vor der Sonne zu schützen. Nach einigen Wochen brennen die Bantu die verdorrten Büsche und Bäume ab.

Die Asche enthält wichtige Nährstoffe. Mit Grabstöcken und Hacken säen die Bantu zwischen die verkohlten Baumstümpfe zunächst Mais und Hirse. Danach kommen Knollengewächse wie Maniok und Bataten. Die Bantu bauen nur für den Eigenbedarf an.

Die Aschedüngung hält nicht lange vor. Deshalb sinken die Erträge auf den Anbaufeldern. Spätestens nach drei Jahren geben die Bantu die Felder auf und wandern weiter. Ist der Boden einer Rodungsinsel erschöpft, legen die Bantu im Regenwald eine neue an. Oft ist sie so weit von der alten Siedlung entfernt, dass das Dorf an anderer Stelle neu aufgebaut wird.

Der Wald erobert sich wieder die zurückgelassenen Felder. Es gibt hier aber nun weniger Baumarten. Nach zehn Jahren kann die ehemalige Rodungsinsel wieder urbar gemacht werden.

Bei den Bantu ist das Bevölkerungswachstum hoch. Ihre Anbauflächen lassen sich nicht vergrößern, denn auch die benachbarten Regenwaldgebiete sind besiedelt. So roden sie die verbliebenen Flächen und nutzen die ehemaligen Rodungsinseln früher. Die Brachezeiten der Felder werden zu kurz. Der Boden kann sich nicht ausreichend erholen. Die Erträge sinken. Wegen der Nahrungsmittelknappheit wandern deshalb viele Dorfbewohner in die Stadt ab.

44.2 Brandrodungsfeldbau

1. Beschreibe die Wirtschaftsform der Brandrodung.
2. Welche Nachteile hat die Brandrodung für die Bantu?

45.1 Kakaobaum mit Früchten

45.2 Geöffnete Kakaofrucht

2. Plantage und Marktwirtschaft

„Ich heiße Obed und arbeite in einer Kakaoplantage bei Bouake. Auch mein Vater ist hier angestellt: Er hat damals mitgeholfen die Pflanzung anzulegen. Zuerst rodeten die Männer den Regenwald. Die hohen Bäume blieben stehen. Dazwischen pflanzten sie Kokospalmen und Mehlbananen, die die jungen Kakaobäume zusätzlich vor der direkten Sonneneinstrahlung schützen. Die Pflanzung ist im Laufe der Jahre vergrößert worden. Das ist auch gut so, denn auf diese Weise haben wir Flächen mit unterschiedlich altem Baumbestand. So können wir jedes Jahr eine Kakaoernte einbringen.

Der Eigentümer der Pflanzung lebt in Abidjan. Er kommt manchmal hierher um mit der Verwaltung zu sprechen. Demnächst werden wir eine neue Kakaobaumart pflanzen, die mehr Früchte trägt. Dann benötigen wir mehr Saisonarbeiter. Heute verarbeiten wir die Kakaobohne bis zum Endprodukt wie Kakaopulver oder Schokolade. Schließlich müssen wir konkurrenzfähig bleiben.

Es gibt Leute, die unsere Anbauform Monokultur (einseitiger Anbau einer bestimmten Pflanze) nennen. Sie wissen, dass wir ein Produkt anbauen, das man auf dem Weltmarkt gut verkaufen kann.

Plantagen sind Großbetriebe. Sie können meist billiger und besser produzieren als Kleinbetriebe. Sie haben genug Kapital um teure Maschinen und Schädlingsbekämpfungsmittel zu kaufen. Das ist auch nötig, da Schädlinge den ganzen Bestand gefährden können. Eine Plantage arbeitet aber nicht ohne Risiko. Sie ist abhängig vom Weltmarktpreis und der wird von den Verbraucherländern gemacht. Der Preis richtet sich nach Angebot und Nachfrage. Wir hoffen, dass in anderen Erzeugerländern Dürre und Schädlinge die Ernte beeinträchtigen. Dann steigt der Kakaokurs."

Der **Kakaobaum** ist eine immergrüne Schattenpflanze, die vier bis acht Meter hoch wird. Die Früchte sind bis 25 cm lang und gurkenförmig. Jede enthält, eingebettet in rötliches Fruchtfleisch, etwa 250 Kakaobohnen. Nach fünf bis acht Monaten sind sie reif. Dann werden sie mit Messern abgeschlagen. Sofort nach der Ernte werden die Früchte aufgeschlagen und die Kakaobohnen bei ca. 40 bis 50 °C unter freiem Himmel gelagert. Dabei entstehen innerhalb von vier bis acht Tagen die typischen Aromastoffe.

In der Weiterverarbeitung werden die Bohnen geröstet, nach der Abkühlung gemahlen und zu einer flüssigen Masse verarbeitet, das Ausgangsprodukt für Kakaopulver. Daraus stellt man dann Schokolade und vieles andere her.

Land	1980	1995	Land	1980	1995
Côte d'Ivoire	400	809	Malaysia	32	230
Brasilien	318	312	Nigeria	155	140
Ghana	250	270	Kamerun	117	115
Indonesien	15	260	Kolumbien	40	59

45.3 Kakaoproduktion in 1000 t

1. Erläutere die Begriffe Plantage und Monokultur.
2. Nenne Vor- und Nachteile einer Monokultur.

Afrikas Bodenschätze für die Weltwirtschaft

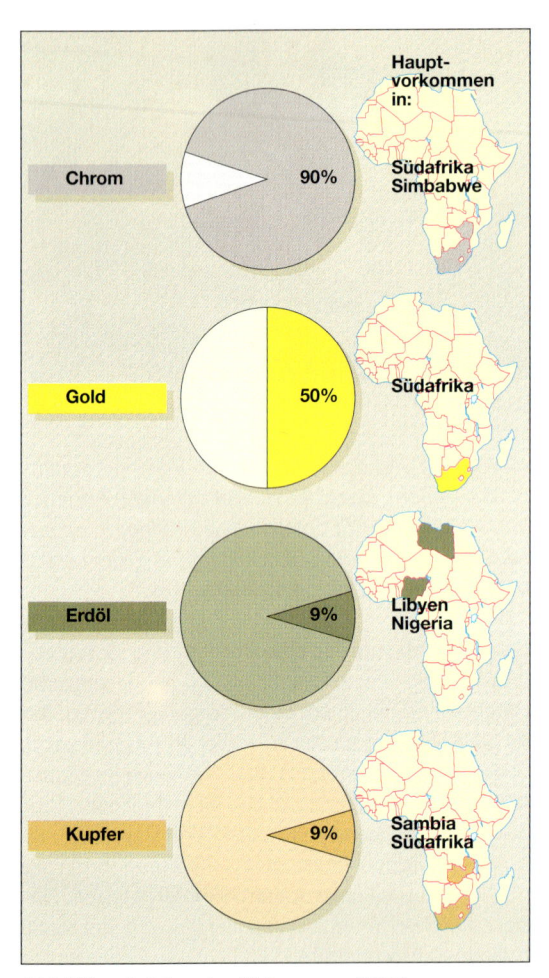

Chrom 90% — Hauptvorkommen in: Südafrika, Simbabwe

Gold 50% — Südafrika

Erdöl 9% — Libyen, Nigeria

Kupfer 9% — Sambia, Südafrika

46.1 Afrikas Anteil an den Weltreserven (1996)

Wusstest du, dass
- Südafrika mit rund 600 000 kg im Jahr der größte Goldproduzent der Welt ist und die Goldbergwerke bis 3 km tief sind,
- Botswana, die Demokratische Republik Kongo, Südafrika, Namibia, Angola und Ghana die Hälfte aller Diamanten auf der Welt fördern und dass man Diamanten in Karat (= 0,2 g) berechnet,
- Südafrika und Simbabwe die wichtigsten Lieferanten von Chromerz sind und dass die Industrieländer Chrom für die Herstellung von nicht rostendem Stahl und zum Schutz von Stahl (Verchromen) verwenden,
- in Sambia 40 Mio. t Kupfererz lagern und das rote Halbedelmetall wegen seiner guten Leitfähigkeiten in den Bereichen Elektrik und Wärme sehr begehrt ist,
- Guinea nach Australien der zweitgrößte Produzent von Bauxit ist, das für die Aluminiumherstellung gebraucht wird,
- Algerien bei den Erdgasreserven an 6. Stelle in der Welt liegt und dass eine Erdgaspipeline auf dem Meeresboden nach Italien verläuft,
- Nigeria die gleiche Menge Erdöl im Jahr fördert, die Deutschland einführt,
- Angola, Nigeria, Algerien, Libyen, Tunesien, Gabun und Kamerun Erdöl an Deutschland liefern,
- Südafrika und Mauretanien mehr als doppelt so viel Eisenerz wie Schweden fördern,
- Niger und Südafrika mehr Uranreserven haben als die USA und Russland zusammen und dass Uran für Kernkraftwerke verwendet wird?

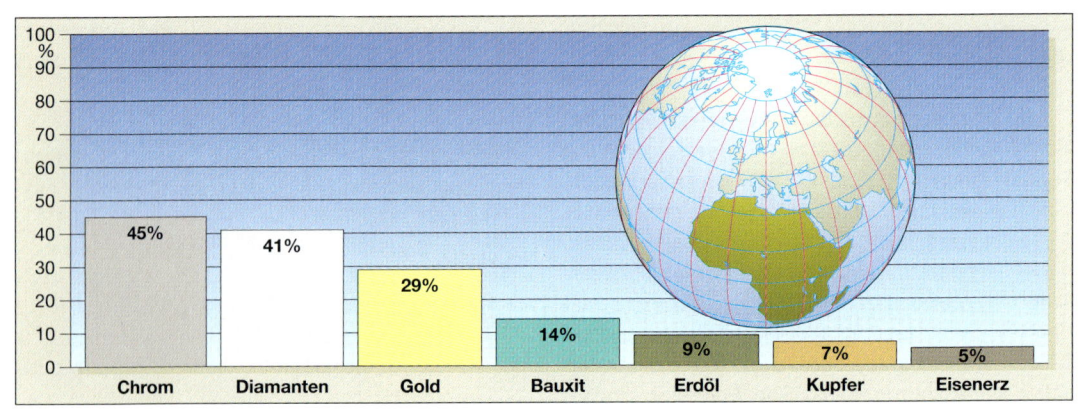

Chrom	Diamanten	Gold	Bauxit	Erdöl	Kupfer	Eisenerz
45%	41%	29%	14%	9%	7%	5%

46.2 Afrikas Anteil an der Weltproduktion (1996)

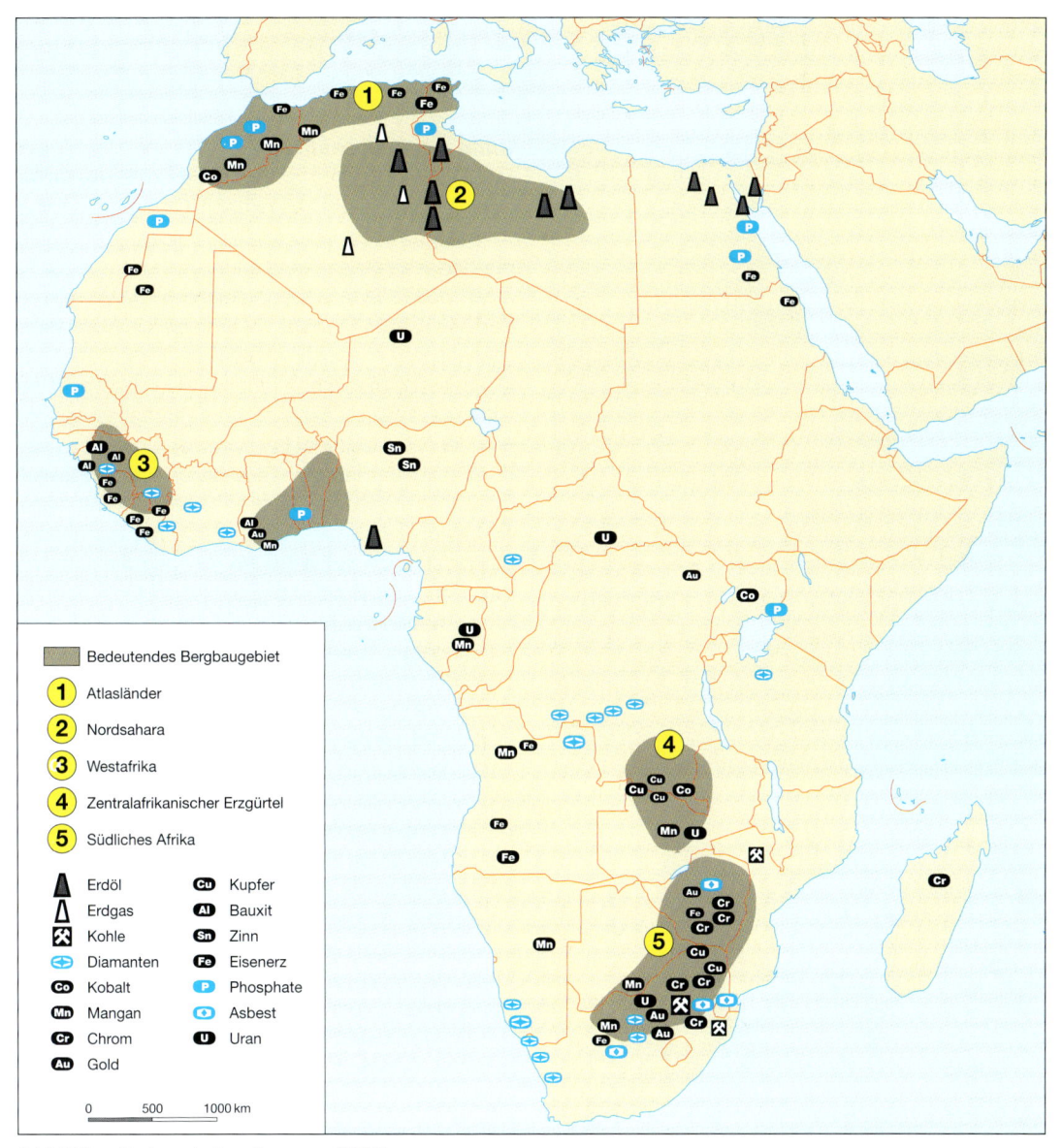

47.1 Afrikas Bodenschatzvorkommen (1996)

Legende:
- Bedeutendes Bergbaugebiet
- ① Atlasländer
- ② Nordsahara
- ③ Westafrika
- ④ Zentralafrikanischer Erzgürtel
- ⑤ Südliches Afrika

- Erdöl
- Erdgas
- Kohle
- Diamanten
- Co Kobalt
- Mn Mangan
- Cr Chrom
- Au Gold
- Cu Kupfer
- Al Bauxit
- Sn Zinn
- Fe Eisenerz
- P Phosphate
- Asbest
- U Uran

Die meisten Länder Afrikas sind **Entwicklungsländer**. Viele haben nur ein einziges Bergbauprodukt und sind deshalb von den Industrieländern abhängig. Sie liefern ihre Rohstoffe an die Industrieländer. Mit dem Geld aus dem Verkauf ihrer Rohstoffe kaufen sie Industriegüter ein. Geht der Weltmarktpreis nach unten, sind die Rohstoff exportierenden Entwicklungsländer besonders betroffen. Einige afrikanische Staaten versuchen daher ihre Rohstoffe selbst zu verarbeiten oder Halbfertigwaren auszuführen.

Anteil am Exportwert (1996)

Nigeria: Erdöl 96 %	Kongo: Erdöl 83 %
Angola: Erdöl 90 %	Guinea: Bauxit 70 %
Sambia: Kupfer 90 %	Mauretanien: Eisenerz 50 %
Niger: Uran 90 %	Ghana: Gold 45 %

1. Nenne die Bergbaugebiete und die Abbauprodukte in Afrika. Benutze dazu auch deinen Atlas.
2. Welche Bedeutung haben afrikanische Bergbauprodukte für die Weltwirtschaft?

Brasilien – Schlüsselland in Lateinamerika

48.1 Rio de Janeiro

48.2 In einer Favela

Land der Gegensätze

Brasilien ist das fünftgrößte Land der Erde. Es leben hier ca. 150 Mio. Menschen. Obwohl das Land 21-mal größer als Deutschland ist, leben dort also nur doppelt so viele Menschen wie bei uns. Brasiliens Problem ist u. a. die ungleichmäßige Verteilung der Bevölkerung auf die verschiedenen Regionen.

Die meisten Menschen leben in den Städten (São Paulo ca. 17 Mio.). Das sind ca. zehnmal so viel Einwohner wie die Stadt Hamburg hat. Fast die Hälfte der Einwohner leben in Elendsvierteln, den **Favelas.** Dort gibt es kein Wasser, keinen Strom, keine Müllabfuhr. Arbeitslosigkeit, Streit mit den Nachbarn, fehlende ärztliche Versorgung bestimmen das Leben. Deshalb verlassen viele Menschen die Bretterbuden der Favelas und gehen in die Stadt. Mit Diebstahl, Bettelei oder als Kuriere der Rauschgifthändler halten sie sich über Wasser. Dabei werden sie oft Opfer von Gewalt. Im Jahr 1993 starben allein in Rio de Janeiro 424 Kinder und Jugendliche auf den Straßen der Stadt.

In den Industriegebieten um die großen Städte Rio de Janeiro, Belo Horizonte, São Paulo und Porto Alegre werden die meisten Güter des Landes produziert. Im Südosten ist die Landwirtschaft hoch entwickelt. Von hier stammen landwirtschaftliche Produkte, u. a. der Kaffee, das Hauptexportgut Brasiliens.

Im Nordosten gibt es riesige Ländereien. Sie gehören wenigen Großgrundbesitzern. Eine gerechte Umverteilung an arme Familien scheiterte bisher an dem Widerstand der Reichen. Durch Landbesetzungen versuchen die Siedler Besitzrechte zu erkämpfen. Die Großgrundbesitzer ließen jedoch diese Siedler vertreiben.

Im Norden liegt der Regenwald. Er nimmt über die Hälfte der Fläche des Landes ein. Damit besitzt Brasilien den größten Anteil der Welt am tropischen Regenwald. Hier gibt es viele Bodenschätze und große Wasserkraftreserven.

1. Überlege, warum Brasilien ein Land der Gegensätze ist.
2. Welche Probleme ergeben sich für Familien in einer Favela?

In Brasilien waren immer die Küsten von Bedeutung, denn Wirtschaft und Handel waren abgestimmt auf Europa. Seit einiger Zeit versuchen die Brasilianer ihr Land zu erschließen. So verlegte man 1960 die Hauptstadt von Rio de Janeiro nach Brasilia. Innerhalb von vier Jahren wurde die Stadt aus dem Boden gestampft. Sie liegt ungefähr 900 km im Landesinnern.

Um das Amazonasgebiet zu erschließen wurde die **Transamazonica**, ein großes Straßenbauprojekt, angelegt. Entlang der Straße wurden Gebiete an landlose Familien abgegeben. Es stellte sich aber bald heraus, dass der Boden des tropischen Regenwaldes sich nicht für Dauernutzung durch Bauern eignete.

Danach startete das Land einen neuen Entwicklungsplan. In- und ausländische Betriebe sollten ihr Geld in Amazonien anlegen. Dort entstanden große Bergwerke und riesige Viehfarmen. Der Norden sollte Brasilien mit Rohstoffen versorgen und so die Industrialisierung vorantreiben. Doch auch diese Pläne gingen nicht auf. Der Export von Rohstoffen lohnte sich nicht wegen niedriger Preise auf den Weltmärkten. Auch die Viehweiden mit den Rindern brachten nicht den erhofften Gewinn. Durch die Rodung des Regenwaldes spülte der Boden ab und Unkraut breitete sich aus.

3. Arbeite mit der Karte 49.1:
   Beschreibe den Verlauf der Transamazonica.
   Wo liegen Bergbaugebiete?
   Welche Rohstoffe werden hier abgebaut?
   Wo liegen die Viehzuchtgebiete?
4. Warum lehnen heute viele Fachleute diese Formen der Erschließung des tropischen Regenwaldes ab?

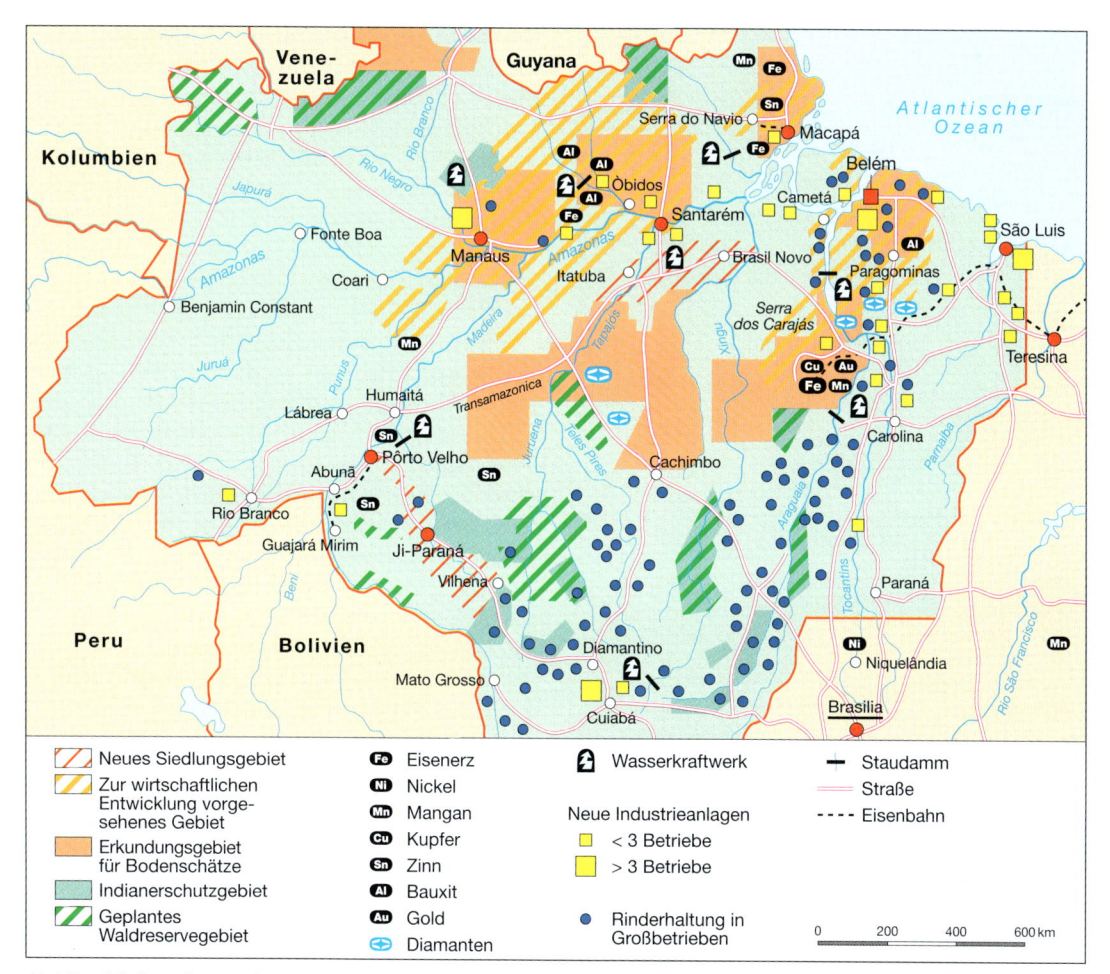

49.1 Erschließung Amazoniens

Mexiko – ein Industrieland?

50.1 Grenzzaun zwischen Mexiko und den USA

50.2 Montage des VW-Käfers

	Mexiko	USA
Einwohner	91 Mio.	265 Mio.
Fläche	1,96 Mio. km²	9,81 Mio. km²
Lebenserwartung	71 Jahre	76 Jahre
Bevölkerungswachstum (1985–1995)	2,2 % jährlich	1 % jährlich
Analphabeten	10 %	unter 5 %
BSP* pro Kopf	3 700 US-$	26 000 US-$
Beschäftigte		
Landwirtschaft	26,0 %	2,8 %
Industrie	23,0 %	24,6 %
Dienstleistung	51,0 %	72,6 %
unter Armutsgrenze	30,0 %	14,5 %
Auslandsschulden	130 Mrd. $	keine

* Bruttosozialprodukt = Summe aller Güter und Dienstleistungen

50.3 Strukturdaten Mexiko und USA (1996)

Große Unterschiede in der Entwicklung

Mexiko weist eine Reihe von Entwicklungsmerkmalen auf, die mit denen der Industrieländer vergleichbar sind. So liegt die Lebenserwartung bei 71 Jahren. Andererseits ist das Pro-Kopf-Einkommen im Vergleich zu dem in den Industrieländern noch gering, aber erheblich höher als das von anderen Entwicklungsländern. Auch die Gesundheitsversorgung ist wesentlich besser. Sie reicht aber an den Standard der Industrieländer nicht heran.

Von den übrigen Entwicklungsländern hebt sich Mexiko besonders in dem Entwicklungsstand seiner Wirtschaft ab. Während in fast allen Entwicklungsländern die meisten Menschen in der Landwirtschaft oder beim Abbau von Rohstoffen beschäftigt sind, arbeiten in Mexiko etwa ein Viertel in der Landwirtschaft. An der Wirtschaftsleistung ist die Landwirtschaft aber nur zu 8 % beteiligt. Die Industrie erwirtschaftet 28 % und der Dienstleistungssektor 64 %.

Die Industrie Mexikos ist gut entwickelt: Sie stellt mittlerweile Waren von hoher Qualität her, die auch exportiert werden. Beim Export von Industriegütern machen Kraftfahrzeuge und Kraftfahrzeugteile einen hohen Anteil aus. Im VW-Werk Mexiko werden Fahrzeuge für den Inlandsbedarf und für den Export gefertigt. Zeitweise exportierte Mexiko den VW-Käfer sogar nach Deutschland. Auch andere große europäische, japanische und nordamerikanische Konzerne haben Zweigwerke in Mexiko eröffnet oder beziehen Produkte von mexikanischen Zulieferfirmen.

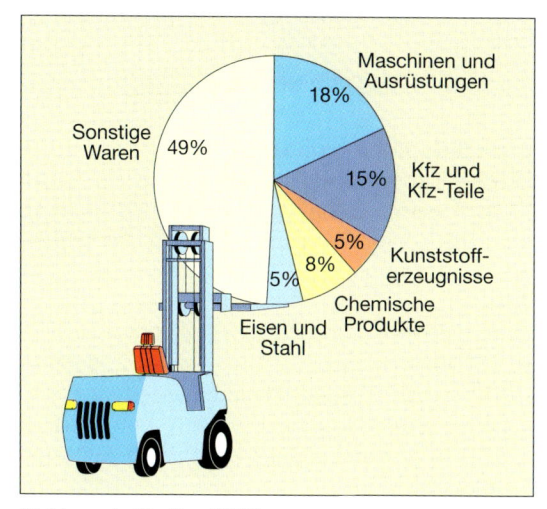

51.1 Importe Mexikos (1995)

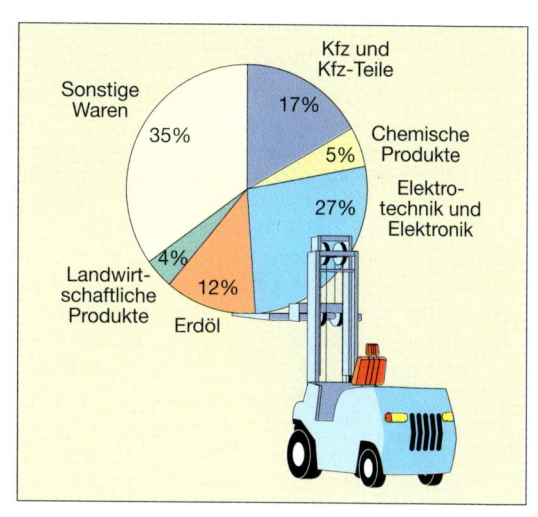

- Sonstige Waren 49%
- Maschinen und Ausrüstungen 18%
- Kfz und Kfz-Teile 15%
- Kunststofferzeugnisse 8%
- Chemische Produkte 5%
- Eisen und Stahl 5%

51.2 Exporte Mexikos (1995)

- Sonstige Waren 35%
- Kfz und Kfz-Teile 17%
- Chemische Produkte 5%
- Elektrotechnik und Elektronik 27%
- Erdöl 12%
- Landwirtschaftliche Produkte 4%

Niedrige Lohnkosten und Lohnnebenkosten

Zu den Lohnnebenkosten gehören Versicherungen, Krankenkassenbeiträge und andere Sozialleistungen. Sie machen einen wesentlichen Teil der Produktionskosten aus. Die niedrigen Sozialleistungen bedeuten, dass Arbeiterinnen und Arbeiter z. B. bei Krankheit nicht abgesichert sind. Die Arbeitskosten pro Stunde sind in Mexiko nur ein Zehntel so hoch wie in den USA.

Um das Kostengefälle zu den Industrieländern auszunutzen haben sich inzwischen 1500 ausländische Betriebe in Mexiko angesiedelt. Sie beschäftigen über 500 000 Arbeitskräfte. Die meisten Betriebe stellen Erzeugnisse her, bei denen der Anteil der Handarbeit groß ist. Dazu zählen Schuhe, Bekleidung, Kfz-Teile, Spielwaren und Sportartikel.

Der mexikanische Staat fördert die Ansiedlung solcher Betriebe besonders im Norden des Landes nahe der Grenze zu den USA. Für die amerikanischen Betriebe bleiben die Transportkosten gering, da ein Großteil der Produkte in den USA abgesetzt wird. Mexiko kann mit neuen Arbeitsplätzen der ungesetzlichen (illegalen) Auswanderung entgegenwirken. Die US-Regierung unterstützt diese Entwicklung. Auch sie ist daran interessiert den Strom illegaler Einwanderer zu stoppen.

1. Vergleiche in Tab. 50.3 die Angaben von Mexiko mit denen der USA.
2. Erläutere, warum Diego Herrera und seine Familie illegal Mexiko verlassen haben.
3. Erkläre, warum die Grenze zwischen Mexiko und den USA durch einen Zaun gesichert ist.

Ich bin in Bayas, einem Dorf in der Nähe von Durango, geboren. Mein Vater arbeitete als Tagelöhner auf einem großen Gut. Meine Mutter wusch und bügelte die Wäsche von reicheren Leuten. Insgesamt reichte das Geld kaum um unsere Familie, ich habe noch sechs Geschwister, zu ernähren. Wir wohnten in einem alten Steinhaus am Dorfrand, das nur einen einzigen Raum hatte. In der Mitte stand eine aus Ziegelsteinen gebaute Feuerstelle. Im Haus gab es keinen elektrischen Strom und kein fließendes Wasser. Abends wurde eine Petroleumlampe angezündet, aber nur, wenn meine Eltern genug Geld für Petroleum übrig hatten. Meistens gab es mittags nur einen Bohneneintopf – und damit meine Mutter kochen konnte, mussten wir Kinder in der Umgebung Feuerholz sammeln. Für Kleidung war kein Geld da. Die jüngeren Geschwister mussten die Sachen der älteren weitertragen.

Als der Gutsbesitzer einen neuen Trecker und Maschinen kaufte, war für meinen Vater keine Arbeit mehr da. Deshalb beschlossen meine Eltern zu Bekannten nach Ciudad Acuna an die Grenze zu den USA zu ziehen. Von dort aus bekam mein Vater Arbeit auf einer Farm in Del Rio in den USA. Der Farmer holte ihn und seine Kollegen jeden Morgen mit dem Pick-up an der Grenze ab. Weil wir bei unseren Bekannten nicht mehr wohnen können, sind wir jetzt illegal über die Grenze in die USA gegangen.

(nach Berichten der San Antonio Express-News, April 1992)

51.3 Diego Herrera – Auswanderer aus Mexiko

Hoffnung auf ein besseres Leben in Städten

Die Landflucht der Menschen aus dem Hochland von Mexiko hat mehrere Ursachen. Immer mehr landwirtschaftliche Betriebe sind moderne Großbetriebe, die Exportprodukte wie Kaffee herstellen. Da sie sehr gut mit Maschinen ausgestattet sind, werden immer weniger Landarbeiter beschäftigt. Die Kleinbetriebe der ärmeren Landbevölkerung sind durch Erbteilung mit der Zeit so klein geworden, dass sie die Familie nicht mehr ernähren können. Geld um Nahrungsmittel kaufen zu können, lässt sich aber nur in der Stadt verdienen.

Zum Beispiel Mexiko-City

Mexiko-City ist die älteste Großstadt in der Neuen Welt. In dem Ballungsraum lebten 1995 rund 16 Mio. Menschen. Die Stadt ist damit die sechstgrößte **Metropole** der Welt.

Eine so große Stadt hat riesige Probleme:
- 2 Millionen Menschen haben keinen Zugang zu fließendem Wasser. Ständig müssen neue und tiefere Brunnen gebaut werden. Das führt an einigen Stellen zu einer Bodenabsenkung um 25 cm im Jahr.
- Mehr als 3 Millionen Menschen haben keine richtigen Toiletten mit Wasserspülung. Grundwasser und Flüsse sind deshalb stark verschmutzt. Immer wieder treten Krankheiten und Seuchen auf.
- Von den 14 000 Tonnen Abfall täglich (ein Gewicht von 14 000 Autos) schafft die Müllabfuhr nur die Hälfte weg. Ein Viertel wird für Landauffüllungen verwendet, das restliche Viertel bleibt liegen.
- Mehr als 3 Mio. Pkw und 7000 Busse sind täglich unterwegs. Die Luftverschmutzung ist durch Autoabgase sehr hoch. Da die Stadt 2300 m über dem Meeresspiegel liegt, verbrennt der Kraftstoff wegen des niedrigeren Sauerstoffgehaltes der Luft schlechter als in Meereshöhe. Viele Mexikaner sind bis zu fünf Stunden unterwegs um zu ihrem Arbeitsplatz zu kommen.
- Die Hälfte der Industrieproduktion des Landes ist in der Hauptstadt konzentriert. Durch den Smog hat sich die Sichtweite in 25 Jahren von 12 auf 2 km verringert. 30 000 Kinder sterben jährlich an Krankheiten, die auf Luftverschmutzung zurückgehen.
- Der Stadt fehlt es an Geld. Wohnungen können nicht gebaut, Wasseranschlüsse und Abwasserleitungen nicht gelegt, Müllfahrzeuge nicht gekauft werden.

1. Beschreibe das Bevölkerungswachstum und die räumliche Entwicklung der Stadt.
2. Was erwartet die Zuwanderer in der Stadt? Wie ist ihre Lebenserwartung?
3. Berichte über die Lebensverhältnisse in den Elendsvierteln.

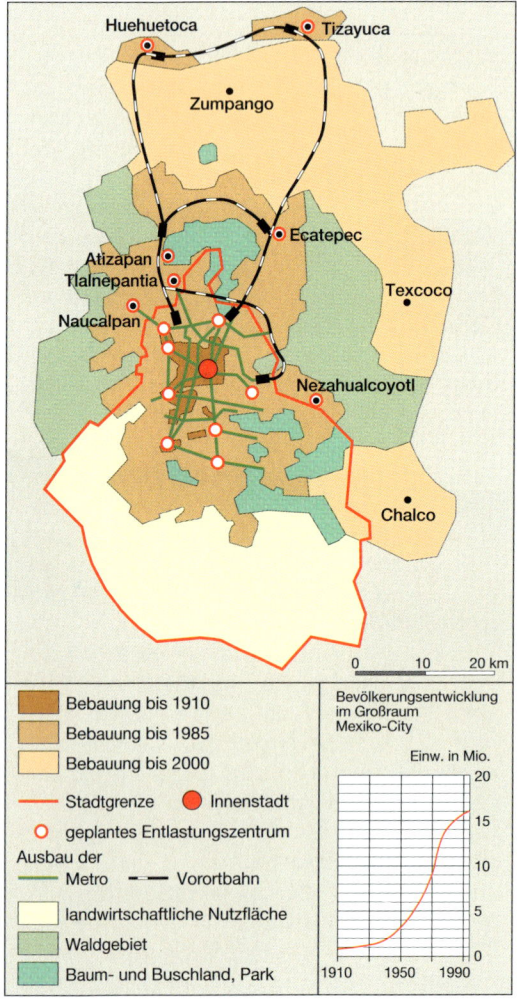

52.1 Mexiko-City

53.1 Die Metropole – ein Magnet

53.3 In einem Slum

Ein Hauptgrund für die Übervölkerung von Mexiko-City ist die Landflucht. Da die Bevölkerung schneller wächst als das Arbeitsplatzangebot, hat die Zahl der Arbeitslosen schwindelnde Höhen erreicht. Das Wachstum der Slumgebiete ist unkontrollierbar geworden. Rund ein Drittel der arbeitsfähigen Bevölkerung in Mexiko-City ist arbeitslos oder unterbeschäftigt. Die Löhne derer, die einen festen Arbeitsplatz in der Industrie haben, sind oft verzweifelt niedrig. Selbst Fließbandarbeiter können sich die hohen Mieten in den neueren und besseren Wohngebieten nicht leisten. Wie ihre arbeitslosen Kollegen müssen sie in den Elendsvierteln leben. Es gibt etwa 500 Slums am Stadtrand, weitere sind über die Innenstadt verteilt.

Einige der Slums in den Vororten bestehen schon lange. Inzwischen haben sich die Wohnverhältnisse dort so verbessert, dass sie die Bezeichnung Slum kaum noch verdienen. Trotzdem nennt man sie ciudades perdidas, das heißt verlorene Städte.

Das größte und eines der ältesten Arbeiterviertel ist Ciudad Nezahualcoyotl, die Stadt des hungrigen Kojoten. Neza, wie der Stadtteil genannt wird, hatte Anfang der Achtzigerjahre etwa drei Mio. Einwohner. Damit war er der größte Slum der Welt. Dieses rund 50 km² große Elendsviertel liegt im ausgetrockneten Bett eines Sees. Wenn dort der Wind weht, brennt der Staub in den Augen und ruft Atembeschwerden hervor.

In seinen älteren Teilen besteht Neza schon so lange, dass es asphaltierte Hauptstraßen, Wasser- und Stromleitungen erhalten hat. Es gibt auch Schulen, Geschäfte und feste Wohnhäuser. Aber die meisten Wohngebäude sind bestenfalls Baracken aus Wellblech und Betonsteinen. Schlimmstenfalls sind es Hütten aus Abfallholz und flachgeklopften Blechkanistern. Von Fliegenwolken umschwärmte Müllberge zwingen die vorbeifahrenden Autofahrer die Fenster geschlossen zu halten.

Die Slums wachsen weiter. Neza zum Beispiel hat bereits eigene Vororte. Andere Slums entstehen über Nacht, wenn obdachlose Familien plötzlich unbebauten Grund besetzen. Sie fallen so schnell in solche Gebiete ein um ihre Hütten aus Pappkartons, Dachpappe, Holz und allem, was ihnen in die Hände fällt, zu bauen, dass sie den Spitznamen „Fallschirmspringer" erhalten haben.

Die elendsten Slums sind die Ansiedlungen auf etwa einem Dutzend Müllberge. Die Bewohner dieser Müllhalden leben davon, dass sie die Abfallberge nach allem durchwühlen, was sich noch verwerten lässt – Papier, Glas oder Metalle, vielleicht auch defekte Haushaltsgeräte. Den scheußlichen Gestank nehmen die Müllhaldenbewohner längst nicht mehr wahr. Mit ihnen durchwühlen Ziegen und Schweine den Müll nach Brauchbarem.

(nach: Time-Life, Mexiko, aktualisiert)

53.2 Leben in einer „verlorenen Stadt"

1492–1992: Fünfhundert Jahre Europäer in Lateinamerika

Eroberer und Kolonisten

1492 hatte Kolumbus Amerika entdeckt. In den folgenden Jahrzehnten kamen europäische Eroberer in die „Neue Welt". Sie fanden hoch entwickelte Staaten vor: in Mittelamerika die Reiche der Maya und Azteken mit glanzvollen Städten, Tempeln und Pyramiden, in den Anden das Reich der Inka.

Das Inka-Reich erstreckte sich im 16. Jahrhundert vom heutigen Ecuador bis nach Chile. Staat, Kultur und Wirtschaft waren hoch entwickelt. Die Dorfgemeinschaft bewirtschaftete das gesamte Ackerland gemeinsam. Wasserbecken und Stauanlagen sicherten die Wasserversorgung. Zwischen der Hauptstadt Cuzco und anderen Städten und Dörfern bestand ein gut ausgebautes Wegesystem. Waren und Informationen konnten zuverlässig ausgetauscht werden.

Auf der Suche nach Gold und Silber stießen die spanischen Eroberer 1533 in das Hochland von Peru und Ecuador vor. Sie eroberten Cuzco und unterwarfen das Inka-Reich. Von nun an betrachteten sie das Land als ihr Eigentum. Die neuen Herrscher nahmen den **Indios** Schmuck und alle Gold- und Silbervorräte ab. Sie plünderten die mit Gold und Silber ausgeschmückten Paläste und Tempelanlagen. Gleichzeitig begannen sie Edelmetalle in den Bergwerken im Hochland zu fördern. Junge, arbeitsfähige Männer mussten Zwangsarbeit in den Bergwerken verrichten.

Viele Indios starben an Erschöpfung, Hunger und an Krankheiten, die die Europäer eingeschleppt hatten. In den Indio-Dörfern fehlten die Arbeitskräfte, sodass das früher übliche System der Gemeinschaftsarbeit zerbrach.

Spanische Siedler legten in der Nähe der Städte große landwirtschaftliche Betriebe, **Latifundien**, an. Sie führten Schafe und Rinder aus Europa ein. Die Großbetriebe (spanisch **Haciendas** oder Estancias) sollten den städtischen Markt versorgen. Den Indios blieb nicht mehr genügend Ackerboden für ihr sicheres Überleben. Die Spanier hatten ihnen überall das beste Land weggenommen. Von den geringen Erträgen ihrer kleinen Ackerflächen mussten die Indios den Spaniern auch noch Steuern bezahlen.

Im Laufe der Zeit vermischten sich Spanier und Indios. Ihre Nachkommen werden **Mestizen** genannt. Für die harte Arbeit auf den Plantagen wurden Sklaven aus Afrika eingesetzt. Sie vermischten sich später zum Teil mit den Weißen. Nachkommen dieser Verbindungen werden als **Mulatten** bezeichnet.

Die Kolonisten hatten **Plantagen** vor allem in den Küstenzonen der Anden, Brasiliens und auf den Antillen angelegt. In Monokulturen bauten sie Zuckerrohr, Tabak, Kakao und Baumwolle an. Die Plantagen waren auf den Export nach Europa ausgerichtet. In den meisten Ländern Lateinamerikas haben diese Grundstrukturen bis heute Gültigkeit.

54.1 Kreole

54.2 Mestize

Kultur und Bevölkerung heute

Die Auswirkungen der Kolonisierung Lateinamerikas sind bis heute spürbar:
- Spanische und portugiesische Einflüsse bestimmen den Baustil in den Städten.
- Die Kolonialherren zwangen die Ureinwohner zum Christentum überzutreten. Deshalb ist dort heute der katholische Glaube vorherrschend. Alle Lebensbereiche sind jedoch stark mit indianischen Vorstellungen durchsetzt.
- Die **Kreolen**, die in Lateinamerika geborenen Nachkommen der Spanier, entwickelten ein ausgeprägtes Selbstbewusstsein. Sie sind seit langem in führenden Positionen beschäftigt. Mischlinge und Farbige, in vielen Staaten etwa zwei Drittel der Einwohner, gehören meist zu den Unterschichten. Höhere Positionen in Politik, Wirtschaft und Militär bleiben ihnen verschlossen. Daraus ergeben sich soziale Probleme. Sie sind Hauptursachen für Auseinandersetzungen, Unruhen und Bürgerkriege.
- Viele Bevölkerungsgruppen leben nebeneinander. Lange Zeit schien es nicht zu offenen Konflikten zwischen ihnen zu kommen. Doch Auseinandersetzungen zwischen Indios in Guatemala und in Mexiko mit ihren Zentralregierungen zeigen, dass es viele ungelöste Probleme zwischen den Nachkommen der Ureinwohner und den bisher Herrschenden gibt.
- Im tropischen Regenwald des Amazonastieflandes leben Indianerstämme, die bisher kaum mit der Außenwelt in Berührung gekommen sind. Ihre Existenz ist durch die Erschließung Amazoniens bedroht.

(Die Blinden können sehen, die Lahmen können gehen. 500 Jahre Widerstand der Indios! und Christianisierung?)

55.2 Plakat zum Treffen der Indios in Quito

1. Nenne das Hauptziel der spanischen Eroberer.
2. Welche Folgen hatte die Eroberung der Indio-Reiche durch die Spanier?
3. Erläutere, warum es heute in Lateinamerika immer wieder zu Unruhen kommt.

55.1 Mulattin

55.3 Indio

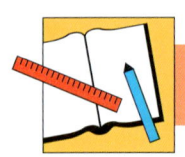

Fächerübergreifendes Arbeiten: Beispiel Guatemala

Zwischen den Unterrichtsinhalten der Fächer gibt es viele Berührungspunkte. In **Biologie** lernst du etwas über den Artenreichtum und die vielfältigen Beziehungen zwischen den Lebewesen kennen. In **Geschichte** erfährst du, wie die Menschen bei uns und in anderen Kulturen früher gelebt haben. **Religion** zeigt dir die Bedeutung des Glaubens. Welche Aufgaben hat nun die **Erdkunde**?

Die Erdkunde beschäftigt sich mit den Vorgängen auf der Erde. Hier lernst du, wie geographische Bausteine ein Gesamtbild der Erde ergeben. Um Beziehungen und Ursachen herauszufinden bedient sich die Erdkunde auch anderer Fächer.

Am Beispiel von Guatemala soll dies verdeutlicht werden. An der Karte der Naturräume kannst du ablesen, dass der Nordteil Tiefland und der Südteil Gebirgsland mit Vulkanen ist. Das Hochland gilt als das Gebiet des Kaffeeanbaus. Es erstreckt sich von der mexikanischen Grenze bis nach El Salvador. Auf einer Klimakarte im Atlas siehst du, dass die sommerlichen Niederschläge im Gebirgsland besonders hoch sind. Da wir in der Erdkunde auch die Wirtschaft berücksichtigen, weißt du inzwischen, dass ein Hochland mit tropischem Klima für den Kaffeeanbau gut geeignet ist. In Biologie kannst du dich über den Kaffeestrauch und die Kaffeekirsche informieren. Danach hilft dir Geschichte weiter. Du erfährst, wie der Kaffeestrauch nach Guatemala gekommen ist. Schließlich solltest du auch wissen, wie die Indios ihren Glauben an „Mutter Erde" ausdrücken. Religion kann dir Informationen geben.

Geschichte

Die blauen Farbstreifen auf der Flagge zeigen, dass Guatemala an die Karibik und den Pazifik angrenzt. Der weiße Mittelstreifen mit dem Staatswappen steht für die mittelamerikanische Landbrücke. Ein seltener Vogel, der Quetzal, nimmt die Mitte des Staatswappens ein. Die Einwohner von Guatemala halten ihn nicht für zähmbar. Weil er die Gefangenschaft nicht überleben würde, gilt er als Symbol der Freiheit. Die ausgerollte Schriftrolle trägt die Inschrift LIBERDAD 15 DE SEPTIEMBRE DE 1821 (Freiheit 15. September 1821). An diesem Tag wurde Guatemala unabhängig. Der Säbel und die Gewehre weisen darauf hin, dass die Freiheit auch geschützt werden muss.

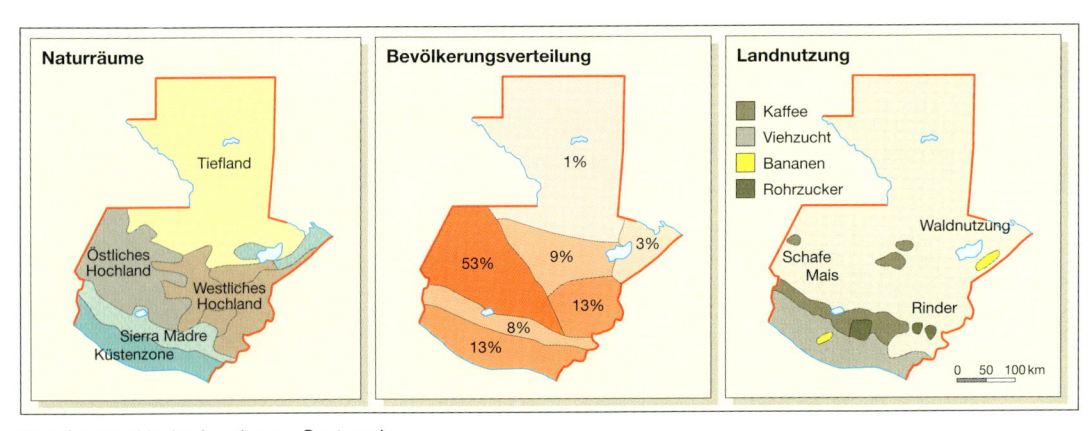

56.1 Geographische Angaben zu Guatemala

Religion

Der Glaube

Die Kirche Santo Tomás in Chichicastenango ist der religiöse Mittelpunkt der Indios. Hier stand ein Maya-Tempel. Spanische Söldner hatten ihn zerstört. Mönche ließen die Kirche 1540 an der Stelle des alten Maya-Tempels erbauen. Eine steinerne Treppe war erhalten geblieben. Sie führt zum Hauptportal der Kirche. An Markttagen steigen dichte Rauchschwaden von verbranntem Harz auf. Auf den Stufen der Treppe opfern die Nachkommen der Mayas ihren Gottheiten, die mit dem Maisanbau in Verbindung stehen: Sonne, Regen und Wind.

Die Erde ist unsere Mutter

„Wir Indios leben vom Mais, von den Bohnen und anderen Pflanzen, die auf unseren Feldern wachsen. Wir sind nicht gewohnt zum Beispiel Käse oder Schinken zu essen, Dinge, die maschinell, mit Apparaten hergestellt werden. So lernen wir die Erde als unsere Mutter anzusehen und sie zu achten. Sie darf nicht unnötig verletzt werden. Aus dieser Vorstellung heraus bitten wir um Erlaubnis sie bebauen zu dürfen."

(nach: Misereor-Heft „Guatemala im Brennpunkt")

„Mutter Erde, die du uns ernähren musst, wir sind deine Kinder, die deiner bedürfen, und möge deine Frucht, die uns geschaffen hat, unsere Kinder und unsere Tiere ernähren ..."

(aus: Elisabeth Burgos: Rigoberta Menchu. Leben in Guatemala. Göttingen 1989. Rigoberta Menchu trat für Gerechtigkeit und Menschenwürde gegenüber den Indios in Guatemala ein. Sie erhielt 1992 den Friedensnobelpreis.)

Der Kaffeestrauch   **Biologie**

Die Kaffeepflanze ist wild wachsend ein 5 bis 9 m hoher Baum. Um die Ernte zu erleichtern wird sie als Strauch gezüchtet und auf 2 m gestutzt. Am besten gedeiht sie in tropischer Höhenlage von 1500 m, bei Tagestemperaturen zwischen 18 bis 22 °C und Niederschlägen zwischen 1500 bis 2000 mm im Jahr. Gegen direkte Sonne müssen Schattenbäume die Kaffeesträucher schützen.

Kaffee – ein Exportprodukt

Der Kaffee wurde um 1760 von Missionaren eingeführt. Viele Einwanderer erwarben im 19. Jahrhundert Land. Einige von ihnen begannen Kaffee auf großen Plantagen zu produzieren. Der Export nach Europa nahm nach 1800 rasch zu. Seit 1835 wurden die Indios mehr und mehr von ihrem angestammten Besitz vertrieben. Die Großgrundbesitzer stellten die vertriebenen ehemaligen Besitzer als billige Arbeitskräfte ein. Kaffee ist heute Guatemalas wichtigstes Exportgut.

Wirtschaft

Weltmacht USA

Wusstest du, dass
- die Freiheitsstatue in New York das berühmteste Wahrzeichen der USA ist,
- Frankreich den Amerikanern die Statue 1885 schenkte?
- die 13 abwechselnd roten und weißen Streifen auf der Nationalflagge an die 13 Kolonien erinnern, die sich von England 1777 lossagten,
- die weißen Sterne auf dem blauen Hintergrund immer um einen weiteren Stern ergänzt wurden, wenn ein neuer Bundesstaat hinzu kam,
- die USA 50 Bundesstaaten umfassen und deshalb 50 Sterne in der Nationalflagge sind?

58.1 Die Freiheitsstatue im Hafen von New York

Steckbrief der USA
Fläche: 9 809 155 km^2
Einwohner: 265 Mio. (1996)
Zusammensetzung der Bevölkerung:
73% Weiße, 13% Schwarze, 9% Hispanics (Lateinamerikaner), 4% Asiaten (Chinesen, Philippiner, Koreaner, Japaner, Vietnamesen), 1% Indianer und Eskimos
Städte: Hauptstadt Washington D.C. (D.C. = District of Columbia)
33 Millionenstädte, wenn man die Bevölkerung der Vororte hinzuzählt
Sprachen: Englisch (Amtssprache), Spanisch und 30 weitere Sprachen
Währung: US-Dollar, 1 US-$ = 100 cents
Umrechnungskurs: 1 US-$ = 1,80 DM (1998)

59.1 Größenvergleich Nordamerika und Europa

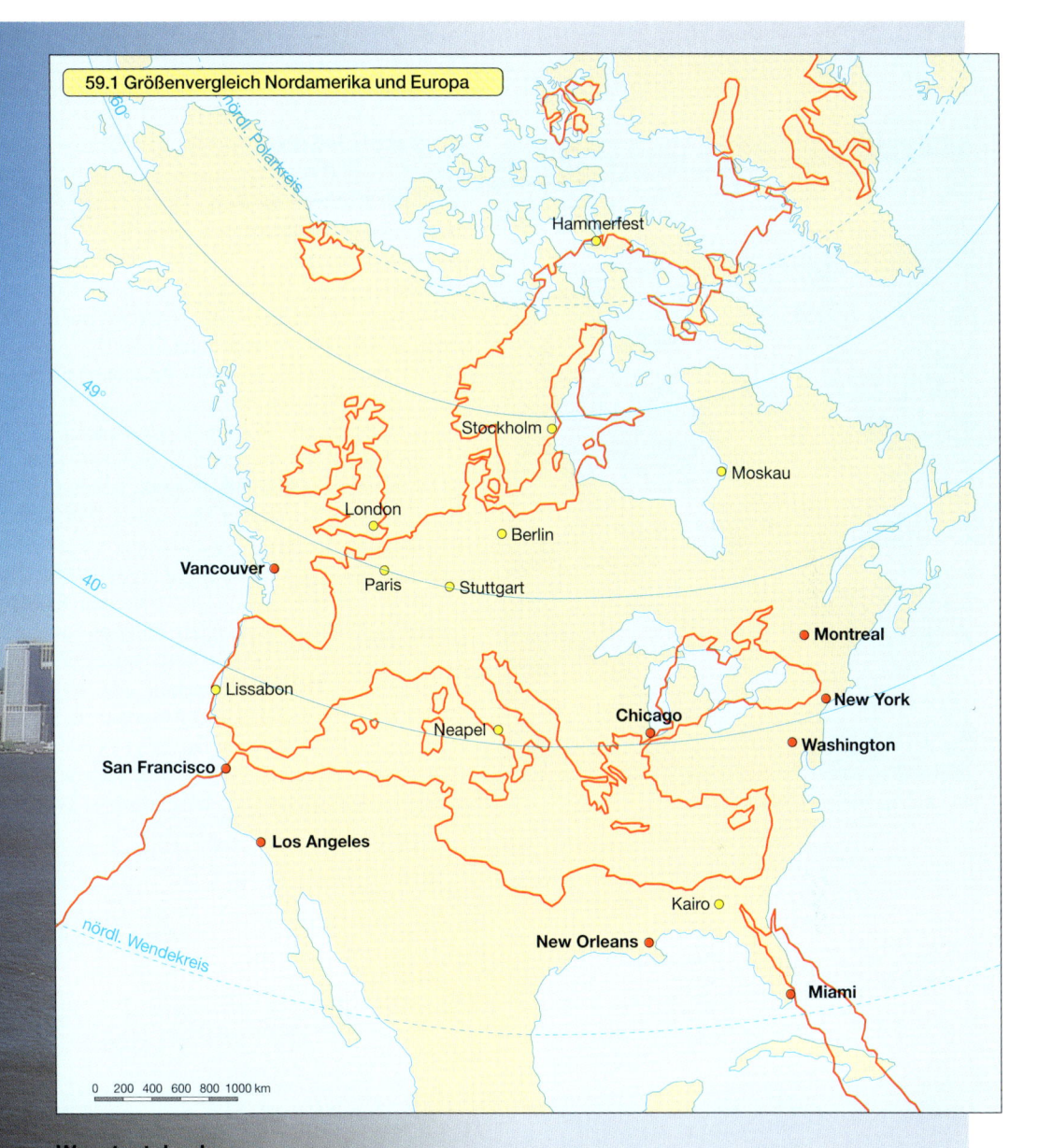

Wusstest du, dass
- die USA von der Fläche her das viertgrößte Land der Welt sind,
- auch von der Bevölkerungszahl her die dritte Stelle in der Welt einnehmen,
- 48 Bundesstaaten zwischen Kanada und Mexiko liegen,
- Alaska im Nordwesten von Nordamerika und Hawaii im Pazifik auch Staaten der USA sind,
- die Nordgrenze der USA auf dem gleichen Breitengrad wie Paris und Stuttgart liegt,
- Texas doppelt so groß wie Deutschland ist,
- der Michigansee eine Fläche von 58 000 km² hat, der Bodensee aber nur 539 km²,
- die Strecke quer durch die USA 4000 km beträgt,
- dies genau so weit ist wie von Irland an das Kaspische Meer?

Eine Nation mit vielen Gesichtern

1. Erschließung und Besiedlung

Von der Kolonie zu den Vereinigten Staaten von Amerika

Seit dem 16. Jahrhundert drangen Europäer in Nordamerika vor. Der Südwesten und Florida kamen in den Besitz Spaniens. Im Gebiet der Großen Seen und des Mississippi entstanden französische Stützpunkte. Das Land an der Atlantikküste beanspruchten Holländer und Engländer. An der Westküste siedelten von Norden her die Russen.

Im 17. Jahrhundert entstanden an der Ostküste **13 britische Kolonien.** In ihnen wohnten 1756 bereits über eine Million Menschen. Die Siedler mussten ihre Steuern an den britischen König zahlen, aber der war weit weg. Sie konnten ihre Meinung frei äußern und nach ihrem Glauben leben.

Diese Freiheit zog weitere **Einwanderer** aus Europa an. Von 1776 bis 1783 erkämpften die Kolonien ihre **Selbstständigkeit** und gründeten die **Vereinigten Staaten von Amerika**, den ersten demokratischen Staat der Neuzeit. Noch im Gründungsjahr nahmen sie das französische Gebiet zwischen Appalachen und Mississippi in Besitz.

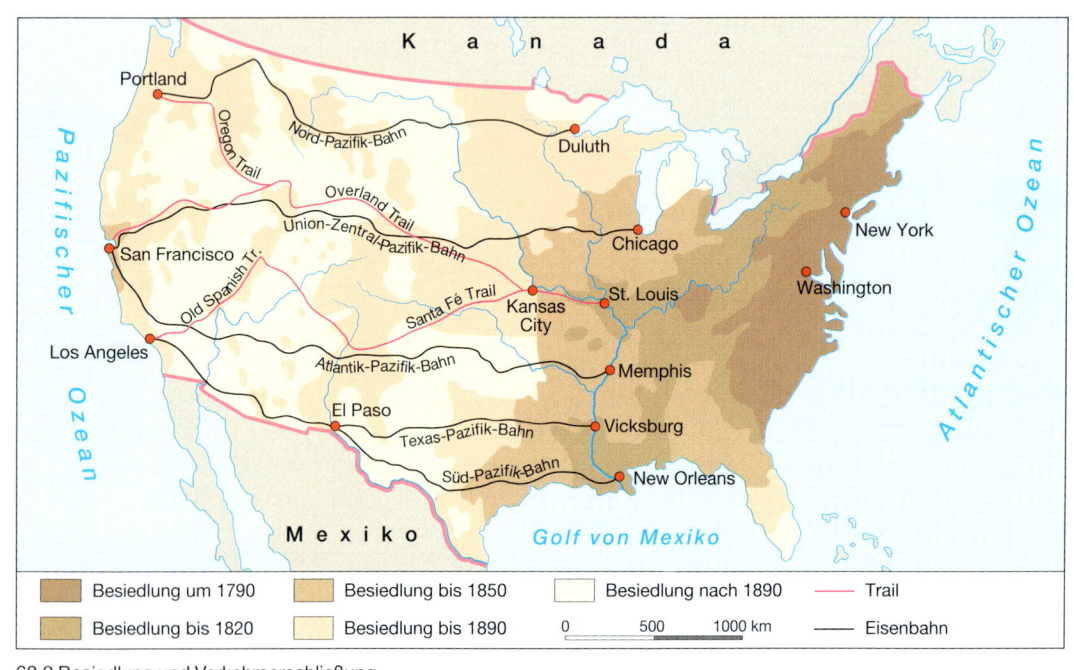

60.1 Ein Trapper verhandelt mit Indianern

60.2 Besiedlung und Verkehrserschließung

61.1 An der Eisenbahnlinie New York – San Francisco 1870

Die Erschließung des Kontinents

Zwischen 1820 und 1900 wanderten 19 Millionen Europäer in die USA ein, vor allem Engländer, Iren und Deutsche. Schrittweise besiedelten sie das Gebiet bis zum Mississippi. Dort begannen die großen **Trails** (siehe Abb. 60.2), auf denen Planwagentrecks bis zum Pazifik zogen. Von den Hafenstädten dort brachen die Goldsucher nach Osten auf um in den Tälern der Rocky Mountains ihr Glück zu suchen.

Das Land dazwischen war Lebensraum und Jagdgebiet von vielen **Indianerstämmen.** Doch den weißen Siedlern galt es als herrenlos und ungenutzt. Die Indianer wurden gewaltsam verdrängt und in besondere Gebiete **(Reservate)** abgeschoben. Viele Indianer kamen dabei ums Leben.

In den ehemaligen Indianergebieten wurden von englischen, spanischen und französischen Siedlern weitere Staaten gegründet, von denen die meisten nach und nach den Vereinigten Staaten beitraten. 1803 kauften die USA Lousiana von Frankreich, 1819 Florida von Spanien, 1867 Alaska von Russland.

Seit der Mitte des 19. Jahrhunderts reichte das Staatsgebiet der USA vom Atlantik bis zum Pazifik. Private **Eisenbahngesellschaften** erschlossen ab 1860 den Kontinent von den Küsten aus. Die erste durchgehende Bahnverbindung von Ost nach West war 1869 fertig.

Die Küste im Norden des Kontinents wurde von Seefahrern aus England und Frankreich erkundet. Beide Nationen verstehen sich als Gründer Kanadas. Die Erschließung besorgten vor allem Jäger und Waldläufer. Viele von ihnen waren Indianer im Dienste französischer Pelzhändler. 1867 wurde die Kanadische Föderation gegründet, bald darauf begann der Bau der Bahnlinie Montreal–Vancouver. Eine Einwanderungswelle aus aller Welt setzte ein. Das Land wurde zu einem der größten Getreideproduzenten der Erde.

1. Lies im Geschichtsbuch nach, was dort über die Entstehung der USA steht.
2. Suche im Atlas nach Namen, die an die europäische Herkunft der Bewohner erinnern.
3. Wie weit ist es von New York nach San Francisco (Luftlinie)?
4. Wie weit ist es von der kanadischen Grenze bis zum Golf von Mexiko?

61.2 Monument Valley

62.1 Menschen in New York

2. Probleme der Minderheiten

Die USA galten immer als ein **Schmelztiegel (melting pot)** der Völker. Die sehr unterschiedlichen Einwanderungsgruppen aus Europa und Asien verschmolzen zu einer US-amerikanischen Nation. Auch heute findet man noch Viertel, in denen die Sprache und die Sitten bestimmter Einwanderungsgruppen erhalten geblieben sind. Im Allgemeinen aber sind die Bürgerinnen und Bürger der USA durch die gemeinsame Sprache, durch gemeinsame Erziehung und Arbeit stolz darauf US-Amerikaner zu sein.

Anders verhält es sich mit den **Schwarzen.** Sie waren als Sklaven zwangsweise ins Land gebracht worden. Zwar übernahmen sie schnell Sprache und Religion ihrer weißen Herrschaft und trugen zur US-Kultur bei, besonders in der Musik. Aber zusammen wohnen wollen Weiß und Schwarz nicht. Die erste schwarze Familie in einem Miethaus oder in einer Siedlung führt häufig dazu, dass weiße Familien wegziehen. So ist auch Harlem in New York zu einem Getto (ein in sich geschlossenes Stadtviertel) der Schwarzen geworden. Diese Gettobildung mit schlechten Wohnverhältnissen, schlechten Schulen und wenigen Arbeitsplätzen zeigt, dass viele Schwarze am Rande der US-Gesellschaft leben.

Ein neues Problem ist die wachsende Zahl der **Hispanics**, die aus Spanisch sprechenden Ländern wie Mexiko illegal einwandern. Ihre Schulbildung und die englischen Sprachkenntnisse sind nur gering. Daher wird ihre Arbeit nur schlecht bezahlt (siehe Seite 51).

Auch die Ureinwohner des Landes bilden eine Randgruppe, die überwiegend in Armut lebt. Die **Indianer** sind bei der Erschließung des Landes immer wieder von den Weißen verfolgt und vertrieben worden. Alle mit ihnen abgeschlossenen Verträge wurden letztlich nicht gehalten. Heute leben die meisten Indianer in **Reservaten** (umgrenzte Gebiete, meist in abgelegenen Landesteilen). Seit einiger Zeit gibt es Regierungsprogramme zu ihrer Unterstützung. So müssen Bergbaugesellschaften die Indianer an den Erträgen der Bodenschätze beteiligen, die sie in ihren Reservaten abbauen.

1. Nenne die Probleme, die sich aus dem „melting pot" ergeben.
2. Stelle an Hand der Lebensläufe fest, wer zu den Verlierern gehört.

Amelie McLean (52 J.) unterrichtet Social Studies an der Highschool in Lexington bei Boston.

Ich stamme aus einer Familie, die schon länger in den Neuenglandstaaten wohnt. Meine Vorfahren sind zu Anfang des 19. Jh. eingewandert, als in Schottland große Hungersnot herrschte. Einige haben wohl als Handwerker auf den Schiffswerften gearbeitet, andere sollen als Kaufleute tätig gewesen sein.

Mit meinem Beruf als Lehrerin bin ich recht zufrieden. Allerdings muss ich mich ständig weiterbilden, damit ich nicht aus meiner Gehaltsklasse oder gar aus meinem Job verdrängt werde. Mein Mann ist in einem Anwaltsbüro in Boston tätig. Unsere beiden Söhne studieren an der Harvard-Universität. Wir bewohnen ein Einfamilienhaus in einem Vorort von Boston. Jeder von uns hat ein Auto. Am Wochenende segeln wir oft mit unserem Boot in der Cape Cod Bay. Für unseren Ruhestand haben wir schon vorgesorgt und uns rechtzeitig einen Anteil an einer Siedlung für Pensionäre in Florida gekauft.

Alfonso Juanéz (38 J.) hat gerade einen Job bei der Salaternte im Süden Kaliforniens.

Wie die meisten Mexamericans bin ich illegal über die Grenze aus Mexiko gekommen. Zweimal haben sie mich erwischt und wieder abgeschoben. Beim dritten Mal hatte ich Glück. Nach dem Einwanderungsgesetz von 1987 durfte ich in den USA bleiben. Selbst ein schlecht bezahlter Job wie dieser hier ist immer noch besser als das Elend zu Hause.

Einen festen Wohnsitz habe ich nicht. Mit unseren vier Kindern leben wir im Wohnwagen. Wir ziehen als Wanderarbeiter der Ernte nach. Manchmal bekomme ich einen Vertrag für mehrere Monate, manchmal nur für ein paar Tage. Was das für die Schulbildung unserer Kinder bedeutet, kann man sich vorstellen. Wir Mexamericans sprechen kaum Englisch. Darauf haben sich Radio und Fernsehen schon eingestellt, denn immer mehr Stationen senden in spanischer Sprache.

Mary Newman (67 J.) lebt mit ihrer Tochter und drei Enkelkindern in Washington D.C.

Wie die meisten Schwarzen in den USA stammen wir von den Afrikanern ab, die früher in den Südstaaten als Sklaven Baumwolle pflücken mussten. Meine Großeltern sind in den Norden gekommen, weil man hier Fabrikarbeiter brauchte. In unserer Straße leben nur Schwarze und einige Puertoricaner. Verglichen mit dem, was ich bei meiner Schwester in der South Bronx in New York gesehen habe, sind unsere Wohnungen noch einigermaßen in Ordnung. Wasser, Heizung und Müllabfuhr funktionieren. Darum bemüht sich besonders unser Bürgermeister, der selbst ein Schwarzer ist.

Meine Tochter Susan hat einen Job beim Department of State. Sie muss ihre Kinder allein erziehen. Ich besorge hier den Haushalt und passe auf, dass die Kids etwas lernen.

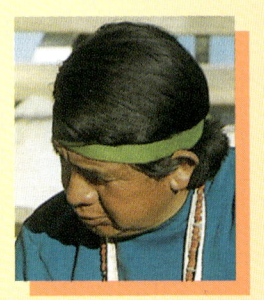

Sam Horseshoe (ca. 40 J.) gehört zu den Navajos, die in einem Indianerreservat im Monument Valley (Arizona) leben.

Wir Indianer bilden die kleinste Minderheit in den USA. Von dem weiten Lebensraum unserer Vorfahren haben uns die Weißen armselige Reservate gelassen. Sie liegen meist in Gebieten, die nicht landwirtschaftlich genutzt werden können.

Unser Reservat hat eine Ausdehnung von rund 180 Meilen und ist mit 150 000 Einwohnern das größte. Viele Navajos sind arbeitslos und auf Sozialhilfe angewiesen. Sie leiden sehr unter dieser Lebenssituation. Häufig trifft man sie betrunken in einer der vielen Bars, die sich außerhalb des Reservates befinden. Manche Siedlung besteht nur aus Blechkisten und alten Wohnwagen. Meine Familie jedoch wohnt noch nach alter Tradition in „Hogans", das sind aus Lehm und Holzbalken errichtete Rundhütten. Zu Hause fertigen wir Schmuckstücke und kleine Teppiche an. Ich verkaufe die Sachen hier an meinem Stand an die Touristen. Diese T-Shirts werden auch im Navajo-Reservat angefertigt – in einer Textilfabrik, die Weißen gehört.

Hoch industrialisierte Landwirtschaft

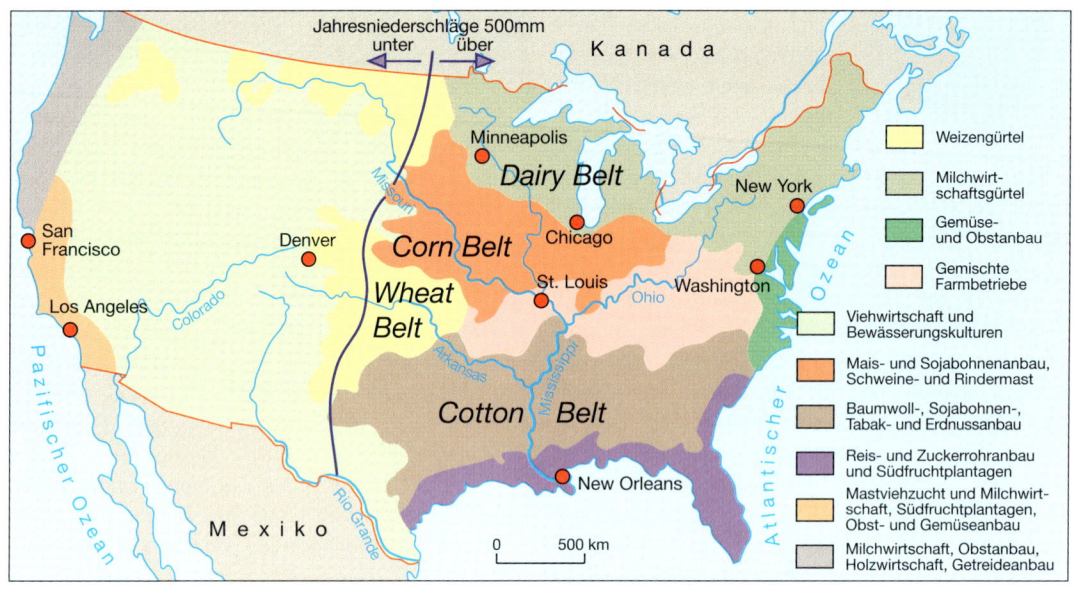

64.1 Landwirtschaftszonen (Belts)

1. Anbauzonen und ihr Wandel

In den USA kann man hunderte von Meilen fahren, ohne dass sich das Landschaftsbild ändert. Weiträumig gleichen sich die von Boden und Klima bestimmten Anbaubedingungen. Daher haben sich Zonen gleicher landwirtschaftlicher Nutzung gebildet, die man **Belts** nennt. So spricht man z. B. vom Dairy Belt mit überwiegender Milch- und Fleischwirtschaft, vom Corn Belt, vom Cotton Belt, in dem Baumwolle und vom Wheat Belt, in dem Weizen angebaut wird. Früher als in anderen Ländern begannen in den USA die **Mechanisierung** und die **Intensivierung** der Landwirtschaft.

In den letzten Jahrzehnten hat sich die alte Einteilung der Belts sehr geändert. So ist z. B. der Dairy Belt nicht mehr das Hauptgebiet der Fleischproduktion. Auf bewässerten Weiden und mit Mastfutter gedeihen die Rinder auch in den trockeneren Gebieten. Im Cotton Belt wird nur noch auf einem Viertel der Fläche Baumwolle angebaut. Bei künstlicher Bewässerung wächst sie in Kalifornien und Texas noch besser. Dafür sind viele Farmer in den Südstaaten auf die Geflügelzucht umgestiegen, andere bauen auf ihren großen Feldern Erdnüsse, Sojabohnen oder Tabak an.

Eine Maisfarm in Iowa

John Connors hatte mich eingeladen seine Farm im Nordwesten Iowas zu besuchen. Er erzählte:

„Ich hatte Glück, dass ich zu meinen 64 ha nach und nach weitere 92 ha hinzukaufen bzw. pachten konnte. Ein zu kleiner Farmbetrieb ernährt heute nämlich nicht mehr seinen Mann. Eine Farm ist inzwischen fast ein Industriebetrieb mit vielen leistungsstarken Maschinen. Fremde Arbeitskräfte einzusetzen kann ich mir schon lange nicht mehr leisten. Stattdessen ist die Mechanisierung ständig fortgeschritten. Vor einigen Jahren habe ich mein letztes Vieh abgeschafft und mich auf Mais- und Sojabohnenanbau spezialisiert wie viele Farmer in der Gegend. Beides sind nährstoffreiche Futterpflanzen. Sojabohnen werden auch in der Lebensmittelindustrie verwertet.

Der Mais, den ich heutzutage anbaue, hat übrigens kaum noch Gemeinsamkeiten mit dem, den unsere Vorfahren früher angebaut haben. Heute gibt es speziell gezüchteten Mais. Der wächst gleichmäßig hoch, lässt sich maschinell besser ernten und ist zudem ertragreicher. Allerdings kann man ihn nicht wieder aussäen. Ich muss deshalb in jedem Jahr neues Saatgut kaufen."

(Nach dem Bericht eines deutschen Austauschschülers)

2. Von der Ranch zum Agrobusiness

Auf den weiten Prärien der südlichen Plains befand sich Ende des 19. Jahrhunderts das Hauptrinderzuchtgebiet der USA. Die Herden weideten frei auf riesigen Ranches. Einige Ranches hatten eine Fläche von 50 x 50 km. Bei dieser **extensiven Viehwirtschaft** dauerte es 4 bis 5 Jahre, bis die Rinder schlachtreif waren. Cowboys trieben dann die Rinderherden – z. T. über mehr als 1000 km – in langen Trecks zu den großen Schlachthöfen wie Chicago oder Kansas City.

Im 20. Jahrhundert entwickelte sich vor allem im Mittelwesten der USA eine **intensive Viehwirtschaft**: In spezialisierten Familienbetrieben, die einen Teil der Futterpflanzen selber anbauten, wurde aufgekauftes Jungvieh bis zur Schlachtreife gemästet und dann in die nahen Großstadtschlachthöfe verkauft.

In den 60er-Jahren änderten sich die Essgewohnheiten: Hamburger und Chickenburger wurden beliebt. Damit stieg die Nachfrage vor allem nach Rind- und Geflügelfleisch. Immer mehr Farmer richteten ihre Produktion auf die Viehwirtschaft aus, indem sie verstärkt Futterpflanzen wie Mais oder Hirse anbauten. Im Jahr 1975 gab es 125 Millionen Rinder und über 6 Milliarden Hühner.

Es entstanden neue Produktions- und Organisationsformen vor allem im Süden, Südwesten und auch in Kalifornien: In riesigen **feedlots,** das sind große Rinderfarmen, werden teilweise über 100 000 Tiere gehalten. Diese Betriebe gehören großen Konzernen. Tierzucht, Mast, Schlachtung und Handel des tiefgekühlten Fertigproduktes sind in ihrer Hand.

Auch Futtermittel, Arzneien, Geräte, Maschinen und Verpackungsmaterial kommen in der Regel aus Betrieben des jeweiligen Konzerns. Diese Form intensivster Landwirtschaft, die man **Agrobusiness** nennt, ist auf vielen Gebieten weit vorangeschritten. Außerdem ist eine starke Konzentration auf bestimmte Produkte festzustellen: So stellt eine einzige Firma fast 40 % des gesamten Saatguts an Mais der USA her, nur 61 Betriebe erzeugen mehr als 50 % aller Eier.

Dieser **Konzentrationsprozess** hatte schwerwiegende Folgen für den ländlichen Raum. Die Aufgabe vieler kleiner Farmbetriebe führte zu einer Entleerung des ländlichen Raumes, wobei die jungen und gut qualifizierten Arbeitskräfte abwanderten, während überwiegend alte und weniger qualifizierte zurückblieben. Als Folge dieses Prozesses lassen sich inzwischen, vor allem im Mittelwesten der USA, eine Überalterung der ländlichen Bevölkerung, verminderte Wirtschaftskraft sowie der Verfall ganzer Ortschaften feststellen.

1. Sieh dir eine Klimakarte im Atlas an. Erkläre, warum nur bei New Orleans Reis angebaut wird. Gib noch weitere Beispiele für die Bedeutung des Klimas für die Landwirtschaft.
2. Wodurch konnte Farmer Connors die Leistungsfähigkeit seines Betriebes steigern?
3. Erläutere die Begriffe „extensive" und „intensive" Viehwirtschaft.
4. Kennst du eine Restaurantkette, die sehr viel Rindfleisch braucht?
5. Beschreibe den Begriff „Agrobusiness" mit deinen Worten. Nenne Vor- und Nachteile.

65.1 Feedlots im Mittelwesten

66.1 Sensorgesteuerte Erntemaschine für Tomaten

66.2 Erntemaschine für Weintrauben

3. Kalifornien – Commercial Farming

Kalifornien, im Westen der USA, gilt als landwirtschaftliches Wunderland. Diese Region wird als „der Fruchtgarten der Nation" bezeichnet, da sie die höchsten Erträge in der Landwirtschaft und die größte Vielfalt im Anbau aufweist. Im Kalifornischen Längstal wachsen Spezialkulturen aus fast allen Klimagebieten der Erde: Pflaumen, Birnen, Aprikosen, Kirschen, Melonen, Datteln, Avocados, Zitronen, Orangen, Tomaten, Reis, Baumwolle oder Wein. Je nach Absatzmöglichkeiten und den besonderen Anforderungen, die eine Pflanze an Boden und Klima stellt, haben sich ganz bestimmte Anbauzentren gebildet: im Norden riesige Weizenfelder, im Süden große Plantagen mit Orangen, Zitronen und Pampelmusen, unterbrochen von Baumwollpflanzungen. Gemüse, Obst und Wein wachsen überall im Tal. Geerntet wird mehrmals im Jahr.

Die Obst- und Gemüsefarmen versorgen die kalifornischen Städte ständig mit frischer Ware. Mit Kühlwaggons der Eisenbahn oder per Flugzeug werden auch die Städte im Nordosten der USA ganzjährig beliefert. Alles ist darauf ausgerichtet, dass möglichst viele Arbeiten maschinell ausgeführt werden können. Deshalb sind die Felder groß und die Abstände zwischen den Beeten und Bäumen weit. Auch die Zucht neuer Obst- und Gemüsesorten richtet sich nach den Erfordernissen des mechanisierten Anbaus.

Obstbäume werden von Maschinen beschnitten, die an den Bäumen entlangfahren. Fangarme pflücken das reife Obst. Durch Plastikschläuche rollen die Früchte in gepolsterte Verpackungen.

Auch der Salat wird maschinell geerntet: Ein elektronisch gesteuertes Messgerät tastet den Salatkopf ab; wenn er reif ist, schnappt das Messer der Maschine zu. Nicht nur die Schädlingsbekämpfung, sondern auch Aussaat und Düngung erfolgen vom Flugzeug aus.

Um die Produktionskosten niedrig zu halten werden von den Farmern nur wenige Landarbeiter fest angestellt. Bei der Ernte helfen Wanderarbeiter. Sie ziehen mit Auto oder Wohnmobil von Ort zu Ort. Im Mai ernten sie Erdbeeren in Mittelkalifornien, vom Oktober bis November Wein im nördlichen Kalifornischen Längstal und vom Dezember bis in den April Gemüse im Imperial Valley.

Im Durchschnitt sind diese Obst- oder Gemüsefarmen 200 ha groß; einige wenige haben weit über 1000 ha (zum Vergleich: In Deutschland haben die Betriebe mit Sonderkulturen eine Größe von 3 bis 5 ha). Die besonders großen Farmen, die „Agrarfabriken", gehören nicht einzelnen Farmern sondern Gesellschaften. Das sind nicht immer nur Firmen, die mit landwirtschaftlichen Produkten handeln, sondern oft weltbekannte Großunternehmen wie das Fotounternehmen Kodak, der Getränkehersteller Coca-Cola, der Großkonzern Standard Oil oder der Lebensmittel- und Reinigungsmittelkonzern Unilever. Für diese Firmen ist die **agrarische Massenproduktion** ein Geschäft wie jedes andere. Diese Art Landwirtschaft wird als **Industrial Farming** oder als **Commercial Farming** bezeichnet.

1. Die Berge machen aus dem Kalifornischen Längstal den „Fruchtgarten der Nation". Wie ist das zu erklären?

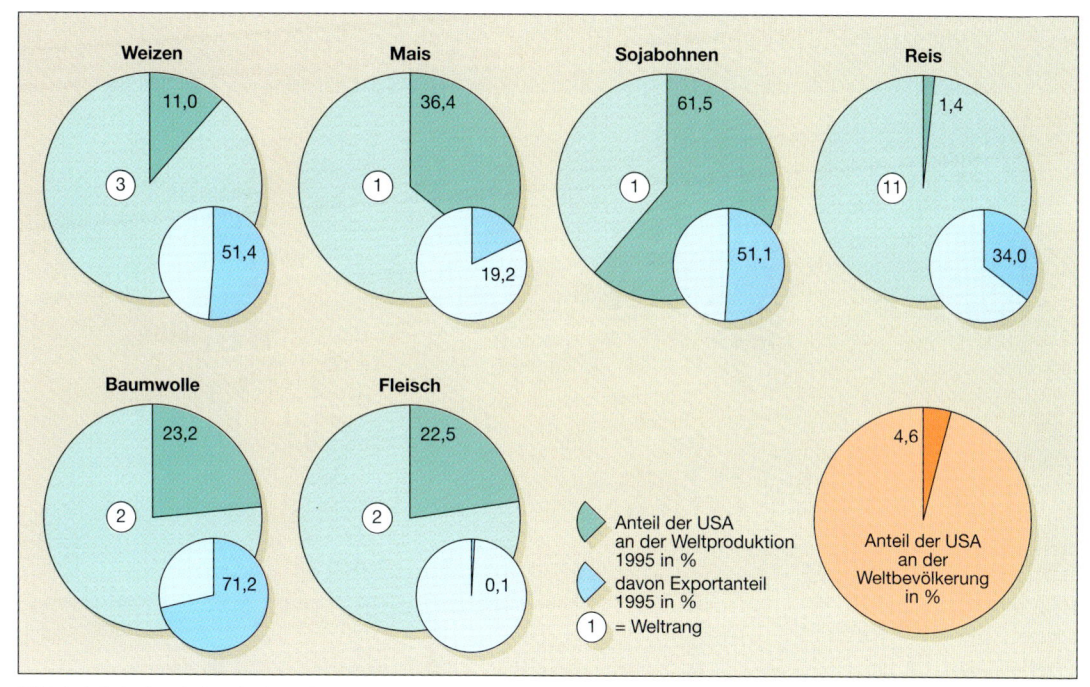

Diagramme: Anteil der Landwirtschaft an der Weltproduktion und am Weltexport

Weizen: 11,0 — 51,4 — Weltrang 3
Mais: 36,4 — 19,2 — Weltrang 1
Sojabohnen: 61,5 — 51,1 — Weltrang 1
Reis: 1,4 — 34,0 — Weltrang 11
Baumwolle: 23,2 — 71,2 — Weltrang 2
Fleisch: 22,5 — 0,1 — Weltrang 2

Anteil der USA an der Weltproduktion 1995 in %
davon Exportanteil 1995 in %
① = Weltrang

Anteil der USA an der Weltbevölkerung in %: 4,6

67.1 Anteil der Landwirtschaft an der Weltproduktion und am Weltexport

4. Grundlagen der Landwirtschaft

Nur drei Prozent der Erwerbstätigen arbeiten in der Landwirtschaft. Sie erzeugen aber weit mehr Nahrungsmittel als die Bevölkerung der USA verbrauchen kann. In großem Umfang wird der Weltmarkt von der amerikanischen Landwirtschaft beliefert.

Ein **Strukturwandel** machte in den vergangenen Jahrzehnten die USA zum produktivsten Agrarland der Welt (Abb. 67.1). Neue Entwicklungen in Biologie und Technik, z. B. die Gentechnik, könnten weitere Veränderungen bringen.
- Die Methoden der Bewässerung werden ständig verbessert.
- Man züchtet Pflanzen, die Trockenheit besser überstehen können und Wasser mit hohem Salzgehalt vertragen. Damit lassen sich weitere Trockengebiete erschließen, ohne dass man unter hohen Kosten bewässern muss.
- Die Züchtung steriler männlicher Schadinsekten soll den Schädlingsbefall verringern und den Einsatz chemischer Mittel überflüssig machen.
- Elektronisch gesteuerte Erntemaschinen für Obst und Gemüse stellen den Reifezustand jeder einzelnen Frucht fest, sodass nur reife Ware geerntet, sortiert und verpackt wird. Der Arbeitsaufwand verringert sich auf ein Zehntel.

Diese Entwicklung hat aber auch Kehrseiten:
- Die Automatisierung baut Arbeitsplätze ab, vorwiegend in den ländlichen Gebieten.
- Die meisten Farmer sind durch langfristige Verträge an eine Handelsfirma oder Konservenfabrik gebunden. Sie schreiben ihnen die Preise für die erzeugten Produkte vor.
- Einzelne Farmer können im Wettbewerb nur bestehen, wenn sie ihre Unabhängigkeit aufgeben und einer Genossenschaft beitreten.
- Nur kapitalkräftige Großbetriebe können die hohen Kosten für die Einrichtungen und Geräte aufbringen.
- Das Überangebot der US-amerikanischen Agrarproduktion lässt die Weltmarktpreise sinken. Dadurch sind die Absatzchancen auch für die Bauern anderer Länder, vor allem in den Entwicklungsländern, stark gefährdet.

1. Stelle eine Rangfolge der wichtigsten landwirtschaftlichen Produkte der USA auf.
2. Welche Frucht wird in den USA am meisten angebaut? Wozu wird sie verwendet?
3. Beschreibe den Strukturwandel in der amerikanischen Landwirtschaft.
4. In den USA wird viel Fleisch gegessen. Findest du einen Beweis dafür in Abb. 67.1?

Alte und neue Industrieräume

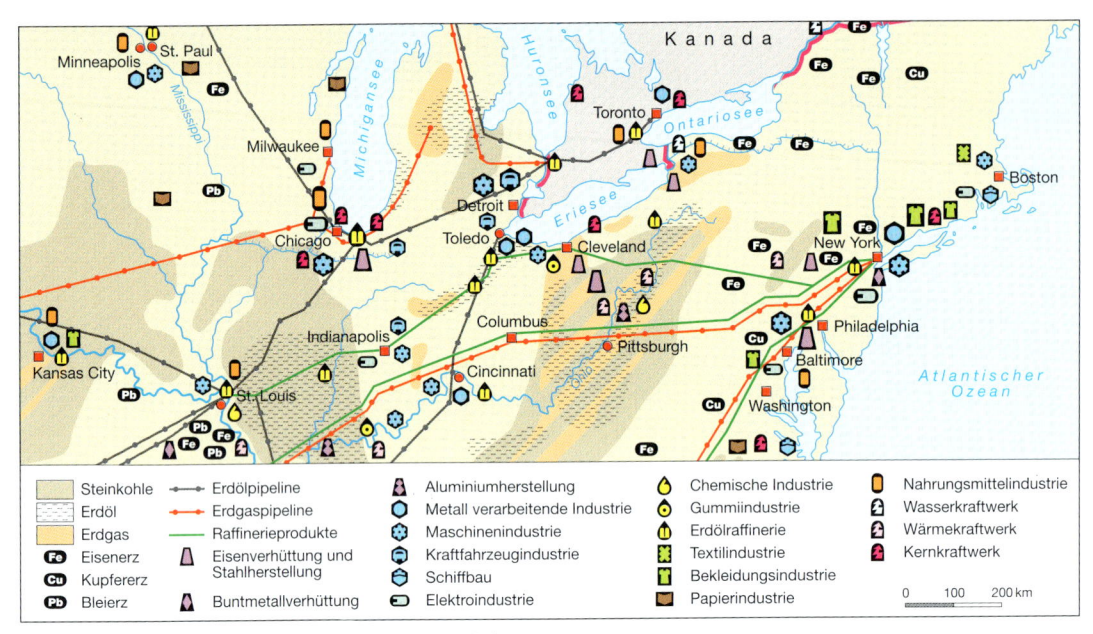

68.1 Bodenschätze und Industrien im Manufacturing Belt

1. Der Manufacturing Belt

In Nordamerika haben sich mehrere Industrieregionen (industrial areas) herausgebildet. Der Manufacturing Belt ist die größte Industrielandschaft der Erde. Er erstreckt sich von den Großen Seen bis zur Atlantikküste. Viele **Standortfaktoren,** das sind Bedingungen, die für die Ansiedlungen von Betrieben von Bedeutung sind, waren für die Entwicklung dieses Industriegebietes entscheidend:

Die Einwanderer aus Europa kamen im Nordosten Amerikas an. In diesem Küstenraum fanden sie ein gemäßigtes Klima vor, wie sie es aus ihrer Heimat gewohnt waren. Das flache Land südlich und westlich der Großen Seen konnte landwirtschaftlich gut genutzt werden. Somit brauchte niemand zu hungern. Deshalb kamen weitere Menschen ins Land, die als Industriearbeiter eine Beschäftigung finden konnten. Die wachsende Bevölkerung wiederum war der Absatzmarkt für die hier hergestellten Waren aller Art.

Vorhandene reiche Rohstoffvorkommen begünstigten die Entwicklung der Industrie. In den Appalachen wurde Eisenerz abgebaut. Anfang des 19. Jahrhunderts begann die Verhüttung der geförderten Erze mit Holzkohle. Dann entdeckte man eines der größten Steinkohlevorkommen der Erde. Es konnte sehr einfach im Tagebau abgebaut

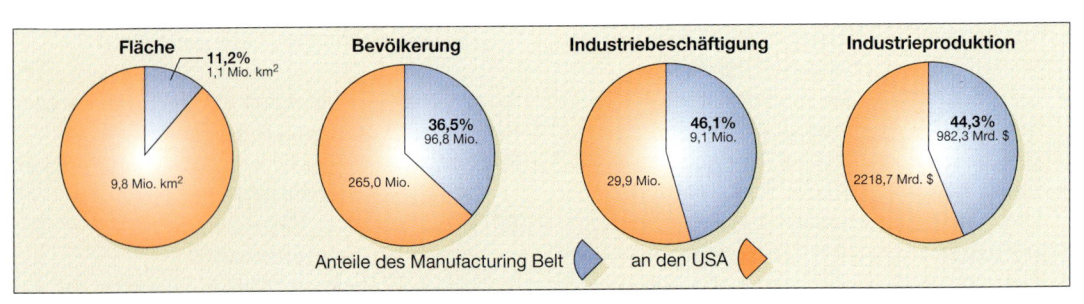

68.2 Die Bedeutung des Manufacturing Belt für die USA (1997)

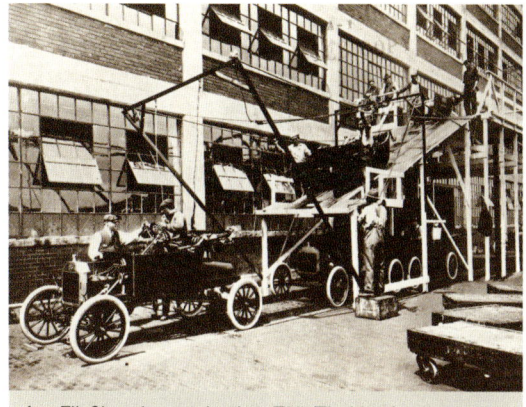

Am Fließband entsteht der „T2" (Tin Lizzy), ein damals weltbekannter Autotyp, von dem bis 1927 fast unverändert über 15 Millionen gebaut wurden.

69.1 In der Autofabrik von Henry Ford in Detroit

69.3 Ford Mustang

werden und ersetzte die Holzkohle bei der Eisenherstellung. Nach Erschließung der Kohlenlagerstätten nahm die **Eisen- und Stahlindustrie** einen großen Aufschwung. Ihr Zentrum wurde Pittsburgh. Im Umfeld der Hüttenwerke siedelte sich **weiterverarbeitende Industrie** an. Ihr Bedarf an Eisen und Stahl war hoch. Die Fabriken benötigten immer mehr Maschinen und Maschinenhallen. Mit der Erschließung des Kontinents durch die Eisenbahn ab Mitte des 19. Jahrhunderts wurde vor allem die Produktion von Schienen, Lokomotiven und Waggons gesteigert. Auch die Nachfrage nach Maschinen für die Landwirtschaft nahm zu. Um 1900 begann die Automobilproduktion.

Zentrum der **Automobilindustrie** ist der Großraum Detroit mit den Werken von Ford, General Motors und Chrysler. 1913 führte Henry Ford das Fließband ein. Die Produktion stieg von anfänglich 10 000 Pkw in wenigen Jahren auf zwei Millionen pro Jahr, während der Preis auf ein Viertel sank. Mit der **Massenproduktion** begann der Siegeszug des Pkw.

1. Nenne Standortfaktoren, die zur Entwicklung des Manufacturing Belts geführt haben.
2. Nenne weitere Industriezweige, die im Manufacturing Belt Bedeutung haben (Abb. 68.1).

69.2 Automobilwerk in Detroit

70.1 Industriepark in Houston

2. Im Sunbelt

Heute wird in Industrieländern zu viel Stahl hergestellt. Das Ruhrgebiet in Deutschland wurde von dieser Entwicklung ebenso betroffen wie der Manufacturing Belt in den USA. Die Menschen wurden arbeitslos und mussten sich meistens einen anderen Beruf suchen.

Anders verlief die Entwicklung im Süden der USA. Auf der Grundlage reicher Erdöl- und Erdgasvorkommen in Texas und an der Golfküste konnten sich **Wachstumsindustrien** entwickeln z. B. Erdölraffinerien, denn die Nachfrage nach Treibstoffen stieg enorm an. Zusammen mit den Raffinerien entstanden oftmals chemische Betriebe, die ebenfalls Erdöl und Erdgas als Rohstoffe benötigten. Sie produzieren Waren aller Art, von Autoreifen bis zu Arzneimitteln.

Das Erdgas wird für eine preiswerte Energiegewinnung genutzt. Da bei der Aluminiumgewinnung aus Bauxit große Mengen von elektrischer Energie benötigt werden, haben sich in der Golfregion Aluminiumhütten angesiedelt. Das Aluminium ist eine wichtige Grundlage für die Luft- und Raumfahrtindustrie.

Von der Entwicklung dieser Region hat besonders Houston profitiert. Lebten 1910 nur 78 000 Einwohner in der Stadt, sind es heute in der Region etwa 3,7 Millionen. Als günstig hat sich dabei der Bau eines Seekanals vom Golf in die Stadt erwiesen. An dem Kanal haben sich viele Industriebetriebe angesiedelt.

Besonders günstig ist die Verkehrslage am Golf für Transporte nach Südamerika und durch den Panamakanal in den pazifischen Raum. So konnte Houston zum zweitgrößten Hafen in den USA werden.

Auch die modernste Industrie, die Raumfahrttechnik, hat in Houston einen wichtigen Standort gefunden.

1	Nähe zu Abnehmern und Kunden
2	Produktivität der Arbeiter
3	Wachsender Regionalmarkt
4	Nähe zu Rohstoffen und Zulieferern
5	Verfügbarkeit von Facharbeitern
6	Gute Transporteinrichtungen
7	Verfügbarkeit von ungelernten und angelernten Arbeitskräften
8	Günstige Energieversorgung
9	Nicht zu hohe Steuern für Geschäftsunternehmen und Industrie
10	Unterstützung von Geschäftsunternehmen und Industrie durch die Gemeinden

70.2 Standortfaktoren (Auswahl)

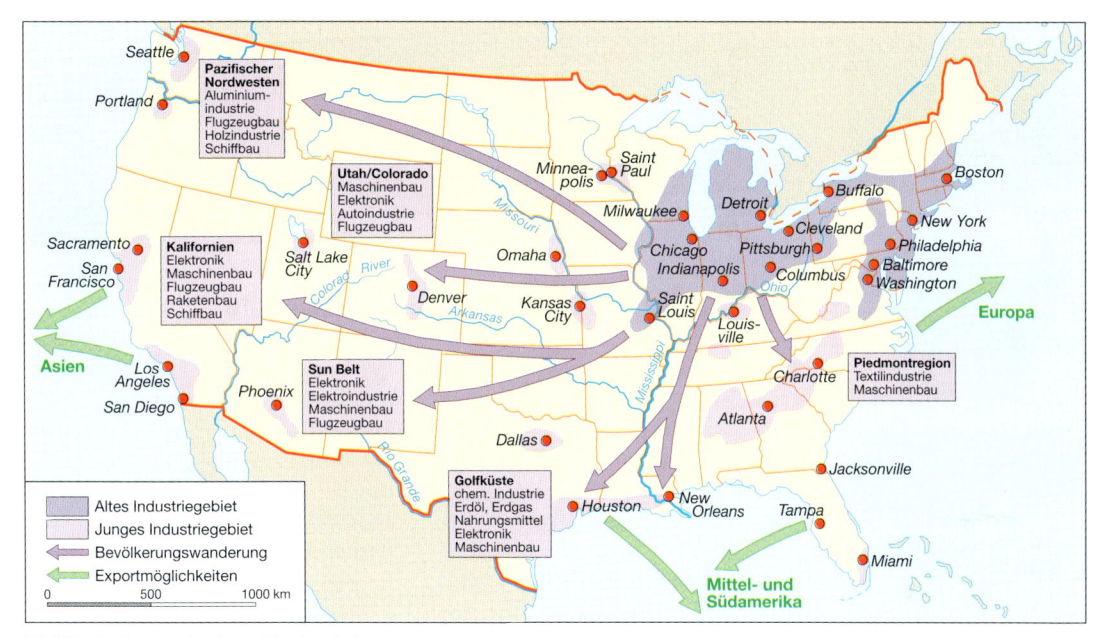

71.1 Veränderung der Industriestandorte

Die wirtschaftliche Entwicklung der Pazifikküste ist eng mit der Entwicklung der **Flugzeugindustrie** verknüpft. Es begann 1916 mit der Gründung der „Boeing Company" in Seattle, einem bis dahin ruhigen Fischer- und Holzfällerdorf. Während des Zweiten Weltkrieges wurden vor allem Kampfflugzeuge montiert. Nach dem Krieg kamen Raketen und Raumflugkörper hinzu. Zugleich entwickelte sich der Bau von Passagierflugzeugen zu einem wichtigen Wirtschaftsfaktor. Die Schwerpunkte sind auch heute noch Seattle und Los Angeles.

Ein weiterer wichtiger Industriezweig konnte sich im Zusammenhang mit der Luft- und Raumfahrtindustrie entwickeln: die **Computertechnik.** Die Luftfahrt und besonders die Raumfahrt benötigen immer leistungsfähigere Software um die gestellten Aufgaben erfüllen zu können.

Ein Beispiel dafür ist Silicon Valley. Es begann 1940 mit der Rüstungsindustrie; später folgte ein Forschungszentrum der NASA, der Nationalen Luft- und Raumfahrtbehörde der USA. Heute haben sich über hundert Unternehmen der Elektronik- und Computertechnologie angesiedelt. Das Besondere dieses Standorts ist die Nähe zur Stanford Universität. Hier arbeiten Forschung und Industrie eng zusammen. Ergebnisse der Forschung werden schnell in industrielle Produkte umgesetzt.

Noch ein Punkt ist für den „Standort Westküste" von Bedeutung: die Verbindung nach Japan, China und zu den „Kleinen Tigern". Alle diese Länder sind aufstrebende Wirtschaftsmächte und der Handel mit ihnen nimmt ständig zu.

1. Nenne Standortfaktoren für die Aluminiumherstellung.
2. Moderne Industrien suchen oft den Standortfaktor Universität. Nenne Gründe dafür.
3. Nenne weitere Industriestandorte (71.1). Welche Standortbedingungen gelten hier?

71.2 Boeing 747

3. Wandel zur Dienstleistungsgesellschaft

Die neue Dienstleistungsklasse

Es klingt zuerst wie die übliche grausame Geschichte aus der Welt der Arbeitslosigkeit. Ein Spezialist bei IBM, einem der größten Computerhersteller in den USA, verliert plötzlich seinen Job. Das Unternehmen ist in Schwierigkeiten. Der junge Mann, 36 Jahre, sucht einen neuen Job. Das Wunder geschieht: Peter Dychkewich findet nach einiger Zeit bei der Firma Electronic Payment Services, die mit Kreditkarten ihr Geschäft macht, eine Anstellung.

Sein Glück zeigt die Stärke und gleichzeitig die ganze Bandbreite der amerikanischen Anbieter von Dienstleistungen. 70 % aller Jobs in den USA gehören inzwischen zum Bereich Tertiärer Sektor. Selbst als Industriegiganten wie der Autohersteller General Motors oder Computerproduzenten wie IBM Zehntausende von Arbeitern auf die Straße setzten, stellten Dienstleistungsunternehmen wie Banken oder Gesundheitsdienste zahllose Arbeit Suchende ein.

Die steigende Nachfrage nach gut ausgebildeten Fachkräften verschleiert jedoch, dass Millionen von Arbeitskräften auf der untersten Stufe stehen bleiben: als Kellner oder Kellnerin, als Verkäufer oder Verkäuferin mit einem Mindestlohn von 4 1/2 Dollar in der Stunde. Wer keine gute Ausbildung hat, wird weiter bei McDonald's Hamburger verkaufen oder sich als Putzhilfe ein Auskommen suchen müssen.

Mittlerweile schafft der Dienstleistungssektor aber auch neue Jobs. Zwei Unternehmer, die früher bei einer Werbeagentur beschäftigt waren, hatten schnell erkannt, dass der Personal Computer Leben, Arbeiten und Freizeit bestimmt. Heute überträgt ihre Firma mit 14 Angestellten Multimediakataloge auf Disketten und CD-Scheiben. Wegen der vielen Arbeit stellten sie kürzlich noch einen Computerexperten und einen Psychologen ein.

Da der Dienstleistungssektor sehr stark gewachsen ist, verringerten sich auch die Einkommensunterschiede zwischen Männern und Frauen. 1983 verdienten Frauen rund ein Drittel weniger, 1994 nur noch ein Viertel weniger als Männer. Der Grund liegt teilweise im Ausbau des Bildungs- und Gesundheitswesens. Viele Lehrerinnen, Bibliothekarinnen und Krankenschwestern fanden hier Arbeit.

Neue Technologien wie zum Beispiel Schweißroboter an den Fließbändern der Autoproduzenten vernichten Arbeitsplätze. Im Dienstleistungsbereich ist es ähnlich. Bankangestellten wird gekündigt, wenn Automaten ihre Arbeit übernehmen. Das ist die schlechte Nachricht für einige. Die gute Nachricht: Dieselbe Technologie, die Arbeitsplätze überflüssig macht, schafft neue. Der gefeuerte IBM-Mann könnte eines Tages sogar zu seiner alten Firma zurückkehren.

(nach: TIME Magazine 1995)

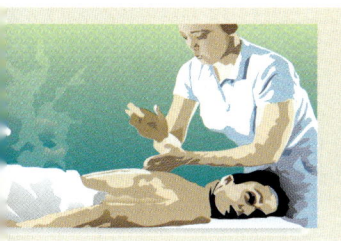

Stürmisches Wachstum

Für die rasante Entwicklung im Dienstleistungssektor gibt es verschiedene Gründe:
- Die Nachfrage nach Dienstleistungen, z. B. bei der Gesundheitsfürsorge, ist stark gestiegen. Sie hängt vom Einkommen der Familien ab.
- Weiterhin wachsen Informationstechniken und Datenverarbeitungen, die von uns allen genutzt werden.
- Kleine Unternehmen übernehmen Arbeiten eines großen Unternehmens und entlasten es damit.
- Viele Unternehmen gliedern Buchführung, Werbung und Datenverarbeitung aus um die Kosten niedrig zu halten.
- Kleine Firmen zahlen ihren Angestellten geringe Löhne und haben Chancen mehr Aufträge zu erhalten.
- Kleinunternehmer reagieren schneller auf Wirtschaftsveränderungen mit neuen Produkten oder geänderten Produktionsverfahren als Großunternehmen.
- Der Staat fördert den Wettbewerb. Banken und Versicherungen, Unternehmen im Bereich Telekommunikation und Fluggesellschaften erleben einen Aufschwung.
- Hotels, Restaurants und Reisebüros verzeichnen mehr Buchungen als früher.

Primärer Sektor: Die Urproduktionen Landwirtschaft, Forstwirtschaft, Fischerei und Bergbau decken diesen Bereich ab.

Sekundärer Sektor: Der Einzug der Dampfmaschine beschleunigte die Verarbeitung von Rohmaterialien zu Gebrauchsgütern. Gestraffte Massenfertigung (Arbeitsteilung, Fließbandarbeit) bei günstigen Arbeitsbedingungen (kurze Arbeitszeit, hohe Löhne) erlaubte hochwertige Industrieprodukte billig herzustellen.

Tertiärer Sektor: Dienstleistungen erhalten und verbessern den Lebensstandard der Menschen. Im Gegensatz zu den produzierten Waren können Dienstleistungen nicht gelagert werden. Sie werden vom Verbraucher direkt genutzt.

1. Erkläre den Begriff Dienstleistungsgesellschaft an einigen Beispielen.
2. Erkläre das rasche Wachstum des tertiären Sektors.
3. Überlege, ob Dienstleistungen exportiert werden können.
4. In deiner Klasse arbeiten die Eltern in unterschiedlichen Berufen. Ordne diese Berufe den Sektoren zu. Was stellst du fest?

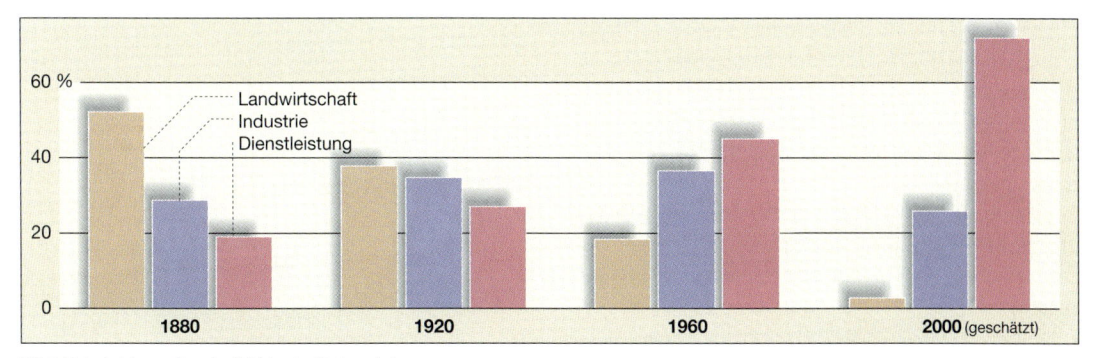

73.1 Entwicklung der drei Wirtschaftsbereiche

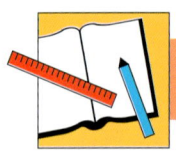

Auswerten von Karten

Ein Raum, mehrere Karten
Viele Fragen zu Kalifornien lassen sich mithilfe von Karten beantworten:
a Wie hoch liegt die Mojave Wüste?
b In welchem Gebirge liegt der Mt. Whitney?
c Wie weit ist Kap Blanco von Boise entfernt?
d Wie viel Niederschlag gibt es in Los Angeles?
e Liegt Fresno in einem Waldgebiet?
f Welche Straße führt von San Jose nach San Luis Obispo?
g Wie viele Einwohner hat Los Angeles?
h Welche Waldart gibt es bei San Diego?
i An welchem Meer liegt Monterey?
j An welchem Fluss liegt Twin Falls?
k Wo kann man in der Nähe von San Luis Obispo im Meer baden?
l Wie heißt die Hauptstadt von Arizona?

Eine Landkarte gleicht einem Luftbild. Das Luftbild zeigt die Landschaft so, wie sie zu einem ganz bestimmten Zeitpunkt ausgesehen hat. Die Karte vereinfacht das Bild und verzichtet auf Einzelheiten. Sie bildet nur Dinge ab, die unverändert am Ort bleiben, beispielsweise Straßen, Städte oder Flüsse. Das Abbild der Erdoberfläche wird also vereinfacht, **generalisiert.** Dazu müssen fotografische Bilder zu Kartenzeichen, zu **Signaturen,** umgewandelt werden. Beispiele: Die Höhenstufen sind durch eine Farbskala dargestellt. Hangneigungen werden schraffiert. Je nach Größe erhalten Ortschaften einen Kreis oder ein Quadrat. Farbige Linien verdeutlichen Flussverläufe oder Staatsgrenzen. Genaue Auskunft hierüber gibt eine **Legende.**

Die beiden wichtigsten Kartenarten sind die physische Karte und die thematische Karte. **Physische Karten** informieren den Betrachter ganz allgemein über die Oberflächengestalt der Erde. Man erkennt sie daran, dass Meere und Flüsse in blau, Gebirge immer braun und große Städte immer rot eingezeichnet sind.

Thematische Karten stellen einen Raum unter bestimmten Gesichtspunkten (Themen) dar. Das können z. B. Aussagen über Umweltverschmutzung, Bevölkerungsdichte oder Klima sein. Wichtige thematische Karten sind auch Stadtpläne und Straßenkarten.

Aber welches ist nun die richtige Karte um deine Fragen zu beantworten? Wie findest du sie? Zunächst solltest du im Register deines Atlas nachsehen. Dort wirst du eine, manchmal auch mehrere Seitenangaben vorfinden. Wenn du sie dann aufschlägst, solltest du auf Folgendes achten:

– **Welche Kartenart liegt vor?**
  Meistens steht es dabei; du kannst es aber auch an der Farbgebung erkennen!
  → *Für die Frage a) benötigst du eine physische Karte,*
  → *für die Frage k) eine thematische Karte.*
– **Welches Gebiet der Erde ist dargestellt?**
  Mithilfe des eingedruckten Gradnetzes, der Ländergrenzen oder der natürlichen Grenzen kannst du das herausfinden! → *Frage b).*
– **Wie groß ist der Maßstab der Karte?**
  → *Dies ist wichtig für Frage c).*
– **Sieh dir die Legende an!**
  Nicht immer bedeutet blau, dass dort ein See oder ein Meer ist. → *Frage d).*

74.1 Ausschnitt aus einer Straßenkarte

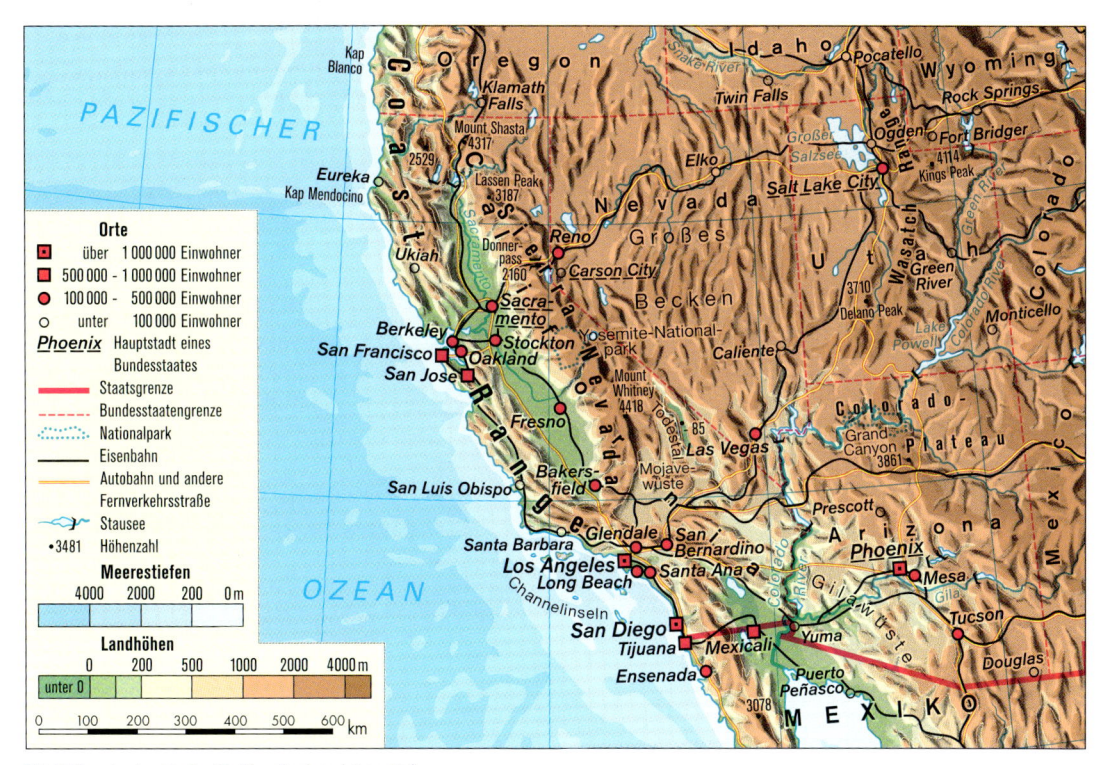

75.1 Physische Karte, Kalifornisches Längstal

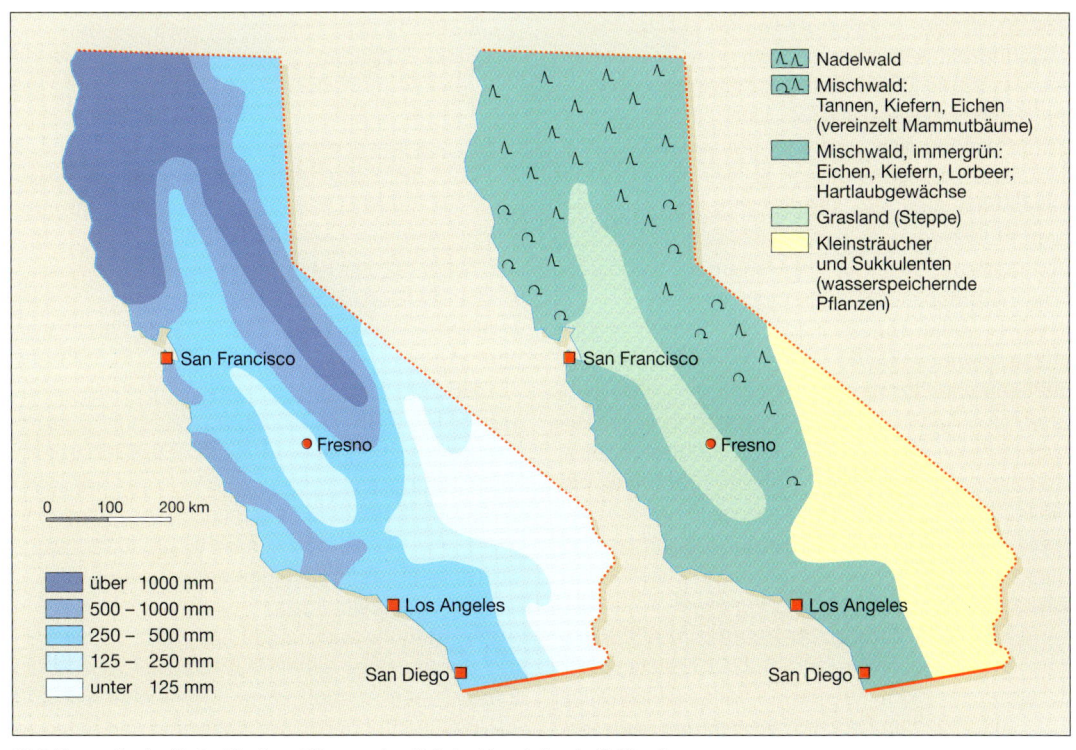

75.2 Thematische Karte, Niederschläge und natürliche Vegetation in Kalifornien

75

American Way of Life

76.1 Wohngebiet der Mittelschicht

Eine „mobile" Gesellschaft
Mary, geboren 1952, verbringt ihre Kindheit in New York und ab 1961 in Pittsburgh. Die Familie lebt jeweils in Vierteln, in denen überwiegend osteuropäische Einwanderer wohnen. Nach dem College-Besuch ist Mary in einem Büro von US-Steel beschäftigt. 1974 wird sie arbeitslos. Mary besucht erneut die Schule um Krankenschwester zu werden und erhält 1978 eine Stelle nahe San Francisco. Dort heiratet sie Jack, einen Programmierer aus Oakland. 1980 ziehen sie aus ihrem Appartement aus und kaufen ihr erstes kleines Haus in der landesüblichen Holzbauweise.

Drei Jahre später übernimmt Jack eine Firmenvertretung in Dallas (Texas), wo die beiden Kinder Greg und Christin geboren werden. 1988 wird Jack nach Atlanta (Georgia) versetzt. Zum dritten Mal kaufen sie ein Haus. 1991 macht sich Jack selbstständig und Mary nimmt einen Teilzeitjob als Bibliothekarin an. Nun können sie sich endlich den Traum aller US-Amerikaner erfüllen: einen weißen Bungalow in einem Suburb (Vorort) mit viel Rasen rundherum und einem Swimming-Pool.

Manchmal aber wird ihr Traum zum Alptraum, nämlich dann, wenn die beiden daran denken, dass die Geschäfte nicht mehr so gut gehen könnten. Ihr Haus müsste dann verkauft werden und vielleicht müssten sie wieder in eine andere Stadt umziehen.

1. Fertige eine Skizze der USA an und zeichne Marys bisherigen „Lebensweg" ein.
2. Schreibe die beruflichen Veränderungen von Mary und Jack auf.
3. Löse Aufgaben 1 und 2 entsprechend für deine Mutter oder deinen Vater.

Lebenswege wie der von Mary oder Jack sind in den USA nicht ungewöhnlich. Die meisten Amerikaner wechseln in ihrem Leben mehrfach ihre Berufstätigkeit. Sie ändern auch häufig ihren Wohnsitz. Nach der Statistik zieht jedes Jahr ein Sechstel der US-Bürger um. Diese hohe Mobilität (Beweglichkeit) ist eines der Merkmale des **American Way of Life**.

Ein Umzug muss nicht unbedingt etwas mit einer beruflichen Veränderung zu tun haben. Genauso wichtig sind die gesellschaftlichen Einflüsse. Amerikaner wohnen gerne in der Nähe von Gleichgesinnten und Gleichgestellten. Wer eine bestimmte Gehaltshöhe erreicht hat, sucht Nachbarn mit vergleichbarem Einkommen. Junge Familien mit schulpflichtigen Kindern wohnen gern in bestimmten Vierteln zusammen, weil z. B. die dortige Schule einen guten Ruf hat. Alte Menschen achten mehr darauf, dass Krankenhäuser und Pflegeeinrichtungen in der Nähe sind und dass die Sicherheit in ihrem Wohngebiet gewährleistet ist.

Die sozial Schwachen bleiben ebenfalls in bestimmten Vierteln unter sich. Das sind entweder Wohnwagensiedlungen am Stadtrand oder Stadtteile, deren ältere Häuser den Ansprüchen der besser Verdienenden nicht mehr genügen. Wenn weder die Behörden noch die Hausbesitzer in einem solchen Armenviertel etwas für die Verbesserung der Wohnverhältnisse tun, entwickelt es sich zum Slum (Elendsviertel). Mit der Armut in den Slums sind häufig gestörte Familienverhältnisse, Drogengebrauch und Alkoholmissbrauch verbunden. Damit hängt wiederum eine hohe Kriminalitätsrate zusammen.

Die reichen Amerikaner hingegen entwickeln immer neue Wohnansprüche und Siedlungsformen. Typisch dafür sind die **Rentnerstädte**. Sie werden von Kapitalgesellschaften vor allem im Sunbelt errichtet. Sun City (Arizona) z. B. hat mehr als 50 000 Einwohner, die alle über 55 Jahre alt sind. Hier ist alles auf die Ansprüche von Senioren abgestellt (s. Abb. 77.1). Starke Sicherheitskräfte bewachen die Stadt. Damit alle Anlagen schön grün bleiben, müssen die Rasensprenger ständig in Betrieb sein. Dasselbe gilt für die Klimaanlagen in den Häusern, denn Sun City liegt in der Wüste.

Rentner, die sich die teuren Seniorenanlagen nicht leisten können oder sich nicht an einen Ort binden wollen, kaufen sich von dem Erlös ihres Hauses ein Wohnmobil. An vielen landschaftlich schönen Plätzen im Sunbelt, vor allem in der Nähe von Freizeiteinrichtungen, trifft man auf Wohnwagensiedlungen älterer Leute.

77.2 Umzug mit dem Haus

Manche Amerikaner nehmen beim Umzug sogar ihr Haus mit, wenn es ein leichtes Holzhaus und die Entfernung nicht zu groß ist. Das bleibt aber selbst im „Land der unbegrenzten Möglichkeiten" die Ausnahme der mobilen Gesellschaft.

4. In den USA gilt der Spruch: „Neue Nachbarn – neue Freunde." Was ist damit gemeint?
5. Diskutiert, welche Probleme mit den verschiedenen Wohnformen (Suburbs, Slums, Rentnerstädte und Wohnwagensiedlungen) verbunden sind. Denkt an die Landschaft, Versorgung und Entsorgung und an das Zusammenleben der Menschen.

Meine Frau und ich wünschen eine Nachbarschaft, wo wir von Menschen mit ähnlichen Interessen wie den unseren umgeben sind. Hier fanden wir sie.

Happiness starts at Rossmoor

Prüfen Sie den Golfplatz, das Schwimmbad, die Klubräume, unsere Kunststudios und die Bücherei!

Sie finden eine Bank, einen Delikatessenladen und alle Dienstleistungen

Rossmoor hat seinen eigenen 24 Stunden-Sicherheitsdienst

77.1 Seniorensiedlung Rossmoor

Wissenswertes
Land der Riesenstädte

78.1 Intensive Raumnutzung am Beispiel von Houston/Texas

Bos-wash, Chi-pitts, San-san
Beim Nachtflug von Boston nach Washington sieht man unter sich ein endloses Lichtermeer. Auf rund 750 km Länge reihen sich hier elf Großstädte mit Vororten und Industriegebieten aneinander. In dieser **Megalopolis** (Riesenstadt) zwischen Boston und Washington („Bos-wash") wohnen auf 2 % der Staatsfläche ca. 50 Millionen Menschen. Ähnliche Städtebänder haben sich zwischen Chicago und Pittsburgh („Chi-pitts") sowie San Francisco und San Diego („San-san") gebildet.

Auf seinem Weg zur Arbeit muss Glenn Craft viermal umsteigen – trotzdem ist er in vier Minuten im Büro, denn er verlässt das Haus gar nicht. Er wohnt nämlich im 90. Stock eines Wohn- und Geschäftsgebäudes in Chicagos Innenstadt. Hier oben versperrt ihm ab und zu eine Wolke die Sicht auf den Michigansee. Expressfahrstühle bringen ihn schnell vom 90. Stock zu seinem Büro im 15. Stock. **Wolkenkratzer** haben die Zentren der nordamerikanischen Großstädte erobert und prägen deren Aussehen. Ihr Bau wurde erst durch die Erfindung der Stahlskelettbauweise, von Fahrstühlen und von Klimaanlagen möglich. Die Wolkenkratzer veranschaulichen die intensive Raumnutzung. Das höchste Gebäude der USA (443 m, 110 Geschosse) steht zur Zeit in Chicago.

Typisch für die Städte ist der schachbrettartige Grundriss. Häufig heißen die Nord-Süd-Straßen Avenues und die Ost-West-Straßen Streets. In der Mitte liegt das Geschäfts- und Büroviertel, die City. Sie wird auch **Downtown** oder **Central Business District** (CBD) genannt. Früher befanden sich auch die Wohnviertel der besser Verdienenden in der City oder an ihrem Rand. Das änderte sich, als das Auto zum allgemeinen Verkehrsmittel wurde.

Auf 100 Bewohner kommen mehr als 70 Pkw. Breite Straßen ziehen wie Schneisen durch die Häuserblocks. Stadtautobahnen verlaufen in mehreren Ebenen übereinander. Autogerecht sind die Drive-in-Shops, Drive-in-Restaurants und Drive-in-Kirchen. Das Auto machte es möglich, dass der Abstand zwischen Wohn- und Arbeitsort immer größer werden konnte.

„Im Grünen" entstanden Vorstadtsiedlungen, die **Suburbs**, mit Einfamilienhäusern. Je nach Einkommen der Bewohner sind es eintönige Einfamilienhaussiedlungen oder Villenbezirke in aufgelockerter Bauweise.

Schließlich wurde auch ein Teil der Arbeitsplätze aus der City in das Umland verlagert. An den Ausfall- und Umgehungsstraßen baute man Gewerbeparks und Dienstleistungsbetriebe. Banken und Versicherungen verlegten Büros dorthin. In die alten Wohnviertel der Städte rückten sozial schwache Familien nach, oft Farbige. Ganze Wohnviertel verkamen zu Slums. Manche Slums wurden schließlich abgerissen. So liegen heute in vielen US-Städten direkt neben dem Central Business District leere, oft ungepflegte Flächen.

Die Suburbs wuchsen immer weiter ins Land hinaus, so weit, dass eine Versorgung aus den Geschäften der City nicht mehr möglich war. An den Kreuzungen der Ausfallstraßen mit den Umgehungsstraßen entstanden neue ein- bis zweigeschossige Einkaufszentren. Ein Kennzeichen dieser Malls sind die riesigen Parkplätze. Niemand geht zu Fuß einkaufen.

Anders als bei uns gibt es in den USA kaum gesetzliche Vorschriften bei der Stadtplanung und beim Bauen. Daher kann jedes Privatunternehmen neue Siedlungen oder Gewerbeparks errichten, wo und wie es will. So wird immer mehr Farmland im Umkreis der Städte bebaut. Der große Flächenbedarf der Suburbs führte zur Zersiedlung der Landschaft.

Die neuen Stadtlandschaften haben einen besonders hohen Energieverbrauch. Das gilt für den Autoverkehr zwischen den Suburbs und der City, aber auch für die Beleuchtung und die Klimaanlagen in den Malls, den Gewerbeparks und den Einfamilienhäusern.

79.1 Am Rande der Innenstadt von Atlanta

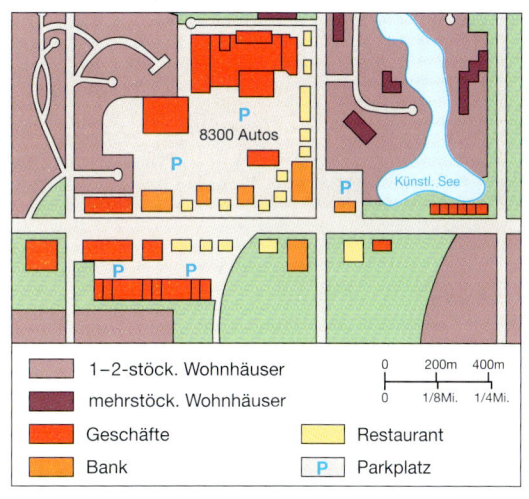

79.2 Plan einer Mall (Shopping Center)

1. Vergleiche den Grundriss einer US-amerikanischen Mall mit dem eines deutschen Einkaufcenters.
2. Miss die Entfernung Bos-wash und vergleiche sie mit einer Entfernung von Kiel aus.
3. Eine Megalopolis nennt sich Chi-pitts. Wo liegt sie und welche Großstädte gehören dazu?
4. Suche die Ballungsgebiete aus Tab. 79. 3 im Atlas.
5. Erkläre den Ausdruck Zersiedlung und wende ihn auf die amerikanische Großstadt an.

	Stadt		+ Umland
	1900	1995	1995
New York	3 450 000	7 400 000	20 000 000
Los Angeles	102 500	3 500 000	15 300 000
Chicago	1 698 000	2 750 000	8 500 000
Houston	44 600	1 710 000	4 000 000
Philadelphia	1 294 000	1 520 000	6 000 000
San Diego	17 700	1 160 000	2 600 000
Phoenix	5 500	1 100 000	2 500 000
Dallas	42 600	1 100 000	4 400 000
San Antonio	53 300	1 000 000	1 500 000
Detroit	285 700	995 000	5 300 000

79.3 Die 10 größten Städte und ihr Umland

New York – Schmelztiegel der Nationen?

80.1 Manhattan

Metropole der USA

Im 19. Jahrhundert stieg New York rasch zur führenden Großstadt der Ostküste mit vielen Industriebetrieben auf. Millionen von Einwanderern betraten hier den Boden Amerikas. Viele waren zu arm um weiterzuziehen. Sie suchten Arbeit und Wohnung in solchen Vierteln, in denen Landsleute weiterhalfen. Kontakte zu anderen Gruppen suchten sie nicht.

Heute leben in New York City mehr als sieben Millionen Menschen. Etwa 1,5 Millionen von ihnen sind Juden, mehr als in Jerusalem und Tel Aviv zusammen, eine Million sind Puertoricaner, über 100 000 Chinesen. Dazu kommen Italiener, Russen, Deutsche, Haitianer und viele andere Nationalitäten. Seit einigen Jahren wandern vor allem Asiaten ein, aber auch viele Hispanics aus Mittelamerika und der Karibik. Jede Gruppe schließt sich nach Möglichkeit in einem Viertel zusammen und bestimmt dessen Atmosphäre. Berühmt geworden sind Stadtteile wie Chinatown und Little Italy. In New York, heißt es, kann jeder die Welt erleben ohne die Stadt zu verlassen.

Die Weißen – in Manhattan ganz oben

Heute kann man die Bevölkerung der Stadt in zwei große Gruppen einteilen: in Weiße und Farbige. Die weißen **Angloamerikaner** bildeten früher auch zahlenmäßig die Mehrheit. Nach wie vor sind sie wirtschaftlich die führende Gruppe.

Die weißen Amerikaner beherrschen nicht nur den wichtigsten Finanzplatz der Welt, die Gegend um die Wallstreet, sondern auch das World Trade Center am Hudson River. In seinen beiden 412 m hohen Türmen arbeiten etwa 50 000 Menschen. Ähnlich sieht es im Hochhaus der Vereinten Nationen (UNO) am East River aus.

Für viele Menschen ist New York die Hauptstadt der Welt. Hier erscheint ein Drittel aller US-Zeitungen und hier haben die wichtigsten Fernsehanstalten ihren Sitz. Allein Manhattan bietet 2,5 Mio. Menschen Arbeit. Von Manhattan aus unterhalten zahllose Firmen zu allen Teilen der Erde Geschäfts- und Handelsbeziehungen. Aber schwarze Manager oder Angestellte sind in den fast 200 Wolkenkratzern von Manhattan immer noch selten.

81.1 Kirche in Downtown Manhattan

Die schwarzen New Yorker – ohne Bildung – ohne Arbeit – ohne Geld

Die Farbigen sind in New York und in fast allen Großstädten der USA die zweitgrößte Bevölkerungsgruppe. Seit Beginn des 20. Jahrhunderts wanderten sie aus dem ländlichen Süden in den industrialisierten Norden. In den 20er-Jahren entstand im New Yorker Stadtteil Harlem das erste „schwarze" Getto. Ein Getto ist ein Stadtviertel, das von einer bestimmten Bevölkerungsgruppe bewohnt wird. Sie ist freiwillig oder unter Zwang dort eingezogen. Die Schwarzen stellen heute in New York die Mehrheit der Bevölkerung.

Die meisten Familien sind arm und können ihren Kindern keine solide Schulausbildung bieten. Die Fabriken in der Nähe ihrer Viertel sind entweder stillgelegt oder suchen gut ausgebildete Mitarbeiter. Daher sind viele Farbige ohne Arbeit. Ihre Familien wählen stets die billigsten Wohnquartiere. Ein Großteil von ihnen ist obdachlos.

Sobald in einer Straße ein bestimmter Anteil der Häuser von Schwarzen bewohnt wird, ziehen die weißen Familien fast gleichzeitig aus. Sie befürchten den Wertverfall ihrer Häuser und den Verlust ihres persönlichen Ansehens. So entstehen schnell einheitlich „schwarze" Slumviertel.

1. Berichte, warum sich in New York Nationalitätenviertel gebildet haben.
2. Nenne einige Probleme, mit denen die Bürgerinnen und Bürger in New York leben müssen.
3. Überlege, ob der Ausdruck Schmelztiegel für New York gerechtfertigt ist.

Anteil an der Gesamtbevölkerung
- • über 50 % Schwarze
- · · 20 % – 50 % Schwarze
- • • über 50 % Puertoricaner
- · · 20 % – 50 % Puertoricaner

Flächen ohne Punkte sind Hauptwohngebiete der Weißen

Alter der Gebäude
- vor 1915 erbaut
- 1915–1940 erbaut
- nach 1940 erbaut

- Industrie- und Gewerbeflächen
- Park, Grünanlage
- Unbebaute Fläche
- Grenze von New York
- Wohngebiet außerhalb von New York
- Industrie- und Gewerbefläche außerhalb von New York

0 1 2 3 4 5 km

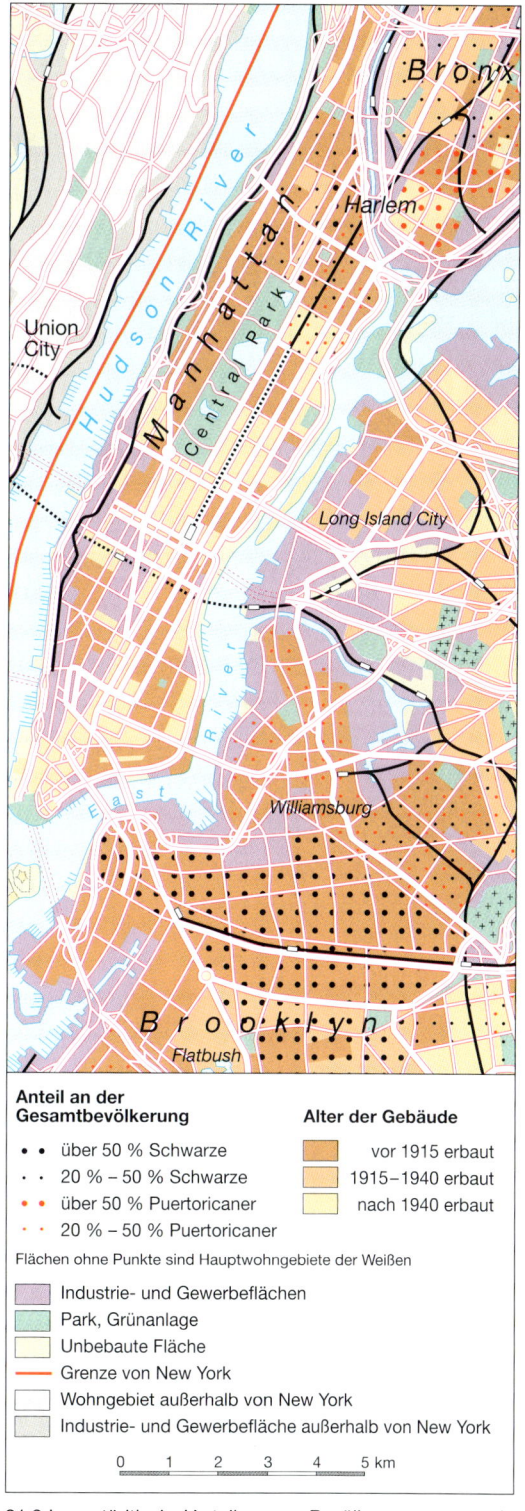

81.2 Innerstädtische Verteilung von Bevölkerungsgruppen in New York

Projekt: Weltmacht USA

82.1 Der erste Mensch auf dem Mond – der Amerikaner Neil Armstrong 1969

„Wir halten diese Wahrheiten für selbstverständlich, dass alle Menschen von der Schöpfung her gleich sind, dass ihr Schöpfer ihnen bestimmte, unveräußerliche Rechte mitgegeben hat. Darunter sind Leben, Freiheit und das Trachten nach Glück. Dass, um diese Rechte zu sichern, Regierungen errichtet sind, die ihre Macht von der Zustimmung der regierten Leute herleiten, dass, wenn immer eine Regierungsform diese Grundrechte zunichte macht, das Volk berechtigt ist die Regierungsform zu ändern oder zu beseitigen und eine neue Regierung zu bilden, deren Fundament auf solchen Prinzipien ruht und deren Macht so organisiert ist, dass sie ein Maximum von Sicherheit und Glück garantiert."

82.2 Thomas Jefferson in seiner Unabhängigkeitserklärung vom 4. Juli 1776

A. **Wir fragen nach der Bedeutung der USA.**
B. **Wir bilden vier Gruppen:**
   1. für Politik,
   2. für Wirtschaft/Handel,
   3. für Sport,
   4. für Kunst (Musik/Film).
C. **Wir sammeln Informationen über die USA.**

Auf diesen Seiten findet ihr einige Angaben zum Thema. Nutzt auch Lexika, Reiseführer und andere Bücher über die USA. Hilfreich ist ein Besuch in der Bücherei. Sammelt Zeitungsausschnitte und wertet sie aus. Überlegt, ob es sich um Berichte über eine Weltmacht handelt.

Macht
Macht wird zwischen Menschen untereinander (Gruppen, Staaten) ausgeübt um das Verhalten des anderen zu beeinflussen, dies auch unabhängig von seinem Willen. → **Weltmacht**

Weltmacht
Als Weltmacht wird eine → **Großmacht** bezeichnet, die in Politik, militärischer Stärke und Wirtschaft weltweit eine bedeutende Rolle übernommen hat und einen überragenden Einfluss auf andere Länder ausübt und die →**Weltpolitik** bestimmt. Geleitet wird dieses Handeln durch feste → **ideologische Grundlagen**.

Großmacht
Als Großmacht bezeichnet man einen Staat, der bei den großen Fragen der internationalen Politik entscheidend mitspricht. Im 19. Jahrhundert waren Frankreich, Großbritannien, das Deutsche Reich, Russland und Italien Großmächte. Um 1980 gab es nur noch zwei Großmächte, die USA und die Sowjetunion. Nach dem Ende der Sowjetunion blieben die USA alleinige Großmacht.

Weltpolitik
Als Weltpolitik bezeichnet man jede aktive Bemühung eines Staates, der weltweit die politischen, kulturellen und wirtschaftlichen Beziehungen der Staaten untereinander weiterentwickelt. Arbeiten Groß- oder Weltmächte politisch eng zusammen, so nennt man dies ebenfalls Weltpolitik.

Die USA wollen, dass die Menschheit demokratisch miteinander lebt und die Weltstaaten friedlich miteinander umgehen. Zur Erfüllung dieser Idee gehören verschiedene Voraussetzungen. Die Weltmacht USA muss wirtschaftlich, finanziell und militärisch für alle Staaten sichtbar anwesend sein und in diesen Bereichen von anderen Staaten unabhängig bleiben.

Eine besondere Rolle nimmt hierbei die amerikanische Währung ein. Der US-Dollar ist die Weltleitwährung. Fast alle wichtigen Geschäfte – vom Weizenverkauf bis hin zum Schiffbau – werden in US-Dollar abgeschlossen. Viele Staaten legen ihre Geldreserven vorzugsweise in US-Dollar an.

Auf **Platz 1** lagen die USA weltweit bei:

- dem Bruttosozialprodukt (6388 Mrd. $)
- dem Welthandel
  (Einfuhr 689 Mrd. $, Ausfuhr 513 Mrd. $)
  dem Export von Weizen (33 Mio. t)
- den Weltfirmen wie
  General Motors (Kfz, Umsatz 155 Mrd. $, 711 000 Beschäftigte)
  Ford (Kfz, Umsatz 128 Mrd. $, 322 000 Beschäftigte)
  Zum Vergleich: Daimler Benz (Umsatz 104 Mrd. DM, 330 000 Beschäftigte)
  Exxon (Mineralöl, Umsatz 113 Mrd. $, 95 000 Beschäftigte)
- der Herstellung von
  Aluminium (6,6 Mio. t)
  Mineralölprodukten (312 Mio. t)
  Kunst- und Plastikstoffen (16 Mio. t)
  Kunstfasern (3,2 Mio. t)
  Zivilflugzeugen (620 Stück, das ist ein Weltmarktanteil von 65%)
- der Elektrizitätserzeugung (ein Viertel der Weltproduktion)
- den Rüstungsexporten

Auf **Platz 2** lagen die USA weltweit bei:

- der Förderung
  von Erdgas (550 Mrd. m^3)
  von Erdöl (393 Mio. t)
- dem Abbau
  von Steinkohle (790 Mio. t)
  von Gold (296 t)
  von Silber (1645 t)
  von Kupfer (1,7 Mio. t)
- der Erzeugung
  von Getreide (336 Mio. t)
  von Fleisch (32 Mio. t)
- der Produktion
  von Kraftfahrzeugen (5,7 Mio.)

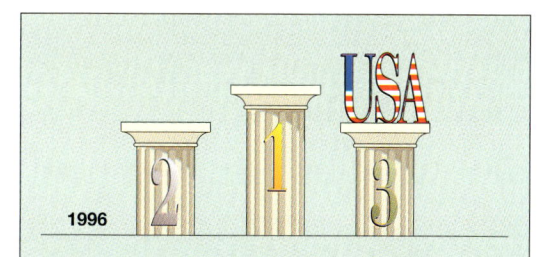

Auf **Platz 3** lagen die USA weltweit bei:

- der Gewinnung von Platin (8 t)
- der Herstellung von Eisen (48 Mio. t)
- der Produktion von
  Fernsehgeräten (13 Mio.)
- der Erzeugung von Butter (594 000 t)
- dem Bestand an Rindern (102 Mio.)

D. **Wir werten die Informationen aus. Die Ergebnisse stellen wir in einer Austellung vor.**
- Wandzeitung
- Aktuelle Ereignisse
- Landkarten und Fotos
- Musikbeispiele, Charts
- Filmplakate, Bestsellerlisten
- Sportereignisse

84.1 Pipeline in Sibirien

84.3 Moskau: Blick von der Moskwa zum Kreml

84.2 Sowchosesiedlung Churmascha in der Republik Burjatien östlich des Baikalsees

Russland – Kernstaat der GUS

85.1 Zentraler Platz (Leninplatz) in Chabarowsk

GUS – die Gemeinschaft Unabhängiger Staaten

Russische Föderation
Fläche: 17 075 400 km²
Bevölkerung (1995): 147 Mio.
(davon u.a. 81,5 % Russen,
3,8 % Tataren, 3 % Ukrainer)
Hauptstadt: Moskau

Weißrussland (Belarus)
Fläche: 207 600 km²
Bevölkerung (1995): 10,1 Mio.
(davon u.a. 78 % Weißrussen,
13 % Russen, 4 % Polen,
3 % Ukrainer)
Hauptstadt: Minsk

Ukraine
Fläche: 603 700 km²
Bevölkerung (1995): 51,2 Mio.
(davon u.a. 72,7 % Ukrainer,
22,1 % Russen)
Hauptstadt: Kiew

Moldau (Moldawien)
Fläche: 33 700 km²
Bevölkerung (1995): 4,4 Mio.
(davon u.a. 65 % Rumänen, unter
sowj. Herrschaft als „Moldawier"
bezeichnet, 14 % Ukrainer,
13 % Russen, 3,5 % Gagausen,
2 % Bulgaren)
Hauptstadt: Kischinau

Georgien
Fläche: 69 700 km²
Bevölkerung (1995): 5,5 Mio.
(davon u.a. 70 % Georgier,
8 % Armenier, 6,3 % Russen,
5,7 % Aserbaidschaner,
3 % Osseten)
Hauptstadt: Tiflis

Armenien
Fläche: 29 800 km²
Bevölkerung (1995): 3,6 Mio.
(davon u.a. 96 % Armenier,
1,7 % Kurden, 1,5 % Russen)
Hauptstadt: Eriwan

Aserbaidschan
Fläche: 86 600 km²
Bevölkerung (1995): 7,6 Mio.
(davon u.a. 83 % Aserbaidschaner
oder Aseri, 5,6 % Russen)
Hauptstadt: Baku

Kasachstan
Fläche: 2 717 300 km²
Bevölkerung (1995): 17,1 Mio.
(davon u.a. 42 % Kasachen,
38 % Russen, 5 % Ukrainer,
6 % Deutschstämmige)
Hauptstadt: Akmola
(bis 1993 Alma-Ata)

Usbekistan
Fläche: 447 400 km²
Bevölkerung (1995): 22,8 Mio.
(davon u.a. 72 % Usbeken,
8 % Russen, je ca. 4 % Tataren,
Kasachen, Tadschiken)
Hauptstadt: Taschkent

Von der UdSSR zur GUS
25.10.1917: Oktoberrevolution
30.12.1922: Gründung der
UdSSR
(Sowjetunion)
24.1.1924: Tod Lenins
1985–1991: Gorbatschow,
letzter Präsident
der UdSSR
11.3.1990: Litauen erklärt
als erste Republik
die Unabhängigkeit
21.12.1991: Gründung der GUS
Ende der UdSSR

Die UdSSR (russisch: CCCP = Union der Sozialistischen Sowjetrepubliken) wurde 1922 gegründet und 1991 aufgelöst. Sie bestand aus 15 Republiken. Die Russische Republik war die größte und übernahm die Vorherrschaft in der Union, Russisch war Amtssprache.

In der UdSSR bestimmte allein die kommunistische Partei die Politik, die überall im Vordergrund stand und in viele Bereiche des Lebens eingriff. Ausbildung, Arbeitsplatz, medizinische Versorgung und Wohnungsbau regelte der Staat. Privateigentum war nur begrenzt erlaubt. Diese Form der Wirtschaft nennt man **Planwirtschaft.** Die vom Staat kontrollierten Medien verkündeten die „richtigen" Ansichten, die die Bevölkerung widerspruchslos zu übernehmen hatte. Der Staat entschied darüber, welche Waren, Informationen, Musik usw. aus dem Westen der Bevölkerung zugänglich gemacht wurden. Reisen dorthin mussten genehmigt werden. Religionen waren verboten. Einspruchsmöglichkeiten gegen Staatsentscheidungen gab es nicht.

Dies alles und die trotz ständiger Erfolgsmeldungen schlechte Versorgungslage (die Politik bestimmte auch die Wirtschaft) führte zu einer zunehmenden Unzufriedenheit in der Bevölkerung. Der letzte Präsident der UdSSR, Michail Gorbatschow, erkannte, dass das sowjetische System umgestaltet werden musste. Er führte eine gewisse Lockerung in Wirtschaft und Politik ein.

Als Folge davon forderten die Republiken mehr Selbstbestimmung und erklärten sich schließlich zu unabhängigen Staaten. Zwölf der 15 ehemaligen Sowjetrepubliken haben sich zur GUS = **Gemeinschaft Unabhängiger Staaten** zusammengeschlossen. Sie wollen nach den Regeln der Marktwirtschaft arbeiten.

Diese plötzliche Umstellung in einem so großen und unterschiedlich ausgestatteten Raum bringt große Probleme mit sich.

Die Menschen der GUS stehen vor schwierigen Aufgaben, die sie nur mithilfe der Industrieländer bewältigen können.

1. Ordne die GUS-Staaten nach Größe und Einwohnerzahl.
2. Berichte über den Anteil der Russen in den einzelnen GUS-Staaten.
3. Kennst du in deinem Wohnort Organisationen, die den Menschen in den Nachfolgestaaten der UdSSR zu helfen versuchen?

Turkmenistan
Fläche: 488 100 km^2
Bevölkerung (1995): 4,1 Mio.
(davon u.a. 72 % Turkmenen, 9,5 % Russen, 9 % Usbeken, 2,5 % Kasachen)
Hauptstadt: Aschgabad

Kirgisistan
Fläche: 198 500 km^2
Bevölkerung (1995): 4,7 Mio.
(davon u.a. 53 % Kirgisen, 21 % Russen, 13 % Usbeken, 2,5 % Ukrainer)
Hauptstadt: Bischkek (ehem. Frunse)

Tadschikistan
Fläche: 143 100 km^2
Bevölkerung (1995): 6,1 Mio.
(davon u.a. 65 % Tadschiken, 23 % Usbeken, 7 % Russen, 2 % Tataren)
Hauptstadt: Duschanbe

Das Landklima

1. Sibirische Kälte nur im Winter

Lichtmangel und Kälte machen den Küstenstreifen rund um das Nördliche Eismeer zu einem unwirtlichen Lebensraum. Lediglich im kurzen arktischen Sommer steigen die Temperaturen in dieser **Eiswüste** über den Gefrierpunkt.

Während die Inseln ganzjährig unter Schnee und Eis liegen, erstreckt sich weiter südlich die **Tundra** (finnisch „tunturi": waldloser Berg). Die Landschaft wird durch Flechten, Moose, Gräser und niedriges Buschwerk bestimmt. Die Pflanzen haben zum Wachsen, Blühen und Reifen nur wenige Wochen Zeit. Die Kälte führt zu einer gnadenlosen Auslese. „Verkrüppelte" Kiefern, einzelne Birken oder Weiden können im Übergangsgebiet zur Waldtundra allein deshalb überleben, weil eine Schneedecke sie schützt.

Unter der oft nur wenige Zentimeter dicken Bodenschicht ist der Untergrund seit tausenden von Jahren gefroren. In diesem **Dauerfrostboden** wurden bereits ausgestorbene Tiere wie z. B. das Mammut, wie in einer Tiefkühltruhe konserviert. Im Sommer taut dieser Boden nur an der Oberfläche auf. Da das Wasser kaum verdunstet und nicht versickern kann, bilden sich ausgedehnte Wasserflächen und Sümpfe aus. Feldfrüchte kann man nicht anbauen. Die Menschen leben hier hauptsächlich von der Jagd und Rentierhaltung. Heute bieten der Abbau von Bodenschätzen, Stützpunkte für Luft- und Schifffahrt sowie militärische Einrichtungen weitere Arbeitsplätze.

An ihrem südlichen Rand geht die Tundra in den einförmig wirkenden **Nadelwald** über, der in Russland **Taiga** (russisch: großer Wald) heißt. In diesem größten Waldgebiet der Erde wachsen vorwiegend Tannen, Fichten und Kiefern.

Die Bäume der Taiga wachsen nur sehr langsam und erreichen Höhen von bis zu 25 m. Den Waldboden bedecken Flechten, Moose, Heidekräuter, Heidel- und Preiselbeeren. Wegen des Dauerfrostbodens kann kein Wasser versickern; deshalb ist auch die Taiga versumpft. Riesige Mückenschwärme machen im Sommer das Leben unerträglich. Die Taiga hat einen hohen forstwirtschaftlichen Nutzwert, weil ihre Nadelbäume nur langsam wachsen und daher festes Holz bilden.

Im Süden geht die Taiga zunächst in die **Misch-** und **Laubwaldzone** über. Sie eignet sich für eine vielseitige landwirtschaftliche Nutzung. Bei zunehmender Trockenheit werden diese Wälder nach Süden zu von **Steppen** und **Wüstengebieten** abgelöst.

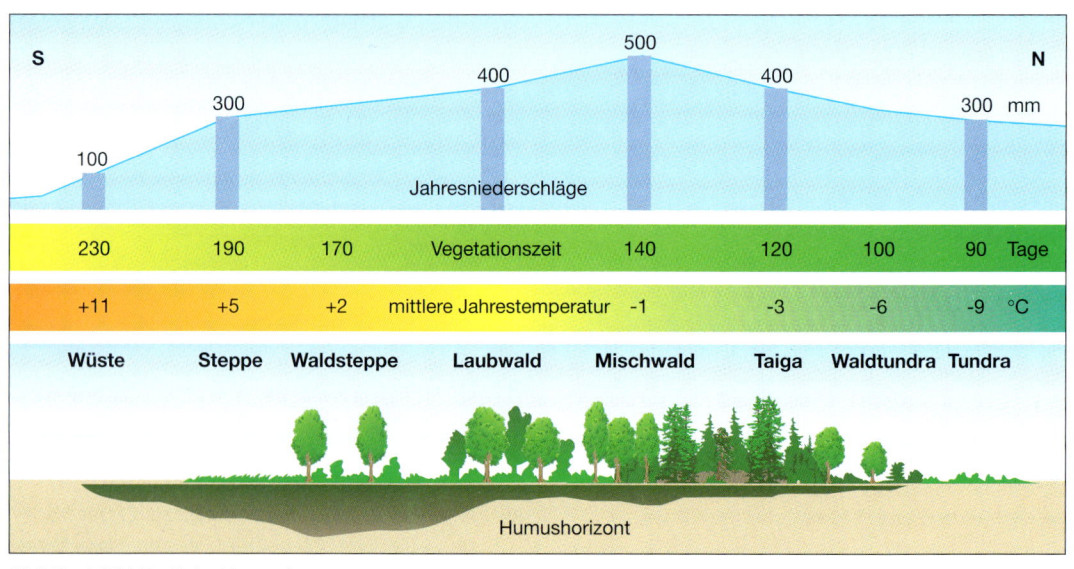

88.1 Nord-Süd-Profil der Vegetation

Ursachen des sibirischen Klimas

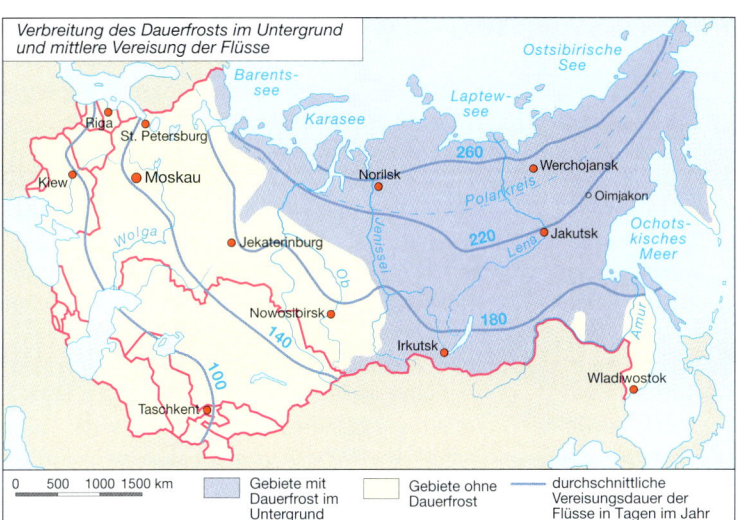

Die riesigen Landmassen Eurasiens, der Verlauf von Hochgebirgen im Süden und Osten des Kontinents sowie die Lage fernab von ausgleichend wirkenden Ozeanen sind für das extreme Klima Sibiriens verantwortlich. Im Winter bildet sich im Gebiet um den Baikalsee eine stabile „Kälteglocke", die große Teile Nordasiens, aber auch Mitteleuropas, beeinflusst. Im Bergland von Ostsibirien werden besonders tiefe Temperaturen gemessen: Mit -71 °C gilt Werchojansk als „Kältepol der Nordhalbkugel". Im Sommer erhitzt sich das Land um den Aralsee besonders stark, denn in dem wüstenhaften Gebiet behindern keine Wolken die Sonneneinstrahlung. Der Einfluss dieses Hitzezentrums erstreckt sich über die gesamte Festlandmasse Nordasiens und reicht bis nach Mitteleuropa. Selbst in Werchojansk können die Temperaturen dann über 30 °C klettern. Eine solche Temperaturspanne von über 100 Grad wird sonst nirgendwo auf der Welt erreicht.

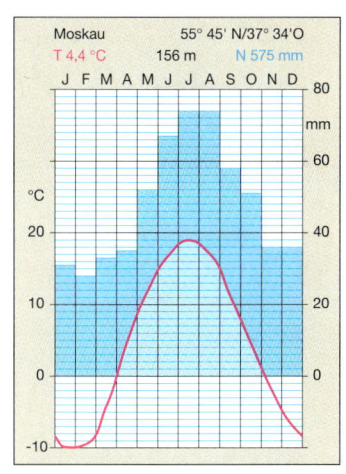

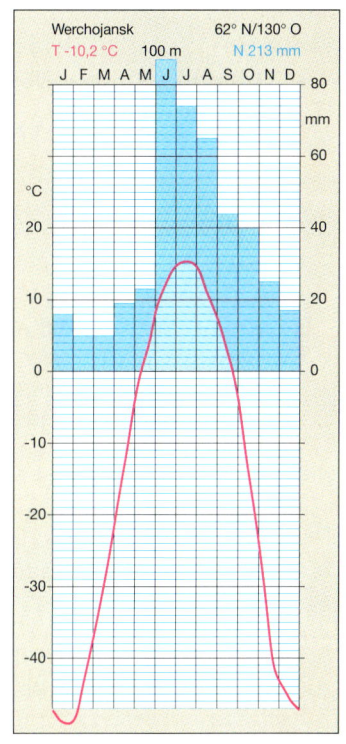

1. Wie passen sich die Menschen, Tiere und Pflanzen der Tundra und Taiga an die schwierigen Lebensbedingungen an?
2. Was versteht man unter Dauerfrostboden?
3. Vergleiche die Klimadiagramme von Moskau und Werchojansk.

90.1 Die Tundra im Winter und im Sommer

2. Tundra – Taiga – Mischwald – Steppe

„Bei uns in Sibirien ist der Winter die beste Jahreszeit zum Arbeiten; nicht nur in der Schule", meint die Lehrerin Ludmilla Fjedorowna. „Unerfahrene Westler", die sich oft falsch kleiden, verstehen nicht, dass es hier bei – 50 °C kaum Probleme gibt. Sinken die Temperaturen jedoch tiefer, bekommen unsere Grundschulklassen „kältefrei". Ungeschützte Finger gefrieren innerhalb von Sekunden, Metall wird spröde wie Glas, Stahlrohre reißen wie morsche Gummischläuche, Öl verliert seine Schmierfähigkeit. Die Kälte hat aber auch ihre Vorteile: Die Luft ist so keimfrei, dass sie uns vor Grippe und anderen Infektionskrankheiten schützt. Milch wird den ganzen Winter über nicht sauer. Zu Blöcken gefroren, wird sie mit dem Beil portioniert. Die vereisten Flüsse sind beste Verkehrswege und können sogar die schwersten Lastwagen tragen.

Sobald das Eis bricht, herrscht Sommer, denn eine Übergangszeit wie den Frühling kennen wir nicht. Jetzt beginnt für uns die eigentlich schwierige Zeit: Flüsse treten über die Ufer, weil der Wasserstand bis zu 15 Meter steigt. Das Land entwickelt sich zu einem unwegsamen Sumpfgebiet. Kraftfahrzeuge bleiben hoffnungslos im Schlamm stecken, denn „sommerfeste" Straßen gibt es nur wenige. Jetzt sind Hubschrauber und Flugzeuge gefragt. Im Hochsommer entwickeln sich in den Sümpfen jede Menge Mücken. Vor allem die „Viermotorige", wie wir den größten sibirischen Plagegeist nennen, tyrannisiert alles Leben. Wir schützen uns gegen sie mit übel riechenden Tinkturen."

Der Winter – weit mehr als eine Jahreszeit

Auf der Straße springt mich die Kälte an, als schnitte mir jemand mit Rasierklingen ins Gesicht. Ich habe das beklemmende Gefühl, mir frören in Sekundenschnelle die Nasenlöcher zu. Beim Ausatmen gefriert der Wasserdampf augenblicklich und bedeckt Wimpern sowie Augenbrauen mit feinem Eismehl. So habe ich den russischen Winter in Moskau erlebt, als die Temperaturen für gut zwei Wochen auf – 45 °C sanken. Die sonst kältegewohnte Hauptstadt war wie verändert. Auf solch tiefe Dauertemperaturen war sie nicht eingestellt. Es fuhren nur noch Taxis und Busse, deren Fahrer sie nachts mit „Feuerchen" unter dem Wagen am Leben erhalten hatten. Die Menschen in den Bussen standen, damit die Mäntel nicht an den Sitzen festfroren.

Was in Moskau die Ausnahme ist, ist im Norden Russlands und in Sibirien die Regel. Während in Moskau bei – 40 °C alles erstarrt, wird in Sibirien auch bei – 50 °C auf Baustellen weitergearbeitet. Die Sibirier packen die Schwierigkeiten an und nehmen den Winter als Gegner, den man letztlich bezwingen kann, koste es, was es wolle.

(nach: Geo 3/85)

Der **Moschusochse** mit seinem dicken Fell bleibt auch im Winter in der Tundra. Um sich gegen Schneestürme zu schützen drängen sich die Tiere dicht aneinander und wärmen sich so gegenseitig.

Fuchs, Wolf, Vielfraß, Nerz und Hermelin schützen sich gegen die Winterkälte mit wärmenden Pelzen und werden deshalb unerbittlich gejagt. Das schönste Fell trägt der **Zobel**, ein mittelgroßer Marder, der ausschließlich in den Wäldern Sibiriens lebt.

„Warm bleiben und keine Energie unnötig verschwenden!", lautet das oberste Gebot. Egal, wie kalt es ist: Der **Polarzeisig** hält seine Körpertemperatur immer auf 41 °C. Auf jedem Quadratmillimeter seiner Haut wachsen 100 Daunen. Er besitzt damit die wirkungsvollste Isolierung im ganzen Tierreich.

Die Pflanzen der Tundra und Taiga sind besonders wärme- und lichthungrig, weil die Wachstumszeit infolge der **Polarnacht** kurz ist. Der Polarmohn dreht seine geöffneten Blüten immer zur Sonne. Die ersten Blätter der **Zwergbirke** sind schalenförmig gewölbt und reflektieren wie Parabolspiegel die wärmenden Sonnenstrahlen auf die sprießenden Knospen. Niedrige **Kriech- und Polsterpflanzen** verschaffen sich im Kampf um Wärme dadurch Vorteile, dass sie sich eng an den Untergrund anschmiegen. Zusätzlich absorbieren dunkle Blätter viel Sonnenlicht und behaarte Pflanzenteile halten die wärmende Luftschicht fest. Nadelbäume wie die Lärche haben „biologische Frostschutzmittel" entwickelt: Durch konzentrierte Nährsalze in den Pflanzenzellen bleibt Wasser auch bei tiefen Temperaturen flüssig. So können die Bäume selbst bei – 70 °C überleben.

Im Norden Russlands leben etwa 80 000 **Bären**. Die großen Allesfresser brauchen zur Nahrungsaufnahme einen weiten, ungestörten Lebensraum und schließen sich deshalb nie zu großen Verbänden zusammen. Mit den ersten Frösten zieht sich der Bär in eine Fels- oder Erdhöhle zurück, lässt sich einschneien und hält lediglich ein Luftloch frei. Während der Winterruhe lebt er ausschließlich von seinen Fettreserven, verliert ein Drittel seines Gewichts und die Körpertemperatur sinkt um drei Grad. Im Winterlager kommen auch Junge zur Welt, die nicht größer als ein Meerschweinchen sind. Nach zwei bis drei Jahren „Fürsorge" werden diese ins Leben entlassen, das dann 30 bis 40 Jahre dauert.

Erschließungsprobleme eines Kontinentalraumes

92.1 Versumpftes Tiefland (Region Tjumen)

92.2 Flughafen in Sibirien

92.3 Pfahlbauten über Dauerfrost

1. Schwierige Bedingungen in Sibirien

Als Gott die Welt erschuf, flog er mit einem Sack voller Schätze über Sibirien hinweg. Von der Kälte waren seine Hände so steif gefroren, dass er ihn nicht mehr länger halten konnte. Diamanten, Edelsteine, Gold und andere Mineralien, die er darin aufbewahrt hatte, verteilten sich über das Land. Darüber geriet er so in Zorn, dass er Sibirien mit Dauerfrostböden, Sümpfen, Mooren, undurchdringlichen Wäldern und bitterer Kälte strafte.

(nach einer russischen Legende)

„Schauen Sie auf die Karte", meint Sergej Bondar, ein russischer Geologe, „Sibirien ist tatsächlich ein Eisschrank, vollgestopft mit Schätzen. Meist liegen sie dort, wo man nicht leicht hinkommt. Sind sie erst einmal gefunden, müssen Abbau, Aufbereitung und Transport organisiert werden. Massengüter wie Kohle und Erze lassen sich wirtschaftlich vertretbar nicht mit dem Flugzeug abtransportieren. Anders sieht es bei Gold, Platin oder Diamanten aus.

Man braucht also Straßen, Eisenbahnlinien und Schifffahrtswege. Die riesigen Entfernungen, die dünne Besiedlung und extreme Naturverhältnisse sind eine Herausforderung für uns. Von den Schwierigkeiten, hier im Dauerfrostboden und in den Sümpfen zu bauen, machen sich „Westler" kaum eine Vorstellung. Riesige Frostbeulen sprengen die Erdoberfläche. Der Untergrund bewegt sich ständig. Die Trassen hebt man viele Meter tief aus und füllt sie mit Sand sowie Kies auf um ein stabiles Fundament zu schaffen. Im Sumpfgelände muss man tiefgründige Fahrbahndämme aufschütten. All das ist aufwendig und teuer. Und die Zeit der Zwangsarbeiter, die umsonst schuften und menschenunwürdig leben mussten, kommt hoffentlich nicht wieder.

Für den Bau von Häusern eignet sich meiner Meinung nach die traditionelle Bauweise mit Holz besser als das Bauen mit Beton. Holz isoliert sehr gut, es „arbeitet" und passt sich an, wenn sich einmal an den Fundamenten etwas bewegen sollte. Außerdem gibt es in Sibirien Holz genug und man spart die Transportkosten für Zement."

Die reichen Kupfer- und Nickelvorkommen konnten im Tagebau gewonnen werden und für die Aufbereitung stand mit mächtigen Kohlelagern in unmittelbarer Nähe genügend Energie zur Verfügung. So beschloss der sowjetische Diktator Stalin 1935 inmitten der lebensfeindlichen Tundra ein Industriezentrum „aus dem Boden zu stampfen", zu dem heute neben Nickel- und Kupferhütten 20 Kohle- und Erzbergwerke gehören.

Über 10 000 Zwangsarbeiter wurden von Krasnojarsk in den arktischen Norden gebracht – zusammengepfercht auf Transportkähnen, denn der Jenissei war der einzig vorhandene Verkehrsweg. Die Gefangenen im Straflager Norilsk lebten in Erdlöchern oder primitiven Holzbaracken. Sie bauten eine 120 km lange Schmalspurbahn nach Dudinka. Über diesen Binnenhafen am Jenissei, der nur in den Sommermonaten eisfrei ist, gelangten sämtliche Baumaterialien, Maschinen und Versorgungsgüter in die entstehende Stadt. Mit dem einsetzenden Winter begann ein unvorstellbarer Leidensweg der Menschen im Lager, den viele nicht überstanden. Heute leben in Norilsk, der nördlichsten Großstadt der Welt, knapp eine Viertelmillion Menschen. Der Schifffahrtsweg im Eismeer zum Hafen Murmansk ist dank der 75 000 PS starken, atombetriebenen Eisbrecher ganzjährig befahrbar.

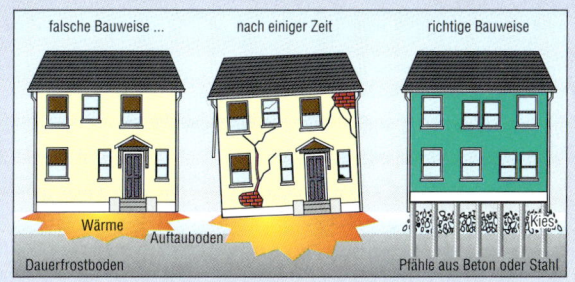

Der Dauerfrostboden erfordert eine besondere Technik beim Hausbau. Man bohrt Löcher bis zu 12 Meter Tiefe in den eisigen Boden, setzt Eisenbetonpfähle ein und gießt Wasser in die Löcher. Die Stützen werden dadurch fest wie Beton. Bei Flugplätzen und Tanklagern muss ein Kühlsystem im Untergrund verlegt werden, damit die oberste Schicht nicht auftaut. Das Heizungssystem von Norilsk ist fast so umfangreich wie das der Acht-Millionen-Stadt Moskau, denn der Winter endet Mitte Juni und beginnt schon wieder Mitte September.

Sergej Rustinow, ein 31-jähriger Facharbeiter berichtet:
„Norilsk sollte nach den Plänen des Staates ein Modell für die Erschließung des arktischen Nordens sein. Mit Vergünstigungen lockte man uns hierher. Ich verdiente damals viermal so viel wie daheim in Smolensk. Dort wollten meine Frau und ich nach zehn Jahren mit den Ersparnissen ein Eigenheim bauen. Dafür lohnte es sich im kalten Norden auszuhalten. Auf Staatskosten konnten wir jedes Jahr einen zweiwöchigen Sommerurlaub an der Schwarzmeerküste verbringen. Seit 1991 gilt Norilsk nicht mehr als „sozialistische Musterstadt" mit besonderen Vergütungen. Vieles ist – wie überall in Russland – teurer geworden. Bei den hohen Lebenshaltungskosten können wir nichts mehr sparen. Der Traum vom Eigenheim im Süden ist vorbei. Auch finde ich dort keine gleichwertige Arbeit. Vorläufig gibt es kein Zurück. Wir sind Gefangene in der Tundra."

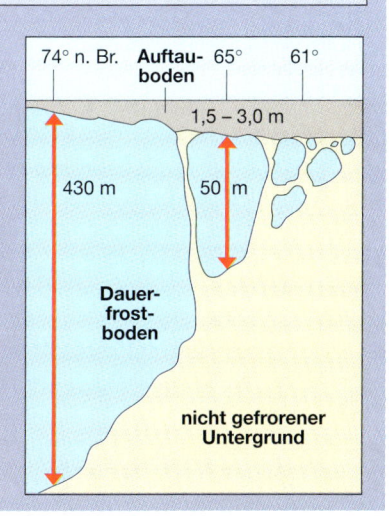

94.1 Erzabbau bei Magnitogorsk um 1930

94.2 Erzabbau bei Kursk um 1985

2. Westsibirien – Bodenschätze unter Eis und Schnee

Russland ist der rohstoffreichste Staat der Erde. Das Land verfügt vor allem über große Vorkommen an
- Kohle und Eisenerz sowie an Chrom, Mangan und Titan, die man zur Veredlung von Stahl braucht,
- Erdgas und Erdöl, die nicht in allen Industrieländern ausreichend vorhanden sind,
- Buntmetallen wie Kupfer, Zink, Nickel, Kobalt, Wolfram und Blei, die für die Maschinenindustrie unentbehrlich sind,
- Phosphaten, Kali und Natronsalzen, die zu den Grundstoffen der chemischen Industrie gehören,
- Gold, Platin und Edelsteinen.

Diese umfangreiche Rohstoffbasis stellt eine Voraussetzung für die wirtschaftliche Vormachtstellung Russlands in der GUS dar. Wie sie bisher genutzt wurde, zeigen beispielhaft die Erdgas- und Erdölvorkommen im Verwaltungsgebiet Tjumen in Westsibirien. Tjumen ist mit ca. 1,5 Mio. km^2 das größte Verwaltungsgebiet innerhalb der Russischen Föderation. Es reicht vom Nordpolarmeer bis nach Kasachstan, hat aber nur ca. 3 Mio. Einwohner. In den Dauerfrostgebieten nördlich des Polarkreises werden große Erdgasvorkommen ausgebeutet. Das Gebiet Tjumen fördert mehr Erdgas als irgendein Staat auf der Welt. Der größte Teil wird in die europäischen Staaten exportiert.

In Deutschland stammt beispielsweise ein Drittel des benötigten Erdgases aus Russland. Die Förderung und der Transport werden von dem staatlichen Konzern Gasprom kontrolliert und geleitet.

Die Erdölförderzentren Surgut und Nischnjewartowsk liegen ebenfalls weit im Norden. Sie liefern mehr als die Hälfte der gesamten russischen Fördermenge. Verarbeitet wird das Erdöl z. B. in den Raffinerien von Tobolsk, Omsk und Tomsk sowie im europäischen Teil Russlands.

Die Erdölförderung ging aber in den letzten Jahren erheblich zurück. Die Ursachen für diesen Rückgang liegen in den veralteten Anlagen und Maschinen. Außerdem werden die Förderbedingungen schwieriger, weil die günstigen Lagerstätten weitgehend erschöpft sind. Der russische Erdölkonzern Hermes hat die Aufgabe übernommen neue Förder-, Verarbeitungs- und Transportverfahren einzuführen um den Erdölabbau weiter voranzutreiben. Ausländische Konzerne haben ihre Hilfe angeboten.

Bisher organisierte die Regierung in Moskau Förderung und Verkauf des Erdöls. Gewinne vom Verkauf der Bodenschätze flossen nicht in die Region zurück. Deshalb liegt das Verwaltungsgebiet Tjumen z.B. bei der Versorgung mit Wohnraum, Kindergärten, Krankenhäusern und Schulen fast am Ende aller russischen Gebiete. Jetzt fordern die Bewohner, dass sie einen Teil ihrer Rohstoffe selbst verkaufen dürfen.

Menschen und Landschaft leiden unter der Umweltverschmutzung, die hier durch die rücksichtslose Ausbeutung der Rohstoffe riesige Ausmaße hat. Ein großes Problem ist das unkontrolliert aus defekten Pipelines fließende Erdöl. Im Westen bauen die Ölgesellschaften bei solchen Anlagen alle 5 km eine automatische Sperre ein. In Russland gibt es ein solche Sperre erst alle 50 km. Bei Betriebsstörungen gelangen daher Millionen Tonnen Erdöl in die Umwelt. Schätzungen reichen bis zu 20 % der Fördermenge.

In Tjumen ist vor allem das Gebiet am Mittellauf des Ob von der Ölverschmutzung betroffen. Die ungeheure Verschwendung der Rohstoffe zeigt sich auch darin, dass auf den Ölfeldern das Gas einfach abgefackelt wird: Man beheizt den Himmel mit rund 10 Mrd. m^3 Gas im Jahr.

Die Rohstoffförderung und die damit verbundene Umweltzerstörung haben die Lebensbedingungen der in Westsibirien lebenden Urvölker dramatisch verschlechtert. Dutzende von Flüssen mit ihren Laichgründen sind zerstört, Millionen Hektar Taiga und Weideland für die Rentiere vernichtet. Russland verliert auf diese Weise die unumschränkte Kontrolle über die Rohstofflager.

95.2 Industrie in Norilsk

Das Beispiel Norilsk
In Norilsk, einer der größten Förderstellen der Welt für kostbare Metalle, stoßen hohe Schlote Abgasschwaden hervor. Zwischen Nickel- und Kupferhütten, zwischen Schlackehalden und Schächten 300 km nördlich des Polarkreises haben sich 300 000 Bewohner gequetscht.
Norilsk ist die nördlichste Großstadt der Welt und die schmutzigste Stadt Russlands. Die Metallhütten blasen im Jahr rund 2,4 Millionen Tonnen Schwefeldioxid in die Luft. Das macht 22 kg pro Einwohner und Tag aus. Die Abgase kann man selbst in Alaska messen. Es heißt, die Bewohner von Norilsk hätten die höchste Lungenkrebsrate der Welt.

(Nach: Bericht des „Stern")

1. Suche fünf der im Text genannten Rohstoffe aus und schreibe zu jedem zwei Lagerstätten auf. Benutze auch den Atlas.
2. Nenne die im Text beschriebenen Probleme bei der Erdöl- und Erdgasförderung.
3. Warum sind die Bewohner der nördlichsten Großstadt der Welt besonders gefährdet?

95.1 Erdölförderung im Gebiet Tjumen

Sauber – sicher – stets verfügbar: ERDGAS

Erdgas ist selbstverständlich verfügbar wie Strom aus der Steckdose oder Trinkwasser aus dem Hahn. Jede 3. Wohnung in Deutschland nutzt bereits diese Vorteile, die bestechend sind:
- **Sauberkeit:** Erdgas besitzt den höchsten Brennwert bei niedrigster Schadstoffbelastung für die Umwelt.
- **Sicherheit:** Hoch qualifizierte Spezialisten bauen und warten unser Leitungsnetz. Hochwertige Materialien garantieren einen dauerhaften Korrosionsschutz.
- **Verfügbarkeit:** Der Einbau ins europäische Verbundnetz mit 540 000 km Länge, langfristige Lieferverträge und partnerschaftliche Zusammenarbeit mit den Förderländern sichern die Versorgung auf Dauer.

(aus einer Broschüre der deutschen Erdgasindustrie)

3. Erdgas aus Sibirien

Durch eine fast 6000 km lange Pipeline pumpt man das Erdgas aus Sibirien nach Europa. Mithilfe von in den Boden verlegten Stahlrohren können große Gasmengen ganzjährig transportiert werden.

Erdgas für die BASF

Durch die Mittel-Deutschland-Anbindungsgasleitung (MIDAL) kommt Erdgas aus Sibirien direkt in die Fabriken der BASF in Ludwigshafen. Die Firma stellt daraus die Grundprodukte für Farben, Kunststoffe, Dünger und Arzneimittel her.

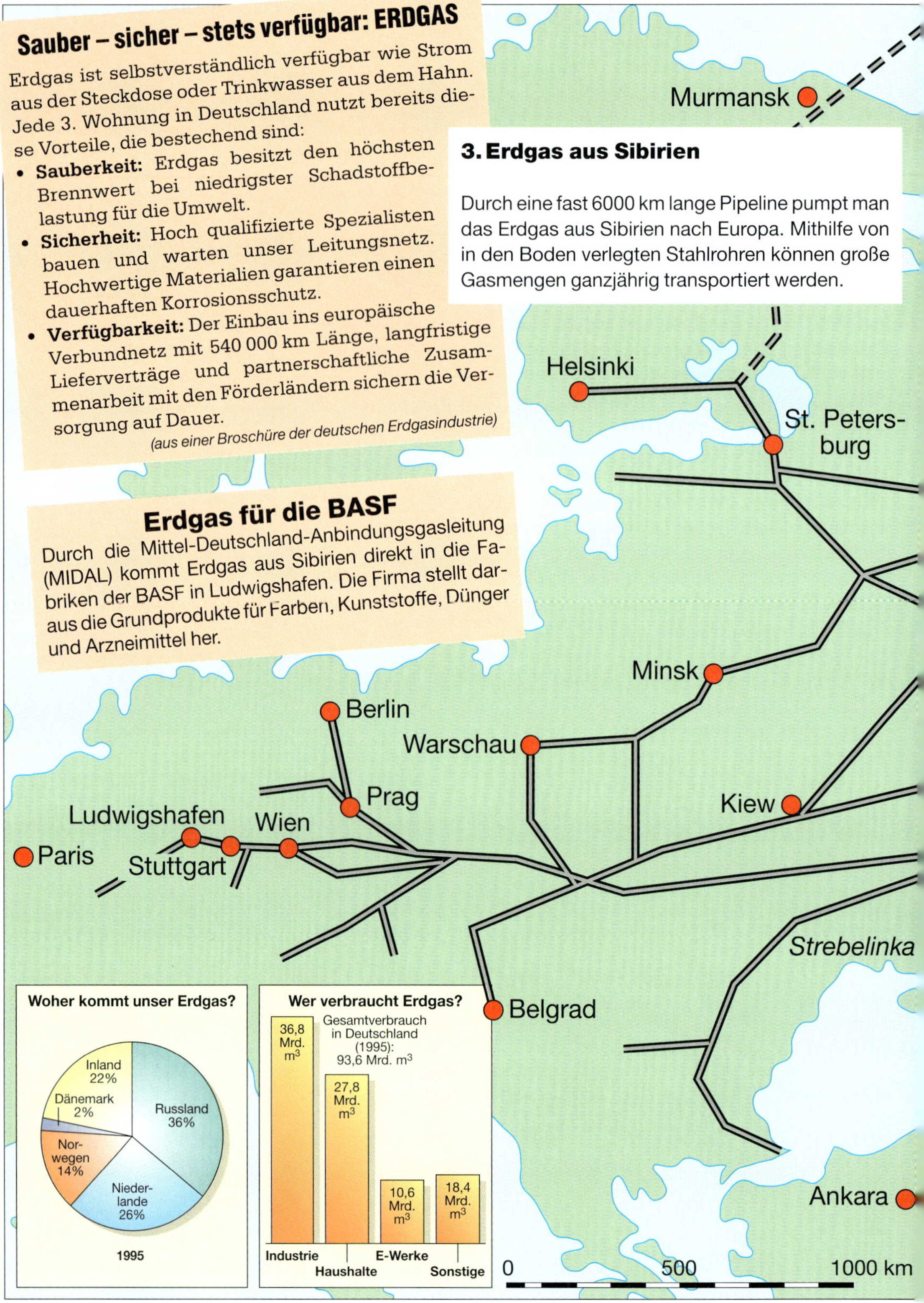

Woher kommt unser Erdgas?

- Inland 22%
- Dänemark 2%
- Russland 36%
- Norwegen 14%
- Niederlande 26%

1995

Wer verbraucht Erdgas?

Gesamtverbrauch in Deutschland (1995): 93,6 Mrd. m³

- Industrie: 36,8 Mrd. m³
- Haushalte: 27,8 Mrd. m³
- E-Werke: 10,6 Mrd. m³
- Sonstige: 18,4 Mrd. m³

0 – 500 – 1000 km

Energie aus Westsibirien

Im äußersten Norden Sibiriens liegen unter dem gefrorenen Boden der Tundra die größten Erdgasvorkommen der GUS. Der Verwaltungsbezirk Tjumen liefert mehr Erdgas als irgendein Staat auf der Welt.

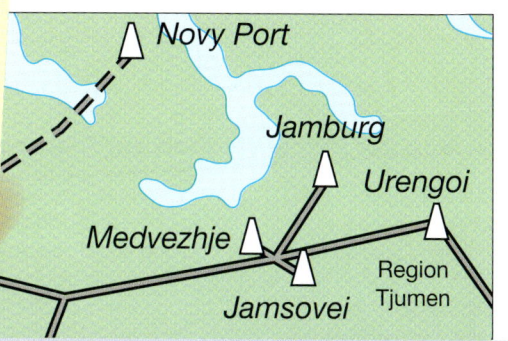

Juri Ryschkow (28) stammt aus Ufa im europäischen Teil Russlands. Er arbeitet in einem Erdgas-Fördergebiet im Norden Sibiriens. Dass er während der zweiwöchigen Schicht seine Frau und seinen Sohn nicht sehen kann, gehört zu den „Härten des sibirischen Lebens", für die es zusätzliche Rubel gibt. Weil Anlage und Versorgung von Dauersiedlungen in der lebensfeindlichen Tundra zu teuer sind, werden die Arbeitsgruppen alle 14 Tage aus bis zu 2000 km entfernten Wohnorten eingeflogen. Während der Schicht wohnen Juri und seine Arbeitskollegen in einfachen Baracken oder „Wohntanks". Von hier geht es täglich mit Kettenfahrzeugen hinaus zu den Förderstellen und Pumpstationen.

„Wenn wir das Gas für den Transport in den Pipelines unter Druck setzen, erwärmt es sich stark. Damit die Leitungen den Dauerfrostboden nicht auftauen und nicht im Schlamm versinken, kühlen wir das Gas ständig auf Temperaturen unter dem Gefrierpunkt ab. Dennoch kommt es immer wieder zu Rohrbrüchen. Die undichten Stellen werden oft erst nach Tagen entdeckt und repariert."

Russische Erdgas-Pipeline explodiert

Im mehrfach von Umweltkatastrophen heimgesuchten nordrussischen Industriegebiet von Uchta ist gestern eine der größten Erdgas-Pipelines des Landes explodiert. Mehrere Stunden lang schossen die vom ausströmenden Gas genährten Flammen hoch in den Himmel und setzten größere Waldstücke in Brand. Als Ursache für das Unglück, das bislang keine Menschenleben forderte, gelten veraltete und schlecht gewartete Anlagen. Eine Untersuchungskommission des russischen Parlaments schätzt den durch hunderte von Unfällen verursachten Verlust von Erdgas und Erdöl pro Jahr auf rund fünf Millionen Tonnen.

(nach: Stuttgarter Zeitung, 28.4.1995)

Boris Jakutin (51) sitzt in der Chefetage des russischen Erdgaskonzerns GASPROM und ist für die Förderung zuständig. Doch man trifft ihn nur selten „vor Ort" an. Deshalb müssen alle im Fördergebiet auftretenden Probleme telefonisch nach Tjumen gemeldet und dort gelöst werden. Oft hat er Schwierigkeiten mit Transportunternehmen und es gelingt nicht rechtzeitig Ersatzteile oder Spezialisten zu beschaffen. Die Umweltschäden, die bei der Förderung und beim Transport von Erdgas entstehen, hält er für nicht so dramatisch, wie sie die Presse manchmal darstellt:

„So viel ich weiß, leben in der Tundra und Taiga nur wenige Menschen – und diese nicht vom Ackerbau; deshalb wird sie eine brennende Gasleitung oder ausgelaufenes Erdöl kaum stören."

1. Woher kommt das in Deutschland benötigte Erdgas? Wozu wird es genutzt?
2. Erdgasförderung und -transport sind in Sibirien mit Schwierigkeiten verbunden. Erkläre.
3. „Erdgas aus Sibirien – eine saubere Sache!" Nimm Stellung zu diesem Werbeslogan.

Wirtschaft im Umbruch

1. Von der Planwirtschaft zur Marktwirtschaft

In der UdSSR waren Industrie und Landwirtschaft, Boden, fast alle Gebäude, Versicherungen, Banken, Bergbau, Medien, Handel, Gewerbe, Verkehr und Bildung verstaatlicht. Behörden in Moskau erstellten Fünfjahrespläne. Das System der Planwirtschaft bestimmte für Industriebetriebe z. B. die Menge und das Aussehen der Produkte, den Energie- und Rohstoffverbrauch, die Zahl der Beschäftigten, den Lohn, die Verteilung und den Preis für die fertigen Produkte.

Die Pläne gaben Höchstwerte vor, die meistens nicht zu erreichen waren. Planerfüllung galt jedoch als oberstes Gebot. Nur die Menge der Güter zählte, nicht die Qualität. Der Staat garantierte jedem einen Arbeitsplatz. Aber es gab nicht genug Arbeit. Die meisten Betriebe beschäftigten zu viele Arbeitskräfte. Während der Arbeitszeit war es üblich, private Dinge zu erledigen, z. B. einzukaufen. Der Lohn wurde trotzdem voll bezahlt. Für Mieten und Grundnahrungsmittel hielt der Staat die Preise niedrig. Technische Geräte oder frisches Obst gab es – wenn überhaupt – nur zu sehr hohen Preisen.

Um international Macht zu gewinnen förderte der Staat die Rüstungsindustrie und die Weltraumfahrt ohne Rücksicht auf die Bedürfnisse der Bevölkerung. In dem System der staatlichen Planung waren selbstständiges Handeln und eigene Entscheidungen nicht erforderlich oder nicht erwünscht.

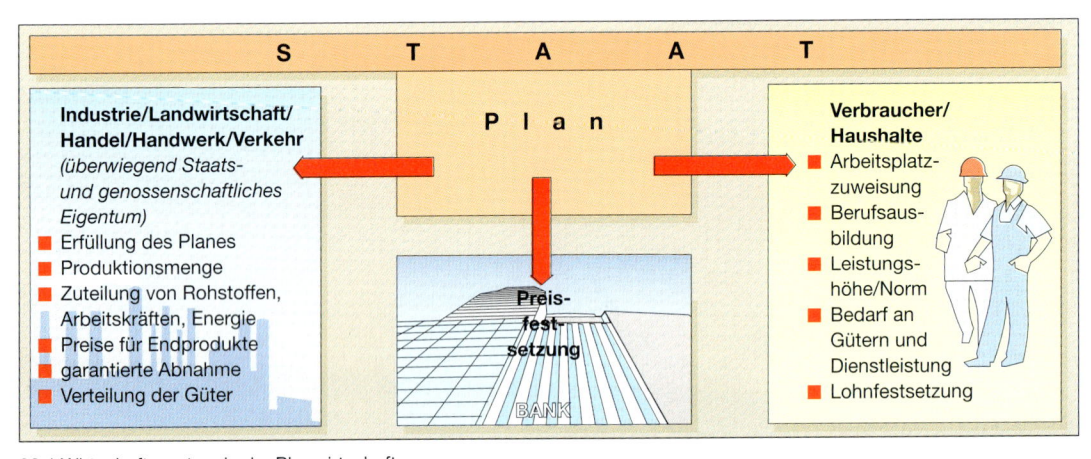

98.1 Wirtschaftssystem in der Planwirtschaft

Mehr als 10 Mio. Güterarten stellt ein Industrieland her. Eine Planwirtschaft ist damit überfordert. Daher versuchen die GUS-Staaten die Marktwirtschaft einzuführen. Die Betriebe müssen nun alles selbst managen: die Auswahl ihrer Produkte, die Entwicklung neuer Produkte, den Einkauf der Rohstoffe, die Produktionsabläufe, den Kauf von Maschinen, die Zahl der Arbeitskräfte, das Finden von Absatzmärkten, die Organisation des Verkaufs und die Finanzierung.

Die radikale Umstellung führte zu einer schweren Wirtschaftskrise. Die Leiter und Beschäftigten der ehemaligen staatlichen Großunternehmen waren auf ihre neuen Aufgaben nicht vorbereitet.

Die meisten Betriebe arbeiten noch mit veralteten Maschinen. Viele Produkte sind technisch nicht auf dem neuesten Stand. Deshalb gingen Absatzmärkte verloren. Staatliche Aufträge fehlen. So kam es zu Produktionsrückgängen, Betriebsschließungen und hoher Arbeitslosigkeit. Gleichzeitig wurde alles teurer. Die Geschäfte bieten zwar mehr Waren an als früher, aber viele Menschen haben kein Geld.

Seit der Umstellung der Wirtschaft wurden viele kleine und mittlere Betriebe gegründet. Sie kämpfen mit großen Schwierigkeiten: Den Unternehmern fehlt es an Ausbildungsmöglichkeiten, Materialien sind schwer zu beschaffen, Erfindungen können nicht durch Patente geschützt werden.

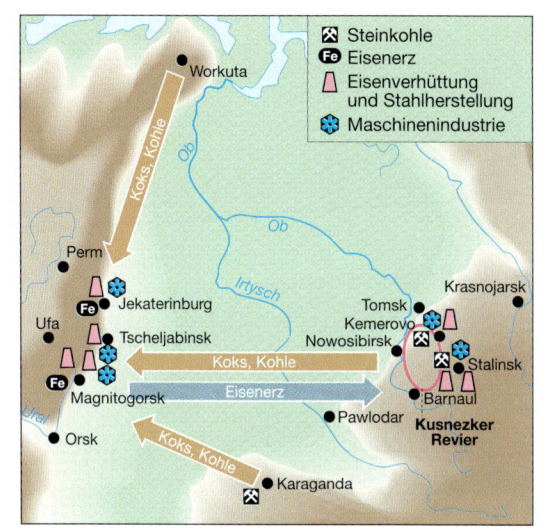

99.1 Das Ural-Kusnezk-Eisenkombinat zur Zeit der UdSSR und nach Gründung der GUS

Eine Wirtschaftsregion wird zerrissen

1925 beschloss die kommunistische Partei die UdSSR in ein Industrieland zu verwandeln. Dazu war der Aufbau der Schwerindustrie erforderlich.

Eisenerzlagerstätten in der Umgebung von Magnitogorsk im Ural und 2000 km entfernte Steinkohlevorkommen bei Kusnez in Sibirien waren Grundlage für das Ural-Kusnezk-Kombinat. Ein Kombinat ist ein Zusammenschluss von Großbetrieben. Zu einem Eisenkombinat gehörten z. B. Erz- und Kohlengruben, Hüttenbetriebe, Walzwerke, Gießereien und Maschinenfabriken. Als im 1000 km entfernten Karaganda Steinkohle entdeckt wurde, errichtete man auch dort ein Hüttenwerk und bezog es in das Kombinat mit ein. Karaganda ist heute Kasachstans zweitgrößte Stadt und seine wichtigste Industrieregion. Seit der Unabhängigkeit zerschneidet eine Grenze das Kombinat. Zu- und Ablieferungen müssen durch Handelsverträge neu geregelt werden. Dies stößt auf viele Schwierigkeiten, vor allem durch Geldmangel auf beiden Seiten. In Karaganda wächst seitdem die Arbeitslosigkeit.

1. Erläutere die Umstellungsprobleme der Wirtschaft in Russland. Benenne die Ursachen.
2. Welche Folgen haben die neuen Grenzen für das ehemalige Ural-Kusnezk-Kombinat?

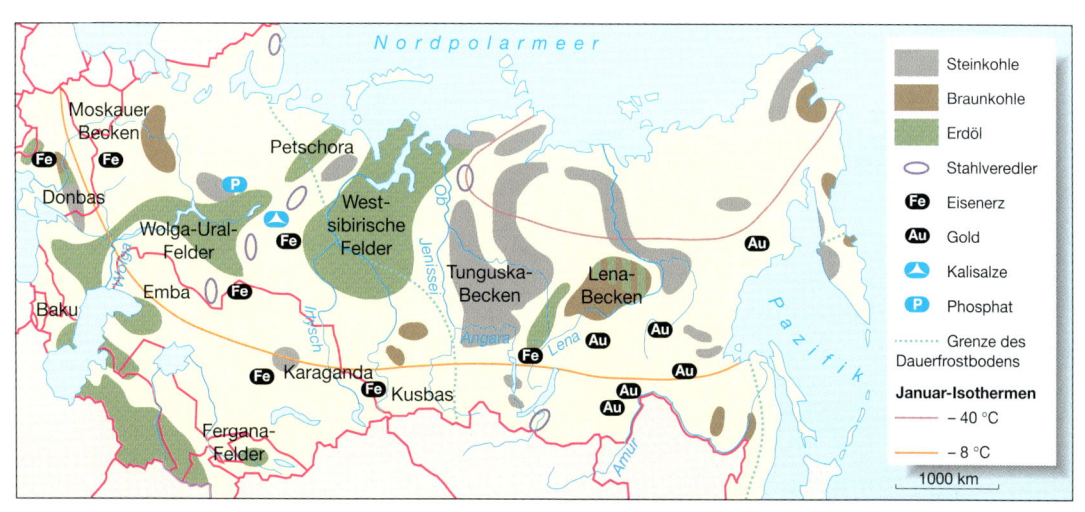

99.2 Rohstoffvorkommen

100.1 Der Kreml und die Basiliuskathedrale am Roten Platz

100.2 Im Kaufhaus GUM am Roten Platz

100.3 Freier Markt

2. Leben in Moskau

Die Familie wohnt in einer Dreizimmerwohnung am Stadtrand: Galina, ihr Mann Sergej, der bei der Eisenbahn als Ingenieur arbeitet, Sohn Dima, 10 Jahre alt und Tochter Sweta, 7 Jahre. Um sieben Uhr bringt der Sammelbus Galina zur Arbeit. Sie ist Anstreicherin und leitet eine Baugruppe, zu der 3 Männer und 19 Frauen gehören. Um halb fünf ist Arbeitsschluss.

Galina ist in Eile, denn sie will noch in einem Supermarkt einkaufen. Heute gibt es hier Tütensuppen, Salz, Milch, Nudeln, Brot, saure Sahne und ausnahmsweise auch Zucker. Nach dem Einkauf fährt Galina mit ihrem Sohn zur Klinik. Dima ist wegen Vitaminmangel krank geworden. Nach der Untersuchung bringt Galina den Sohn zur Oma, die auch die Tochter Sweta beaufsichtigt.

Dann fährt sie zu ihrem letzten Termin für heute. Sie ist Abgeordnete im Moskauer Stadtrat und hat einmal im Monat Sprechstunde. Eine Frau bittet Galina um Rat. Sie lebt mit ihren Kindern in einem 8 m² großen Raum und sucht eine größere Wohnung. Eine andere Frau beklagt sich über defekte Leitungsrohre in ihrer Wohnung und dass sich dafür niemand zuständig fühlt.

Auf die Frage, ob ihr die Dreifachbelastung Beruf, Familie und politisches Amt nicht zu viel ist, antwortet sie: „Auf meine Arbeit als Abgeordnete möchte ich auf keinen Fall verzichten. Jetzt haben wir eine Zeit, in der man was bewirken kann und da darf man nicht abseits stehen, schon gar nicht als Frau."

(nach: G. Krone-Schmalz, Frauenalltag)

101.1 Neue Wohnsiedlungen am Stadtrand

Den Mittelpunkt der Stadt bildet der **Kreml**, ein burgartiger Stadtteil aus dem 15. und 16. Jh. Unmittelbar vor dem Kreml befindet sich die **Basilius-Kathedrale** auf dem **Roten Platz**. Auf ihm demonstrierten die Zaren, die Kirche und später die sowjetische Regierung ihre Macht. Um das Zentrum wuchs Moskau in konzentrischen Ringen. Die Erweiterungsabschnitte sind an den Ringstraßen zu erkennen. Viele Moskauer leben in sehr kleinen Wohnungen, die oft in schlechtem Zustand sind. Häufig müssen sich mehrere Familien eine Toilette, ein Bad und eine Küche teilen.

Als Zentrale des politischen, wirtschaftlichen und kulturellen Lebens besitzt die 10-Millionen-Metropole große Anziehungskraft. Neue Wohnungen, meist eintönige Hochhäuser aus Fertigteilen, entstehen am Stadtrand. Obwohl der 109 km lange Autobahnring als Grenze Moskaus gilt, wächst die Stadt schon darüber hinaus.

1. Vergleiche Galinas Leben mit dem Alltag berufstätiger Frauen bei uns.
2. Beschreibe einige Probleme von Moskau. Vergleiche die Wohnverhältnisse mit deinen.

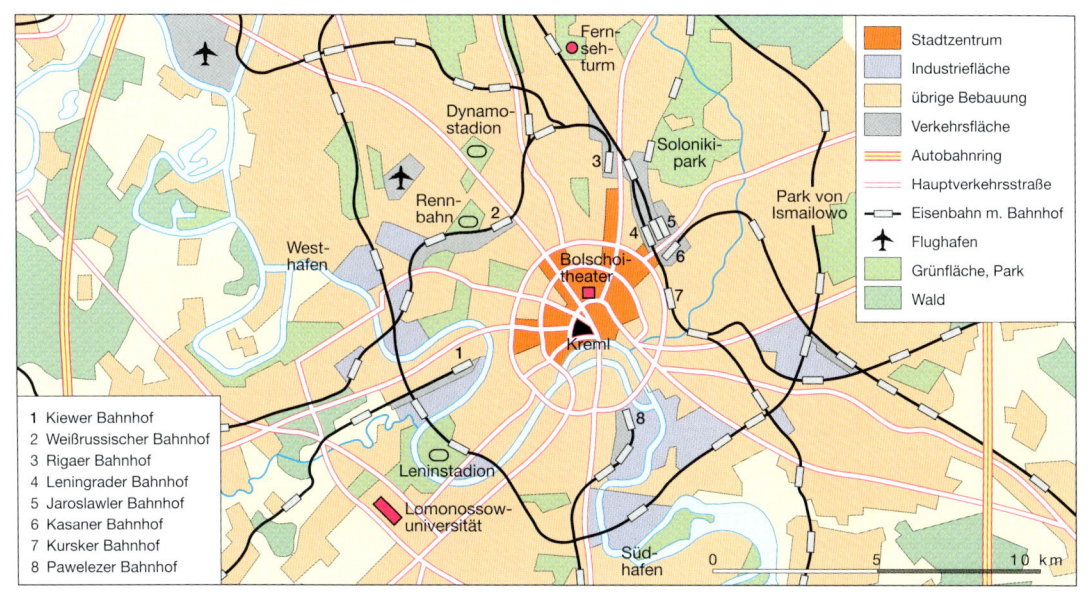

1 Kiewer Bahnhof
2 Weißrussischer Bahnhof
3 Rigaer Bahnhof
4 Leningrader Bahnhof
5 Jaroslawler Bahnhof
6 Kasaner Bahnhof
7 Kursker Bahnhof
8 Pawelezer Bahnhof

101.2 Moskau: Gliederung der Stadt und Verkehrslinien

Anbaugebiete

In der Laub- und Mischwaldzone ist die Landwirtschaft vielseitig. Kartoffeln und Getreide werden angebaut, Viehzucht spielt eine große Rolle. Die südlich anschließende Steppenzone ist das Getreideanbaugebiet. Die Schwarzerdeböden sind sehr fruchtbar. Wegen der oft geringen Niederschläge bleiben aber Missernten nicht aus. Die Halbwüsten sind Weideland für Schafe und Ziegen. Nur in Flusstälern und an Gebirgsrändern wird Bewässerungsanbau betrieben. Südfrüchte, Gemüse und Tee wachsen in den Subtropen.

Die unterschiedliche Nutzung der einzelnen Räume begünstigte die Arbeitsteilung. Getreide kam hauptsächlich aus Kasachstan und der Ukraine, Fleisch und Milch wurden im europäischen Teil Russlands erzeugt, Baumwolle stammte aus Usbekistan und Turkmenistan und Südfrüchte, Gemüse und Tee von der Krim oder aus dem Kaukasus.

Heute trennen Staatsgrenzen die Landwirtschaftsräume. Viele GUS-Staaten sind auf Nahrungsmittelimporte angewiesen, bis die Betriebe im eigenen Land sich auf vielseitigeren Anbau umgestellt haben oder die Verteilung neu geregelt ist.

3. Aus Kolchosbauern werden Fermer

In der Sowjetunion waren die landwirtschaftlichen Betriebe häufig als Kolchosen organisiert. Kolchosen waren große Betriebe mit bis zu 5000 Mitarbeitern, denen der Boden, Maschinen, Gebäude, Saatgut und Vieh gemeinsam gehörten. Die Anbauprodukte wurden vom Staat bestimmt; er kaufte die gesamte Ernte zu festgesetzten Preisen. Der gemeinsame Verdienst der Kolchose wurde zur Hälfte für Anschaffungen und zur anderen Hälfte für Löhne verwendet. Man lebte in gesicherten sozialen Verhältnissen.

Einen großen Anteil an der Nahrungsmittelherstellung hatte das private Hofland. Jedes Mitglied einer Kolchose durfte bei seinem Haus ca. 1 ha Land bewirtschaften und einige Tiere halten. Ein Teil der Produkte wurde auf Märkten zu freien Preisen verkauft. Das private Hofland nahm nur 2 % der Anbaufläche ein. Doch von hier stammten zu Zeiten der Sowjetunion mehr als die Hälfte aller Kartoffeln, ein Drittel des Fleisches und Gemüses sowie ein Viertel der Eier und der Milch.

102.1 Die Landwirtschaftsgebiete der GUS-Staaten

103.1 Weizenernte auf einer Kolchose

103.3 ... sagt unser Kolchosvorsitzender

„Marktwirtschaft ist, wenn du gleichzeitig zwei Kühe hütest"

Reformen in der Landwirtschaft

Der Boden soll denjenigen gehören, die ihn bearbeiten. Die Regierung baut darauf, dass durch die Marktwirtschaft die Ernteerträge gesteigert werden. In der Russischen Föderation herrschen aber noch die großen Betriebsformen vor. Sie werden teilweise als private Genossenschaften oder Aktiengesellschaften weitergeführt. Die alte Arbeitsweise behalten sie bei.

Immer mehr Kolchosbauern machen sich selbstständig. Die Fermer, wie die privaten Landwirte sich nach dem amerikanischen Vorbild nennen, können Land von den Kolchosen kaufen oder pachten; zum Teil erhalten sie es kostenlos. Die meisten Fermer haben bei ihrem Start in die Marktwirtschaft große Probleme. Vielen fehlt das Geld um Land zu kaufen. Für Darlehen müssen sie hohe Zinsen zahlen. Bei Pachtverträgen oder bei kostenloser Überlassung von Land sind die Flächen oft nicht groß genug um eine Familie zu ernähren.

Ein weiteres Hemmnis ist die mangelhafte Ausstattung der Höfe. So hatten 1993 zwei Drittel keinen Wasseranschluss, ein Drittel nicht einmal Strom. Erst jeder zweite Hof besitzt einen ausgebauten Zufahrtsweg. Vielfach fehlen auch Maschinen, Ersatzteile und Lagerhallen. Nur jeder zweite Hof verfügt über einen Traktor. Seit der Privatisierung haben sich die Preise für Traktoren, Treibstoff, Ersatzteile und Mineraldünger verhundertfacht.

Zudem funktioniert die Vermarktung noch nicht. Die Kolchosbauern waren gewöhnt ihre Produkte zu festen Preisen an den Staat abzuliefern ohne auf Qualität oder Liefertermine zu achten. Jetzt müssen die Fermer das alte Denken überwinden und selbst aktiv werden.

1. Vergleiche eine Kolchose mit einer privaten Genossenschaft.
2. Nenne Gründe, warum sich viele ehemalige Kolchosbauern scheuen Fermer zu werden.

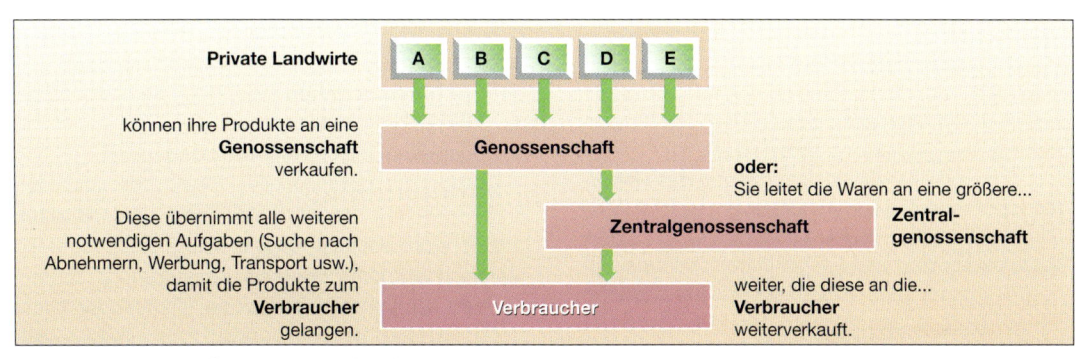

103.2 Wie eine private Genossenschaft funktioniert

104.1 Beispiele für private Geschäftsgründungen

Die Reformen in Russland wirken sich für die in der Rüstungsindustrie arbeitenden Frauen negativ aus. Ihre Interessen werden vollständig missachtet. Die wirtschaftliche Lage der weiblichen Fachkräfte in der Rüstungsindustrie hat sich sehr verschlechtert. Die bisher vom Staat stark unterstützten Rüstungsbetriebe sind praktisch sich selbst überlassen. Sie sollen ihre Produktion von militärischen auf zivile Güter umstellen und privatisiert werden. Der Staat hat die Aufwendungen für diese Betriebe drastisch gekürzt. Die dort beschäftigten Arbeitskräfte haben im Vergleich zu anderen Bereichen eine hohe Qualifikation, aber ihre Entlohnung ist mit auf die niedrigste Stufe gesunken.

Vor allem die weiblichen Fachkräfte müssen die Folgen der Wirtschaftskrise ertragen. Ihre Löhne werden zuerst gesenkt und sie erhalten als erste die Kündigung. Die meisten Probleme der „Rüstungsfrauen" betreffen natürlich auch alle anderen russischen Frauen. Es gibt jedoch einen besonderen Unterschied. In der Rüstungsindustrie machen die weiblichen Fachkräfte mit einem Hochschulabschluss einen hohen Anteil der Beschäftigten aus. Etwa 60% der Ingenieure, deren Arbeit durch Poduktionsumstellung und Privatisierung überflüssig wird, sind Frauen.

Die drohende Arbeitslosigkeit hat das Verhalten der Frauen geändert. Bislang war das Wirtschaftsleben für Frauen in Russland ein unerschlossenes und mühseliges Feld. Von den befragten Frauen in der Rüstungsindustrie äußerten immerhin 20% den Wunsch Unternehmerinnen zu werden.

(nach: Wostok 3/93)

4. Vom Kombinat zur Aktiengesellschaft

Auf dem Weg zur Marktwirtschaft ist die Privatisierung der Staatsbetriebe ein wichtiger Schritt. In Russland wurden die Großbetriebe nicht an zahlungskräftige Interessenten verkauft, sondern in Aktiengesellschaften umgewandelt. Die Arbeiter und Angestellten erhielten Anteile, d.h. Aktien an ihrem Betrieb. 51% der Aktien bekamen sie umsonst oder gegen geringe Geldsummen, 20% behielt der Staat für weitere drei Jahre und die übrigen 29% konnten im ganzen Land auf Auktionen gegen Anteilscheine eingetauscht werden. Diese Anteile am früheren Staatseigentum sind an die Bevölkerung ausgegeben worden. Vom Kind bis zum Greis hat jeder Russe solche Anteilscheine bekommen. Wenn alle Staatsbetriebe privatisiert sind, müssen die Anteilscheine in Aktien umgetauscht worden sein, weil sie dann verfallen.

Da in den privatisierten Großbetrieben die Belegschaft die Aktienmehrheit hat, wurde der frühere Leiter zum neuen Generaldirektor gewählt. Er genießt oft hohes Ansehen, weil er für die Beschäftigten Wohnungen, Kindergärten, Krankenhäuser, Erholungsheime und Sportstätten bauen ließ.

Doch mit den früheren Direktoren und der Aktienmehrheit der Arbeiterinnen und Arbeiter lassen sich Veränderungen kaum durchsetzen. Niemand würde für Maßnahmen stimmen, die den eigenen Arbeitsplatz gefährden. Daher war Mitte der 90er-Jahre auch nur jeder zwanzigste russische Großbetrieb konkurrenzfähig.

Erste Erfolge bei der Umstellung

- Die Radiofabrik Formanta in Katschkanar hat alle militärischen Erzeugnisse von der Produktionsliste gestrichen. Sie baut Radios in Lizenz einer Schweizer Firma. Außerdem stellt sie in gemeinsamer Produktion mit japanischen und deutschen Unternehmen Staubsauger und Waschmaschinen her.

- Das Jekaterinburger Elektromechanikwerk baut gemeinsam mit einem holländischen Unternehmen Videorecorder. Ein weiteres Gemeinschaftsprojekt ist die Herstellung von jährlich 1,5 Mio. Farbbildröhren sowie von CD-Platten.

- Das elektronische Kombinat im Ural und ein amerikanisches Unternehmen haben in der Nähe von Jekaterinburg gemeinsam mit dem Bau einer Fabrik begonnen. Es ist die erste in Russland, die Abgasfilter für Autos herstellen soll.

- Der Biologe Michail Jurjew kaufte bereits 1988 nach langen und zähen Verhandlungen mit den zuständigen staatlichen Behörden eine Viehfutterfabrik in Weißrussland. Er musste sich verpflichten zunächst Staatsaufträge anzunehmen und die Produktion innerhalb eines Jahres zu verdoppeln. Mit einem Team von gut ausgebildeten Mitarbeitern gelang es ihm die Produktion innerhalb von sechs Jahren um das Zehnfache zu steigern. Von den Gewinnen kaufte er immer neue Staatskombinate hinzu. Heute besitzt oder leitet er eine Vielzahl von Chemie- und Nahrungsmittelunternehmen.

- Die sibirische Handelsfirma Hermes wurde von einem Ingenieur gegründet. Zuerst verkaufte er Erfindungen aus seinem Labor an die ortsansässige Ölindustrie. Nach der Firmengründung belieferte er Staatsfirmen mit Ersatzteilen. 1990 wurde den Ölfirmen erlaubt ein Zehntel ihrer Produktion eigenständig zu verkaufen. Da die Direktoren keine Erfahrung mit der Vermarktung hatten, verkauften sie das Öl an Hermes, die es mit großem Gewinn weiterverkaufte.

- Ein Ingenieur aus St. Petersburg begann seine Unternehmerlaufbahn mit einer Schneiderei für Kinderbekleidung. Anfang der 90er-Jahre leitete er 43 Firmen, darunter fünf Großschneidereien, eine Bank und ein Kaufhaus.

Die Kama-Automobilwerke in der russischen Republik Tatarstan liegen am größten Nebenfluss der Wolga, von dem sie auch ihren Namen erhalten haben. Das Werk beschäftigt 150 000 Mitarbeiterinnen und Mitarbeiter.

Um an das Kapital für den Aufbau einer leistungsfähigen Produktion zu kommen wurde der Staatsbetrieb 1990 in eine Aktiengesellschaft umgewandelt. Mit dem Kauf einer Aktie wurden die Käufer zu Mitbesitzern der Kama-Werke. Eine Zeit lang hatte jeder Mitarbeiter und jede Mitarbeiterin die Möglichkeit Aktien zu Vorzugspreisen zu erwerben. Ein Gegner der Privatisierung war die Regierung Tatarstans. Heute besitzt sie 12% der Aktien. Aktien wurden auch den Zulieferfirmen angeboten, die nun am reibungslosen Betrieb der Kama-Werke unmittelbar interessiert sind.

Nach Angaben des Direktors der Aktiengesellschaft gelang es die Produktion etwas zu steigern. „Einen großen Teil des zusätzlichen Gewinnes verwendeten wir um der Belegschaft den Übergang in die Marktwirtschaft zu erleichtern. Wir führten z. B. eine bezahlte Freistellung von Frauen mit Kindern unter drei Jahren ein und haben die Preise in unseren Kantinen und Kindergärten gesenkt." Ob es aber gelingt den Betrieb auch international wettbewerbsfähig zu machen, wird sich erst in einigen Jahren zeigen.

1. Erkläre, wie in Russland die Privatisierung der Staatsbetriebe erfolgte.
2. Erläutere, wer von der Privatisierung und der Umstellung auf andere Produkte Nachteile hat.
3. Welche Vorteile hat es, die Beschäftigten zu Miteigentümern eines Betriebes zu machen?

Zerstörung natürlicher Lebensgrundlagen

106.1 Verlandendes Ufer des Aralsees

1. Umweltprobleme

In den GUS-Staaten ist die Umwelt auf riesigen Flächen schwer geschädigt, weil zur Zeit der sowjetischen Wirtschaft der Umweltschutz nur eine untergeordnete Rolle spielte. Auf den Menschen nahm man wenig Rücksicht. Zwei Drittel der Abwässer gelangten ungereinigt in Flüsse und Seen, die auch die Küstengebiete verseuchten. Überdüngung und falsche Bewässerung ließen die Böden versalzen und versteppen.

1986 explodierte ein Reaktor des Kernkraftwerkes in Tschernobyl in der Ukraine. Eine radioaktive Wolke zog über große Gebiete Europas. Die Umgebung des Kernkraftwerkes musste evakuiert werden. Viele Menschen starben oder erkrankten. Auch heute noch besteht für Europa eine Bedrohung, weil weitere russische Atomanlagen veraltet und unsicher sind. Ein Reaktorunfall kann daher wieder eintreten.

1960 war der Aralsee der viertgrößte See der Welt. Die Wasserfläche war größer als die Flächen von Schleswig-Holstein und Niedersachsen zusammen. Der Fischreichtum erlaubte es vielen Menschen, vom Fang zu leben.

Die Flüsse, die den Aralsee speisten, wurden für die Bewässerung der angelegten Baumwollfelder genutzt. Ihr Wasser erreicht heute den Aralsee nicht mehr. Der Wasserspiegel ist inzwischen um 15 m gesunken. Der Salzgehalt des Wassers ist gestiegen. Die Fische konnten deshalb nicht überleben. Wenn sich nichts ändert, wird der Aralsee bald eine Salzwüste sein. Stürme werden dann riesige Mengen von Salzstaub ausblasen und das Ackerland in der Umgebung unfruchtbar machen.

1. Zeige auf einer Atlaskarte den Aralsee und die Quellgebiete von Amu-Darja und Syr-Darja.
2. Beschreibe, wie sich das Verschwinden des Aralsees auf die Umwelt auswirkt.

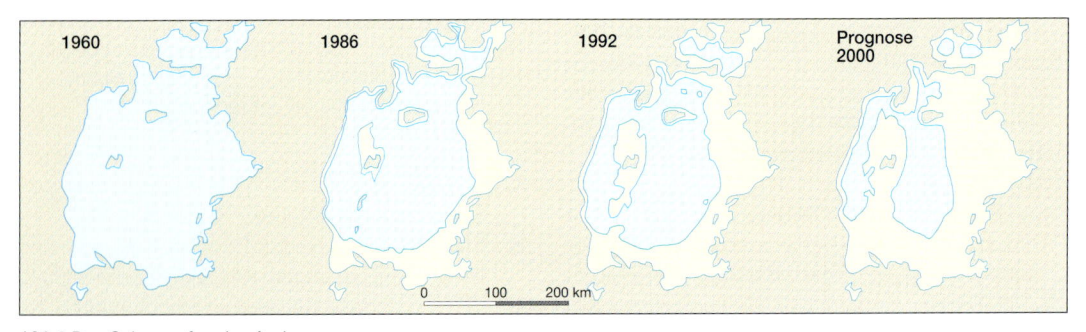

1960 — 1986 — 1992 — Prognose 2000

106.2 Das Schrumpfen des Aralsees

107.1 Zerstörte Taiga

2. Raubbau an der Taiga

Die Vernichtung der Wälder Sibiriens schreitet rasch voran. Jedes Jahr wird eine Fläche – zweieinhalb mal so groß wie Schleswig-Holstein – abgeholzt. Vor allem japanische und südkoreanische Konzerne sind an dem Raubbau beiteiligt. Die Folgeschäden nehmen immer mehr zu: Der ungeschützte Boden ist der **Erosion** ausgeliefert. Der Wind weht ihn fort und vor allem dann, wenn auch Berghänge abgeholzt werden, spült der Regen den Boden weg. Der Schlamm gelangt in die Flüsse und lagert sich dort ab. Weil das Wasser nicht mehr so schnell abfließen kann, kommt es dann häufig zu Überschwemmungen.

Flößholz und große Mengen an Abfallholz verstopfen häufig die Flüsse. Aus dem Holz gelangt Harz in das Flusswasser und vergiftet es. Die Fische sterben und die Lachse können die Holzbarrieren bei ihrer Wanderung zu den Laichplätzen nicht überwinden. Der Raubbau an den Wäldern Sibiriens zerstört auch den Lebensraum vieler Tiere. Damit werden den dortigen Naturvölkern wie Ewenken und Jakuten die Lebensgrundlagen entzogen, die auf der Jagd und Fischerei, den Rentierherden und den Früchten des Waldes beruhen.

Der Dauerfrostboden (vgl. S. 93) taut im Sommer nur wenige Meter auf und er ist dann besonders verletzlich. Die schweren Maschinen der Holzfällertrupps zerstören für Jahrhunderte seine Struktur. Der Waldboden besteht zumeist aus Torfmoosen, die nach dem Abholzen schutzlos der Sonnenstrahlung ausgesetzt sind. Durch die so eingeleiteten biologischen Abbauprozesse wird Kohlenstoffdioxid freigesetzt. Auch das hier geerntete Holz verbrennt oder verrottet irgendwann als Abfall. Beide Vorgänge zusammen ergeben dann einen sehr großen Ausstoß an Kohlenstoffdioxid. Dieses Gas verursacht mit die Erwärmung der Erde und damit den **Treibhauseffekt**.

Eine Wiederaufforstung ist wegen der kurzen Sommer äußerst schwierig und es dauert mindestens hundert Jahre, bis in diesem kalten Klima aus Setzlingen wieder ein Wald heranwächst. Aufforstungen werden trotz gesetzlicher Bestimmungen vernachlässigt, weil es kaum staatliche Kontrollen gibt. Die Folge ist, dass die Waldvernichtung immer schneller fortschreitet.

1. Erläutere die Folgen der Abholzungen für die Umwelt.

108.1 Gesichter der GUS

Russland und seine Nachbarn –

Russifizierung

Die Russen machten 72 % der Bevölkerung innerhalb der UdSSR aus. Sie waren in den Republiken oft nur eine Minderheit, setzten sich aber überall durch. In führende Positionen wurden vielfach Russen geschickt. Ihre Vorherrschaft war langfristig angelegt. Zur Durchsetzung dieses Ziels nutzte man besonders die Sprache. So mussten alle Kinder in der UdSSR vom ersten Schuljahr an Russisch lernen. Wer studieren wollte, musste Russisch beherrschen. Alle wichtigen Bücher lagen in russischer Sprache vor. In Ämtern und Behörden wurde ausschließlich das russische (kyrillische) Alphabet benutzt. Die arabische Schrift im islamischen Zentralasien wurde von der kyrillischen verdrängt.

Mit dem Zerfall der UdSSR erwachte auch das Nationalbewusstsein der Völker wieder. Viele der neuen Staaten erklärten die Sprache der namengebenden Nationalität zur Amtssprache. So ist z.B. in Kasachstan die Amtssprache Kasachisch und in der Ukraine Ukrainisch. Die **Baltischen Staaten** Estland, Lettland und Litauen hatten von Anfang an einen Beitritt zur GUS abgelehnt und ihre Selbstständigkeit betont. Nur **Weißrussland** war bereit, mit Russland eine Union zu bilden. Schwierig ist die Situation der Russen außerhalb des Landes. Fast überall sind sie in der Minderheit und bei der einheimischen Bevölkerung unbeliebt.

Mit der Unabhängigkeitserklärung der neuen Staaten brach eine Vielzahl von Konflikten zwischen weiteren Nationalitäten auf, denn über 50

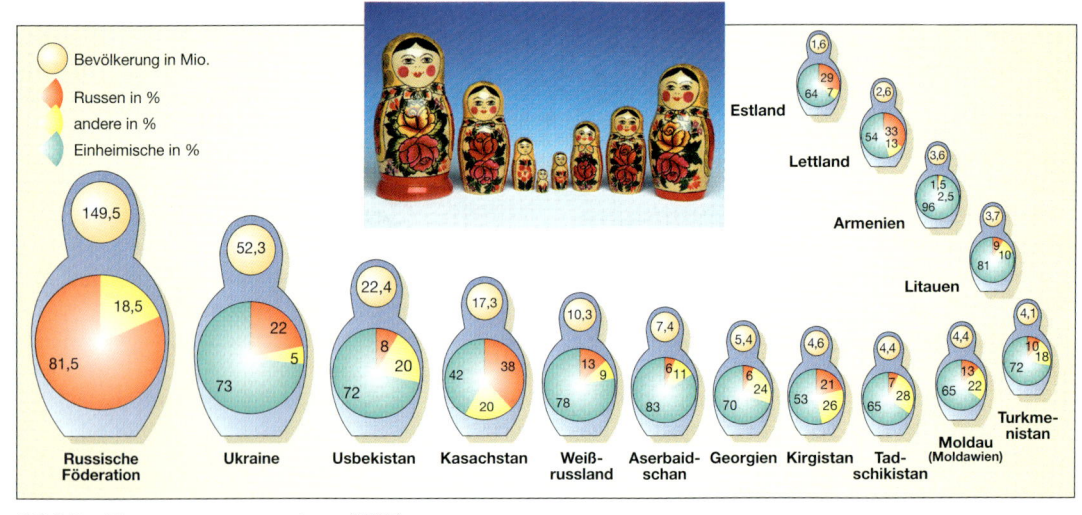

108.2 Bevölkerungszusammensetzung (1995)

von Europa bis Asien

Millionen Menschen leben nicht in dem Staat, der den Namen ihrer Nationalität trägt.

In Zentralasien lebt eine islamische Bevölkerung. 70 Jahre lang haben die kommunistischen Herrscher vergeblich versucht den Islam zu unterdrücken. Doch die Muslime haben beharrlich an ihrem Glauben festgehalten. Die Republiken grenzen an Länder, in denen der Islam in jüngster Zeit eindrucksvoll erstarkt ist (Türkei, Iran, Afghanistan).

Auch die Staaten in Mittel- und Osteuropa sind Russlands „Nachbarn". Mit der Sowjetunion waren sie wirtschaftlich, politisch und militärisch verbunden. Jetzt orientieren sie sich zum Westen hin.

Pulverfass Kaukasus

Zwischen Russland und Armenien, Aserbaidschan und Georgien, die zu Vorderasien gehören, bildet der Kaukasus eine natürliche Grenze. In dem bis zu 5600 m hohen Gebirge sind nur die Täler bewohnbar. Sie sind meist schwer zugänglich und haben wenig Verbindungen miteinander. In diesen abgeschiedenen Gebirgslandschaften haben sich seit Jahrhunderten kleine Gebirgsvölker gehalten: Völker, die einmal als Eroberer hier durchzogen, andere, die vor Eroberern geflohen sind, und wieder andere, die mit der Außenwelt lange nicht in Berührung gekommen sind. In ihrer Geschichte hat es oft Kriege gegeben.

Nirgendwo in der GUS leben auf engem Raum so viele verschiedene Völker mit unterschiedlicher Sprache, Kultur und Religion. Die von der Moskauer Zentralregierung willkürlich festgelegten Grenzen zerschneiden ihre Siedlungsgebiete.

Nicht nur im russischen Nordkaukasus gibt es Konflikte, sondern auch in anderen GUS-Staaten.

a) Nagorny Karabach

Um diese Region begann 1988 ein Krieg. Das von Armeniern bewohnte Nagorny Karabach liegt innerhalb der Republik Aserbaidschan. Die christlichen Armenier wollen nicht mehr länger zum islamischen Aserbaidschan gehören, sondern mit Armenien vereint werden. Hunderttausende Armenier und Aserbaidschaner wurden bei den gewalttätigen Auseinandersetzungen aus ihrer Heimat vertrieben, tausende kamen ums Leben.

b) Die Osseten

Ein anderer Konfliktherd liegt in Georgien. Dort leben die Südosseten. Sie möchten sich mit den Nordosseten jenseits der GUS-Grenze vereinigen. Das wurde von Georgien gewaltsam unterbunden. Als Folge des Bürgerkrieges floh fast die Hälfte der Südosseten nach Norden.

c) Die Tschetschenen

Die zu Russland gehörende autonome Republik der Tschetschenen und Inguschen kämpft für die Unabhängigkeit von Russland. Die Bestrebungen der Tschetschenen rufen bei der Minderheit der Inguschen Angst vor der Unterdrückung durch die Tschetschenen wach. Sie fordern deshalb ein eigenes Siedlungsgebiet.

1. Nenne die Staaten, die mit Russland eine gemeinsame Grenze haben.
2. Erläutere den Ausdruck Russifizierung.

Die vielen Gesichter der GUS

Wo wurden diese Bilder aufgenommen? Ordne sie den Regionen 1–7 zu.

Was weißt du über Russland? – Ein Silbenrätsel

1 landwirtschaftlicher Großbetrieb
2 Bezeichnung für russische Bauern heute
3 Vereinigung mit Anteilen an einem Betrieb
4 Grund für die Verlandung des Aralsees
5 Übertragung von Staatsbetrieben an Einzelne
6 tiefgründig gefrorener Boden in Sibirien
7 Nachbarstaat Russlands
8 großer Fluss im europäischen Russland
9 früher von Moskau aus gelenkte Wirtschaft
10 Hauptstadt Russlands
11 Vegetationszone im Süden Russlands
12 Eisenerzlagerstätte im Ural
13 das größte Waldgebiet der Erde

ak - an - bau - baum - bo - cho - dau - den - en - er - fer - frost - ga - ga - ge - gorsk - i - kau - kol - mag - mer - mos - ne - ne - ni - plan - pen - pri - ra - rung - schaft - schaft - se - sell - sie - step - tai - ti - ti - to - uk - va - wirt - wol - woll - zo

---

Deutschland in einem russischen Atlas
Bestimme die Orte, die Flüsse und die Staaten.
Lege ein Transparentpapier auf die Karte und trage die deutschen Namen ein.

Das russische und das lateinische Alphabet

russischer Buchstabe	lateinische Entsprechung	davon abweichende Aussprache
А а	a	
Б б	b	
В в	v	oft w
Г г	g	
Д д	d	
Ё ё	ë	jo
Е е	e	je
З з	ž	stimmhaftes s
Ж ж	z	stimmhaftes wie sch in Garage
И и	i	
Й й	j	
К к	k	
Л л	l	
М м	m	
Н н	n	
О о	o	
П п	p	
Р р	r	
С с	s	
Т т	t	
У у	u	
Ф ф	f	
Х х	ch	
Ц ц	c	z
Ч ч	č	tsch
Ш ш	š	sch
Щ щ	šč	schtsch
Ъ ъ	- oder "	
Ы ы	y	
Ь ь	'	
Э э	é	ä, e
Ю ю	ju	
Я я	ja	

Indien und China – zwischen Tradition und Moderne

112.2 Medizinstudentinnen in Puna

112.1 Transportmittel in Indien

Indien auf dem Info-Highway
Unten auf den holprigen Straßen geht es zu wie vor 3000 Jahren. Ochsenkarren bringen das Gemüse zum Markt oder die Ziegel zur Baustelle. Oben wird in klimatisierten Bürohochhäusern aus Glas und Chrom Software entwickelt, die als international wettbewerbsfähig gilt.
Indien hat zwei Gesichter und die Unterschiede werden immer krasser.
(nach: Frankfurter Rundschau vom 28. 6. 1995)

113.1 Tor des himmlischen Friedens in Peking

113.2 Hauptverkehrsstraße in Cheng-du

Indien: Traditionelle Gesellschaftsordnung

1. Kasten und heilige Kühe

Indien ist neunmal größer als Deutschland und hat zwölfmal mehr Einwohner. Es ist ein Land, in dem über 1000 verschiedene Sprachen gesprochen werden. Wenn sich zwei Inder aus verschiedenen Landesteilen unterhalten wollen, sprechen sie Englisch miteinander.

Indien ist ein Land mit vielen Religionen, die wichtigste ist der **Hinduismus.**

Jeder Hindu wird in die **Kaste** (Abb. 114.2) seiner Eltern hineingeboren und gehört ihr bis zum Tode an. Ein Hindu glaubt, dass er danach in einem anderen Wesen wiedergeboren wird. Hat er ein frommes Leben geführt, kann er in eine höhere Kaste aufsteigen. Hat er aber gegen die Pflichten seiner Kaste verstoßen, wird er in einer niedrigeren Kaste wiedergeboren, vielleicht sogar als Hund oder als Katze.

Die Kastenordnung schreibt jedem Hindu besondere Pflichten zu. Die Kaste gibt jedem Menschen einen festen Platz in der Gesellschaft. Sie bestimmt den Beruf. Die Mitglieder der eigenen Kaste helfen bei Armut und Not. Gerade deswegen ist der Umgang mit Mitgliedern anderer Kasten unerwünscht. Das gilt besonders für gemeinsames Essen und Trinken. Eine Heirat außerhalb der eigenen Kaste ist für einen Hindu unmöglich. Zwei bis drei Dutzend Kasten können in einem Dorf vertreten sein. Die Arbeiten im Dorf sind untereinander aufgeteilt, sodass trotz gegenseitiger Abhängigkeit keine Dorfgemeinschaft besteht.

Inzwischen gibt es neue Berufe und Fachgebiete, die nicht in das herkömmliche Kastensystem passen. So arbeiten Kfz-Mechaniker und Fabrikarbeiterinnen zusammen, obwohl sie verschiedenen Kasten angehören. Die Abgrenzung geht gerade in der Stadt weiter zurück. Name, Hautfarbe oder Verhalten weisen nicht unbedingt auf eine bestimmte Kaste hin.

Die Frauen bleiben aber weiterhin benachteiligt. Nach hinduistischer Vorstellung schulden sie ihrem Mann Ergebenheit und bedingungslosen Gehorsam. Viele Frauen wollen sich mit dieser Rolle nicht mehr abfinden.

114.1 Hindu-Heiliger

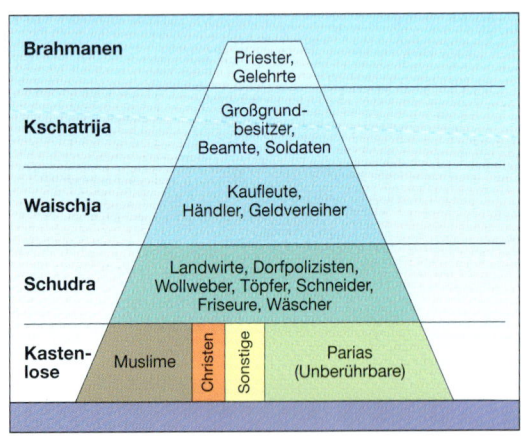

114.2 Herkömmliches Kastensystem

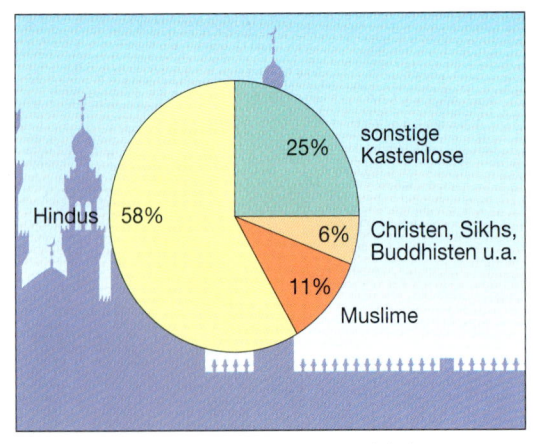

114.3 Bevölkerung nach Religionszugehörigkeit

Der „heilige Fluss"

Die Hindus verehren den Ganges als heiligen Fluss. Er verkörpert eine Göttin. Millionen von Pilgern kommen jedes Jahr in die heilige Stadt Varanasi. Shiva, der Gott der Zerstörung und Erneuerung, soll nach hinduistischer Vorstellung hier seinen Wohnsitz gehabt haben. Ihm sind die meisten Tempel geweiht. Unter den Pilgern sind viele alte Männer und Frauen. Sie hoffen in Varanasi zu sterben und verbrannt zu werden. Ihre Asche soll in den Ganges gestreut werden. So werden sie von schlechten Taten reingewaschen und ihre Seele kommt direkt in den Himmel. In Varanasi finden sich auch heilige Männer, Asketen und Gurus ein. Sie warten darauf, aus dem Kreislauf von Tod und Wiedergeburt auszuscheiden.

Die Unberührbaren

Auf der untersten Stufe der Gesellschaftsleiter stehen die „Unberührbaren". Sie machen einen großen Teil der Bevölkerung aus. Ihre Berufe gelten für einen Inder aus guter Kaste als „unrein". Sie sind für alle Arten von Abfallbeseitigung zuständig. Friseure und Ledergerber, Schuhmacher und Straßenfeger gehören ebenso dazu wie die Masse der landlosen Landarbeiter. Aber ohne die „niedrige" Arbeit, die von anderen verrichtet wird, könnten auch die höheren Kasten nicht leben. Die Regierung räumt allen Indern die gleichen Rechte ein und erließ mehrere Gesetze. Niemand darf die Mitglieder einer niedrigen Kaste als „unberührbar" bezeichnen. Im Gegensatz zu früher dürfen die Mitglieder der unteren Kasten jetzt auch die Hindutempel betreten. Sie dürfen sich in Krankenhäusern und Kaufhäusern, in Hotels und Wohnheimen aufhalten. Die Benutzung aller Verkehrsmittel ist ebenso erlaubt wie der Aufenthalt auf den Straßen. Sie haben nun das Recht Grundstücke und Häuser zu kaufen, sich ihren Beruf frei zu wählen, Waren zu kaufen und zu verkaufen. Den Unberührbaren bleibt es trotzdem verwehrt in eine höhere Kaste aufzusteigen. Manche treten daher zum Christentum oder zum Buddhismus über.

1. Atlas: Wie weit ist es von der Grenze im Norden bis zur Südspitze Indiens?
2. Wie lang ist die größte West-Ost-Ausdehnung?
3. Ordne deine Verwandten und Bekannten nach ihren Berufen den einzelnen Kasten zu.
4. Was würde es für dich bedeuten ein Hindu zu sein?
5. Beschreibe die Rolle der Unberührbaren in der indischen Gesellschaft.

„Heilige Kühe"

Schon seit altersher gilt die Kuh als heiliges Tier. Als noch Nomadenstämme Indien durchzogen, waren Rinderherden für sie der kostbarste Besitz. Eine Kuh erinnert einen Hindu an eine Göttin. Er wird sie deshalb nicht töten, denn auch Tiere haben eine Seele. In der Rushhour liegt ein Dutzend Kühe auf der Hauptverkehrsstraße. Die Autos drängen sich irgendwie vorbei, niemand nimmt Notiz von ihnen, sie gehören zum gewohnten Straßenbild. Die Kühe beseitigen den Müll und liefern der armen Bevölkerung den Dung als Brennmaterial. Aber nur Unberührbare dürfen tote Kühe beseitigen, da sie mit der Rinderhaut in Berührung kommen.

116.1 Frauenarbeit auf einer Baustelle

116.2 Eine Frau wird verheiratet

2. Das Los der indischen Frauen

In ihrer Kindheit muss eine Frau ihrem Vater untertan sein, in ihrer Jugend dem Ehemann und als Witwe ihren Söhnen. Eine Frau darf niemals Unabhängigkeit genießen.

(Aus dem Gesetzbuch des Hinduismus)

Wenn ich eine Frau wäre, ich würde mich erheben im Widerstand. Frauen sollen die gleichen Rechte genießen wie Männer.

(Mahatma Gandhi,, der „Vater Indiens", 1947)

„Meine Frau arbeitet nicht", sagt der Ehemann. Aber wer sorgt für den Bauern, der den Acker bestellt? Wer kocht, putzt und wäscht? Wer holt Wasser, kümmert sich um die Kinder, pflegt die Kranken? Wer arbeitet, damit der Mann jeden Tag die Kraft hat seinen Lohn zu verdienen, damit die Kinder zur Schule gehen können? Wessen Arbeit ist unsichtbar, unhörbar, unbezahlt, unterbezahlt, nicht anerkannt?

(Amrita Pritam, indische Dichterin)

Lehrerinnen, Ärztinnen und Sozialarbeiterinnen, selbst die reichen Frauen von Industriellen fühlen sich von der Gesellschaft nicht anerkannt. Noch viel minderwertiger kommen sich die Bäuerinnen, Fabrikarbeiterinnen oder Bettlerinnen vor. Ganz schlimm trifft es die Witwen, die nach dem Tode des Mannes zu keinem mehr gehören. Wenn die Großfamilien sie als Arbeiterinnen dulden, haben sie Glück. Fast immer geächtet ist eine Frau, wenn sie keine Söhne bekommt. Eine Frau ist Eigentum des Mannes. Sie soll für ihn immer schön und geschmückt sein.

In allen Ländern der Erde leben mehr Frauen als Männer, nicht so in Indien. Hier ist das Verhältnis 100 Frauen zu 107 Männer. Frauen arbeiten in den Dörfern etwa 12 Stunden am Tag in der Landwirtschaft, zusätzlich zu ihrer Hausarbeit. Jeder dritte Haushalt auf dem Land wird von der Frau geleitet, weil die Männer auf Arbeitssuche in der Stadt sind oder ihre Familien vernachlässigen.

1. Indische Frauen sind hoch geachtet und werden erniedrigt. Wie erklärt sich der Widerspruch?
2. Beschreibe den Alltag einer indischen Frau auf dem Land.
3. Die Eltern der Braut müssen eine Mitgift bezahlen. Welche Folgen hat das für sie?

Mitgift, eine willkommene Bereicherung

Früher gaben die Eltern ihrer nicht erbberechtigten Tochter Schmuck, eine Kuh oder ein Stück Land als Mitgift. So sicherten sie der Tochter auch nach der Verheiratung eine gewisse Selbstständigkeit. Das Mitgiftsystem ist bei den Hindus, Muslimen und Christen verbreitet. Der Staat hat die Mitgift verboten. Trotzdem kommt es zu schlimmen Auswüchsen. Die Höhe der Mitgift richtet sich nach Kastenzugehörigkeit, Beruf und Einkommen des Bräutigams. Es wird so lange gefeilscht, bis das Geschäft perfekt ist.

Eine Mittelschichtfamilie, die umgerechnet 220 DM im Monat verdient, muss mehr als 9 000 DM für die Mitgift ausgeben. Geld und Gold, Motorräder und Autos, Fernseher und Kühlschränke wechseln bei Hochzeiten den Besitzer. Auch nach der Heirat verlangen der Ehemann und die Schwiegereltern oft „Geschenke" zu religiösen Festen und Familienfeiern, etwa bei der Geburt der Kinder. Einige Frauen sehen dann keinen Ausweg mehr. Sie trauen sich nicht zu ihren Familien zurück und nehmen sich das Leben. An vielen Orten haben sich die Frauen zusammengetan und protestieren gegen die Mitgift.

(nach: G. Vensky: Stirbt der Mann,
dann ist die Frau schuld an seinem Tod. 1991;
Mitgift – eine soziale Seuche. Misereor 1990)

Fortschritt ist Rückschritt für die Frauen

Im nordindischen Punjab wurde der Weizenanbau modernisiert. Vorher waren die Frauen aus landlosen Haushalten Lohnarbeiterinnen in der Landwirtschaft. Sie pflegten die Felder, säten, ernteten und lagerten die Ernte. Sie übernahmen sogar dort, wo die Männer zur Arbeit in die Stadt „ausgewandert" waren, das Pflügen. Das war sonst nur den Männern vorbehalten. Die Nutzung der Maschinen und neuen Techniken erforderte eine neue Ausbildung, in deren Genuss nur Männer kamen. Die „Geheimnisse" der Maschinenbedienung, des Einsatzes neuer Getreidesorten, chemischer Dünge- und Schädlingsbekämpfungsmittel blieben den Frauen vorenthalten. Die Männer werden nun fest in den großen landwirtschaftlichen Betrieben angestellt und die Frauen nur bei zeitlich begrenzten und schlecht bezahlten Gelegenheitsarbeiten herangezogen. So verloren die Frauen ihre angestammten Arbeits- und Einflussbereiche und damit auch ihr Ansehen.

(nach: Misereor Arbeitshefte:
Nicht länger ohne uns. 1990, verändert)

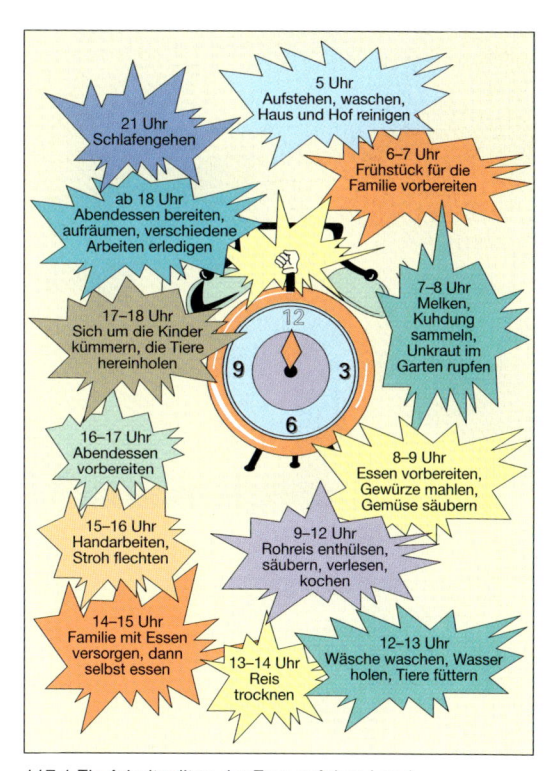

117.1 Ein Arbeitsalltag der Frau auf dem Land

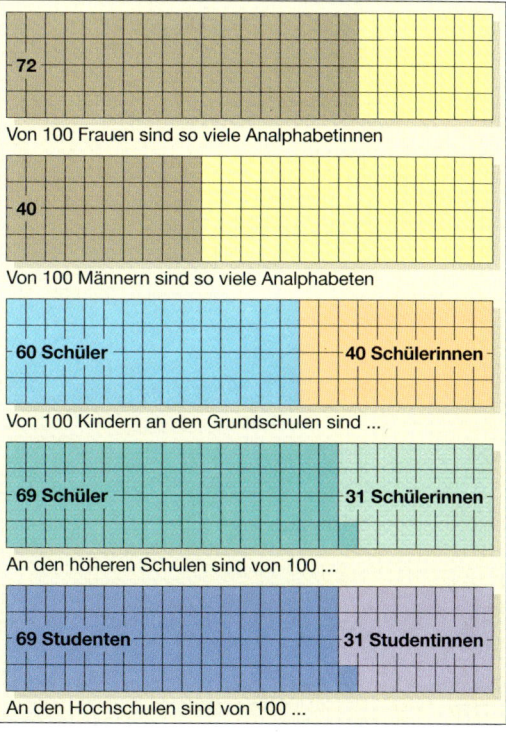

117.2 Schulbildung in Indien 1996

118.1 Das Dorf als Mittelpunkt

118.4 Einer von Millionen Kleinbauern

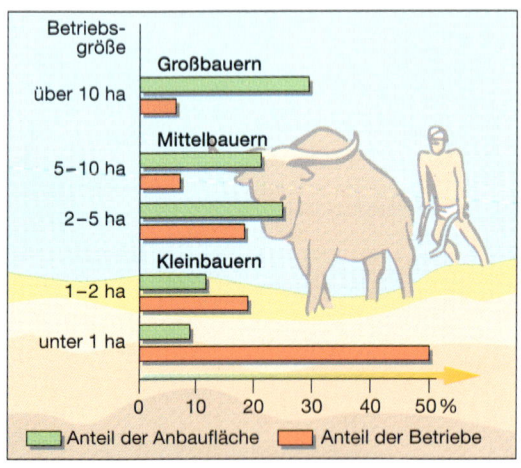

118.2 Verteilung des Landbesitzes (1996)

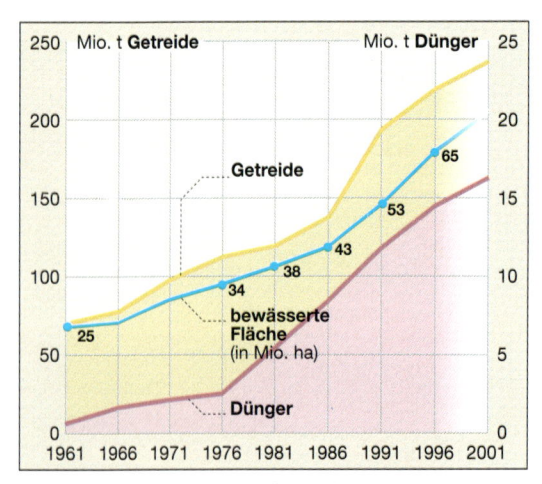

118.3 Die Auswirkungen der „Grünen Revolution"

3. Die indische Landwirtschaft

Dreiviertel aller Inder leben in den rund 700 000 Dörfern des Landes. Aber nur etwa die Hälfte ist Eigentümer von Grund und Boden.

Rajiv besitzt knapp 1 Hektar Land. Einen halben Hektar hat er an einen Großgrundbesitzer verpfändet um die Hochzeit seiner Tochter bezahlen zu können. In zehn Jahren erhält er sein Land zurück. So lange muss er im Jahr 60 % Zinsen zahlen.

Als die Regierung Mitte der 60er-Jahre die **„Grüne Revolution"** ausrief, wollte Rajiv sich auch beteiligen. Die neuen Reis- und Weizensorten versprachen dreimal höhere Erträge als früher. Sie reifen schneller und bringen auf einem Feld zwei bis drei Ernten in einem Jahr. Doch die **Hochleistungssorten** stellen hohe Ansprüche. Sie brauchen viel Wasser. Dazu benötigt man Bewässerungsanlagen, Kanäle und Grundwasserpumpen.

Hohe Erträge erfordern viel Mineraldünger. Da die neuen Sorten nicht so widerstandsfähig sind, müssen Schädlingsbekämpfungsmittel eingesetzt werden. Für all das hat Rajiv kein Geld. Bei der kleinen Fläche würde sich ein Traktor nicht lohnen. Den Mähdrescher kann sich nur der Großgrundbesitzer leisten. Rajiv ist froh, wenn er Wasser für seine Reisfelder hat. Setzt der Monsun zu spät ein, bringt er zu wenig Regen oder bleibt er ganz aus, bedeutet das noch mehr Armut.

Als Rajivs Frau krank wurde, musste er wieder zum Geldverleiher gehen. Die vier Söhne haben inzwischen das Dorf verlassen und suchen Arbeit in der Stadt.

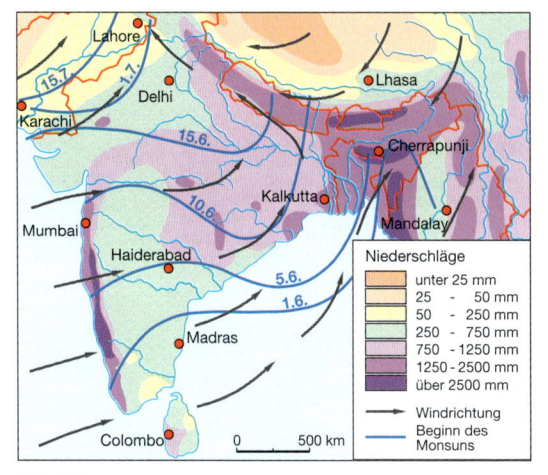

119.1 Sommermonsun

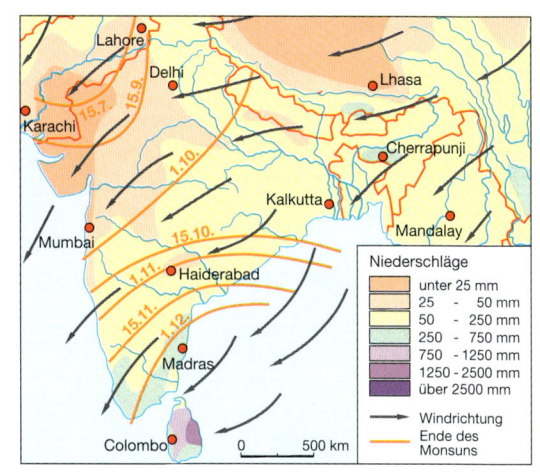

119.2 Wintermonsun

Indien kann stolz auf seine Landwirtschaft sein, die es geschafft hat die wachsende Bevölkerung zu ernähren. Die Bauern haben erfolgreich das Land von den Fesseln der Nahrungsmittelimporte gelöst. Es gab eine Zeit, als westliche Beobachter Indien seinen baldigen Untergang voraussagten. Sie behaupteten, dass Indien in den 80er-Jahren unter schweren Hungersnöten leiden würde.

Die „Grüne Revolution" hat tatsächlich das Gegenteil bewiesen. Sie war sehr erfolgreich, trotz der gleich bleibenden Abhängigkeit vom Monsunregen. Der Staat hat riesige Staudämme und Bewässerungskanäle mit einer Gesamtlänge von mehreren tausend Kilometern gebaut. Turbinen in den Staudämmen erzeugen elektrischen Strom für die Dörfer.

Die Ebene des Ganges allein könnte das ganze Land ernähren, wenn die Durchschnittsernten erhöht werden könnten.

(nach: Perspektiven Indien, 1993-1997)

1. Nenne die Probleme, die der Kleinbauer Rajiv bewältigen muss.
2. Was änderte sich in der Landwirtschaft durch die „Grüne Revolution"?
3. Warum hat die „Grüne Revolution" Rajiv nicht geholfen?
4. Wem geht es aber nun besser als vorher?
5. Welche Bedeutung hat der Sommermonsun für die Landwirtschaft?
6. Wie hoch sind die Jahresniederschläge in Haiderabad und Kalkutta? Was fällt dir auf?
7. Vergleiche die Niederschlagsmengen mit denen in Norddeutschland (Atlas).

Der Sommermonsun ist ein feucht-warmer Südwestwind. Über dem Indischen Ozean nehmen die Luftmassen Wasserdampf auf. Die Niederschläge fallen vor allem im Stau der Gebirge als Steigungsregen. Im Binnenland und im NW des Landes sind die Monsunregen unregelmäßig und weniger ergiebig. Dürrejahre bedrohen dort die Ernten.

In den Wintermonaten dreht sich die Windrichtung: Der Wintermonsun ist ein kühler, trockener Nordostwind vom innerasiatischen Festland. Nur die Südspitze Indiens erhält jetzt Niederschläge.

Die starke Sonneneinstrahlung bewirkt eine zunehmende Erhitzung ab März. Bis zum Einsetzen des Sommermonsuns kann sie Hitze- und Dürrekatastrophen zur Folge haben.

(aus einem Lexikon)

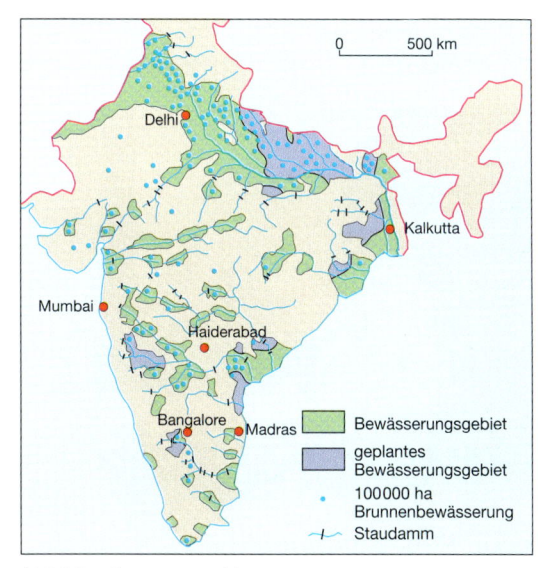

119.3 Bewässerungsgebiete

120.1 Zuwanderer auf Arbeitssuche

4. Land-Stadt-Wanderungen

Gefälle im Einkommen. In den vergangenen Jahren ist der wirtschaftliche Graben zwischen den Stadtbewohnern und der Landbevölkerung immer größer geworden. Besonders betroffen sind die 75 Millionen besitzlosen Landarbeiter, aber auch die unzähligen Kleinbauern. Ihre Produktion reicht bestenfalls zur Selbstversorgung der meist großen Familien aus. Die Regierung hält die Preise für alle landwirtschaftlichen Produkte, Mineraldünger und Energie niedrig. Sie konnte aber nicht verhindern, dass die Entwicklung des Pro-Kopf-Einkommens bei weitem nicht mit den Steigerungen in den Städten Schritt hält. Familien, die kein Land bebauen und keine Tagelöhnerarbeit finden, ziehen in die Millionenstädte. *(nach: Handelsblatt 8.2.88, ergänzt)*

Billige Arbeitskräfte. Rund 60 000 Wanderarbeiter, auch Kulis genannt, arbeiten auf den Baustellen Neu Delhis. Sie sind Landlose oder Kleinbauern, deren Acker die Familien nicht mehr ernährt. Größtenteils können sie nicht lesen und schreiben, ungelernt in allem, außer in der Kunst des Überlebens. Die Zahl der billigen und leicht auszubeutenden Arbeitskräfte wächst jeden Tag. Ein ungelernter Bauarbeiter verdient am Tag den Gegenwert von 2 kg Reis. Ein Zehntel des Verdienstes muss er an den Vermittler abliefern, von dem er abhängig ist. Arbeit gibt es je nach Wetter und Baufortschritt also nicht jeden Tag. Das heißt, der tägliche Reis ist nicht immer sicher. Deshalb arbeiten auch Frauen und Kinder mit auf den Baustellen und in den Fabriken.

(nach: BMZ: Zusammenarbeit mit Entwicklungsländern, 1987)

120.2 Kinderarbeit: Teppich weben

Matten flechten

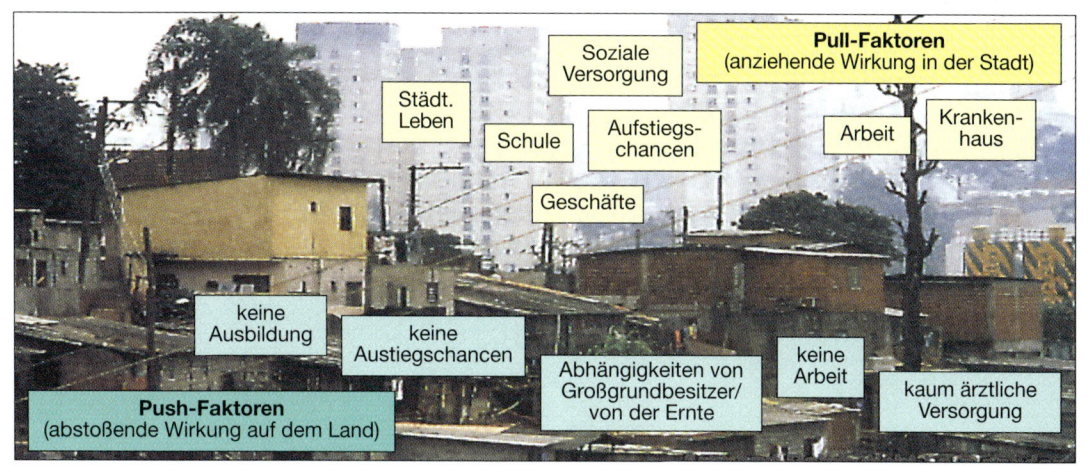

Pull-Faktoren (anziehende Wirkung in der Stadt)
- Soziale Versorgung
- Städt. Leben
- Schule
- Aufstiegschancen
- Geschäfte
- Arbeit
- Krankenhaus

Push-Faktoren (abstoßende Wirkung auf dem Land)
- keine Ausbildung
- keine Austiegschancen
- Abhängigkeiten von Großgrundbesitzer/ von der Ernte
- keine Arbeit
- kaum ärztliche Versorgung

121.1 Push- und Pullfaktoren

In der Landwirtschaft arbeiten 66 von 100 Beschäftigten. In Deutschland sind es drei. Die indischen Kleinbauern erzeugen gerade so viel Nahrungsmittel um sich selbst versorgen zu können. Zu den vielen Kleinbauern kommen noch Landpächter und Landarbeiter ohne eigenen Grundbesitz hinzu. Ein großes Problem ist die Unterbeschäftigung. Viele Dorfbewohner sind hoch verschuldet und können sich aus eigener Kraft nicht mehr helfen. Die schlechten wirtschaftlichen Bedingungen treiben sie (engl. to push) aus ihrem Dorf heraus. Die Regierung versucht diese Landflucht zu stoppen und fördert daher den Aufbau der Kleinindustrie in den Dörfern. Dennoch wandern junge Menschen ab; denn die Städte üben auf sie eine große Anziehungskraft aus (engl. to pull).

Dort nimmt die Bevölkerung schneller zu als im gesamten Land. Jeder fünfte Stadtbewohner ist ein Zuwanderer. Nur wenige finden Arbeit in der Verwaltung oder in Betrieben. Die meisten versuchen als Straßenhändler, Gelegenheitsarbeiter oder Kleinhandwerker zu überleben. Wohnungen sind knapp, die Verkehrsmittel und die vorhandenen Straßen überfordert. Müll- und Wasserprobleme häufen sich. Oft lassen die Stadtverwaltungen die Slumbewohner wieder in das Landesinnere zurückbringen.

1. Erläutere den Begriff „Push- und Pull-Faktor".
2. Benenne die Ursachen für die Land-Stadt-Wanderungen.
3. Erläutere die Auswirkungen der Landflucht auf die ländlichen Gebiete und die Städte.

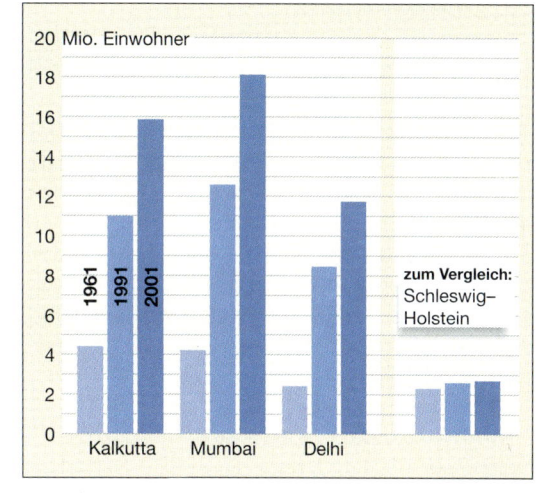

121.2 Stadtentwicklung in Indien
(1961, 1991, 2001; zum Vergleich: Schleswig-Holstein)

121.3 Slum am Stadtrand

China: Aufbruch zur Marktwirtschaft

122.1 Alte Bauernhäuser

122.2 Moderne Wohnhäuser auf dem Dorf

1. Das Leben auf dem Dorf

Die Volksrepublik China hat rund 1,2 Milliarden Einwohner. Sie ist damit das bevölkerungsreichste Land der Erde. Seit 1949 ist das Land kommunistisch regiert. Es gibt nur eine Partei. Freie Wahlen hat es in China noch nie gegeben. Ungefähr drei Viertel aller Chinesen leben auf dem Land, nicht alle sind Bauern. Handwerksgenossenschaften und kleinere Industriebetriebe entstehen auch in abgelegeneren Gebieten dieses Staates.

Erinnerungen an die alte Zeit

Bauer Chen erzählt: „Vor der Gründung der Volksrepublik 1949 herrschte in unserem Dorf große Armut. Oft hatten wir nicht genug zu essen, wenn Dürren oder Überschwemmungen die Ernten vernichteten. Darüber hinaus waren hohe Abgaben an die Grundbesitzer zu leisten. Unsere Häuser aus Lehm hielten nicht lange. Fast alle Bewohner des Dorfes waren in der Landwirtschaft tätig."

Die Landwirtschaft wird kollektiviert

Wie in anderen kommunistischen Staaten mussten die Bauern ab 1957 ihr Land in Produktionsgenossenschaften einbringen. Frau Chen erzählt: „Schulen wurden gebaut, Läden eröffnet. Werkstätten stellten einfache Geräte her. Es ging uns zwar besser als früher, aber wir blieben weiter arm. Den größten Teil der Ernten mussten wir an den Staat abliefern und der zahlte nicht viel. Maschinen und Düngemittel kosten viel Geld."

Die Bauern dürfen frei wirtschaften

Nach 1978 änderte die kommunistische Regierung ihre Politik. Während zuvor die Partei bestimmte, was auf den Feldern angebaut wurde, konnten die Bauern nun wieder selbst entscheiden. Ihr Land aber blieb Gemeinschaftseigentum. Innerhalb weniger Jahre verbesserte sich die Versorgung der Bevölkerung mit Lebensmitteln.

Herr Chen: „Nun lohnte sich die Arbeit für uns. Einen Teil der Ernte müssen wir zwar noch billig an den Staat verkaufen, aber den Rest verkaufen wir auf dem Markt. Dort können wir für unsere gute Ware auch gute Preise verlangen. Mit dem Geld habe ich mir kürzlich einen Bagger gekauft. Wir brauchen dringend neue Straßen – und beim Straßenbau kann man in den nächsten Jahren noch viel Geld verdienen."

Die Schule

Lehrer Wang beklagt sich: „Die Klassen sind überfüllt, wir Lehrer werden schlecht bezahlt. Es fehlt an Unterrichtsmaterial, nicht alle Kinder haben Schulbücher. Trotzdem sollen alle Kinder Lesen und Schreiben lernen. Das ist recht schwierig, denn man muss 3000 Zeichen kennen um eine Zeitung lesen zu können. Manche meinen, die Schule sei nur teuer und mit dem Wissen könne man auf dem Land nichts anfangen. Wer aber nicht lesen kann, kann z. B. auch keine Gebrauchsanweisung verstehen. Und wie sollen die jungen Leute dann später in der Stadt eine Arbeit bekommen? Hier bei uns auf dem Land wird sich vieles ändern."

Die Umwelt

In entlegenen Dörfern ist die Umwelt wenig belastet. Aus Tradition und Sparsamkeit nutzt man möglichst alles. Anders ist es dort, wo Fabriken gebaut wurden. Deren Abfall, der häufig genug chemisch verseucht ist, wird an Ort und Stelle gelagert. Eine Umwelt schonende Entsorgung, so wie wir sie gewohnt sind, findet in China nicht statt. Die Abwässer werden unbehandelt in die Flüsse und ins Meer geleitet.

Die Rolle der Frau

In der alten Gesellschaft hatte die Frau kein hohes Ansehen. Die kommunistische Regierung versucht dies zwar zu ändern, doch halten sich die alten Traditionen. Wenn eine Frau nicht den ersehnten Sohn geboren hat, wird sie beschimpft, sogar misshandelt. Häufig gehen Mädchen nur für ein Jahr zur Schule, obwohl seit 1993 eine neunjährige Schulpflicht besteht. Die Frau hat das Haus zu versorgen und bei der Feldarbeit zu helfen.

Die Zukunft auf dem Dorf

Die Aussichten sind nur für die Dörfer in der Nähe großer Städte günstig. Hier lohnt sich die Geflügelzucht und der Anbau von Obst und Gemüse, weil die Bauern ihre Waren direkt auf dem Markt verkaufen können. Es gibt in diesen Dörfern auch neue Fabriken, die gut bezahlte Arbeitsplätze bieten. In diesen Dörfern steigt der Wohlstand.

In entlegenen Gegenden sieht es anders aus. Die Dörfer liegen einsam; manchmal führt nicht einmal eine befestigte Straße zu ihnen hin. Der Transport in die nächste größere Stadt dauert für frisches Obst und Gemüse viel zu lange. Deshalb lohnt sich nur der Anbau von Getreide. Doch dafür bekommen die Bauern auf dem Markt nicht genug Geld. Es besteht die Gefahr, dass diese Menschen aus Angst vor der Armut in die großen Städte abwandern.

Die Regierung ist zwar bemüht auch in den kleineren Kreisstädten im Landesinneren neue Betriebe anzusiedeln, doch der Erfolg entspricht oft nicht den Erwartungen.

1. Auf welchem Erdteil liegt China?
2. Nenne alle Nachbarstaaten Chinas.
3. Beschreibe die Änderungen der Wirtschaftsreform 1978.
4. Berichte über die Rolle der chinesischen Frauen auf dem Land.

123.1 Fabrik in einem Dorf in Großstadtnähe

123.2 Schule im Dorf

123.3 Gemüseanbau unter Folie

124.1 Vorbereitung des Reisfeldes

124.2 Einsatz von Traktoren

124.3 Trennung der Spreu vom Weizen

2. Leistungsstarke Landwirtschaft

In den entlegenen Gebieten Chinas betreibt man die Landwirtschaft wie vor Jahrhunderten. Fast alles geschieht in Handarbeit: das Reissetzen, die Ernte, das Dreschen. Nur Tiere helfen dem Menschen: im Reisfeld der Wasserbüffel, sonst das Maultier. Langsam setzen sich moderne Maschinen durch. Sie sind oft sehr einfach, zum Beispiel ein Gebläse, das die Spreu vom Weizen trennt. In Stadtnähe werden viel mehr Maschinen eingesetzt als auf dem Land.

Traktoren pflügen die Felder, helfen beim Dreschen und beim Transport. Die Mechanisierung erleichtert den Menschen die Arbeit, sie steigert auch den Ertrag. Außerdem braucht man viel weniger Arbeitskräfte. Chinesische Fachleute haben errechnet, dass eine wie in Deutschland mechanisierte Landwirtschaft 300 Millionen Arbeitskräfte weniger braucht. Weniger Bauern würden noch mehr Nahrungsmittel erzeugen. Die Leistung der Landwirtschaft würde sprunghaft anwachsen. Aber noch fehlen die Arbeitsplätze außerhalb der Landwirtschaft. Deshalb kann die Mechanisierung der Landwirtschaft nur langsam erfolgen.

1. Vergleiche die Zahl der Ernten in den verschiedenen Anbaugebieten. Nenne mithilfe einer Klimakarte die Ursachen.
2. Vergleiche mithilfe der Tabelle die Entwicklung der Produktion von Nahrungsmitteln mit der Bevölkerungsentwicklung.

Ertragssteigerungen

Neue Pflanzen und veränderte Arbeitsmethoden steigerten die Erträge von Jahr zu Jahr. Hierbei half vor allem der Einsatz von Düngemitteln, eine konsequente Schädlingsbekämpfung und ein gutes Bewässerungssystem. 1980 wurde das genossenschaftliche System abgeschafft. Die Erträge in den Familienbetrieben wuchsen um ein Mehrfaches.

Erntemengen und Bevölkerung in China

Jahr	Mio. Tonnen				Mio. Einw.
	Reis	Weizen	Baumw.	Obst	
1950	55,1	14,5	0,6	1,3	550
1960	59,7	22,1	1,0	4,0	662
1970	110,0	29,9	2,2	3,7	830
1980	139,9	55,2	2,7	6,8	987
1996	190,4	89,8	6,2	25,3	1185

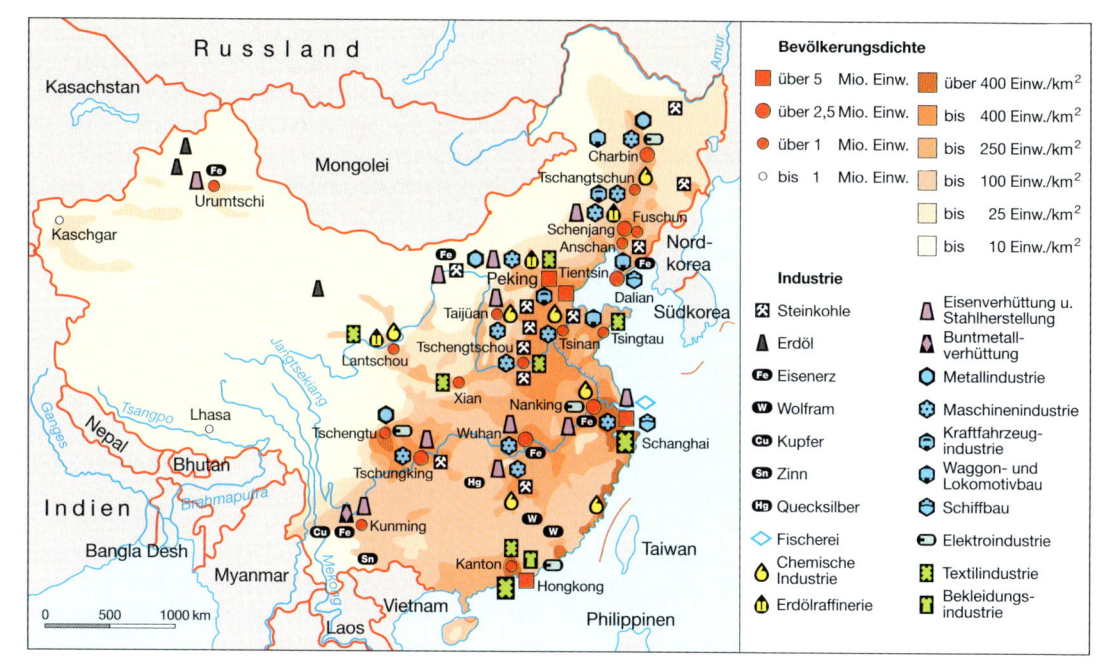

125.1 Bodenschätze und Bevölkerungsdichte

3. Auf dem Weg zur Industriemacht

China ist reich an Bodenschätzen, doch lange fehlte das Geld und das Wissen diese auch abzubauen. Noch heute gibt es viel zu wenige Straßen oder Eisenbahnlinien um die geförderten Erze zum Verbraucher transportieren zu können. Die **Infrastruktur** muss noch verbessert werden.

Andererseits hat China eine alte Kultur. Lange vor den Ägyptern, bereits 5000 Jahre vor unserer Zeitrechnung, beherrschte man die Kunst des Töpferns. Auch das Schießpulver haben die Chinesen erfunden; noch heute gehört ein Feuerwerk zu den Höhepunkten eines chinesischen Festtages.

Jahrhundertelang war China ein unbekanntes Land. Die chinesischen Herrscher haben versucht ihr Land gegen die Fremden abzugrenzen. Der erste Kaiser, Qin Shihuangdi, begann vor über 2000 Jahren sogar mit dem Bau einer Mauer um das Land vor den Mongolen zu schützen. Als sie vor 500 Jahren fertig war, war sie drei bis acht Meter hoch und 6300 km lang! Die **große Mauer** ist noch heute eine der größten Sehenswürdigkeiten Chinas. Sie ist ein Sinnbild dafür, dass alle chinesischen Herrscher den Umgang mit Ausländern und den Handel mit ihnen möglichst vermieden haben. Das änderte sich auch 1949 nicht, als die kommunistische Partei an die Regierung kam.

Diese führte zunächst die **Planwirtschaft** ein: Der Staat schrieb der Landwirtschaft und der Industrie vor, was und wie viel sie zu produzieren hatten. Dafür gab es Fünfjahrespläne. Gleichzeitig wurde die Schwerindustrie aufgebaut: Große Fabriken, die dem Staat gehörten, sollten China und der kommunistischen Partei zu Macht und Ansehen verhelfen.

Als dieses nicht den erwarteten Erfolg brachte, versuchte die Partei im Jahre 1958 den „**Großen Sprung nach vorn**". Es entstanden kleine Stahlwerke im Hinterhof, die aber nicht wettbewerbsfähig waren. Auch dieser Versuch scheiterte.

Erst die „**Vier Modernisierungen**" brachten 1978 die Wende: Nun sollten (1.) die Landwirtschaft, (2.) die Industrie, (3.) Wissenschaft und Technik sowie (4.) das Militär modernisiert werden. Gleichzeitig „öffnete" sich das Land nach Westen: Mithilfe von ausländischen Geldgebern wurden nun Gemeinschaftsunternehmen möglich.

1. Über welche Bodenschätze verfügt China?
2. In welchen Landesteilen liegen sie?
3. Wenn es in Europa eine 6300 km lange Mauer gäbe, bis zu welcher Stadt würde sie von Kiel aus reichen?
4. Beschreibe die Entwicklung der Industrie in China nach 1949.

Zur Zeit gibt es vier Betriebsformen:
- **Großbetriebe,** z. B. der Schwerindustrie, sind (noch) nach staatlichen Plänen zentral gelenkt.
- **Mittel- und Kleinbetriebe,** z. B. der Textilindustrie, werden weiter genossenschaftlich geführt, z. T. von angestellten Managern geleitet. Diese Betriebe können selbst über Produktion, Anschaffungen, Verteilung der Gewinne sowie Einstellung oder Entlassung von Arbeitskräften entscheiden.
- Etwa 15 Mio. **Kleinbetriebe** sind in Privatbesitz, z. B. Transportfirmen, Reparaturbetriebe und Restaurants.
- **Gemeinschaftsunternehmen** von Chinesen und Ausländern überwiegen in den „geöffneten Küstengebieten". Als Folge der Wirtschaftsreformen ist Chinas Wirtschaft von 1983 bis 1993 jährlich um durchschnittlich 10 % gewachsen. Im gleichen Zeitraum hat sich das Einkommen der meisten Städter verdoppelt. Während China vor der Wirtschaftsreform nur Rohstoffe oder billige Fertigwaren exportierte, werden jetzt hochwertige Waren wie Textilien, Schuhe, Sportartikel, Haushaltsgeräte und Spielzeug ausgeführt. Aber trotz dieser Wandlungen produzieren die meisten Betriebe mit alten Maschinen nach überholten Herstellungsmethoden. Viele Güter werden noch immer von Menschenkraft bewegt, mit der Tragestange, mit Karren oder auf dem Fahrrad.

Bis zu Beginn der 80er-Jahre war es einfach die Situation der chinesischen Industrie zu beschreiben:

Die mittleren und großen Betriebe waren Staatseigentum und wurden nach Fünf-Jahres-Plänen von der Regierung gelenkt. Diese gibt es noch heute. Sie sind aber sehr unproduktiv und leiden unter hohen Schulden. Ihre Arbeiter werden häufig in Zwangsurlaub geschickt und erhalten ihren Lohn, wenn überhaupt, nur mit Verspätung. Daneben gab und gibt es zahlreiche Kleinbetriebe. Dort stellen vor allem Frauen in Handarbeit oder mit einfachen Maschinen Gebrauchsgegenstände her.

Seither ist ein schneller Wandel im Gange: Das immer noch kommunistische China reformiert seine Wirtschaft nach dem Modell der westlichen Industrienationen. Zuerst wurden nur in vier Wirtschaftssonderzonen an der Küste Experimente mit der Marktwirtschaft erlaubt.

Nach ersten Erfolgen wurden weitere Gebiete geöffnet. Seit 1992 gilt für die Wirtschaft das Prinzip der „sozialistischen Marktwirtschaft". Betriebe in Privateigentum sind erlaubt. Gewinne zu machen ist erwünscht. Die Regierung strebt an, dass sich westliche Produktions- und Verkaufsverfahren, technischer Fortschritt und der beginnende Wohlstand vieler Chinesen von der Küste aus ins Land ausbreiten. Insbesondere muss dem westlichen Bergland, in dem die ärmsten der Chinesen wohnen, dringend geholfen werden.

1. Warum beginnt die Erneuerung der chinesischen Wirtschaft an der Küste?

2. Wie viele Wirtschaftssonderzonen gibt es? Wie heißen sie?

126.1 Geöffnete Küstengebiete

	1965	1975	1985	1995
Elektrizität (in Mrd. kWh)	50	196	407	904
Stein- u. Braunkohle (in Mio. t)	290	480	850	1164
Erdöl (in Mio. t)	10	74	125	149
Eisen (in Mio. t)	19	24	44	96
Stahl (in Mio. t)	15	20	47	98
Pkw und Lkw (in 1000 Stück)	-	133	370	783 (1992)
Kühlschränke (in 1000 Stück)	-	-	1448	6287
Fahrräder (in 1000 Stück)	1840	6230	32300	30000 (1992)
Fernsehgeräte (in 1000 Stück)	-	205	16650	26681

126.2 Ausgewählte Produktionszahlen

127.1 Schenzhen

4. Die „geöffneten Küstengebiete" – Schaufenster des neuen Chinas

Die Wirtschaftssonderzone Schenzhen war bis 1979 ein verschlafener Provinzort mit 30 000 Einwohnern. 1994 wohnten dort fast 2 Millionen Menschen. Die einfachen Hütten der Bauern und Fischer wurden abgerissen. Zehntausende von Bauarbeitern haben in wenigen Jahren Fabriken und Hochhäuser aus Stahl, Glas und Marmor errichtet. Zur Rushhour drängen sich Tausende ausländischer Autos auf den nach wie vor schlechten Straßen.

Zuerst kamen die Spielzeug- und Textilfabrikanten aus Hongkong, die ihre einfachen Produkte mit billigen Arbeitskräften kostengünstig herstellen konnten. Später haben sich auch amerikanische Sportartikelfirmen und weltweit bekannte Hightech-Konzerne, z. B. die japanische Firma Sanyo, angesiedelt. 90 % aller Anleger stammen jedoch aus Hongkong, dem größten Handelszentrum Asiens. Nachdem Großbritannien 1997 seine Kronkolonie vertragsgemäß an China zurückgab, unterscheidet sich Schenzhen kaum noch von Hongkong. Die chinesische Regierung will beide Städte zu einer Sonderverwaltungszone verbinden.

Heute wetteifern auch die 14 „geöffneten Küstenstädte" und die 3 „geöffneten Wirtschaftsgebiete" darin ausländische Investoren anzulocken.

Zum Beispiel die 5-Millionen-Stadt Ningpo, die eine Partnerstadt von Aachen ist: Seit 1984 ist in 18 km Entfernung von Ningpo an der Küste ein neues Industriegebiet im Aufbau. Am Zhenhai-Hafen hatten sich bis 1992 auf 5,5 km^2 bereits 130 Firmen angesiedelt. Davon arbeiten 70 als Jointventures (Gemeinschaftsunternehmen von Chinesen und Ausländern). Bisher überwiegen in Ningpo die Textilindustrie und Nahrungsmittelverarbeitung. Die neuen Firmen produzieren z. B. Kunststoffe, Klimaanlagen, Videobänder und Zulieferteile für Rekorder, Waschmaschinen und Autos. Die Erzeugnisse sind überwiegend für den Export bestimmt, nur Hightech-Produkte werden auch im Inland verkauft.

Ningpo wirbt mit seiner guten Infrastruktur: Drei Kraftwerke versorgen die Industriegebiete mit elektrischer Energie. Der neue internationale Flughafen ist in Betrieb, die Autobahn nach Schanghai ist seit 1995 fertig. Ozeanriesen bis 200 000 Tonnen Ladekapazität können den Naturhafen Beilun anlaufen, der Container-Terminal im Hafen wird ausgebaut. Ausländische Firmen können selbst bauen sowie bereits fertige Fabrikgebäude kaufen oder pachten. Die Pachtgebühren und Steuern sind vom Staat niedrig gehalten. Die ersten fünf bis acht Produktionsjahre sind für die Betriebe sogar steuerfrei. Die Löhne der Arbeiter sind höher als im chinesischen Inland, aber wesentlich niedriger als in Hongkong.

Bevölkerungswachstum und Bevölkerungsplanung

128.1 Aufforderung zur Familienplanung

1. Warum in Indien so viele Familien so viele Kinder haben

Das indische Gesundheitsministerium beklagt, dass von den Frauen, die nicht lesen und schreiben können, nur die wenigsten Geburtenkontrolle betreiben. Sie sind nicht aufgeklärt. Die Regierung bemüht sich die Kinderzahl zu begrenzen. Beraterinnen und Berater klären die Bevölkerung über die verschiedenen Möglichkeiten der Empfängnisverhütung auf. Doch die Ärmsten – ein Viertel der Bevölkerung – fühlen sich von der Familienplanung nicht angesprochen. Sie brauchen Kinder, die früh mitarbeiten müssen und bevorzugen Söhne, weil diese im Alter die Eltern versorgen, während Töchter irgendwann zu den Schwiegereltern ziehen.

Alle fünf Jahre werden die Mindestlöhne neu festgesetzt. Die Großbetriebe halten sich in der Regel daran. Kleinere Betrieben unterschreiten sie jedoch häufig, weil die Kontrolle fehlt. Bei der Vielzahl an Arbeit Suchenden sind genug bereit für weniger zu arbeiten. Die Masse der ländlichen Arbeiter erhält weniger als die Mindestlöhne.

Ein Landarbeiter verdient zwischen 10 und 25 Rupien am Tag. Das sind umgerechnet 1,00 bis 2,50 DM. Ein Busschaffner kommt auf 25, ein Elektroingenieur auf 30 Rupien. Auf dem Land kostete vor drei Jahren 1 kg Hammelfleisch 34 Rupien, 1 l Milch 5 Rupien, 1 kg Reis 4 bis 6 Rupien, ein „Dhoti" (das traditionelle Kleidungsstück für Männer) 58 Rupien, ein Sari 80 Rupien.

Wohin die Bevölkerungsexplosion führt
Armut, Hunger und Krankheiten.
1997 lebten 950 Millionen Menschen in Indien (Deutschland 81 Mio.). Jedes fünfte Kind, das weltweit geboren wurde, kam in Indien zur Welt. Die Einwohnerzahl wächst unaufhörlich. Indien ist zwar in der Lage eine ausreichende Menge an Nahrungsmittel zu erzeugen, doch manche Inder sind so arm, dass sie sich nicht genügend zu essen kaufen können. Weil sie vom Hunger geschwächt sind, finden sie auch keine Arbeit mehr. Weil Mütter unterernährt sind, kommen viele Kinder bereits krank zur Welt.

Auch das saubere Trinkwasser wird knapp. Oft genug verschmutzen Düngemittel und Chemikalien das Grundwasser. Trotz staatlicher Gesundheitsvorsorge breiten sich Seuchen aus wie z. B. Malaria und Cholera oder Darm- und Wurmkrankheiten.

128.2 Mädchen beim Teppichknüpfen

Kinderarbeit. Mehr als ein Drittel der indischen Bevölkerung ist unter 15 Jahre alt. Kinder sind billigere Arbeitskräfte als Erwachsene. Manche werden von ihren Eltern zur Abzahlung von Schulden in Arbeitsverhältnisse gegeben. Sie erhalten meist nur die Hälfte vom Lohn der Erwachsenen. In einer Streichholzfabrik arbeiten Kinder bis zu 12 Stunden am Tag. Fast die Hälfte von ihnen, die meisten Mädchen, sind noch nicht 15 Jahre alt. Die jüngsten unter ihnen sind zwischen 4 und 6 Jahren. Sie verdienen 2 Rupien am Tag.

in Indien und China

129.1 Werbung für die Ein-Kind-Familie

2. Der chinesische Weg in der Bevölkerungspolitik

Die Ein-Kind-Familie
Seit 1979 sollte jede Familie nur noch ein Kind aufziehen dürfen. Die neue Verfassung von 1982 legte fest, dass der Staat die Familienplanung fördert, damit die Bevölkerung künftig wirtschaftlich und sozial abgesichert ist. Ziel des Staates war das Wachsen der Bevölkerung bis zum Jahr 2000 auf Null zu senken und damit die Bevölkerungszahl bei 1,2 Milliarden Menschen zu stabilisieren. Um das zu erreichen gab die Verwaltung so genannte Geburtsbescheinigungen aus. Sie legten fest, wann eine Frau in den nächsten Jahren ein Kind haben sollte. Verheiratete Paare, die nur ein Kind haben wollten, erhielten von der Verwaltung eine „Ein-Kind-Bescheinigung".

Belohnung vom Staat
Die Ein-Kind-Familie hat eine Reihe von Vorteilen. Das Kind erhält kostenlos medizinische Betreuung. Die berufstätigen Eltern bekommen zusätzlich etwa zehn Prozent ihres Monatslohnes oder in der Dorfgemeinschaft den gleichen Wert in Arbeitspunkten gutgeschrieben. Einzelkinder haben Vorrecht bei der Aufnahme in Kinderkrippen und Kindergärten sowie in allen Schulen. Später sollen sie von den Arbeitsämtern bei der Vermittlung von Arbeit bevorzugt werden. Familien mit nur einem Kind werden auch bei der Zuteilung von Wohnraum, der sehr knapp ist, begünstigt.

Strafe für falsches Verhalten
Eltern mit einer Ein-Kind-Bescheinigung verloren alle Vorteile, wenn sie ein zweites Kind bekamen. Sie mussten alle finanziellen Zuwendungen zurückzahlen. Viele Proteste zwangen den Staat zu einer freizügigeren Handhabung der Ein-Kind-Vorschrift. So erlaubte man meist ländlichen Haushalten mit einem Mädchen als einzigem Kind ein zweites zu bekommen. Die ursprüngliche „Ein-Kind-Politik" wurde offiziell in eine „Ein-Sohn-" oder „Zwei-Kind-Politik" umgewandelt.

Der wachsende Wohlstand im Laufe der 80er-Jahre, vor allem in den Küstenprovinzen, machte es vielen Ehepaaren möglich sich einen Sohn zu „erkaufen". Andere nahmen die Geldstrafe für die Geburt eines zweiten oder dritten Kindes auf sich und verzichteten auch auf die staatlichen Leistungen für die Kindererziehung und die spätere Altersversorgung.

Zu Beginn der 90er-Jahre verschärfte der Staat seine Familienpolitik wieder. Ziel ist ein höheres Heiratsalter und eine spätere Geburt des ersten Kindes. Denn die geburtenstarken Jahrgänge der 60er- und 70er-Jahre erreichten das Heiratsalter und hätten einen neuen Baby-Boom verursachen können. Die Ernährung der Bevölkerung wäre nicht mehr gesichert. Heute schon muss China Getreide einführen. Für 17 Millionen Berufsanfänger müssen jedes Jahr Arbeitsplätze geschaffen werden.

Der Zug in die Stadt
Die staatlichen Behörden stoppen den Zustrom in die städtischen Verdichtungsräume. Nur Zuwanderer, die einen Arbeitsplatz vorweisen können, dürfen sich auch in der Stadt niederlassen. Sie erhalten dann erst Lebensmittelkarten, eine Wohnung und Berechtigungsscheine für ärztliche Versorgung. Mit Lebensmittelkarten und Berechtigungsscheinen sichert der Staat jedem Bürger und jeder Bürgerin eine Mindestversorgung für Nahrung, Kleidung und ärztliche Behandlung zu. Außerdem können sie Konsumgüter, z. B. ein Fahrrad, beanspruchen. Zuwanderer ohne feste Arbeit werden aus der Stadt gewiesen.

1. Erläutere, warum sich die chinesische Regierung zu den harten Maßnahmen der Familienpolitik gezwungen sah.
2. Nimm zur Geburtenkontrolle durch Strafe und Belohnung Stellung. Begründe deine Meinung.

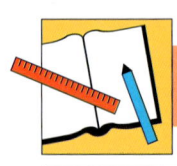

Arbeiten mit Tabellen und Diagrammen

Tabellenüberschrift				
Kopfleiste				
1. Zeile				
2. Zeile				evtl. Summenspalte
3. Zeile				
	6. Spalte	7. Spalte	8. Spalte	
evtl. Summenzeile				
Fußnoten, Anmerkungen, Quellenangaben				

130.1 Aufbau einer Tabelle

	Einwohner (Mio.)			
	1900	1996	%	2025
Europa	296	651	11,2	580
Russisches Reich/ Russland	104	148	2,6	139
Afrika	118	732	12,7	1 496
Asien	932	3 428	59,4	4 960
Mittel- u. Südamerika	38	489	8,5	710
Nordamerika	106	295	5,1	370
Australien u. Ozeanien	6	29	0,5	41
Welt	1 600	5 772	100	8 296

130.2 Entwicklung der Weltbevölkerung (% = Weltanteil), Jahr 2025 = Schätzung; (Quelle: Der Fischer Weltalmanach 1997, Frankfurt 1996)

Bevölkerung (Mio.) z.T. Schätzung			
Jahr	Indien	Jahr	China
1911	252	1910	390
1921	251	1920	420
1931	279	1930	475
1941	319	1940	440
1951	439	1950	557
1961	548	1960	662
1971	683	1970	830
1981	846	1980	987
1991	846	1990	1 155
2001	1 006	2000	1 285
2010	1 156	2010	1 340
2020	1 290	2020	1 413

130.3 Bevölkerungswachstum von Indien und China (Quelle: Statistische Jahrbücher)

Alle Tabellen sind gleich aufgebaut. Es ist hilfreich, wenn du dir die nebenstehenden Bezeichnungen merkst.

Dann weißt du, wo du nachsehen sollst, wenn nach der Zahl in der 5. Zeile der 4. Spalte gefragt wird. Bei Tab. 130.2 ist das 8,5. Nun weißt du auch, wie die Tabellenüberschrift heißt: *Einwohner (Mio.)*. Die Summenspalte ist nicht vorhanden, in der Summenzeile stehen die *Einwohnerzahlen* der *Welt*. Manche Werte sind in absoluten Zahlen angegeben, so sind in den Spalten 2, 3 und 5 die tatsächlichen Einwohnerzahlen angegeben, in Spalte 4 aber Prozentwerte. Du erkennst das an der Kopfleiste: % – in der Summenzeile steht deshalb in dieser Spalte 100!

Auch Fußnoten, Anmerkungen und Quellenangaben erscheinen nicht immer vollständig.

Urumchi

	J	F	M	A	M	J	J	A	S	O	N	D	Jahr
t	-15,8	-13,6	-4,0	8,5	17,7	21,5	23,9	21,9	16,7	6,1	-6,2	-13,0	5,3
n	6	15	15	33	25	33	16	35	15	47	22	11	273

Peking

	J	F	M	A	M	J	J	A	S	O	N	D	Jahr
t	-4,7	-1,9	4,8	13,7	20,1	24,7	26,1	24,9	19,9	12,8	3,8	-2,7	11,8
n	4	5	8	17	35	78	243	141	58	16	11	3	619

Kanton

	J	F	M	A	M	J	J	A	S	O	N	D	Jahr
t	13,6	14,2	17,2	21,6	25,6	27,3	28,8	28,2	27,2	24,0	19,7	15,7	21,9
n	17	21	38	97	146	182	142	120	148	109	49	21	1090

130.4 Klimatabellen

1. Wie viele Menschen lebten 1996 in Europa?
2. Wie viel Prozent der Weltbevölkerung waren das?
3. Wie viele Menschen werden 2025 höchstwahrscheinlich in Asien leben?
4. In welchen Jahren ging die Einwohnerzahl Chinas zurück (Abb. 130.3)?
5. Handelt es sich bei der Tabelle 130.3 um genaue Zählungen?
6. Was fällt dir bei den Angaben der Tabelle 130.3 in den Spalten 1 und 2 auf?
7. Wie hoch ist der Jahresniederschlag in Kanton (Abb. 130.4)?
8. Wie warm ist es im Februar in Peking?

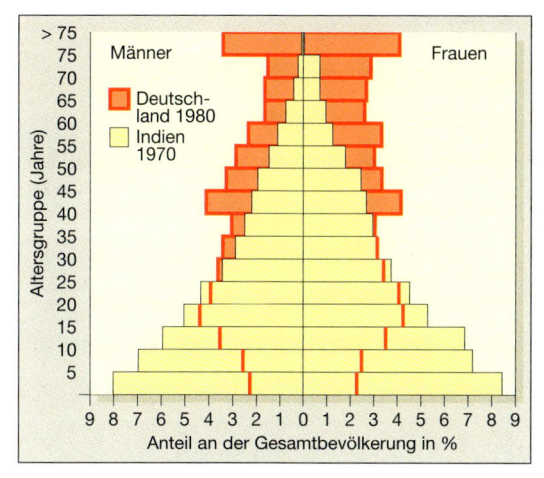

131.1 Bevölkerungspyramiden

9. Abb. 131.1 zeigt die Bevölkerungspyramiden von Indien und Deutschland. Wie viele Mädchen unter fünf Jahren gibt es in Deutschland?
10. Ist die Zahl der Männer zwischen 25 und 30 in beiden Ländern gleich groß?
11. Vergleiche die beiden Pyramiden. Was fällt dir auf? Achte besonders auf den Anteil der Jugendlichen und den der älteren Menschen.
12. Werte Grafik 131.2 aus. Warum ist die Bevölkerung Indiens seit 1920 ständig gewachsen?
13. In welchem Zeitraum ist sie nicht gewachsen?
14. In welchem Erdteil ist der Anteil der Kinder an der Bevölkerung am höchsten (Abb. 131.3)?
15. Auf welchem Erdteil ist die Reisanbaufläche am größten (Abb. 131.4)?
16. Macht die Grafik eine Aussage über die tatsächlichen Erntemengen?

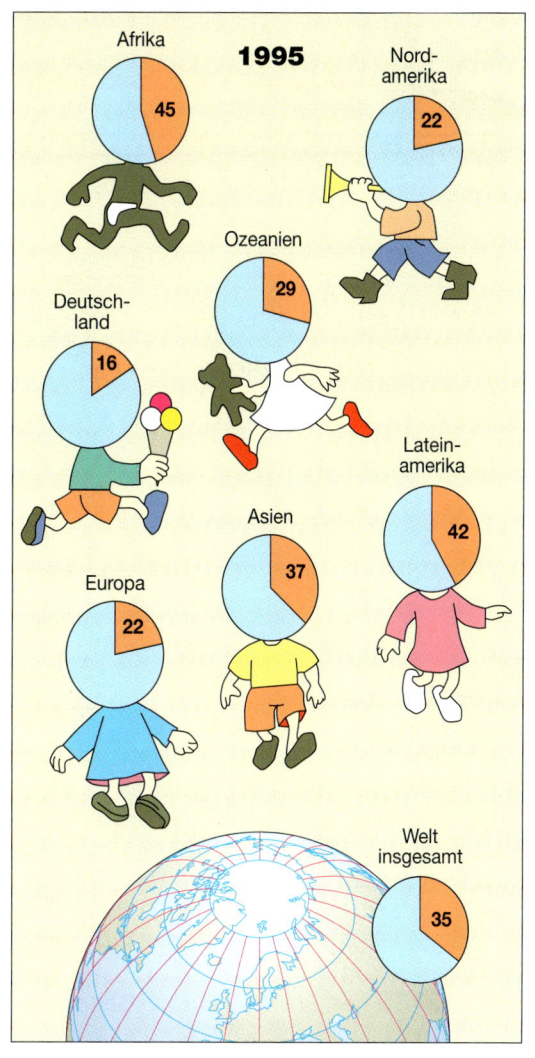

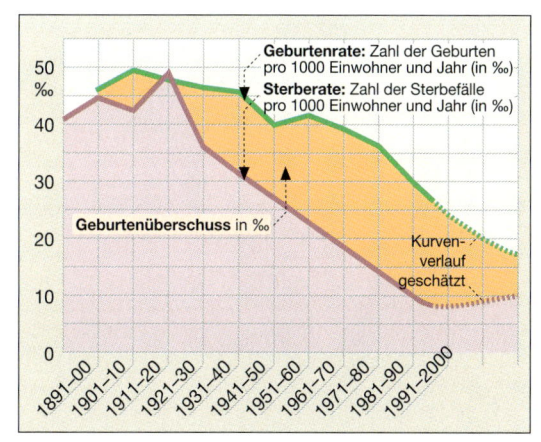

131.3 Bevölkerungsanteil unter 15 Jahren (in %)

131.2 Geburten- und Sterberate in Indien

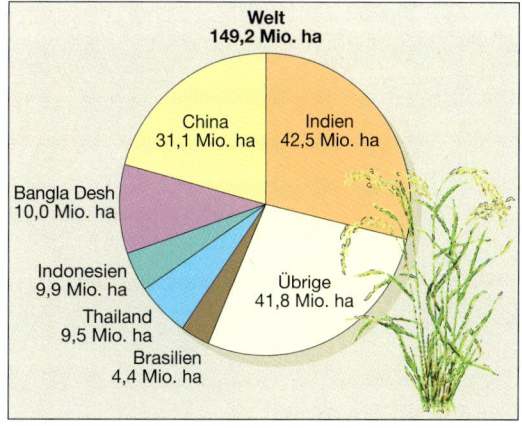

131.4 Reisanbauflächen

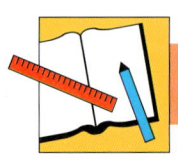

Anfertigen von Kartenskizzen

Wenn du die Umrisse von Staaten oder Karteninhalte im Gedächtnis behalten willst, sodass du sie sogar auswendig zeichnen kannst, dann brauchst du vereinfachte Kartenskizzen.

Manche Länderumrisse oder Kontinente haben von Natur aus eine besonders auffällige, leicht einprägsame Form, die mühelos nachzuzeichnen ist: Afrika scheint aus einem Trapez und einem Dreieck zusammengesetzt zu sein, Italien gleicht einem Stiefel und auch Australien ist leicht zu erkennen.

Kartenskizzen sind starke Vereinfachungen von Atlaskarten. Sie stellen den groben Umriss eines Kontinentes oder eines Staates dar. Beim Anfertigen einer solchen Skizze brauchst du dich nur grob an den Maßstab zu halten.

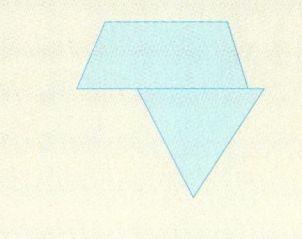

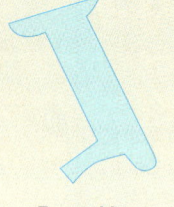

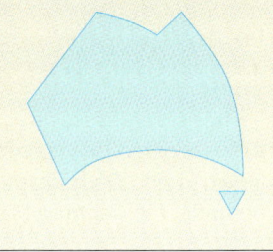

Faustskizzen

Merkskizze von Indien

Die Aufgabe heißt: *„Zeichne eine Skizze von Indien, die dir zeigt, wie der Raum gegliedert ist. Die Skizze muss daher enthalten: wichtige Flüsse, Hochgebirge, natürliche und politische Grenzen, die Hauptstadt und weitere bedeutende Städte."* Du musst nun mithilfe der Atlaskarte (Abb. 132.1) festlegen, was für deine Skizze wichtig ist. Also:
a) Gebirge: die Westghats, die Ostghats und der Himalaya.
b) Flüsse: Ganges, Brahmaputra und Godavari.
c) Grenzen zum Arabischen Meer und zum Golf von Bengalen, zu Bangla Desh, Myanmar, China, Bhutan, Nepal und Pakistan.
d) Städte: Mumbai (Bombay), Haiderabad, Madras, Kalkutta und Delhi.
e) Zudem wurden noch das Hochland von Dekkan, die Wüste Tharr und die Niederungen am Küstensaum sowie am Ganges und am Brahmaputra kenntlich gemacht.

1. Erstelle zu Abb. 132.2 eine Legende.

2. Zeichne mithilfe von zwei Dreiecken den Kontinent Südamerika.

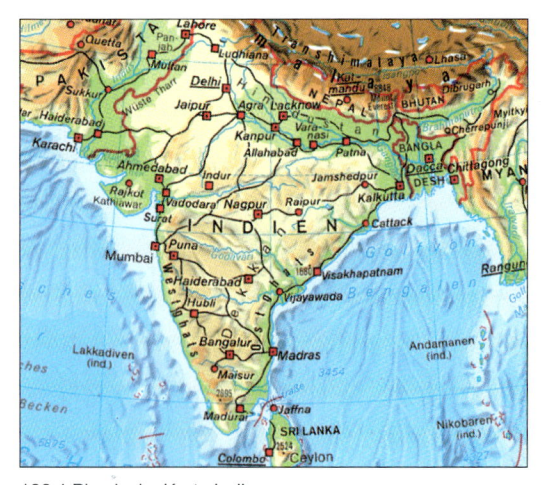

132.1 Physische Karte Indien

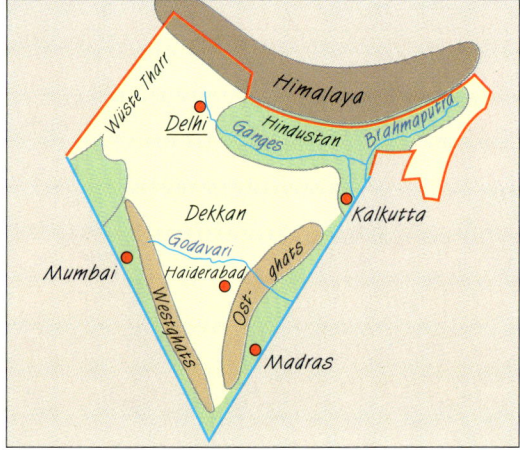

132.2 Topographische Merkskizze Indien

Wissenswertes

Die lautlose Explosion der Weltbevölkerung

Mrd. Menschen
2025: 8,5 Mrd.

Wusstest du, dass
- jede Sekunde auf der Erde drei Kinder geboren werden,
- die Welt in jeder Minute 180 und in jeder Stunde 10 800 neue Erdenbürger hat,
- täglich so viele Einwohner auf die Welt kommen wie Kiel Einwohner hat, nämlich 260 000,
- täglich 100 000 Menschen verhungern,
- zwei Fünftel der Weltgetreideernte als Viehfutter verwendet werden,
- die Weltbevölkerung heute jährlich um etwa 95 Mio. Menschen wächst und dass diese Zahl der Einwohnerzahl von Deutschland, Österreich und der Schweiz entspricht?

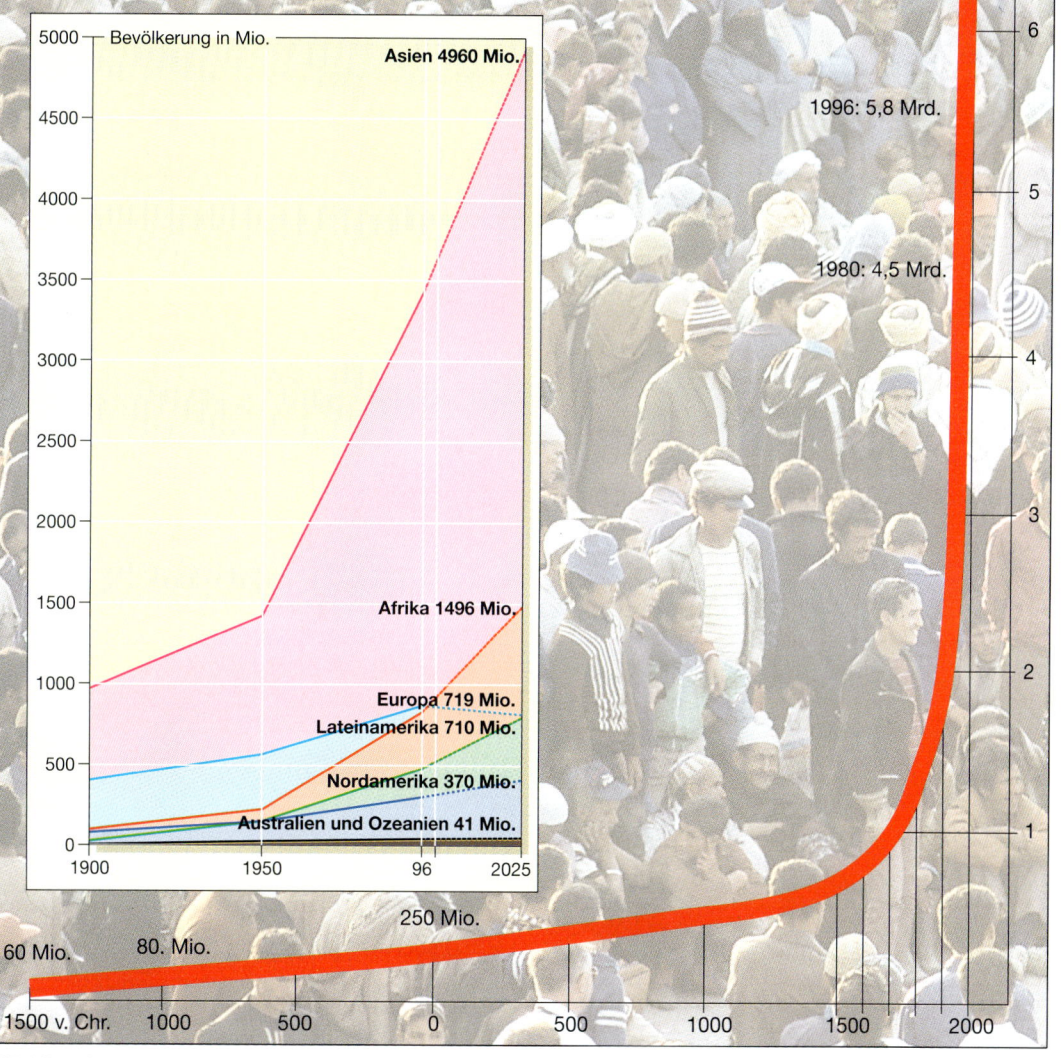

1996: 5,8 Mrd.

1980: 4,5 Mrd.

Bevölkerung in Mio.
Asien 4960 Mio.
Afrika 1496 Mio.
Europa 719 Mio.
Lateinamerika 710 Mio.
Nordamerika 370 Mio.
Australien und Ozeanien 41 Mio.

250 Mio.
60 Mio. 80. Mio.

133.1 Bevölkerungsexplosion

Eine Welt oder viele Welten?

1. Hunger – Weltproblem Nr. 1

Denke einen Augenblick nach!
- Alle 4 Tage müssen auf der Erde 1 Million Menschen mehr ernährt werden.
- Täglich sterben 36 000 Kinder an den Folgen des Hungers.
- Mehr als 550 Millionen Menschen hungern.
- 40 Millionen Menschen sterben jedes Jahr an den Folgen des Hungers.
- Stell dir vor, deine Familie müsste einen Monat lang von dem Geld leben, das du für eine Musik-CD bezahlst.

Ursachen des Hungers

Die Nahrungsmittelerzeugung kann in vielen Ländern nicht mit der Bevölkerungsexplosion Schritt halten. Neues Ackerland kann wegen Hitze, Kälte oder Trockenheit nicht erschlossen werden. Die Industrieländer erzeugen mit hohem Aufwand Überschüsse an Nahrungsmitteln. Die Länder der Dritten Welt haben nicht genug Geld die Überschüsse zu kaufen. Häufig fehlen Verkehrswege. Fast alle Wohlhabenden in den Industrieländern, aber auch die Reichen in den Entwicklungsländern, sind nicht bereit mit den Armen zu teilen. Hunger ist also auch ein Verteilungsproblem.

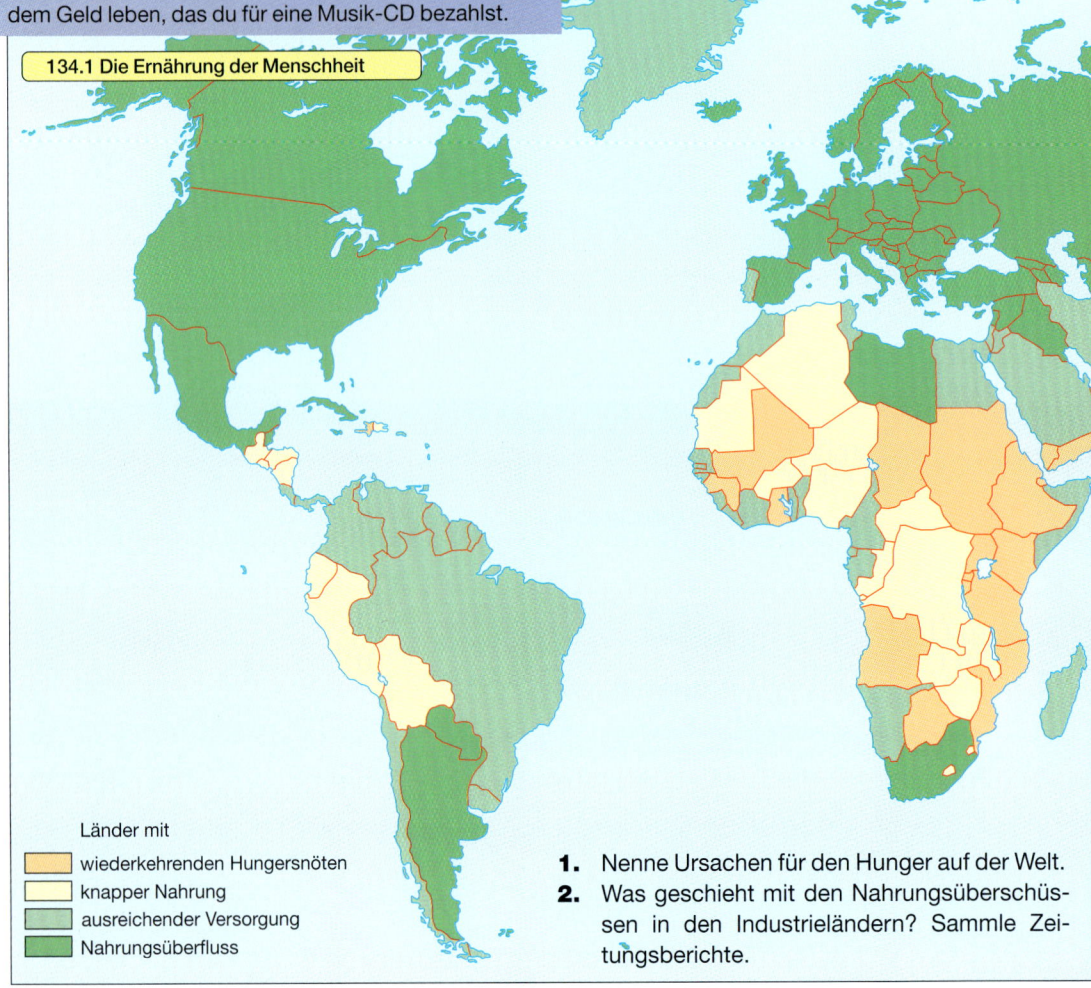

134.1 Die Ernährung der Menschheit

Länder mit
- wiederkehrenden Hungersnöten
- knapper Nahrung
- ausreichender Versorgung
- Nahrungsüberfluss

1. Nenne Ursachen für den Hunger auf der Welt.
2. Was geschieht mit den Nahrungsüberschüssen in den Industrieländern? Sammle Zeitungsberichte.

135.1 Warten auf Essen

135.2 Ernteverlust durch Überschwemmungen in Bangla Desh

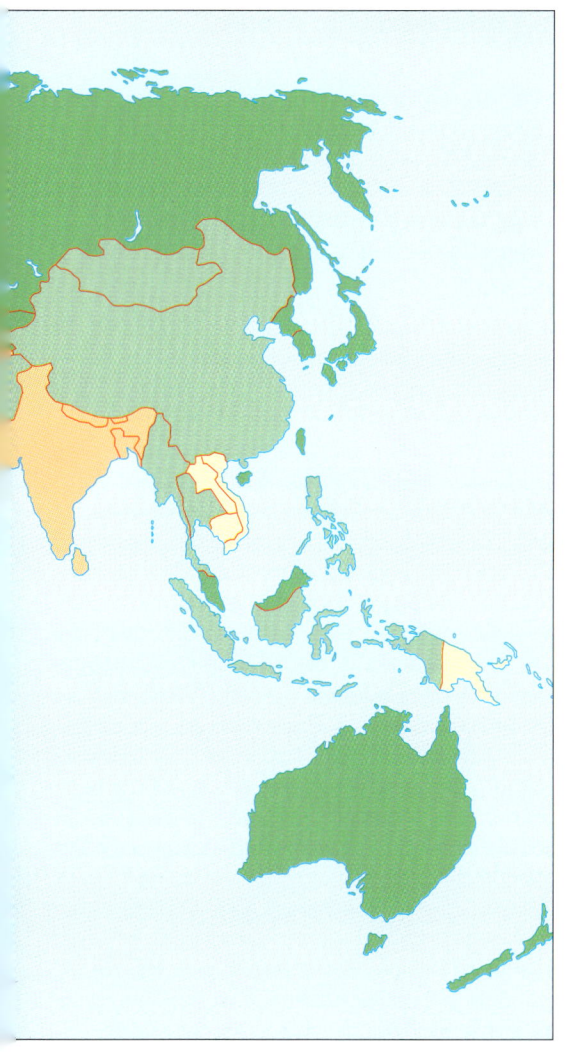

135.3 Ernteverlust durch Dürre in Afrika

135.4 Ernteverlust durch Heuschrecken in Afrika

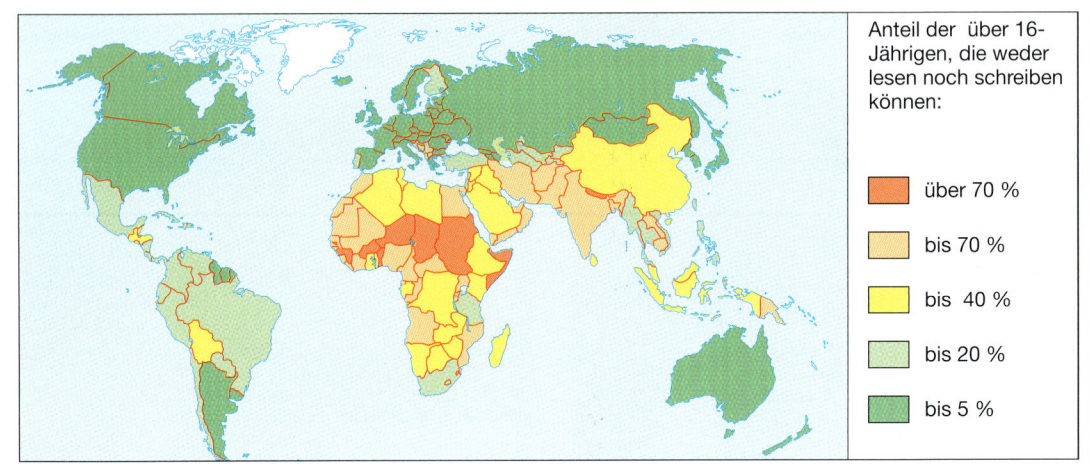

136.1 Ungleichgewicht in der Bildung (1996)

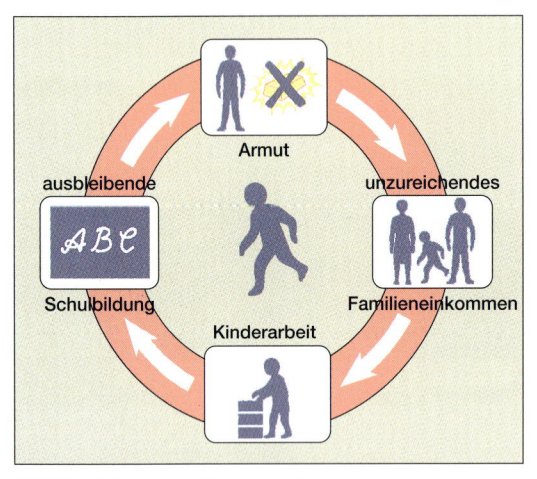

Anteil der über 16-Jährigen, die weder lesen noch schreiben können:
- über 70 %
- bis 70 %
- bis 40 %
- bis 20 %
- bis 5 %

136.2 Teufelskreis der Kinderarbeit

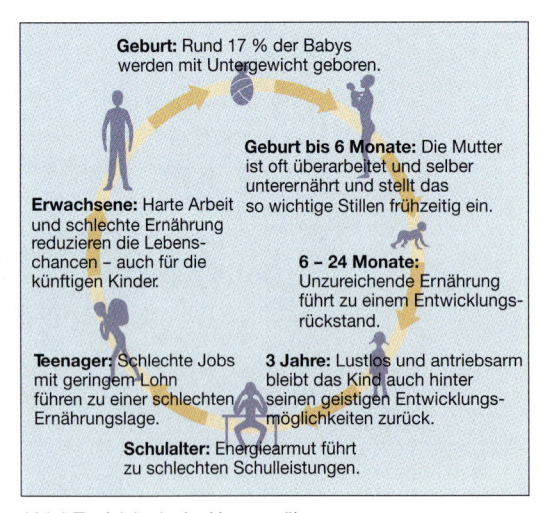

136.3 Teufelskreis der Unterernährung

2. Teufelskreis der Armut

Wenn du arm bist, kannst du dir nicht genug zum Essen kaufen und musst hungern ... Leidest du längere Zeit unter Hunger, wirst du schwach und anfällig für Krankheiten ... Dann kannst du nicht oder nur wenig arbeiten ... Also bekommst du wenig Geld und wirst arm ... Wenn du arm bist ...

Jede dieser Feststellungen ist eine Folge der vorherigen. Man landet immer wieder an derselben Stelle und dreht sich nur im Kreis. Deshalb sprechen wir auch von einem Teufelskreis, in dem sich die meisten Entwicklungsländer befinden.

Dieser Teufelskreis ist ein Modell. Mit seiner Hilfe lässt sich die Wirkung der einzelnen Merkmale von Unterentwicklung verdeutlichen. Dieses Modell berücksichtigt dabei nicht die Gründe, weshalb Entwicklungsländer überhaupt in den Teufelskreis hineingeraten sind. Daher werden die Folgen des Kolonialismus in dieses Modell nicht einbezogen. Auch Faktoren, die vom Weltmarkt beeinflusst werden (z. B. Preisverfall bei Rohstoffen) und auf die die Entwicklungsländer nicht einwirken können, werden im Teufelskreis ebenfalls nicht angesprochen. Trotzdem zeigt das Teufelskreismodell die scheinbar ausweglose Situation vieler Entwicklungsländer.

Der „große Teufelskreis" führt von der Armut über den Hunger wieder zur Armut zurück. Es gibt aber auch „kleine Teufelskreise", z. B. von der Armut über hohes Bevölkerungswachstum und von der schlechten Ausbildung zur Armut zurück.

Teufelskreis von Armut und Unterentwicklung

→ der Gemeinschaft
→ des Einzelnen

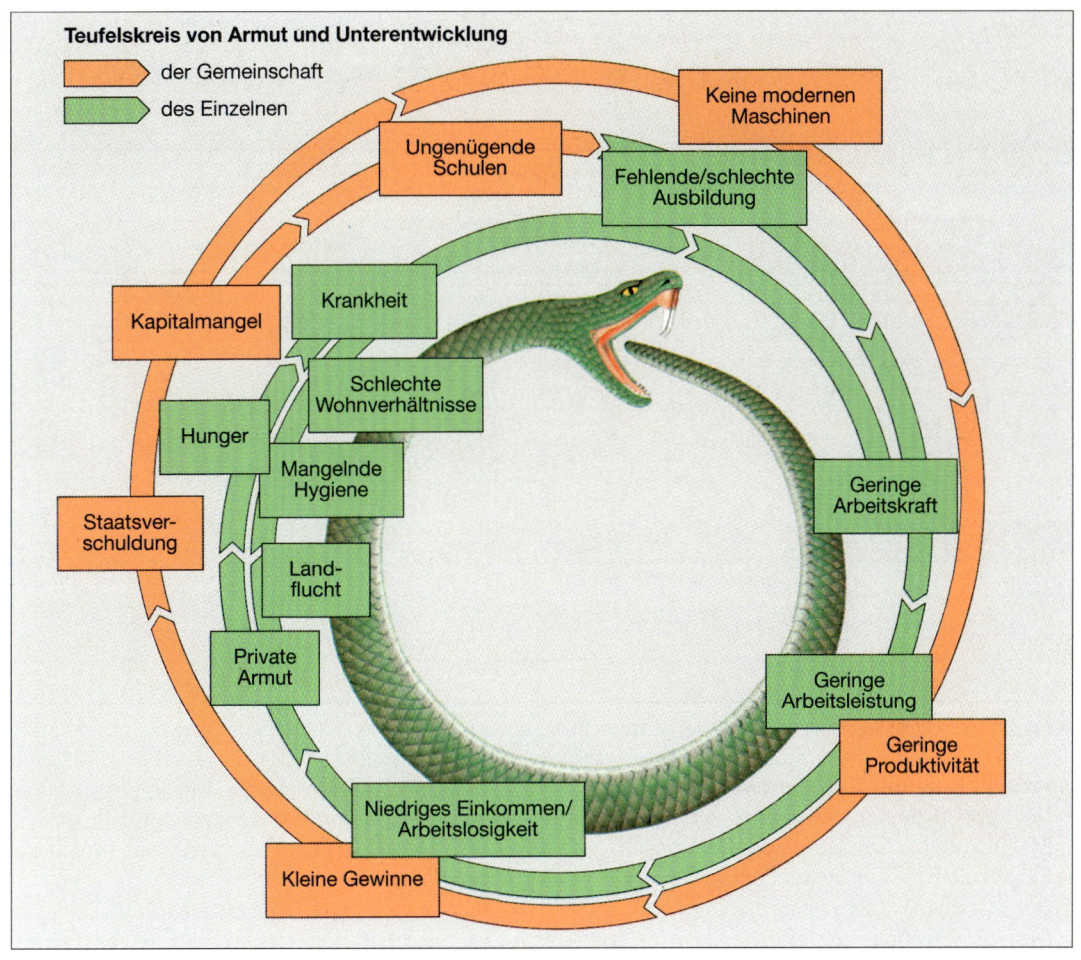

- Keine modernen Maschinen
- Ungenügende Schulen
- Fehlende/schlechte Ausbildung
- Kapitalmangel
- Krankheit
- Schlechte Wohnverhältnisse
- Hunger
- Mangelnde Hygiene
- Geringe Arbeitskraft
- Staatsverschuldung
- Landflucht
- Private Armut
- Geringe Arbeitsleistung
- Geringe Produktivität
- Niedriges Einkommen/Arbeitslosigkeit
- Kleine Gewinne

137.1 Im Teufelskreis der Armut

Das Häufchen Mensch, das auf der Straße in Accra (Ghana) hockt, sieht aus wie 50. Der Mann ist aber erst 32. Er heißt Friday. Friday ist arm. Deswegen hat er nicht genug zu essen. Er ist unterernährt. Man kann ihm ansehen, dass er schwach ist, sicher auch nicht gesund. Deshalb wird er nicht mal vom Hotelportier des gegenüberliegenden Hotels zum Koffertragen gerufen. Ohne Arbeit wird Friday weiter arm bleiben. Durch die unzureichende Ernährung wird er nicht wieder gesund werden.

(nach Grupp: Partner Dritte Welt)

„Wir müssen den Gürtel enger schnallen!"

1. Beschreibe den Teufelskreis. Beginne bei „private Armut". (Du kannst auch an jeder anderen Stelle beginnen.)
2. Überlege, ob es einen „Teufelskreis des Einzelnen" auch ohne „Teufelskreis der Gemeinschaft" geben kann.

137.2 Wenn zwei das Gleiche sagen

Eine Welt, zwei, drei, vier, fünf Welten?

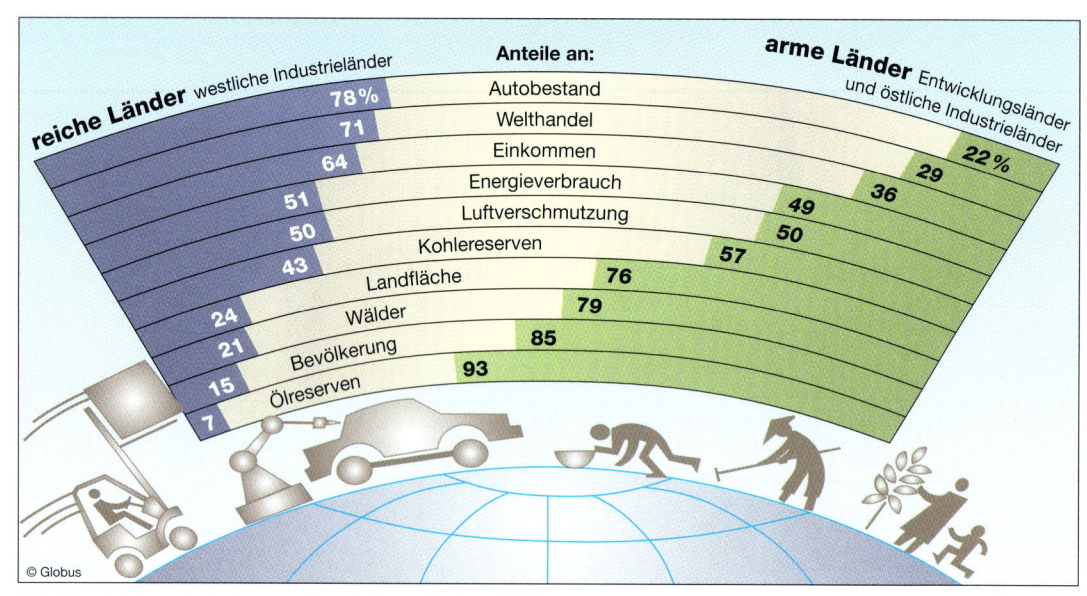

reiche Länder westliche Industrieländer — Anteile an: — **arme Länder** Entwicklungsländer und östliche Industrieländer

Anteil	reiche Länder	arme Länder
Autobestand	78 %	22 %
Welthandel	71	29
Einkommen	64	36
Energieverbrauch	51	49
Luftverschmutzung	50	50
Kohlereserven	43	57
Landfläche	24	76
Wälder	21	79
Bevölkerung	15	85
Ölreserven	7	93

138.1 Vergleich von Industrie- und Entwicklungsländern (1996)

Kennzeichen von Unterentwicklung

- Der Lebensstandard ist niedrig.
- Die Einkommen sind sehr ungleich verteilt.
- Es gibt nicht genug Nahrungsmittel für alle.
- Die Menschen haben kein Geld zum Sparen. Deshalb investieren sie kaum.
- Das Land hat hohe Schulden im Ausland.
- Statt Maschinen werden viele Menschen eingesetzt (arbeitsintensiv).
- Die Straßen, Kanalisation, Telekommunikation (Infrastruktur) sind erst wenig ausgebaut.
- Die Rohstofflager und Energiequellen sind noch nicht richtig erschlossen.
- Die Landwirtschaft spielt die Hauptrolle.
- Das Land hängt von einem einzigen Erzeugnis ab (Monostruktur).
- Bildungs- und Ausbildungsstand sind gering.
- Grund und Boden sind ungleich verteilt.

138.2 Der Einfältige

138.3 Der Lastenträger

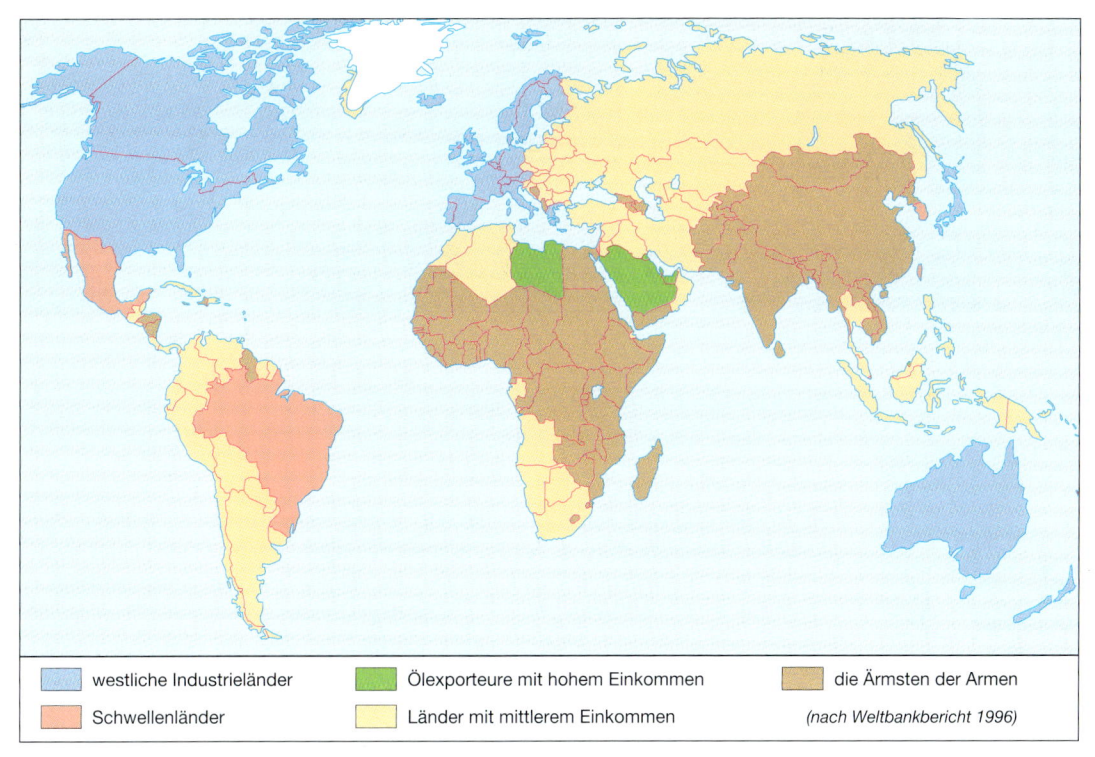

▭ westliche Industrieländer	▭ Ölexporteure mit hohem Einkommen	▭ die Ärmsten der Armen
▭ Schwellenländer	▭ Länder mit mittlerem Einkommen	(nach Weltbankbericht 1996)

139.1 Einteilung der Länder nach ihrem Entwicklungsstand

Nach dem Zweiten Weltkrieg bis 1990 gab es drei Welten: Die westlichen Industrieländer waren die erste Welt, die östlichen kommunistischen Länder die zweite Welt und die restlichen (Entwicklungs-)Länder wurden als dritte Welt bezeichnet.

Heute gliedert man genauer. Als Merkmal wird das Bruttosozialprodukt (BSP) benutzt, also die Summe aller Güter und Dienstleistungen. Die UNO hat Länder mit einem BSP von weniger als 8000 Dollar pro Kopf und Jahr als Entwicklungsländer eingestuft. Die Abgrenzung nach dem BSP ist aber nicht sehr aussagefähig. Ein kleiner Teil der Bevölkerung kann viel verdienen, der größte wenig. Der Durchschnittswert wäre in diesem Fall trotzdem günstig, obwohl die Mehrheit arm ist.

Erste Welt
Zu ihr gehören die am höchsten entwickelten Industrieländer wie Deutschland und die USA.

Zweite Welt
Die Bewohner haben ein mittleres Einkommen. Mit einigen Merkmalen, z. B. der Infrastruktur, liegen sie noch hinter der ersten Welt. Die Länder der zweiten Welt werden auch als Startländer (take-off) bezeichnet. Sie sind auf dem Weg die westlichen Industrieländer einzuholen. Beispiele sind die Staaten in Osteuropa.

Dritte Welt
Diese Länder werden auch als Schwellenländer bezeichnet. Ihre Bewohner sind auf dem Weg zu einem mittleren Einkommen. Die Staaten haben aber riesige Schulden im Ausland. Beispiele sind Mexiko und Brasilien.

Vierte Welt
Gegenüber den Industriestaaten ist die Unterentwicklung noch sehr groß. Trotzdem haben diese Länder Entwicklungsmöglichkeiten. Sie besitzen entweder eine gut funktionierende Landwirtschaft, eine sich entwickelnde Industrie oder reiche Bodenschätze. Marokko ist ein Beispiel.

Fünfte Welt
Hierzu gehören die ärmsten Länder der Welt. Sie können den Entwicklungsrückstand nicht mit eigener Kraft aufholen. Zu dieser Gruppe zählen die meisten Staaten zwischen Sahara und Regenwald.

1. Nenne Kennzeichen für die Unterentwicklung eines Landes.
2. Ordne jeweils drei Länder einer der Welten zu und begründe deine Entscheidung.

140.1 Menschen in verschiedenen Kulturerdteilen

Eine Welt

Zehn Kulturerdteile

Die Welt ist ein buntes Gemisch von Völkern und Kulturen. Tatsächlich unterscheiden sich die Menschen verschiedener Völker durch ihr Äußeres oft deutlich voneinander. Inder, Grönländer oder Äthiopier haben ein unterschiedliches Aussehen. Menschen mit bestimmten gemeinsamen körperlichen Merkmalen gehören einer **Rasse** an. Man unterscheidet nach der Hautfarbe drei Rassen: Weiße (Europide), Gelbe (Mongolide und Indianer) sowie Schwarze (Negride).

Die Menschen aus anderen Lebensräumen unterscheiden sich besonders durch Sprache, Religion, Kleidung, Essen, Kunst, Lebensgewohnheiten und Wertvorstellungen. Man spricht von verschiedenen **Kulturen**.

Räume, in denen es über längere Zeiträume hinweg eine weitgehend einheitliche geschichtliche und kulturelle Entwicklung gegeben hat, bezeichnet man als **Kulturerdteile**.

Der **orientalische** Kulturerdteil ist der älteste auf der Erde. Die drei Weltreligionen Judentum, Christentum und Islam haben hier ihren Ursprung.

Das Christentum prägte nachhaltig den **europäischen** Kulturerdteil. Von hier ging die Entwicklung der modernen Wissenschaft aus.

Der **ostasiatische** Kulturerdteil ist der bevölkerungsreichste. Religiös verbindet er sich eng mit Buddha und Konfuzius.

Der Raum Indien gehört zu dem **südasiatischen** Kulturerdteil. Hier leben verschiedene Rassen und Kulturen zusammen. Der Hinduismus ist die vorherrschende Religion.

Im **südostasiatischen** Kulturerdteil mischen sich eigene Kulturelemente mit denen aus China und aus Indien. Der Buddhismus ist neben dem Christentum (auf den Philippinen) und dem Islam (in Indonesien) die verbreitetste Religion.

140.2 Bauwerke der Kulturerdteile

Nordamerika prägten europäische Einwanderer. Die Indianer wurden verdrängt. Negersklaven brachte man aus Afrika als Arbeitskräfte ins Land.

Die Inseln **Ozeaniens** wurden von Südostasien besiedelt. Trotz der Entfernungen zwischen den Inseln entwickelte sich eine einheitliche Kultur.

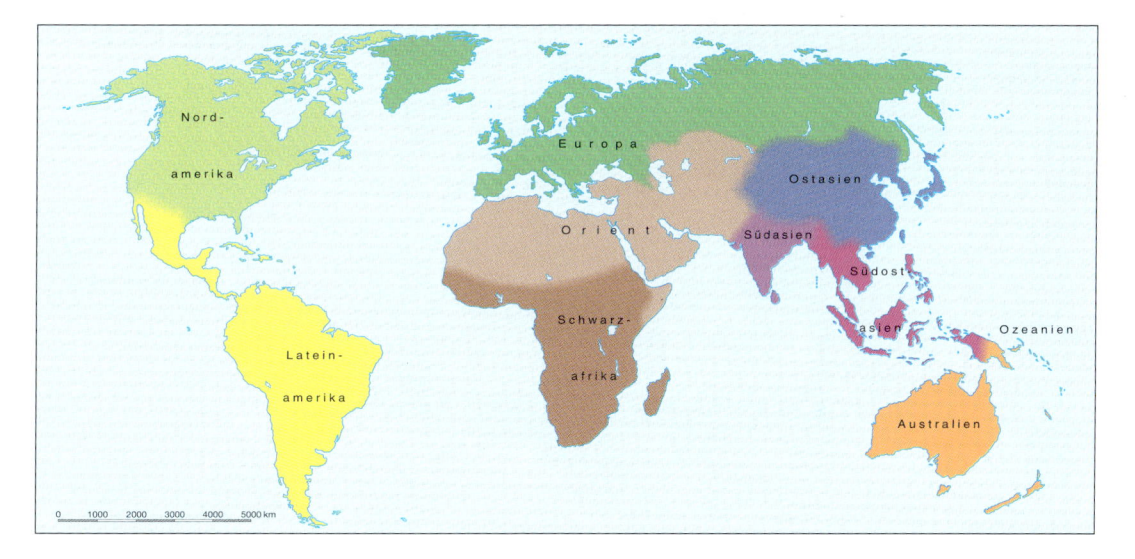

In **Lateinamerika** entwickelten sich indianische Hochkulturen. Sie wurden durch Europäer zerstört. Heute vermischen sich die Rassen.
Australien mit Neuseeland ist ein europäisch geprägter Einwanderungsraum.

Im **schwarzafrikanischen** Kulturerdteil gab es hoch entwickelte Kulturen und Staatsgebilde. Die Kolonialisierung vernichtete diese weitgehend.

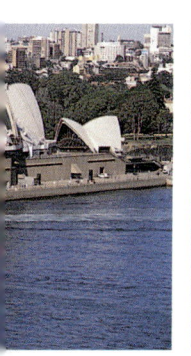

1. Ordne die Bilder Kulturerdteilen zu.

142.1 Ho-Tschi-Minh-Stadt

Wirtschaftsexperten meinen: „Der pazifische Raum ist das Kräftezentrum des 21. Jahrhunderts."

Die höchsten Wolkenkratzer

Petronas Tower: 452 m
fertiggestellt 1996
(Kuala Lumpur/Malaysia)

Jin Mao Tower: 421 m
fertiggestellt 1997
(Schanghai/China)

World Trade Center: 412 m
fertiggestellt 1973
(New York/USA)

Der Pazifikraum: Motor der Weltwirtschaft?

143.1 Kuala Lumpur

Projekt
Vorstellungen von Japan

Olympische Spiele in Japan

Sommer	1964	Tokio
Winter	1972	Sapporo
Winter	1998	Nagano

Warum Japans Autobauer einfach schneller sind
Techno-Trippelschritte statt großer Sprünge

Taifun „Brenda" hat Ostasien heimgesucht – Wirbelsturm fordert sieben Menschenleben

60 Quadratmeter für 2000 Mark monatlich
Tokios Wohnungsmarkt spielt immer mehr verrückt

Schweres Erdbeben in Japan
Über 5000 Tote in Kobe. Schäden auch in Kioto und Osaka

Die Angst der Japaner vor der Computer-Krise
Großkonzerne setzen Hoffnung auf die neue Bildschirmtechnik

Arbeitswut der Japaner fordert ihren Tribut
Stresserkrankungen nehmen zu
Seelische Krankheiten kaum behandelt

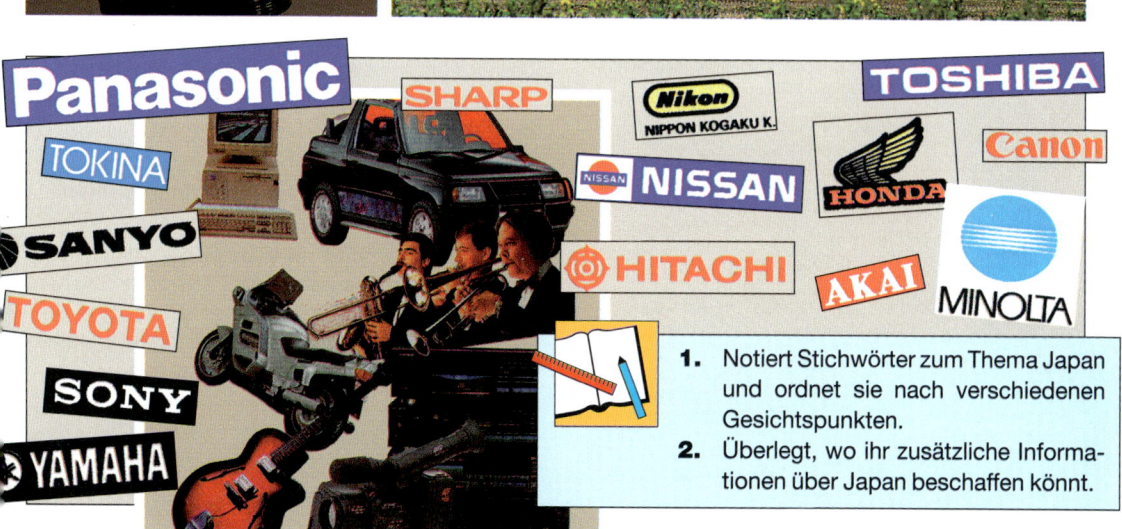

1. Notiert Stichwörter zum Thema Japan und ordnet sie nach verschiedenen Gesichtspunkten.
2. Überlegt, wo ihr zusätzliche Informationen über Japan beschaffen könnt.

Japan: Industriegigant und Welthandelsmacht

146.1 Brücke zwischen Honschu und Schikoku

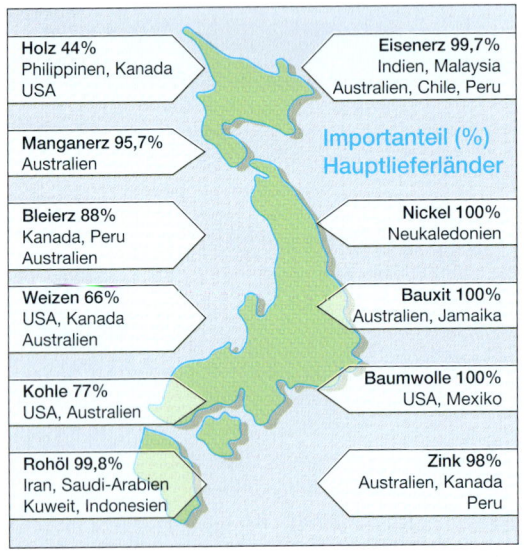

146.2 Importabhängigkeit bei Rohstoffen (1995)

Holz 44%
Philippinen, Kanada
USA

Manganerz 95,7%
Australien

Bleierz 88%
Kanada, Peru
Australien

Weizen 66%
USA, Kanada
Australien

Kohle 77%
USA, Australien

Rohöl 99,8%
Iran, Saudi-Arabien
Kuwait, Indonesien

Eisenerz 99,7%
Indien, Malaysia
Australien, Chile, Peru

Importanteil (%)
Hauptlieferländer

Nickel 100%
Neukaledonien

Bauxit 100%
Australien, Jamaika

Baumwolle 100%
USA, Mexiko

Zink 98%
Australien, Kanada
Peru

1. Rohstoffzwerg und Handelsriese

Japan ist ein Inselstaat. Er besteht aus vier Hauptinseln und aus über 3300 kleineren Inseln, von denen nur 600 ständig bewohnt sind. Das Meer ist für die Inselbewohner eine wichtige Nahrungsquelle. Die Japaner essen zum Reis nicht nur Fische und Muscheln, sondern auch verschiedene Meerespflanzen.

Von der gesamten Landfläche Japans können nur 15 Prozent landwirtschaftlich genutzt werden. Dies reicht nicht aus um genügend Nahrungsmittel für alle Einwohner zu erzeugen. Heute gehört Japan zu den führenden Industrienationen der Welt. Aber trotz seiner Wirtschaftskraft bleibt Japan abhängig, zum Beispiel

– von Rohstoffen:

Japan muss alle wichtigen Rohstoffe einführen. Geschickt hat es seine Abhängigkeit verringert, indem es mehr technisch hochwertige Produkte wie Videorekorder und Computer baut. Diese brauchen weniger Rohstoffe als z. B. der Schiffbau, in dem das Land früher führend war.

– vom Wohlstand anderer:

Japan kann viele Produkte in andere Länder nur dann verkaufen, wenn es den Menschen dort so gut geht, dass sie sich die angenehmen, aber nicht lebensnotwendigen Waren kaufen können.

– vom Devisenkurs:

Innerhalb von nur 10 Jahren ist der Yen mehr als doppelt so viel wert wie vorher. Das verteuert japanische Produkte im Ausland teilweise so sehr, dass kaum noch ein Preisunterschied zu anderen Industrieländern besteht. Zu Beginn der 90er-Jahre gingen die Exportzahlen zurück und die Betriebe mussten Arbeitskräfte entlassen.

– von der Wirtschaftspolitik anderer Länder:

Japan gehört keiner Wirtschaftsgemeinschaft an. Sein Binnenmarkt (125 Mio. Einw.) ist gering gegenüber dem *Europäischen Wirtschaftsraum* (380 Mio. Einw.) und der *Nordamerikanischen Freihandelszone* (392 Mio. Einw.). Wenn Japan Waren ausführt, muss es die Einfuhrpolitik anderer berücksichtigen. Viele Länder erschweren die Einfuhr japanischer Waren um die eigene Industrie zu schützen. Andererseits erhebt auch Japan Einfuhrzölle um die heimische Wirtschaft zu schützen.

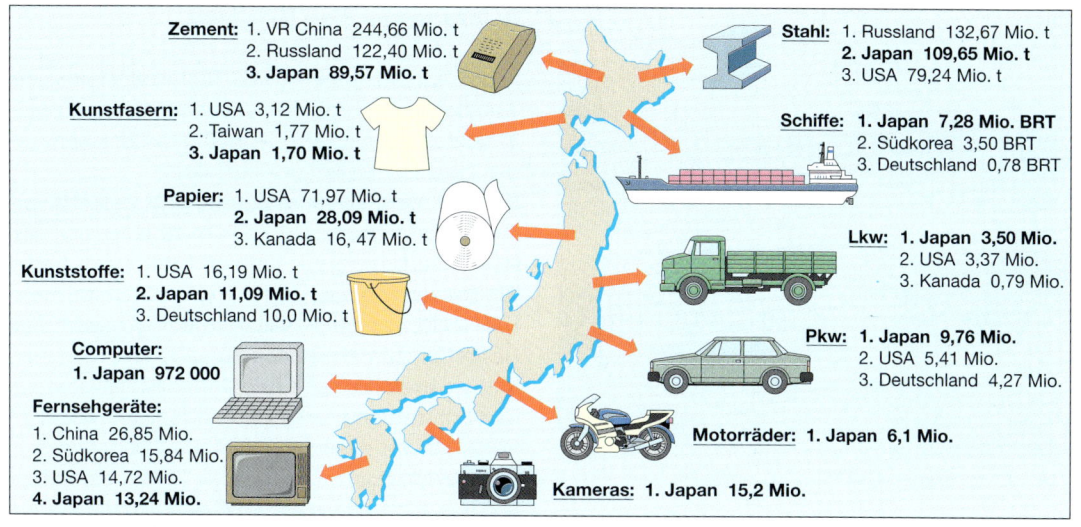

Zement: 1. VR China 244,66 Mio. t
2. Russland 122,40 Mio. t
3. Japan 89,57 Mio. t

Kunstfasern: 1. USA 3,12 Mio. t
2. Taiwan 1,77 Mio. t
3. Japan 1,70 Mio. t

Papier: 1. USA 71,97 Mio. t
2. Japan 28,09 Mio. t
3. Kanada 16, 47 Mio. t

Kunststoffe: 1. USA 16,19 Mio. t
2. Japan 11,09 Mio. t
3. Deutschland 10,0 Mio. t

Computer:
1. Japan 972 000

Fernsehgeräte:
1. China 26,85 Mio.
2. Südkorea 15,84 Mio.
3. USA 14,72 Mio.
4. Japan 13,24 Mio.

Stahl: 1. Russland 132,67 Mio. t
2. Japan 109,65 Mio. t
3. USA 79,24 Mio. t

Schiffe: 1. Japan 7,28 Mio. BRT
2. Südkorea 3,50 BRT
3. Deutschland 0,78 BRT

Lkw: 1. Japan 3,50 Mio.
2. USA 3,37 Mio.
3. Kanada 0,79 Mio.

Pkw: 1. Japan 9,76 Mio.
2. USA 5,41 Mio.
3. Deutschland 4,27 Mio.

Motorräder: 1. Japan 6,1 Mio.

Kameras: 1. Japan 15,2 Mio.

147.1 Japans Stellung in der Welt bei Industrieprodukten (Stand Anfang der 90er-Jahre)

Standorte der Industrie

Das Bergland im Landesinneren ist nur schwer zugänglich und daher nur dünn besiedelt. Ein Teil der Ebenen wird dringend für die Landwirtschaft gebraucht. Die Fabriken und die in ihnen beschäftigten Menschen drängen sich deshalb in wenigen **Ballungsräumen** an den Küsten zusammen. Die beiden wichtigsten sind der Großraum Tokio, mit den Städten Tokio und Jokohama, und der Großraum Osaka, der sich mit den Zentren Osaka, Kioto, Kobe und Okajama rund 20 km am Meer entlang hinzieht. In diesen Ballungsräumen ist die **Infrastruktur** sehr gut ausgebaut. Leistungsfähige Häfen sorgen für eine schnelle Lieferung der Rohstoffe und für die zügige Ausfuhr der hergestellten Waren. Diese Nähe zu Häfen ist ein wichtiger **Standortfaktor** für die japanische Industrie: Eine Verlagerung ins Hinterland würde höhere Transportkosten verursachen und somit die Waren verteuern.

Aber es fehlt im Küstenbereich an Platz. Daher versucht man die Landfläche künstlich zu vergrößern. Durch Terrassierung der Hänge und die Aufschüttung der abgeräumten Erdmassen in flache Meeresbuchten (Abb. 147.2) wurden neue Flächen gewonnen. In Kobe wird der Abraum aus dem Hinterland sogar auf Förderbändern in Tunneln unter der Stadt hindurch zum Strand transportiert.

1. Wie heißen die vier Hauptinseln Japans?
2. „Die Japaner leben vom Meer". Erkläre diese Aussage.
3. Erläutere, wie Japan seinen Rohstoffbedarf verringert hat.
4. Welche Bedeutung haben japanische Produkte für den Weltmarkt?
5. Erläutere die Maßnahmen zur Neulandgewinnung in der Grafik 147.2.
6. Vergleiche die Neulandgewinnung mit der an der Nordsee.

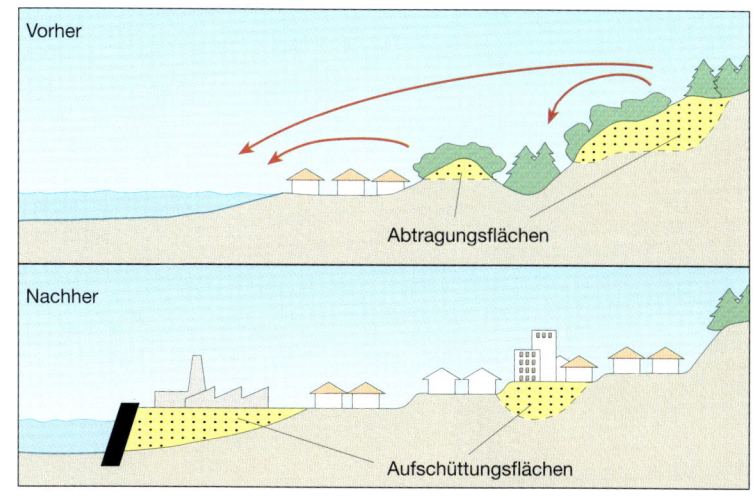

147.2 Neulandgewinnung durch Abtragung und Aufschüttung

148.1 Werftarbeiter bei der Morgengymnastik

*Komm heran! Schulter an Schulter!
Das Land unserer Väter ist immer
fortschrittlich gewesen.
Toyota! Toyota!*

*Lasst uns ein neues Japan bauen
mit Kraft und Verstand!
Lasst uns bessere Güter herstellen
und sie zu den Völkern der Welt schicken
in einem endlosen Strom,
so wie Wasser aus der Quelle sprudelt!
Unsere Industrie soll wachsen,
wachsen, wachsen!
Lasst uns aufrichtig zusammenstehen
für Matsushita-Elektrik!*

148.2 Japanische Firmenhymnen

2. Ursachen des Erfolges

Lange wurde zu wenig beachtet, wie wichtig die Tradition und die Wertvorstellungen für einen wirtschaftlichen Erfolg sind. Fünf Kennzeichen prägen den japanischen Nationalcharakter:

Streben nach Übereinstimmung. Man sucht Harmonie, nimmt sich viel Zeit um zu einer gemeinsamen Auffassung zu kommen.

Wettbewerbsgeist. Trotz des Strebens nach Harmonie wird der Konkurrenzkampf bejaht. Das Bestreben zu den Besten zu gehören beginnt im Kindergarten. Es setzt sich im Auswahlsystem an den Schulen und Universitäten fort und endet im harten Wettbewerb der Anbieter auf dem Markt.

Lernbereitschaft. Die Japaner haben die Fähigkeit aus anderen Gesellschaftssystemen und von anderen Technologien das Beste zu übernehmen ohne ihre eigene Kultur aufzugeben.

Langfristiges Denken. Man plant auf Jahrzehnte hinaus. So hatte sich Japan bereits hohe Anteile am chinesischen Markt gesichert, als dort noch wenig zu verdienen war und Europäer wie Amerikaner erst einmal abwarteten.

Hohes Qualitätsbewusstsein. Man tüftelt auch an Kleinigkeiten, bis sie möglichst vollkommen sind. So waren in einer einzigen Neuentwicklung einer japanischen Kamera 200 Patente enthalten.

In den letzten Jahren hat ein Wertewandel eingesetzt. Viele Japaner wollen sich stärker selbst verwirklichen und weder ihr Leben lang bei einer einzigen Firma angestellt sein noch die Freizeit mit den Arbeitskollegen verbringen.

Grundlohn (monatlich)	Zulagen (monatlich)	Bonus (meist 2x jährlich)	Abfindung Zur Alterssicherung
nach Lebensalter, Dienstalter, Ausbildung, Geschlecht, Art der Arbeit	nach Leistung, für Überstunden, soziale Zulagen	je nach Geschäftslage bis zu sechs Monatsgehälter	2–3 Jahresgehälter (mit 55 Jahren)

148.3 Lohnsystem in japanischen Konzernen

Schulbesuch in Prozent eines Jahrgangs	Anteil der Privatschulen	Eintritt in einen der großen Konzerne
35	75 %	Universität
		AUFNAHMEPRÜFUNG
94	38 %	Gymnasium
		AUFNAHMEPRÜFUNG
100		Realschule
		AUFNAHMEPRÜFUNG
100		Grundschule
		AUFNAHMETEST
		Kindergarten
		EINGANGSTEST

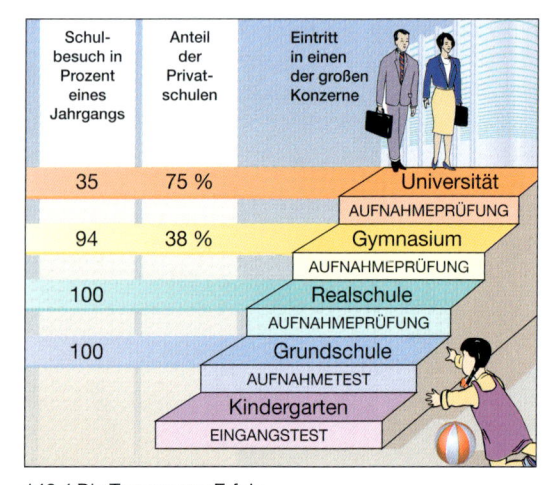

148.4 Die Treppe zum Erfolg

149.1 Tokio, im Hintergrund der Fudschijama

3. Raum- und Umweltprobleme

Raumenge in Tokio

In der Stadt leben und arbeiten acht Millionen, im Großraum Tokio/Jokohama 26 Millionen Menschen. Für alle reicht der Platz kaum aus. Der Wohnraum ist knapp; da gilt schon eine Fläche von 20 Quadratmeter als ausreichend für eine kleine Familie. Im Durchschnitt stehen jedem Einwohner 12 Quadratmeter Wohnfläche zur Verfügung. In Tokio werden die höchsten Mieten der Welt bezahlt. Mehrere tausend Mark für eine Kleinwohnung sind nicht ungewöhnlich. Das liegt vor allem daran, dass der vorhandene Raum nur sehr unwirtschaftlich genutzt wird. Der Bau von Hochhäusern war wegen der Erdbebengefahr (siehe auch Seite 151) auf eine Höhe von 31 m beschränkt. So sind die meisten Häuser in den 23 Stadtbezirken nur zweieinhalb Stockwerke hoch.

Erst als mit modernen Bauweisen auch erdbebensichere Hochhäuser gebaut werden konnten, wurde 1968 die Begrenzung für Hochbauten aufgehoben. Seitdem bestimmen auch in Tokio zunehmend Wolkenkratzer das Stadtbild. Das teuerste Grundstück liegt im Zentrum von Tokio, ist mit einem Bürohochhaus bebaut und kostete pro Quadratmeter 470 000 DM.

Um mehr Platz zu schaffen plant die Stadt die Umwandlung der bislang mit kleinen Häusern bebauten Küstenebene im Westteil der Bucht von Tokio in eine Industrie- und Handelszone mit Wohnungen, Freizeiteinrichtungen und Dutzenden von Bürohochhäusern. Das Gebiet umfasst insgesamt 112 Quadratkilometer, davon 17 Quadratkilometer Aufschüttungsfläche im Meer.

Täglich strömen die Pendler von den Vororten zu ihren Arbeitsstätten, viele von ihnen brauchen für den Hin- und Rückweg drei Stunden. Die Straßen sind hoffnungslos verstopft. Die Nahverkehrszüge sind oft überfüllt. Auf den Bahnhöfen gibt es Bahnbeamte, deren einzige Aufgabe es ist die Passagiere höflich, aber energisch, in die vollen Züge zu drücken. Tokios Nahverkehrsmittel befördern täglich über 22 Millionen Menschen.

149.2 „Türschieber" auf einer Bahnstation

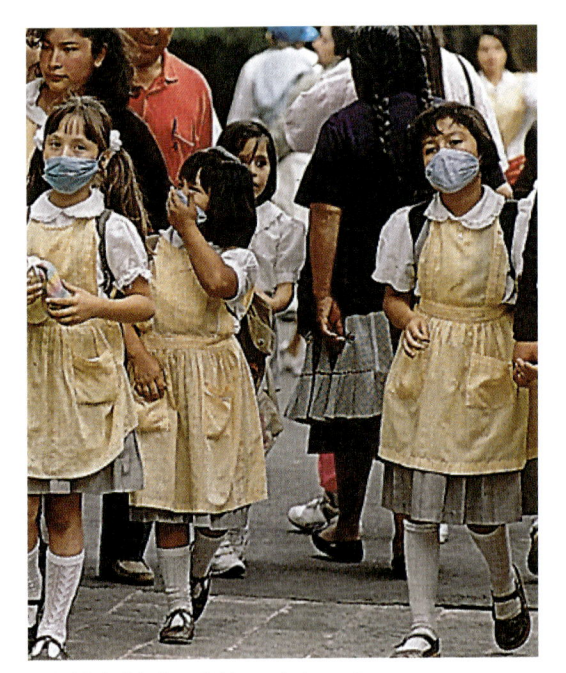

150.1 Schulkinder mit Atemschutzmasken

Im vergangenen Jahr fielen in Japan 390 Millionen Tonnen Industriemüll an. Das war fast achtmal so viel wie der Hausmüll, obwohl der allein im Großraum Tokio in den letzten Jahren um jeweils 15 Prozent zunahm. Zur Zeit rollen jeden Tag 5000 Lkw aus der japanischen Hauptstadt hinaus zum Wellenbrecher und schütten die Abfälle in das durch Betondämme vom Meer abgetrennte Becken. Bei diesen Mengen reicht die Kapazität der Deponie in der Bucht von Tokio wahrscheinlich nicht einmal drei Jahre.

(nach: JAPAN ECHO 1/1994)

150.2 Luftwerte und Lärmpegel auf einer Anzeigetafel

Umweltbelastung

Wenn der Wind vom Meer her weht, bläst er die Rauchschwaden der Großindustrie in die Stadt, deren Luft ohnehin durch die Schadstoffe der Heizungen und der Autos belastet ist. Smog entsteht; empfindliche Menschen müssen einen Atemschutz tragen, wenn sie sich im Freien aufhalten.

Nicht nur in Tokio, überall in Japan führte die Industrialisierung zu einer starken Belastung von Luft, Wasser und Boden. Industrie- und Haushaltsmüll verschmutzen Flüsse und Meere. In den 60er-Jahren starben Menschen, weil giftiges Quecksilber mit den Abwässern der chemischen Industrie in die Meeresbuchten gelangt war und dann über den Fisch in den menschlichen Organismus. Nach Schätzungen gibt es in Japan 10 000 „vergessene" Müllkippen. Da das Land in seinen dichtbesiedelten Ballungsräumen jeden Quadratmeter nutzen muss, sind viele Deponien überbaut.

Seit 1970 gelten strengere Umweltgesetze:
- Betriebe mussten nachträglich Filteranlagen zur Reinigung von Abgasen einbauen.
- Verbleites Benzin ist verboten.
- Überall gibt es Geschwindigkeitsbegrenzungen.
- Wegen der Quecksilberbelastung wird empfohlen höchstens 570 g Fisch je Woche zu essen.
- Neue Industriebetriebe sollen zur Entlastung der Verdichtungsräume dezentralisiert werden.

Erste Erfolge stellten sich ein: Japan wurde bei der Umwelttechnik führend, die Luftbelastung ist insgesamt zurückgegangen. Die Verseuchung der Buchten durch Schwermetalle lässt sich jedoch auf Jahrzehnte hinaus nicht beheben.

1. Erläutere, wie Japan versucht dem Mangel an Wohn- und Industrieflächen zu begegnen.
2. Zeige Gefahren auf, die mit der Industrieballung verbunden sind. Bewerte die Abhilfen.

Erdbeben und Vulkanismus

Die **Erdkruste,** auf der wir leben, erscheint uns sehr fest und ohne Bewegung. Erdbeben und Vulkanausbrüche beweisen aber das Gegenteil. Wie lassen sie sich erklären?

Nehmen wir einmal an, die Erde wäre so groß wie ein Fußball. Dann wäre die feste Erdkruste kaum dicker als die Schale eines Hühnereis. In Wirklichkeit ist sie zwar 50 km dick. Das Gestein darunter ist bei Temperaturen von mehr als 1200 °C noch flüssig. Es wird **Magma** genannt.

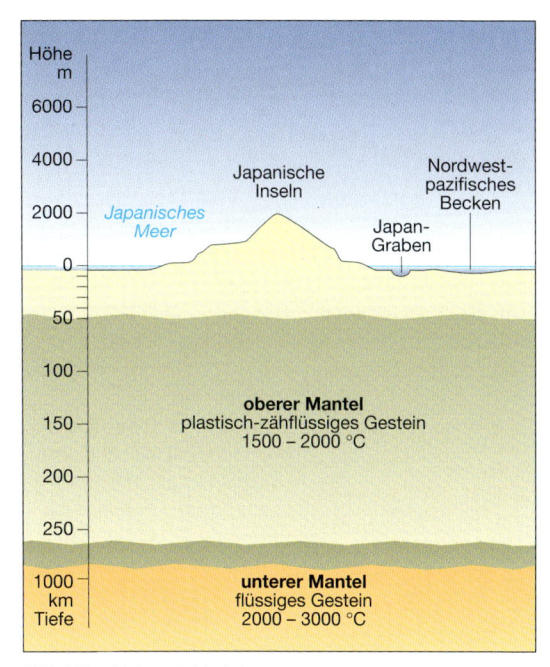

151.1 Der Erdmantel bei Japan

Katastrophentag – 13 Mio. Japaner übten mit
Über 13 Mio. Japaner folgten dem Aufruf der Regierung am „Katastrophentag" ihr Wissen über das Verhalten bei Erdbeben aufzufrischen und Schutzmaßnahmen zu üben. Die Erstklässler setzten ihre Erdbebenschutzkappen auf. In Behörden und Unternehmen fanden die Übungen während der Frühstückspause statt. Hausfrauen und Kinder kamen zu den Vorführungen der Polizei und Feuerwehr in die Parks. *(Rheinische Post)*

Die Erdkruste besteht auch nicht aus einem Stück. Sie setzt sich aus einzelnen **Platten** zusammen, die wie Eisschollen auf dem flüssigen Untergrund schwimmen. Dabei bewegen sie sich mit einer Geschwindigkeit von wenigen Zentimetern pro Jahr aufeinander zu oder voneinander weg.

Die Grenze zwischen zwei Platten in der Erdkruste wird als **Schwächezone** bezeichnet. An dieser Stelle kann das Magma an die Erdoberfläche gelangen. **Vulkane** entstehen. Stoßen zwei Platten aufeinander, baut sich an der Nahtstelle durch Reibungskräfte eine Spannung auf. Wenn diese Spannung eine bestimmte Größe überschreitet, findet ein plötzlicher Ausgleich statt: Die beiden Platten verschieben sich in einem einzigen Ruck, der sich an der Erdoberfläche an dieser Stelle als **Erdbeben** auswirkt.

Die Japanischen Inseln liegen in einer solchen Schwächezone. Etwa 5000 Erdbeben werden durchschnittlich jährlich in Japan gezählt. Die meisten davon sind ungefährlich. Dann wird der Boden kaum erschüttert. Es ist, als ob ein schwerer Lastwagen durch die Straßen fährt. In größeren Abständen aber treten schwere Erdbeben auf, die stellenweise den Erdboden heben oder senken, Erdspalten aufreißen und starke Zerstörung anrichten können.

SCHWERES ERDBEBEN IN JAPAN
Gestern Morgen um 5.46 Uhr bebte in Japan die Erde. Ein Erdbeben zerstörte große Teile der Hafenstadt Kobe. Mehr als 6000 Tote werden befürchtet. Hoher Sachschaden.
Das Beben der Stärke 6,8 der Richterskala dauerte nur 20 Sekunden. Mehr als 100 000 Häuser wurden zerstört, über 270 000 Menschen sind obdachlos geworden. Betonträger von Hochstraßen knickten auf einer Länge von einigen hundert Metern wie Streichhölzer weg. Geborstene Gasleitungen ließen immer neue Brände aufflammen. Überall waren die Wasserrohre gebrochen, die Feuerwehr hatte kein Wasser mehr. Der Sachschaden wird auf 350 Milliarden DM geschätzt. Es war das 16. Erdbeben Japans seit 1909. *(Tageblatt vom 18.01.1995)*

Auch **Seebeben,** das sind Erdbeben auf dem Meeresgrund, treten in der Umgebung der japanischen Inseln auf. Ihre hohen Flutwellen überschwemmen und zerstören vielfach weite Küstengebiete.

3. Welche Vulkane kennst du? Schreibe ihren Namen auf und das Land, in dem sie liegen.
4. Beschreibe mit deinen Worten, wie es zu einem Erdbeben kommt.
5. Gibt es Gebiete auf der Erde, in denen es kein Erdbeben geben kann? Wo liegen diese?
6. Sind die deutschen Küsten durch Seebeben bedroht? Begründe.

Dynamische Wachstumsländer im Wandel

1. Hongkong und Taiwan

Hongkongs Geschichte als Wirtschaftszentrum begann 1842, als die Insel von China an Großbritannien abgetreten werden musste. Die Kolonialmacht baute Hongkong zum Vorhafen für China aus. Diese Funktion entfiel nach der Gründung der Volksrepublik China 1949, weil der Chinahandel fast völlig zum Erliegen kam. Hongkong wurde ein auf Billigprodukte ausgerichtetes Fertigungszentrum von Bekleidung, Spielwaren, Uhren, Radios für westliche Industrieländer.

Die Stadt (6 Mio. Einw.) verfügt über den leistungsfähigsten Tiefwasserhafen des gesamten südlichen Chinas. Über Hongkong wurden z. B. Waren aus Taiwan eingeführt, als es offiziell noch keine Kontakte zwischen beiden Teilen Chinas gab. Über Hongkong hatte Taiwan 25 Mrd. US-$ in ca. 30 000 Unternehmen auf dem chinesischen Festland investiert. Hongkongs entscheidendes Datum war der 1. 7. 1997. Die ehemalige britische Kronkolonie wurde an China angegliedert und erhielt einen besonderen Status. Als Sonderverwaltungsgebiet wurde sie direkt der Regierung in Peking unterstellt. Diese garantiert unter dem Schlagwort „Ein Land, zwei Systeme" für die nächsten 50 Jahre ein hohes Maß an Eigenständigkeit.

Das kapitalistische Wirtschaftssystem und die bisherige Lebensweise können beibehalten werden. So soll das Privateigentum an Produktionsmitteln weiterhin erlaubt sein und Hongkong Freihafen bleiben. Nach wie vor herrscht ein Bauboom. Dennoch setzte vor der Rückgliederung eine Abwanderung von Führungskräften, Kapital und Konzernen ein. Bevorzugte Ziele waren die USA, Kanada, Australien und die pazifischen Inselstaaten. Ob Hongkong seine Stellung als internationales Finanzzentrum behalten kann, ist ungewiss. Kurz nach der Übergabe verloren viele Aktien an Wert (Kurssturz an der Börse).

Hongkong: größter Containerhafen der Welt
Umschlag: 13,3 Mio. Container (1996)

Taiwan nennt sich selbst Republik China. Für die meisten Länder der Welt existiert der Staat mit seinen 22 Mio. Einwohnern (1996) nicht, weil die Volksrepublik China offizielle Beziehungen zu anderen Staaten von der Nichtanerkennung Taiwans abhängig macht. Die VR China erhebt den Alleinvertretungsanspruch für Gesamtchina; Taiwan gilt als eine abtrünnige Provinz.

Taiwan erlebte einen ähnlichen Wirtschaftsaufschwung wie Südkorea. Er setzte früher ein und ist deshalb weiter vorangeschritten. Wie in Südkorea werden neben Textilien und Elektronik auch schwerindustrielle Produkte hergestellt. In diesen Produktionsbereichen sind Taiwan und Südkorea heute wettbewerbsfähiger als Japan. Vor allem die Exporte aus dem Bereich der Elektronikgüter treiben Taiwans Wirtschaft weiter voran, verursacht durch die weltweite Nachfrage nach Computern.

Kaohsiung: drittgrößter Containerhafen der Welt
Umschlag: 5,2 Mio. Container (1996)

2. Die Tiger stellen sich vor

Die **Philippinen** sind im Gegensatz zu Indonesien, Malaysia und Thailand arm an Rohstoffen, verfügen jedoch über gut ausgebildete Arbeitskräfte. Als in den früheren Billiglohnländern Hongkong und Taiwan die Löhne stark stiegen, wurde ein Teil der Textilindustrie auf die Philippinen verlagert. Das Land beliefert den Weltmarkt mit Mikrochips und Computerteilen und wirbt mit niedrigen Löhnen sowie den niedrigsten Steuern und Zöllen in Südostasien.

Malaysia wirbt mit seiner idealen wirtschaftsstrategischen Lage sowie den gut ausgebildeten und meist Englisch sprechenden Fachkräften. Alle modernen Kommunikationsmittel stehen zur Verfügung. Hauptziel ist die Entwicklung der Hightech-Industrie.

Für **Thailand** sind neben der Nahrungsmittelproduktion die Textilindustrie, die Elektronikbranche und der Maschinenbau wichtig. Das Land wirbt intensiv um ausländische Investoren: An der Spitze liegen hier die Japaner: Sie lassen in Thailand für den heimischen Markt und für den Weltmarkt produzieren. Die Abhängigkeit von der Ausfuhr mineralischer und agrarischer Produkte ist noch hoch. Die notwendigen Einfuhren, z. B. Maschinen, können damit nur teilweise bezahlt werden. Deshalb wächst in Thailand die Auslandsverschuldung.

Singapur ist eines der größten Handels-, Finanz- und Industriezentren mit über 3000 multinationalen Unternehmen. Der Stadtstaat besitzt keine Rohstoffe, liegt aber im Zentrum des rohstoffreichen Südostasien und am Knotenpunkt bedeutender Schifffahrts- und Flugrouten. Mehr als drei Viertel der drei Millionen Einwohner sind Chinesen. Sie wurden ursprünglich von der britischen Kolonialmacht als billige Arbeitskräfte geholt. Ihr Fleiß, ihre Arbeitsdisziplin und die anfangs niedrigen Löhne boten den Betrieben ausgezeichnete Startbedingungen.

Südkorea besitzt keine bedeutenden Rohstoffe. Während des Koreakrieges (1950 bis 1953) wurde das Land fast völlig zerstört. Ein wesentlicher Faktor für den Aufschwung waren die Menschen, die eine Verwirklichung des konfuzianischen Ideals anstrebten, d. h., „in harter Arbeit und in Harmonie mit ihrer Gesellschaft leben".

Die Wirtschaftsentwicklung wird oft mit der Japans verglichen. Es gibt mehrere Großunternehmen, die ähnlich den japanischen Konzernen eine breite Palette von Gütern und Dienstleistungen anbieten. Südkorea mit seinen 46 Mio. Einwohnern gilt als das wirtschaftlich dynamischste Land Ostasiens. Der wirtschaftliche Aufschwung stützt sich auf wenige Konzerne der Auto-, Textil- und Elektroindustrie, die nur über ein verhältnismäßig geringes Eigenkapital verfügen. Deshalb geriet das Land 1998 in eine schwere Wirtschaftskrise.

Die 200 Millionen Einwohner von **Indonesien** sind ein großes Käuferpotenzial. Vor allem Japan hat als Lieferant von Industrieprodukten und als Käufer von Rohstoffen einen hohen Anteil an der Entwicklung. Neben Japan investieren auch Südkorea und Taiwan. Die Regierung will die Hightech-Industrie weiter ausbauen. Wie in Malaysia wurden große Flächen des tropischen Regenwaldes zur Abholzung freigegeben. Hauptabnehmer des Holzes ist Japan.

Neue Wirtschaftsgemeinschaften im Pazifikraum

1. ASEAN
(**A**ssociation of **S**outh**E**ast **A**sian **N**ations)

In Bangkok schlossen sich 1967 Indonesien, Malaysia, die Philippinen, Singapur und Thailand zu einem Staatenbund zusammen. Brunei trat 1984 bei, Vietnam 1995, Laos und Myanmar folgten 1997. Die Aufnahme von Kambodscha wurde wegen der Unruhen im Land verschoben. Die Vereinigung südostasiatischer Nationen hat als Ziel die wirtschaftliche, soziale und kulturelle Zusammenarbeit zwischen den Staaten zu festigen um den Frieden zu sichern. Eine Asiatische Freihandelszone (AFTA = ASEAN Free Trade Area) tritt im Jahr 2000 in Kraft. Um den stagnierenden Warenaustausch zwischen den Mitgliedsstaaten zu beschleunigen sollen die Zölle für Industrieprodukte und landwirtschaftliche Erzeugnisse aus den ASEAN-Ländern gesenkt werden. Laos, Myanmar und Vietnam dürfen ihre Zollschranken noch bis zum Jahr 2006 beibehalten. 1997 vereinbarten die ASEAN und die EU den Austausch von Waren und Dienstleistungen zu verstärken.

ASEAN-Staaten 1996	Einw. Mio.	BSP/Kopf/$
Brunei	0,3	14 240
Indonesien	200,6	980
Laos	5,0	350
Malaysia	20,6	3 890
Myanmar	47,5	250
Philippinen	69,0	1 050
Singapur	2,9	26 730
Thailand	59,4	2 740
Vietnam	76,2	240
(Deutschland)	81,8	27 510

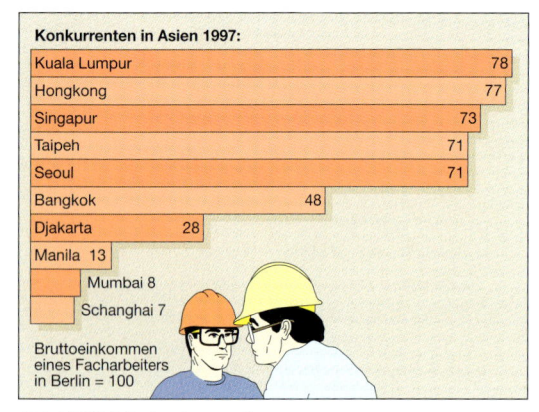

Konkurrenten in Asien 1997:

Stadt	Wert
Kuala Lumpur	78
Hongkong	77
Singapur	73
Taipeh	71
Seoul	71
Bangkok	48
Djakarta	28
Manila	13
Mumbai	8
Schanghai	7

Bruttoeinkommen eines Facharbeiters in Berlin = 100

154.1 Billiglohnkonkurrenz?

2. NAFTA
(**N**orth **A**merican **F**ree **T**rade **A**greement)

Mexiko braucht mehr ausländische Investitionen und einen freien Absatzmarkt für seine Produkte. Auch Kanada, das traditionell mit den USA eng in den Außenhandelsbeziehungen verbunden war, wollte seine Waren ohne Hemmnisse durch

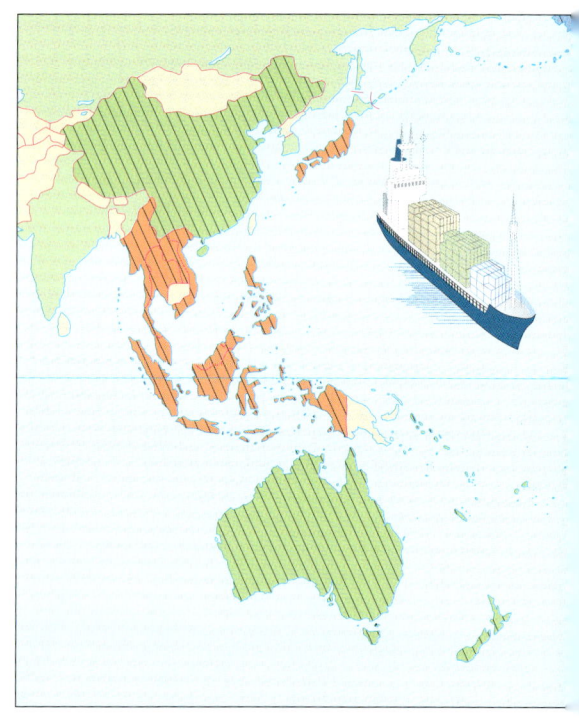

154.2 Wirtschaftsbündnisse im Pazifikraum

Schutzzölle in den USA verkaufen können. So begannen auf Vorschlag der Kanadier Ende 1987 Verhandlungen zwischen Kanada und den USA.

Ein **Freihandelsabkommen** trat am 1. 1. 1989 in Kraft. 1990 nahm Mexiko Verhandlungen mit dem Ziel, auf als drittes Mitglied in das neue Wirtschaftsbündnis aufgenommen zu werden.

Die USA, Kanada und Mexiko verglichen ihre Situation mit der der EG-Staaten. Sie stellten fest, dass die Europäische (Wirtschafts-) Gemeinschaft allen beteiligten Ländern zu einer günstigen Wirtschaftsentwicklung und zu einer bedeutenden Stellung auf dem Weltmarkt verholfen hatte.

Eine Ankurbelung ihrer eigenen Wirtschaft wäre eher durch einen freien Markt als durch Abschottung zu erreichen. Die drei Länder waren sich einig, dass sie mit einer Freihandelszone zu einer mächtigen Wirtschaftseinheit werden könnten, in der sich die Unterschiede zwischen dem Schwellenland Mexiko und den beiden Industriestaaten allmählich abbauen würden. Sie beschlossen die Einrichtung der NAFTA zum 1. 1. 1994. Die USA denken daran, andere lateinamerikanische Staaten einzubeziehen. Der neue Markt hätte für US-Waren mehr Abnehmer als die EU und Japan zusammen.

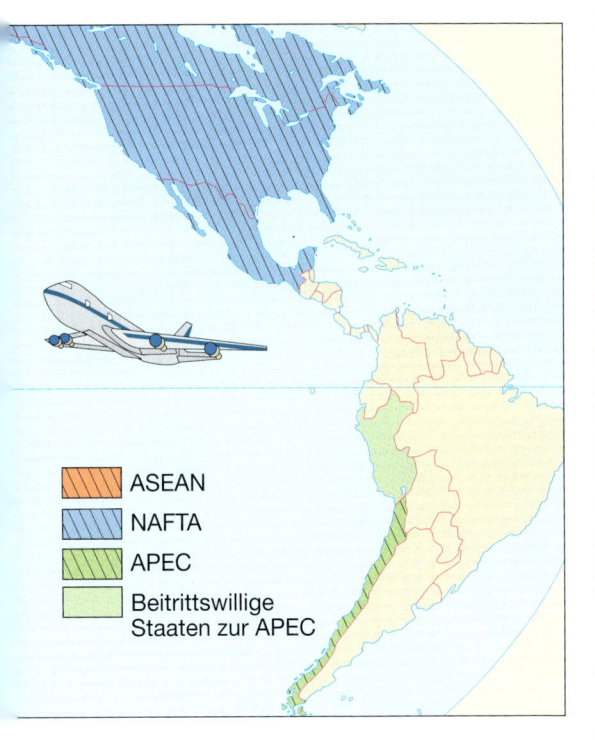

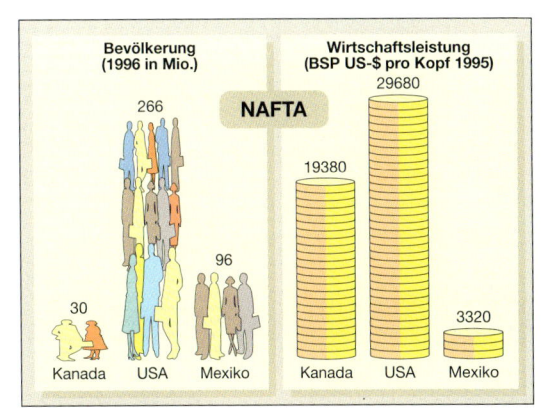

3. APEC
(**A**sia **P**acific **E**conomic **C**ooperation)

Die Vorstellungen von einem gemeinsamen Markt mit dem Pazifik als Binnenmeer übertreffen den NAFTA-Zusammenschluss bei weitem. Mit der 1989 gegründeten APEC entstand ein Handelsbündnis zwischen den asiatischen und amerikanischen Ländern. Die APEC ist das größte Wirtschaftsbündnis der Welt. Bis zum Jahr 2020 soll die Freihandelszone verwirklicht sein. Reiche Industrieländer wie die USA, Singapur und Neuseeland wollen schon bis 2010 alle Importzölle abschaffen. Schwellenländer wie Malaysia befürchten jedoch, dass sie bei elektronischen Bauteilen und Computern der Konkurrenz aus Japan, Südkorea, Singapur oder den USA nicht gewachsen sind.

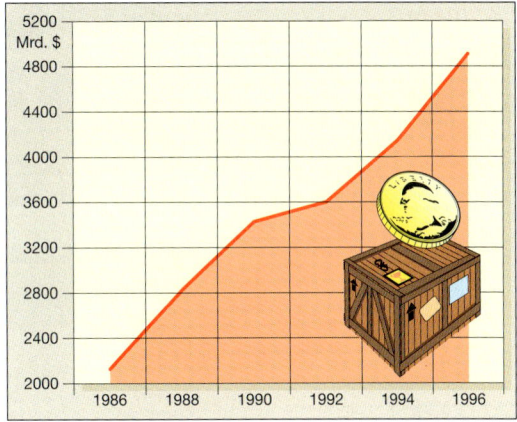

155.2 Entwicklung des Welthandels (Exporte)

Vertreter eines freien Welthandels stehen in heftigem Streit mit Wirtschaftsexperten und Politikern, die meinen, dass ein freier Welthandel nur zwischen Ländern mit gleichem oder ähnlichem Entwicklungsstand möglich sei.

155.1 Ungleiche Partner

1. Vergleiche die Wirtschafts- und Strukturdaten der drei NAFTA-Länder.
2. Erläutere, welche Erwartungen sich mit der APEC verbinden.
3. Stelle die Entfernungen zwischen einigen ASEAN-Staaten fest. Welche Probleme ergeben sich beim Warenverkehr?
4. Gib Gründe an, warum Laos, Myanmar und Vietnam bei der allgemeinen Zollsenkung innerhalb der AFTA bis zum Jahr 2006 noch ausgespart bleiben.

156.1 Offener Grenzübergang von Luxemburg

156.2 „Und ihr seid sicher, dass Gold dabei herauskommt?"

Europa – ein Kontinent wächst zusammen

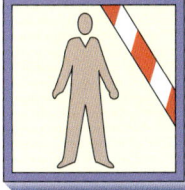

157.1 Europäisches Parlament in Straßburg

Freier Personenverkehr
Freizügigkeit im Binnenmarkt schließt ein: freie Einreise, freien Aufenthalt, freies Wohnrecht, Niederlassungsfreiheit, Freiheit der Arbeitsplatzwahl. Gleichwertige Hochschulabschlüsse werden inzwischen EU-weit anerkannt.

Freier Dienstleistungsverkehr
Dienstleistungen dürfen EU-weit angeboten werden. Die Märkte für Banken, Versicherungen, Transport- und Telekommunikationsunternehmen werden geöffnet, nationale Bestimmungen werden nach und nach angeglichen.

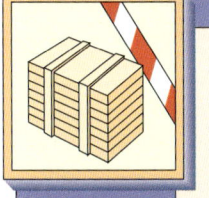

Freier Warenverkehr
Jedes Erzeugnis, das in einem EU-Staat rechtmäßig hergestellt ist, darf überall im Binnenmarkt verkauft werden. Unterschiedliche Normen und Vorschriften werden anerkannt oder angeglichen, z. B. bei Lebensmitteln.

Freier Kapitalverkehr
Seit 1992 kann Kapital in der EU ungehindert über die Grenzen fließen. EU-Bürgerinnen und -Bürger können EU-weit Geld auf Konten einzahlen, in Wertpapieren anlegen, in Unternehmen investieren oder Immobilien damit erwerben.

157.2 Die vier Freiheiten des EU-Binnenmarktes

Europa: Unterschiede und Gemeinsamkeiten

1. Was Jugendliche über Europa denken

Stelios aus Griechenland:
Europa hat hauptsächlich soziale und politische Probleme. Wenn alle europäischen Regierungen ihren Beitrag dazu leisten, können wir ein besseres Europa haben.

Marit aus Norwegen:
Ich finde es gut, dass Norwegen nicht in der Europäischen Union ist, weil wir so unsere eigenen Entscheidungen treffen können.

Andreas aus Deutschland:
Europa ist wirtschaftlich z. Z. die zweitstärkste Region der Erde. Hier begann u. a. die Industrialisierung. Aber nationale Interessen, Selbstüberschätzung und Größenwahn der Deutschen führten zum Zweiten Weltkrieg und damit fast zum Untergang ganzer Völkerkulturen. Heute ist Europa wieder aufgebaut.

Aurelie aus Frankreich:
Ich finde, Europa ist in den letzten Jahren gut zusammengewachsen. Ich glaube, der Kontakt zwischen den Jugendlichen ist sehr wichtig. Der Wegfall der Grenzen ist positiv. Sicher bin ich nicht mit allem einverstanden, was in den europäischen Ländern abläuft, z. B. in Jugoslawien.

Anna aus Großbritannien:
Auf einem relativ kleinen Raum sind viele Kulturen und Religionen zu finden. Deshalb finde ich das Beibehalten von Landesgrenzen gut. Die Erhaltung des Nationalgefühls ist wichtig um von den anderen Ländern in unseren Eigenheiten erkannt und anerkannt zu werden.

Krzystof aus Polen:
Europa – wie ich es mir vorstelle – sollte vereint sein. Die Menschen sollten sich allein aussuchen, wo sie wohnen und was sie machen wollen. Grenzen sollte es gar nicht geben. Alle sollten zusammenhalten und einander helfen.

1. Wie ist deine Meinung zu den Äußerungen europäischer Jugendlicher? Welche Gedanken findest du gut, welche lehnst du ab? Schreibe diese stichpunktartig auf.

159.1 Wolfgang Amadeus Mozart

159.3 Salvatore Dali

2. Kulturelle Vielfalt und Einheit

Europa setzt sich aus zahlreichen Kulturen zusammen. Es gibt eine spanische, englische, französische Kultur usw. Jeder Staat hat seine Geschichte und damit seine Kultur. Sie umfasst Sitten, Gebräuche, Religion, Wirtschaftsgeist, Rechtsvorstellungen, politische Ideen, geschichtliche Erfahrungen und Bildung. Der kulturelle Reichtum in Europa ist auf der Welt einzigartig. Europäische Dichter und Denker, Komponisten, Naturwissenschaftler, Maler und Erfinder gaben der Welt entscheidende Impulse. Die 43 Sprachen in Europa und die dadurch unterschiedlichen nationalen Sichtweisen machten diese Entwicklung möglich. Bei den Schriften gibt es das lateinische, das griechische und das kyrillische Alphabet. Heute erschwert diese Vielfalt die Einigung Europas.

Aber trotz aller Unterschiede haben die Europäer ähnliche Lebensweisen und Wertvorstellungen. Sie reichen zurück bis zur griechischen und römischen Kultur, aus denen wiederum das Christentum erwachsen ist. Die Leute aus den anderen Kontinenten erleben unseren Erdteil als klein und dicht besiedelt. Unsere Bevölkerung lebt vorwiegend in Städten und hat einen hohen Lebensstandard.

1. Überlege, ob die Vielfalt der Kulturen für die europäische Einigung von Vorteil oder von Nachteil ist.
2. Diskutiere mit der Klasse, ob du ein vereintes Europa für wichtig hältst.
3. Auch Amerika, Afrika und Asien haben durch ihre Kultur wichtige Impulse für die Entwicklung der Welt geliefert. Nenne einige Beispiele. Benutze das Lexikon.

159.2 Fußball in Mailand

159.4 Mode aus Paris

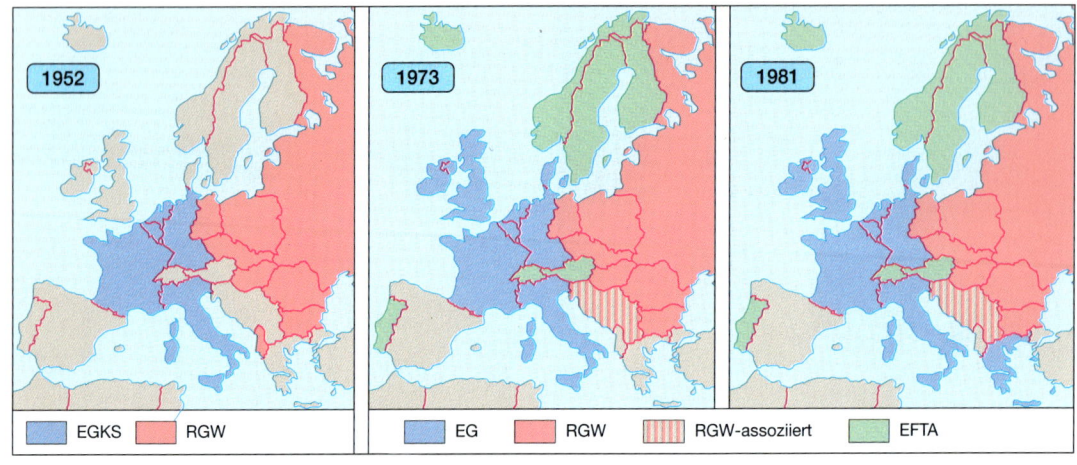

160.1 Europa auf dem Weg zur Union

Europa ohne Grenzen

... Der erste Schritt zur Neubildung der europäischen Familie muss eine Partnerschaft Frankreichs und Deutschlands sein ... Wenn das Gebäude der Vereinigten Staaten von Europa gut und gewissenhaft errichtet wird, muss darin die materielle Stärke eines einzelnen Staates von untergeordneter Bedeutung sein. Kleine Nationen werden ebenso viel zählen wie große und sich durch ihren Beitrag zur gemeinsamen Sache Ehre erwerben ... Bei dieser drängenden Arbeit müssen Frankreich und Deutschland gemeinsam die Führung übernehmen. Großbritannien, das Britische Commonwealth of Nations, das mächtige Amerika und, ich hoffe es zuversichtlich, Sowjetrussland – denn dann wäre wahrhaftig alles gut – müssen die Freunde und Förderer des neuen Europas sein und für sein Recht auf Leben und Wohlstand eintreten ...
(Winston Churchill, ehem. britischer Premierminister, 1946)

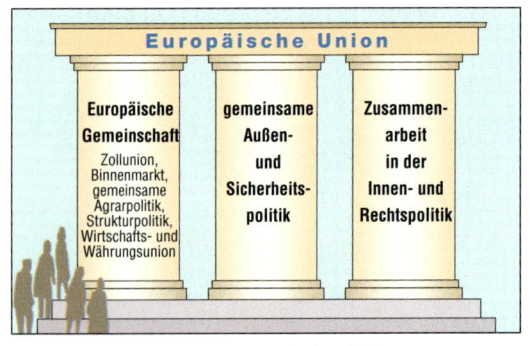

160.2 Die drei Säulen der Europäischen Union

Europa wurde nach dem Zweiten Weltkrieg durch den „Eiserner Vorhang" getrennt. Auf der einen Seite standen die westlichen Demokratien, auf der anderen Seite die Sowjetunion und die Ostblockstaaten. Mit ihnen gründete die Sowjetunion 1949 den **Rat für Gegenseitige Wirtschaftshilfe (RGW)**.

1951 einigten sich Frankreich und Westdeutschland darauf, die Kohle- und Stahlproduktion unter eine gemeinsame Aufsichtsbehörde zu stellen. So entstand die **Europäische Gemeinschaft für Kohle und Stahl (EGKS, Montanunion).** Die EGKS war Vorläufer der **Europäischen Wirtschaftsgemeinschaft (EWG),** die 1957 aus sechs Staaten gegründet wurde. Parallel mit der EWG entstand die **Europäische Atomgemeinschaft (EAG,** Euratom). **EGKS, EWG** und **EAG** bildeten zusammen die **Europäischen Gemeinschaften (EG)**. Einige Staaten, die nicht zur EWG gehörten, gründeten 1960 zum Schutz ihrer Handelsinteressen die **European Free Trade Association (EFTA)**. Großbritannien, Irland und Dänemark verließen 1973 die EFTA und traten der EWG bei. Griechenland wurde 1981 Mitglied, Spanien 1986 und ebenfalls Portugal.

Der Vertrag von 1993 über die **Europäische Union (EU)** sieht das Zusammenwachsen der Wirtschaftsgemeinschaft zur politischen Union vor. 1995 vergrößerte sich die EU um Finnland, Schweden und Österreich.

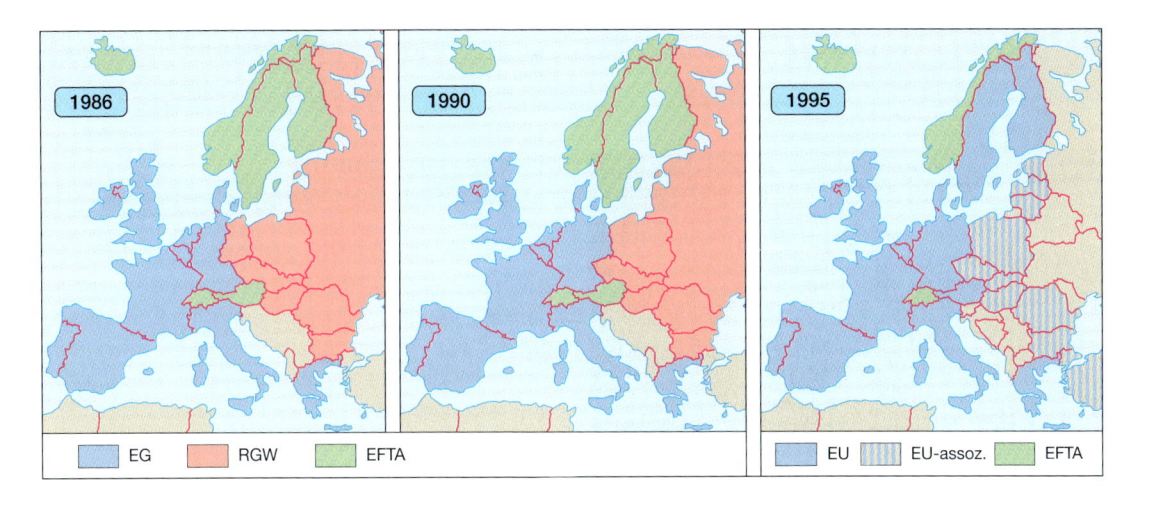

Ziele der Europäischen Union

1. Die Europäische Gemeinschaft
Grundlage für die Integration bleiben die Zollunion und der Binnenmarkt. Es gibt keine Binnengrenzen mehr und keine Zölle auf Waren und Dienstleistungen der EU-Mitgliedsstaaten. Endziel ist eine Wirtschafts- und Währungsunion mit einheitlichem „Euro-Geld". Jeder EU-Einwohner erhält zu seiner Staatsbürgerschaft die „Unionsbürgerschaft".

2. Gemeinsame Außen- und Sicherheitspolitik
Abstimmung der Aktionen gegenüber Drittstaaten. Schwerpunkte: Menschenrechte, Friedenserhaltung, Demokratie. Ziel ist eine europäische Armee.

3. Zusammenarbeit in der Innen- und Rechtspolitik
Die Mitgliedsstaaten stimmen sich über Einwanderer und Asylbewerber ab. Sie bekämpfen gemeinsam Drogenhandel, Mafia und Terrorismus.

Genügt das halbe Europa?

Die EU übt auf Nachbarländer eine große Anziehungskraft aus, weil sie wirtschaftlich sehr leistungsfähig ist. Jeder europäische Staat kann die Mitgliedschaft beantragen. Er muss allerdings nicht nur demokratisch sein und die Menschenrechte achten, sondern auch die Bedingungen für die Wirtschafts- und Währungsunion erfüllen und einen Teil seiner Souveränität an die EU abgeben.

1. Beschreibe die Entwicklung der europäischen Einigung von 1945 bis heute.

2. Erläutere anhand der Karten, dass Europa noch immer geteilt ist.

3. „Mit jeder Erweiterung büßt die EU möglicherweise ein Stück ihrer Funktionsfähigkeit ein." Erläutere den Hintergrund für diese Aussage.

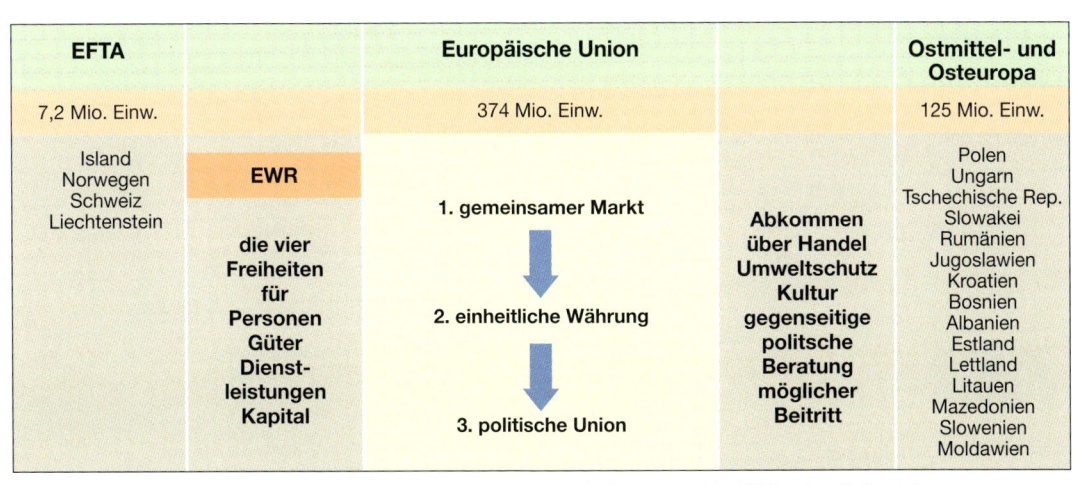

161.1 Die neue Architektur von Europa (EWR = Europäischer Wirtschaftsraum = EU + EFTA, ohne Schweiz)

Industrieräume im Wandel: Arbeitsplätze

162.1 Aufgelassener Betrieb im Erzgebirge

162.2 Sprengen eines Förderturms im Ruhrgebiet

1. Von der Industrie- zur Dienstleistungsgesellschaft

So wie im 19. Jahrhundert das Deutsche Reich dem englischen Vorbild und im 20. Jahrhundert Japan der amerikanischen industriellen Entwicklung gefolgt waren, industrialisierten sich nach dem Zweiten Weltkrieg die Länder Ost- und Südostasiens und eroberten den Weltmarkt zu Lasten der Europäer. Dennoch exportiert Deutschlands Industrie heute fast so viel wie die amerikanische und etwas mehr als die japanische. Aber unser auf diesen Exporten beruhender Wohlstand ist gefährdet.

Mit der Industrie entstanden Siedlungen und Verkehrswege, Städte wuchsen rasch. In der Anfangszeit der Industrialisierung waren viele Industriestandorte eng mit dem Gedeihen einiger weniger Wirtschaftszweige verbunden. Veränderungen in der Produktions- und Beschäftigtenstruktur hatten regionale Auswirkungen. Der sektorale wurde durch einen regionalen Strukturwandel begleitet.

Ein Blick zurück zeigt, dass neue Erfindungen einen Wachstumsschub herbeiführten oder verstärkten. Heute bestimmen Computer und Mikroelektronik die moderne Welt. Nach der Jahrtausendwende wird der Reichtum einer Nation auch davon abhängen, ob sie bei der Informations- und Kommunikationstechnik, der Biotechnologie und der Produktion neuer Werkstoffe an der Spitze der Entwicklung steht oder nicht.

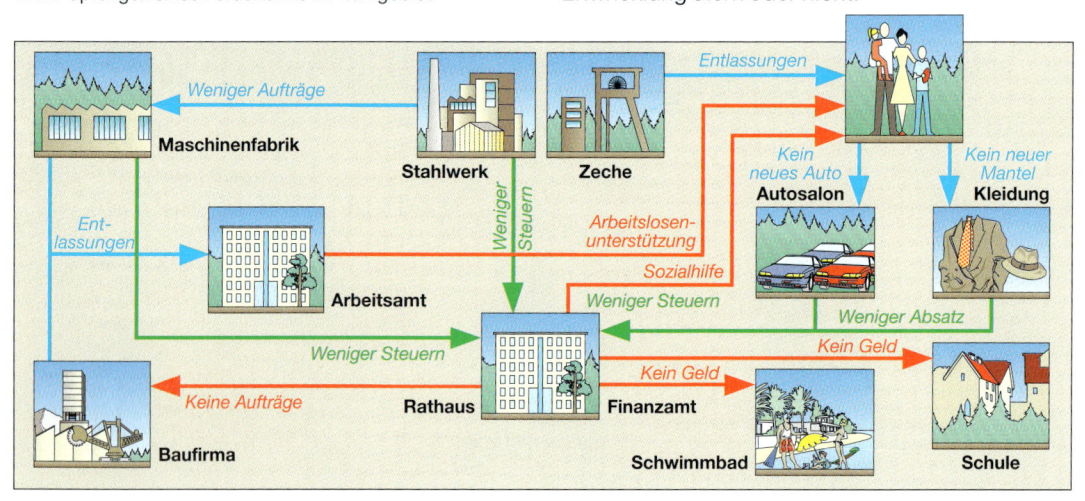

162.3 Die Folgen, wenn eine Zeche/ein Stahlwerk Arbeiter entlassen muss

verändern sich

163.1 Ruhr-Universität Bochum

Der regionale Strukturwandel ist besonders auffällig in den altindustrialisierten Gebieten. Hier beherrschten wenige Branchen die Wirtschaft: Bergbau, Eisen- und Stahlindustrie an Saar und Ruhr, Porzellan- und Textilindustrie in Nordostbayern und im Vogtland, Werftindustrie an Nord- und Ostsee. Ein Bedeutungsverlust dieser Branchen erzeugt Arbeitslosigkeit, Abwanderung und hohe Sozialausgaben.

Der Strukturwandel begünstigt Regionen mit bedeutenden Dienstleistungszentren, so das Rhein-Main-Gebiet mit Frankfurt/M. Neue Industriezweige wie Gen- und Informationstechnologie werten Räume auf. Sie bevorzugen die Nähe von Universitäten und Forschungseinrichtungen. In der veränderten Produktionsstruktur spiegelt sich der Übergang zur Dienstleistungsgesellschaft. Während in der Produktion immer intelligentere Maschinen mehr und besser produzieren, was zu Rationalisierung und Arbeitslosigkeit führt, werden im Dienstleistungssektor immer mehr Menschen beschäftigt. Diese Entwicklung hin zur Dienstleistungsgesellschaft vollzieht sich seit der Wende besonders schnell in den neuen Ländern.

1. Kennzeichne die Industrieräume in Deutschland (Atlas).
2. Nenne Probleme der altindustrialisierten Räume in Deutschland.
3. Welche Rolle spielt der Dienstleistungsbereich für die Schaffung von Arbeitsplätzen?
4. Ermittelt in eurer Klasse den prozentualen Anteil der Eltern an den Wirtschaftsbereichen. Weitere Informationen hierzu auf S. 166.

Beispiel Ruhrgebiet
Der eigentliche Strukturwandel vollzog sich mit der ständigen Verstärkung des Dienstleistungsbereiches. Selbst ehemals reine Montankonzerne wie Thyssen und Krupp-Hoesch haben ihre Monostruktur aufgegeben und machen ihren Hauptumsatz im Handels- und Dienstleistungsbereich. Inzwischen verdienen über die Hälfte aller Beschäftigten im Ruhrgebiet ihr Geld mit Dienstleistungen, in Essen sind es bereits 72 %. In dieser „Ruhrmetropole" haben auch große Unternehmer wie RWE, Ruhrgas und Ruhrkohle ihre Hauptverwaltungen.

An der Ruhr-Universität in Bochum sind etwa 6000 Menschen beschäftigt. Technologiezentren und -parks wurden angelegt, in denen Firmen in enger Zusammenarbeit mit den Hochschulen neue zukunftsträchtige Produkte schaffen sollen. Dortmund hat sich zum Zentrum der Entwicklung auf Gebieten wie Logistik und Materialfluss, Werkstofftechnologie, Qualitätssicherung, Handhabungstechnologie und Robotik sowie Elektronik und Informatik entwickelt.

Neue Technologiezentren oder die Ausweitung der Umwelt-, Energie- und Kommunikationstechnik sowie die Ansiedlung der Biotechnologieforschung in Bochum stärken die Wirtschaftskraft der Region, helfen aber den vom Strukturwandel Betroffenen oft nicht. Bergleute und Stahlarbeiter finden in den neu entstandenen Industriezweigen mit anspruchsvollen Berufsanforderungen keine Arbeit. Auch der Dienstleistungssektor ist zunehmend durch den Einsatz von Computern und Mikroelektronik gekennzeichnet.

2. Strukturwandel in Bochum

Bochum 1996

Die letzte Zeche wurde 1973 geschlossen. Die Stilllegung aller 22 Schachtanlagen führte zum Verlust von 42 000 Arbeitsplätzen. Die Hochöfen sind aus dem Stadtbild verschwunden. Lediglich ein Stahlwerk ist noch erhalten geblieben.

Auf ehemaligem Zechengelände begann 1961 der Bau für die Opelwerke (s. Abb. 165.2: Werk I westlich des Ortsnamens Laer auf der 1960 stillgelegten Zeche Dannenbaum I; Werk III am Kartenrand nördlich des Containerbahnhofes, Werk II liegt außerhalb der Abb.). Die Stadt übernahm die Haftung für Bergschäden und beteiligte sich an der Finanzierung einer Stadtautobahn zum Werk I. Die Opelwerke beschäftigten viele umgeschulte Bergarbeiter. Zeitgleich mit den Opelwerken entstand auf einer 5 km^2 großen Fläche die Ruhr-Universität mit heute 44 000 Studierenden. In günstiger Lage, am Schnittpunkt von Autobahn und Ruhrschnellweg, wurde 1964 nach amerikanischem Vorbild das damals größte deutsche Shopping Center errichtet, das Einkaufszentrum Ruhrpark.

Aber Opelwerke, Ruhr-Universität und Einkaufszentrum Ruhrpark konnten die ursprüngliche Ausrichtung auf Großbetriebe nicht aufbrechen. Der eigentliche Strukturwandel setzte erst ein, als sich Klein- und Mittelbetriebe auf den Flächen von früheren Zechen und Stahlwerken ansiedelten. Vorher musste ein Teil der aufgelassenen Industrieflächen von Altlasten befreit werden. Dazu zählen der Abriss von Gebäuden und die Sanierung der durch Asche, Öl und andere Schadstoffe verseuchten Böden. Auf ehemaligem Zechengelände in Langendreer stellen heute nur neun Betriebe Güter her. Die anderen 59 entwickeln Programme und beraten Firmen. Der Gewerbepark in Weitmar spezialisierte sich auf Umwelttechnologie, auf dem Gelände der Ruhr-Universität wurde ein Technologiezentrum angesiedelt.

Die unbebauten Flächen haben abgenommen, teilweise sind darauf Wohngebiete entstanden. Andere Flächen rundeten bereits vorhandene Industrie- und Gewerbezonen ab. Industriegleise wurden stillgelegt. Das Straßennetz hat man durch Autobahnen und Schnellstraßen erweitert.

Beschreibung der Karte Bochum 1960:
Die Karte zeigt einen Ausschnitt von Bochum mit 15 Kohlenzechen, vier Stahlwerken und acht Walzwerken bzw. Gießereien und zwei Metall verarbeitenden Betrieben. Der Maschinenbau konzentriert sich auf zehn Standorte. Die Großbetriebe der Montanindustrie (bergbauliche Industrieunternehmen) nehmen eine beherrschende Stellung ein. Die Flächen für den Bergbau und für die Eisen- und Stahlindustrie sind durch Industriebahnen miteinander verbunden. Andere Verkehrswege – außer dem z. T. als Schnellstraße gekennzeichneten Ruhrschnellweg – treten in der Darstellung zurück. Während der Westen eine dichte Bebauung aufweist, durchmischen sich im östlichen Teil Siedlungen und landwirtschaftliche Flächen.

1. Beschreibe nach dem vorgegebenen Muster die Karte „Bochum 1996".
2. Setze die Veränderungen der Beschäftigung mit dem Strukturwandel in Beziehung.
3. Erläutere am Beispiel von Bochum, dass Strukturwandel mehr bedeutet als nur Industriewandel.

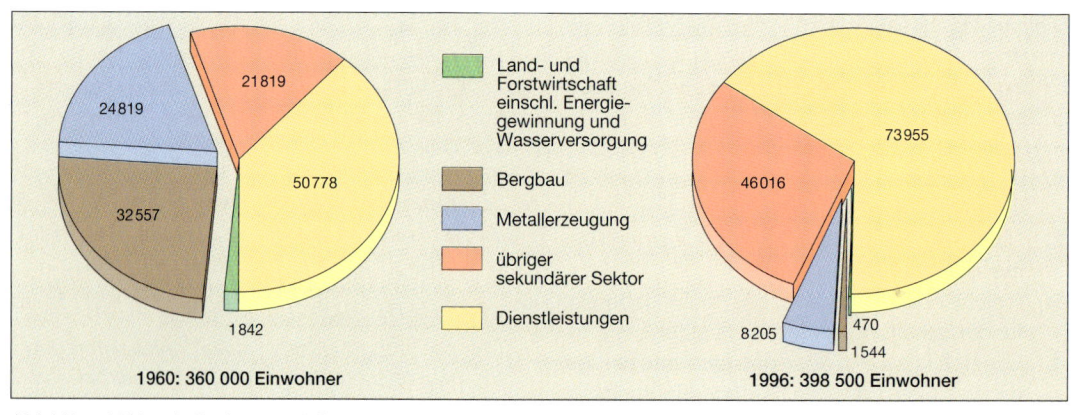

164.1 Beschäftigte in Bochum nach Sektoren

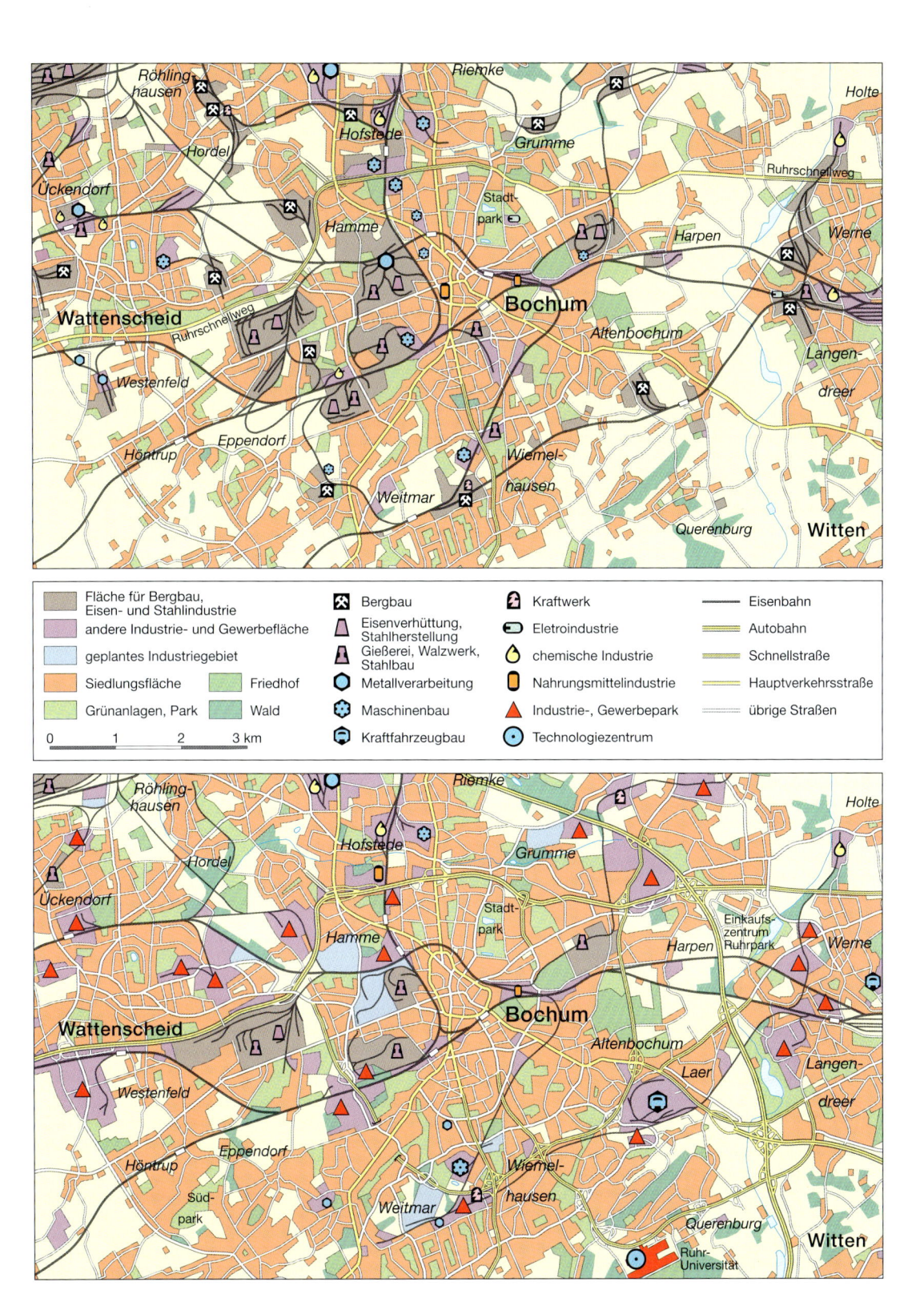

	Fläche für Bergbau, Eisen- und Stahlindustrie		Bergbau		Kraftwerk		Eisenbahn
	andere Industrie- und Gewerbefläche		Eisenverhüttung, Stahlherstellung		Eletroindustrie		Autobahn
	geplantes Industriegebiet		Gießerei, Walzwerk, Stahlbau		chemische Industrie		Schnellstraße
	Siedlungsfläche		Metallverarbeitung		Nahrungsmittelindustrie		Hauptverkehrsstraße
	Grünanlagen, Park / Friedhof		Maschinenbau		Industrie-, Gewerbepark		übrige Straßen
	Wald		Kraftfahrzeugbau		Technologiezentrum		

0 1 2 3 km

165.1 und 165.2 Bochum 1960 und 1996

Wissenswertes
Von der industriellen zur technologischen Revolution

Die herkömmliche Industriegesellschaft basierte auf den Bodenschätzen Kohle und Eisen. Sie schaffte Massenarbeitsplätze im Bergbau, in der Stahlindustrie und im verarbeitenden Gewerbe. Der Standortfaktor „Rohstoff" war entscheidend. Wegen des großen Arbeitskräfteangebots war der Faktor „Arbeitskosten" zunächst weniger wichtig. Die großen europäischen Industrieregionen Mittelenglands, Belgiens, Nordfrankreichs sowie das Ruhrgebiet und das oberschlesische Industrierevier sind auf dieser Grundlage entstanden.

■ Seltener waren Industrieregionen, die trotz fehlender Bodenschätze entstanden wie z. B. im Raum Stuttgart oder Dresden. Bei ihnen war der Standortfaktor „Facharbeiter" bzw. „Ausbildung" die wichtigste Grundlage. Wegen der höheren Qualifikation lagen die Arbeitskosten schon immer höher als in der Rohstoff orientierten Industrie.

■ Nach dem Zweiten Weltkrieg verschob sich die Bedeutung der einzelnen Produktionsbereiche. Im **Primärbereich** (Land- und Forstwirtschaft, Fischerei, Bergbau) ging die Zahl der Arbeitsplätze drastisch zurück. Auch im **Sekundärbereich** (Industrie, produzierendes Gewerbe) gingen ab Ende der Sechzigerjahre immer mehr Arbeitsplätze verloren. Stattdessen gewann der **tertiäre Bereich** (Dienstleistungen, Verwaltung, Handel, Banken, Versicherungen) an Bedeutung. Man benötigte immer mehr Personal um die Produkte entwickeln und auch verkaufen zu können. Diese Tendenz ist weltweit in allen Industrieländern zu beobachten.

■ Spätestens seit dem Entstehen von Hightech-Industrien gewinnt ein Bereich an Bedeutung, in dem höchste Qualifikationen erworben werden: Fachhochschulen, Universitäten, Forschungszentren und Ausbildungsstätten. Das ist der vierte, der **quartäre Bereich.** Die „alten" Industrieländer befinden sich z. Zt. in einer Phase, in der der Primär- und der Sekundärbereich schnell an Bedeutung verlieren. Dies ist mit großen Problemen für die Menschen verbunden, denn sie verlieren ihre Arbeit und finden keine mehr in ihrem bisherigen Beruf. Stattdessen entstehen neue Arbeitsplätze im Tertiär- und Quartärbereich.

■ Die Industriegesellschaften alter Art befinden sich in ihrer Endphase. Vielleicht sind wir schon eine postindustrielle Gesellschaft (post = nach). Die Entwicklung – „weg von den Rohstoffen – hin zur Hightech" – wird dramatische Veränderungen für die Industriegesellschaften mit sich bringen. Sie sind in ihren Auswirkungen wahrscheinlich nur mit denen der industriellen Revolution zu vergleichen. Man spricht deshalb auch von der technologischen Revolution.

■ Die neue Industriegesellschaft erfordert von den Menschen weitaus höhere Qualifikationen als es bisher nötig war. Wer heute zur Schule geht, muss wissen, dass er für seine zukünftige Lebensbewältigung eine gute Ausbildung benötigt. Wegen der vielfältigen Kontakte mit ausländischen Firmen ist die Beherrschung mindestens einer Fremdsprache nötig.

■ Durch kurze Innovationszyklen zeichnet sich die Hightech-Industrie aus, d. h., die Produkte und Technologien ändern sich schnell. Die Mitarbeiter müssen bereit sein sich häufig weiterzuqualifizieren oder neu zu orientieren. Im Laufe der Zeit ist dann jemand Spezialist in einem Bereich, für den er ursprünglich nicht ausgebildet worden ist. Für die meisten wird es wahrscheinlich nicht mehr den Lebensberuf geben. Die Strukturen der zukünftigen Gesellschaft erfordern von den Menschen die Bereitschaft lebenslang zu lernen.

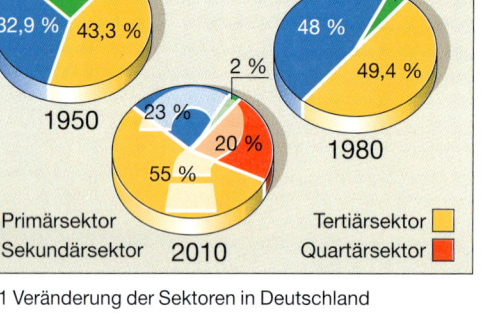

166.1 Veränderung der Sektoren in Deutschland

1. Erläutere die Begriffe primärer, sekundärer, tertiärer, quartärer Sektor, postindustrielle Gesellschaft. Finde zu den Sektoren Beispiele.
2. Beschreibe den Standort Deutschland als Standort für Dienstleistungen (Abb. 167.1).

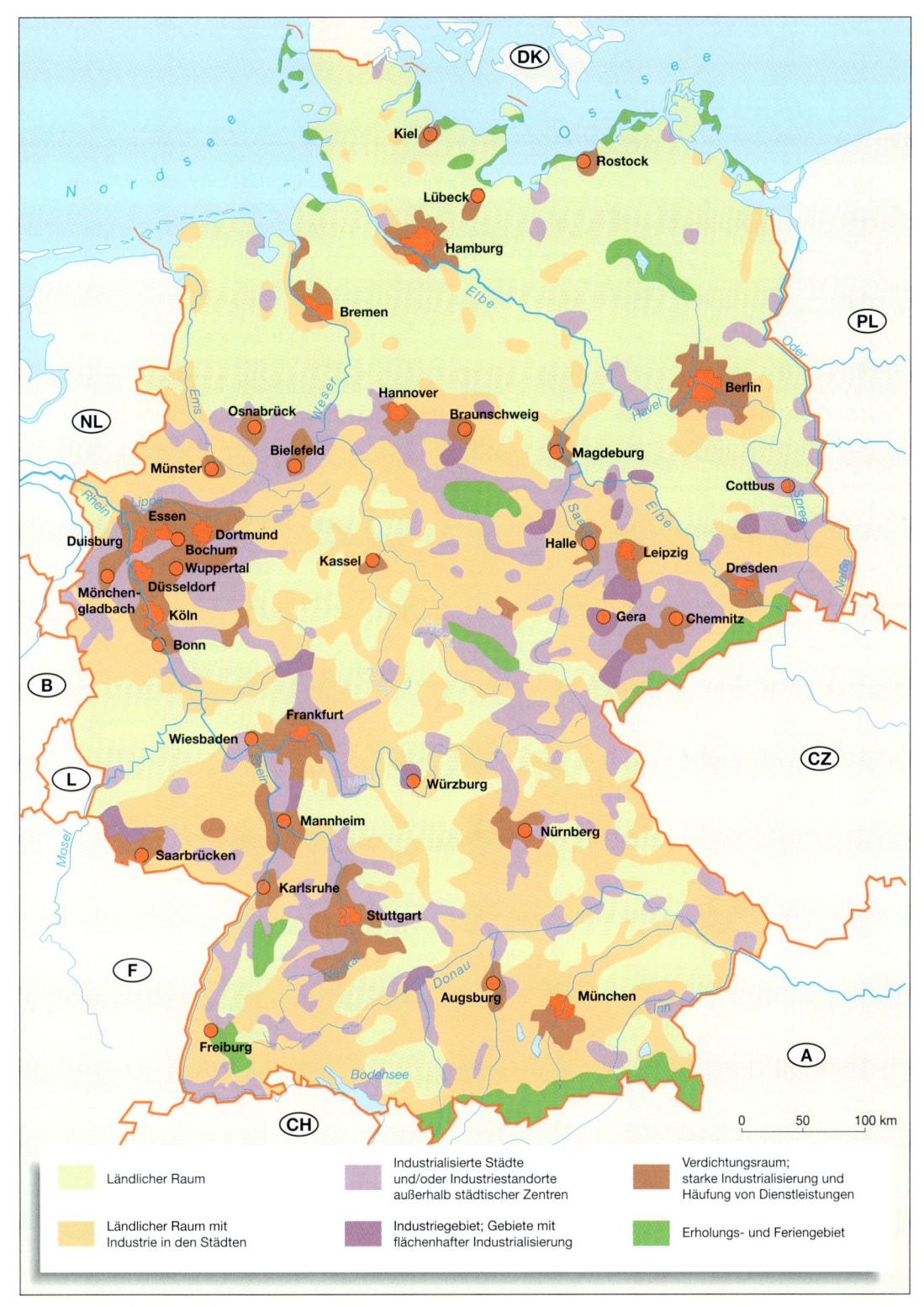

167.1 Wirtschaftsräume in Deutschland

Legende:
- Ländlicher Raum
- Ländlicher Raum mit Industrie in den Städten
- Industrialisierte Städte und/oder Industriestandorte außerhalb städtischer Zentren
- Industriegebiet; Gebiete mit flächenhafter Industrialisierung
- Verdichtungsraum; starke Industrialisierung und Häufung von Dienstleistungen
- Erholungs- und Feriengebiet

Armut und Reichtum in der Europäischen Union

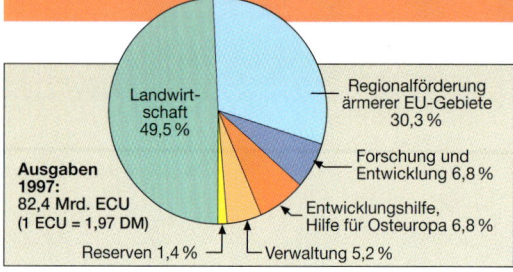

Ausgaben 1997:
82,4 Mrd. ECU
(1 ECU = 1,97 DM)

- Landwirtschaft 49,5 %
- Regionalförderung ärmerer EU-Gebiete 30,3 %
- Forschung und Entwicklung 6,8 %
- Entwicklungshilfe, Hilfe für Osteuropa 6,8 %
- Verwaltung 5,2 %
- Reserven 1,4 %

168.1 Ausgaben der EU nach Bereichen

Armut in Europa
1994 waren in der Europäischen Union 52 Millionen Menschen von Armut betroffen. Sie verfügten über weniger als die Hälfte des durchschnittlichen Nettoeinkommens. Das Forum Weltsozialgipfel schätzte im März 1996 die Zahl der „verdeckten" Armen in Deutschland neben den rund 4,7 Millionen Sozialhilfeempfängern auf 16 Millionen. Dagegen gab es nach Angaben des Bundessozialministeriums Anfang 1996 rund 1 Million Haushalte mit einem Privatvermögen von mehr als 1 Million DM.

(Harenberg Lexikon, Aktuell 1997)

Beitragsverpflichtungen der Staaten zum EU-Haushalt 1997 (Angaben in Mrd. ECU):

Belgien	3,1
Dänemark	1,6
Deutschland	23,5
Finnland	1,2
Frankreich	14,5
Griechenland	1,2
Großbritannien	9,4
Irland	0,7
Italien	10,2
Luxemburg	0,2
Niederlande	4,9
Österreich	1,1
Portugal	1,1
Schweden	2,2
Spanien	5,6
Insgesamt	80,5

1 ECU = 1,97 DM

Jeder Mitgliedstaat leistet einen Beitrag nach Maßgabe seines Wohlstandes. Grundlage ist das BSP. Weitere EU-Einnahmen stammen aus Abgaben und Zöllen sowie einem Anteil an der Mehrwertsteuer.

168.2 EU-Haushalt

Europas Wohlstand ist ungleich verteilt. Zwischen Hamburg und Thüringen, Seeland und Sizilien bestehen Wohlstandsgefälle. Von den acht europäischen Regionen, in denen die Einkommen je Einwohner 150 % über dem EU-Durchschnitt lagen, befanden sich vier in den alten Bundesländern Deutschlands. Die neuen Länder lagen mit 50 % unter dem EU-Durchschnitt.

Die Unterschiede zwischen den Regionen beschreiben Statistiker mit der Messgröße Bruttoinlandsprodukt je Einwohner (BIP/E). Das BIP ist die Wertsumme aller im Inland erzeugten Waren und Dienstleistungen. Ein Bauarbeiter muss in Irland mit 56 % des deutschen Lohns zufrieden sein, in Spanien mit 37 %, in Portugal mit 32 %. Die Kosten für die Lebenshaltung (Wohnung, Ernährung, Kleidung) unterscheiden sich nicht so deutlich wie die Einkommen. Dadurch entstehen Wohlstandsunterschiede. Ein Wohlstandsgefälle in einer Region, in einem Staat, in ganz Europa bewirkt eine Abwanderung der Bewohner (Migration).

Um die Migration einzudämmen und die Unterschiede im Lebensstandard zu verringern setzt die EU aus ihren drei Strukturfonds, dem Fonds für regionale Entwicklung, dem Sozialfonds und dem Agrarfonds erhebliche Mittel ein. Von 1994 bis 1999 fließen allein aus den alten Bundesländern und dem europäischen Förderfonds 25 Mrd. DM in die fünf neuen Bundesländer.

Am stärksten werden die Gebiete gefördert, deren BIP/E weniger als 75 % des EU-Durchschnitts beträgt. Meist sind es Regionen in Grenzbereichen. Hier erfolgt eine Förderung der grenzüberschreitenden Zusammenarbeit. In Deutschland sind dies Regionen an den östlichen Grenzen zu Polen und der Tschechischen Republik.

Aus vielen ländlichen Regionen ziehen die Bewohner wegen der geringen Verdienstmöglichkeiten fort. Solche von der Landwirtschaft geprägten und von der Natur benachteiligten Gebiete gibt es z. B. in der Uckermark und der Prignitz, in Nordschottland oder im Norden Jütlands. Die EU fördert diese Gebiete, sie verbessert die Infrastruktur (z. B. Straßenbau). Sie hilft beim Erhalt der landwirtschaftlichen Betriebe u. a. durch Arbeiten im Landschafts- und Naturschutz, sie unterstützt den Fremdenverkehr und die Ansiedlung von Gewerbebetrieben.

Viel Geld fließt in Regionen mit rückläufiger industrieller Entwicklung. Hauptkennzeichen sind ein starker Rückgang der Zahl der Industriebeschäftigten und hohe Arbeitslosenraten. Altindustrialisierte Räume wie die Lausitz, das Saarland, das Baskenland und das belgische Steinkohlenrevier haben den Strukturwandel hin zu Zukunftstechnologien und zur Dienstleistungsgesellschaft noch nicht bewältigt.

Manchester war eine der ersten und bedeutendsten Industriestädte der Erde. Die Textilindustrie, die diese Stadt groß gemacht hatte, erlebte ihren Niedergang. In den 70er- und 80er-Jahren des 20. Jahrhunderts verlor sie innerhalb von zehn Jahren ein Fünftel ihrer Einwohner. Mit EU-Geldern wurde die Stadt wiederbelebt – sie wurde schöner gestaltet, damit sich die Menschen in ihr wieder wohl fühlen. Ungenutzte Teile des Hafens wurden zu Wohngebieten umgestaltet. Durch die EU-Förderung konnten neue Arbeitsplätze geschaffen werden. Gleichzeitig wurden Arbeitslose umgeschult und fortgebildet um sie für die neuen Arbeitsplätze zu befähigen.

In der EU gilt der soziale Ausgleich. Dies bedeutet, dass einige Staaten mehr Geld in die gemeinsame Kasse einzahlen, als sie aus ihr erhalten, sie sind die Nettozahler. Größter Nettozahler der EU ist Deutschland (vgl. Grafik 168.2).

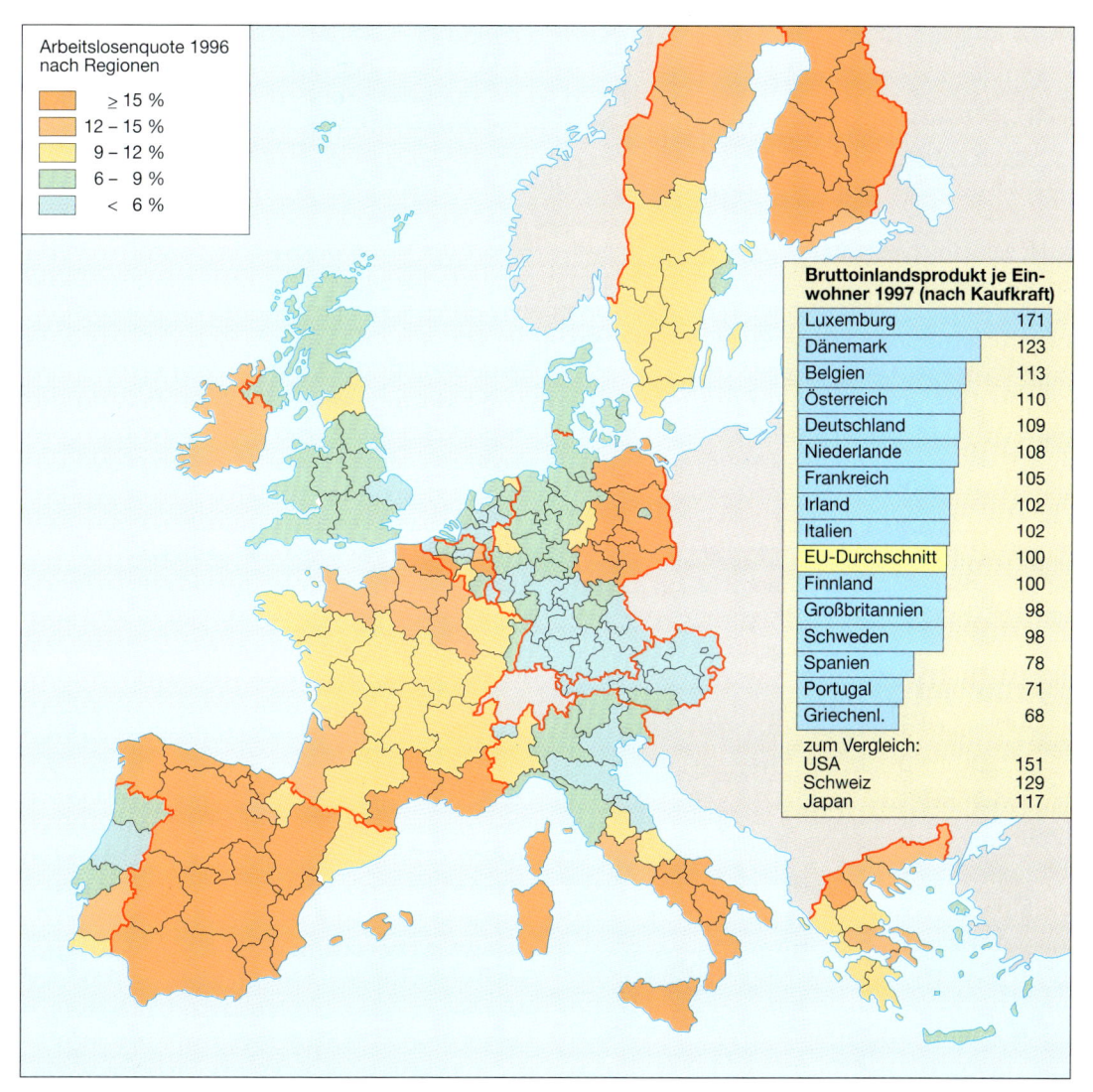

Arbeitslosenquote 1996 nach Regionen
- ≥ 15 %
- 12 – 15 %
- 9 – 12 %
- 6 – 9 %
- < 6 %

Bruttoinlandsprodukt je Einwohner 1997 (nach Kaufkraft)

Luxemburg	171
Dänemark	123
Belgien	113
Österreich	110
Deutschland	109
Niederlande	108
Frankreich	105
Irland	102
Italien	102
EU-Durchschnitt	100
Finnland	100
Großbritannien	98
Schweden	98
Spanien	78
Portugal	71
Griechenl.	68
zum Vergleich:	
USA	151
Schweiz	129
Japan	117

169.1 Arbeitslosigkeit und Bruttoinlandsprodukt

Die Erweiterung der EU nach Osten

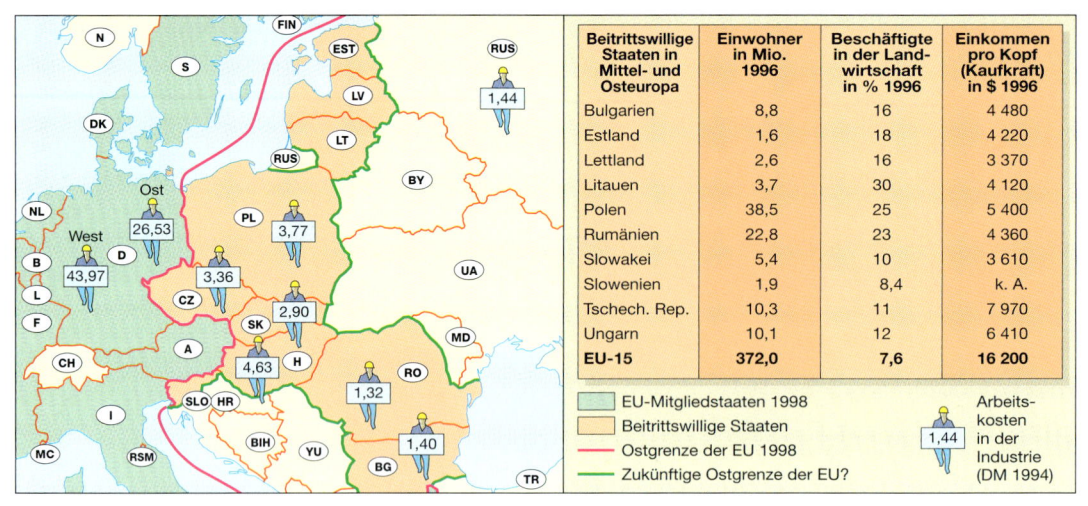

Beitrittswillige Staaten in Mittel- und Osteuropa	Einwohner in Mio. 1996	Beschäftigte in der Landwirtschaft in % 1996	Einkommen pro Kopf (Kaufkraft) in $ 1996
Bulgarien	8,8	16	4 480
Estland	1,6	18	4 220
Lettland	2,6	16	3 370
Litauen	3,7	30	4 120
Polen	38,5	25	5 400
Rumänien	22,8	23	4 360
Slowakei	5,4	10	3 610
Slowenien	1,9	8,4	k. A.
Tschech. Rep.	10,3	11	7 970
Ungarn	10,1	12	6 410
EU-15	**372,0**	**7,6**	**16 200**

170.1 Arbeitskosten in der Industrie pro Arbeitsstunde

Jeder europäische Staat kann die Mitgliedschaft in der EU beantragen. Er muss demokratisch sein und die Menschenrechte achten. Er muss die wirtschaftlichen Bedingungen der EU erfüllen und sich zu der politischen Union bekennen.

Die Länder in Mittel- und Osteuropa (MOE) sowie Zypern und die Türkei möchten der EU so schnell wie möglich beitreten. Mit dem „Europa-Abkommen", das ihnen weitgehend zollfreie Einfuhr in die EU erlaubt, sind sie nicht zufrieden. Die EU kann nämlich die Einfuhren zum Schutz ihrer eigenen Landwirtschaft und Industrie bei Bedarf drosseln. Die 15 EU-Staaten befürworten zwar den Beitritt der mittel- und osteuropäischen Länder, befürchten aber gleichzeitig eine gewaltige Belastung, deren Auswirkungen nicht abzusehen ist.

Erster Grund: Die Landwirtschaft spielt in den MOE-Ländern eine größere Rolle als in der EU. Wenn die EU den dortigen Landwirten auch einen Mindestpreis für ihre Erzeugnisse garantieren würde, produzieren sie zu viel. Die Überschüsse müsste die EU aufkaufen. Die zusätzlichen Kosten würden im Jahr etwa 23 Mrd. DM betragen.

Zweiter Grund: Regionen, deren Einkommen unter 75 Prozent des EU-Durchschnitts liegen, haben Anspruch auf Fördermittel von der EU. Dieses Geld aus dem Strukturfonds soll die wirtschaftlichen und sozialen Unterschiede in der Gemeinschaft verringern. Alle MOE-Länder hätten Anspruch auf Fördermittel. Die Zahlungen müssten sich an den beiden ärmsten EU-Mitgliedern, Griechenland und Portugal, ausrichten. Diese beiden Länder erhalten jährlich je Einwohner 430 DM. Die MOE-Länder hätten somit Anspruch auf 45 Mrd. DM pro Jahr.

Dritter Grund: Die Zuwanderung aus den MOE-Ländern mit hoher Arbeitslosigkeit oder geringem Einkommen würde zunehmen, denn in der EU darf jeder seinen Wohn- und Arbeitsplatz frei wählen.

Vierter Grund: Die EU ist mit 25 oder mehr Mitgliedern schwerfällig wie ein Dinosaurier, wenn wichtige Beschlüsse einstimmig zu fassen sind.

170.2 Wie soll es weitergehen?

Ingolstadt, 30. April 1996

Audi baut Werk in Ungarn aus

Audi wird von 1998 an das Coupé und den Roadster im Werk Ingolstadt und bei Audi Hungaria Motor Kft. in Györ bauen. Die Arbeitsteilung zwischen den beiden Standorten sieht vor, dass in Ingolstadt die Karosserieteile gefertigt, zusammengebaut und lackiert werden. Anschließend werden die Karosserieteile nach Györ geliefert. Dort erfolgt die Endmontage.

Bislang fertigte Audi in Györ mit 460 Mitarbeitern Fünf-Zylinder-Motoren. Audi gab gleichzeitig bekannt, dass die Fertigung für die V6- und V8-Motoren verlagert wird. Diese Maßnahme kostete in Ingolstadt 280 Arbeitsplätze; die Mitarbeiter wurden an anderen Arbeitsplätzen untergebracht. Die Verbundfertigung hat Vorteile für beide Seiten. Arbeitsplätze in Ingolstadt werden gesichert und gleichzeitig die Kostenvorteile in Györ genutzt.

(nach Presse-Informationen und Zeitungsberichten)

Gliwice/Rüsselsheim, 6. Mai 1996

Opel baut neues Automobilwerk in Gliwice

Die Adam Opel AG schloss im polnischen Gliwice (Gleiwitz) einen Vertrag über die Ansiedlung einer neuen Pkw-Fabrik in Oberschlesien. Das neue Werk wird 1998 eröffnet. Die Investitionen belaufen sich auf 500 Millionen DM. Es ist eine der größten ausländischen Investitionen in Polen. 2000 Arbeitsplätze werden geschaffen. Die neue Fabrik wird darüber hinaus für Beschäftigung bei Zulieferern, im Handel und in der unmittelbaren Region sorgen.

Opel wird damit den Wiederaufbau und die Wiedergeburt einer 200 Jahre alten Industrieregion einleiten und Polens Weg zu einem Mitglied der EU fördern. Gliwice bietet hoch motivierte und gut ausgebildete Arbeitskräfte sowie hervorragende Infrastrukturanbindungen. Opel betreibt bereits seit November 1994 ein Montagewerk in Warschau.

(nach einer Pressemitteilung der Adam Opel AG)

Billiglohnländer im Osten

Die mittel- und osteuropäischen Länder wollen den Lebensstandard ihrer Bevölkerung anheben. Dazu müssen sie ihre Betriebe modernisieren und neue Werke ansiedeln. Hierfür brauchen sie Kapital. In der Wirtschaft spricht man von Investitionen. Die Investitionen können die Betriebe oder der Staat meist nicht allein aufbringen. Deshalb werben die mittel- und osteuropäischen Länder um Kapital aus dem Ausland und locken mit verschiedenen Angeboten. An erster Stelle stehen die niedrigen Lohn- und Lohnnebenkosten. Länder wie Polen, Ungarn und die Tschechische Republik haben zudem gut ausgebildete Arbeitskräfte.

Ausländische Firmen bauen neue Fabriken oder beteiligen sich an bestehenden Unternehmen, wenn die Regierungen dieser Länder den Übergang zur Marktwirtschaft unterstützen.

1. Bildet eine Gruppe mit 15 Personen (= 15 EU-Mitglieder). Diskutiert über die Vor- und Nachteile einer Ost-Erweiterung der EU. Informiert euch vorher noch einmal auf S. 160 f.
2. Ein Unternehmen beabsichtigt in einem mittel- oder osteuropäischen Land zu produzieren. Welche Gründe sprechen dafür, welche dagegen? Verwendet bei eurer Argumentation auch die beiden Pressemitteilungen.

Unternehmen	Land	Branche	geplante Investitionen
Daewoo	Südkorea	Kfz, Unterhaltungselektronik, Haushaltsgeräte	1200 Mio. US-$
Fiat	Italien	Kfz	1800 Mio. US-$
International Paper Co.	USA	Papier	175 Mio. US-$
Asea Brown Boveri	Schweiz, Schweden	Kraftwerke	20 Mio. US-$
Procter & Gamble	USA	Haushaltsartikel	190 Mio. US-$
Coca Cola	USA	Getränke	200 Mio. US-$
Thomson	Frankreich	Fernsehen	100 Mio. US-$
Lucchini Gruppe	Italien	Metallverarbeitung	150 Mio. US-$
AT & T	USA	Telekommunikation	56 Mio. US-$
Unilever	Niederlande	Lebensmittel	20 Mio. US-$

171.1 Investitionen in Polen

172.1 Naturlandschaft an der Küste

172.2 ... durch Verkehrswege

172.3 ... durch Staudämme

172.4 Nordseeküste in Dänemark

Der Mensch beeinflusst seinen Lebensraum

173.1 ... durch Feldterrassen

173.2 ... durch Feriensiedlungen

Lebensgrundlage Wasser

Eigenschaften des Wassers
Wasser ist ein wichtiges Lösungsmittel. Es enthält z. B. Mineralien, die Lebewesen dringend brauchen, aber auch giftige Stoffe.

Ohne Wasser gäbe es kein Leben auf der Erde. Menschen, Tiere und Pflanzen bestehen zu einem großen Teil (bis zu 99 %) aus Wasser. Ohne Wasser kann der Stoffwechsel nicht funktionieren. Da die Lebewesen mit dem Stoffwechsel Wasser ausscheiden, muss es ständig ergänzt werden.

Nutzung des Wassers
Trinkwasser: als Lebensmittel (in der Nahrung und in Getränken), zum Kochen, zum Waschen und Reinigen sowie zur Hygiene und zur Gartenpflege
Brauchwasser: Industrie, Gewerbe, Landwirtschaft (Brauchwasser und Bewässerung)
Kühlwasser: Wärmekraftwerke, Hochöfen und verschiedene Industriezweige
Energiegewinnung: Wasserkraftwerke
Abfallträger: Kanalisation, industrielle Abwässer
Verkehrsträger: Schifffahrt, Flößerei
Freizeit/Erholung: Baden, Wassersport
Lebensraum: Pflanzen und Tiere
Nahrungsmittelproduzent: z. B. Fisch- und Muschelzucht, Algenzucht

Trinkwasser
Wasser, das aufgrund seiner Qualität für die Aufnahme durch den menschlichen Organismus geeignet ist. Es soll kühl, appetitlich, klar, farb- und geruchlos sowie frei von Krankheitserregern sein. In der Trinkwasserverordnung sind unter anderem Grenzwerte für Schadstoffe festgelegt.

> „Das Prinzip aller Dinge ist das Wasser; aus Wasser ist alles und ins Wasser kehrt alles zurück."
> (Thales von Milet, griech. Philosoph, ca. 650 bis 560 v. Chr.)

Der Wasserkreislauf
Das Wasser befindet sich in einem unablässigen Kreislauf, angetrieben von der Kraft der Sonne. Sie lässt das Wasser der Ozeane und Landgewässer verdunsten, in jeder Minute eine Milliarde Tonnen. Durch Kondensation in der Atmosphäre entstehen die Wolken, die ihre Feuchtigkeit in Form von Niederschlägen der Erde zurückgeben. Verdunstung und Niederschlag stehen in einem ausgeglichenen Verhältnis. Die Gesamtmenge des Wassers auf der Erde ist konstant.

Mehr als 97 % des gesamten Wasservorrats der Erde – rund 1,4 Mrd. m^3 – sind salzhaltiges Meerwasser. Über 2 % sind in den Polkappen und Gletschern als Eis gebunden. Nur 0,6 % der gesamten Wassermenge sind Süßwasser in Flüssen, Seen und im Grundwasser.

Bei den Gewässerarten des Festlandes unterscheidet man Oberflächengewässer und Grundwasser. Ein Teil der Niederschläge durchdringt den Boden, bis er auf eine wasserundurchlässige Schicht trifft. Über dieser Schicht staut sich das Wasser, füllt darüberliegende Hohlräume und bildet Grundwasservorräte.

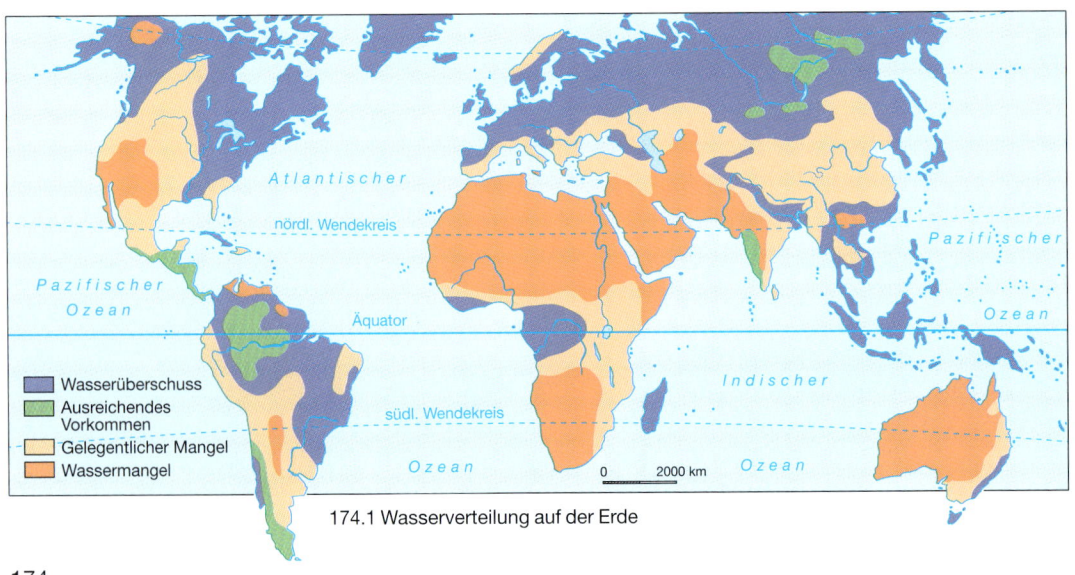

174.1 Wasserverteilung auf der Erde

Die Wasserbelastung

Grundwasser ist besonders schützenswert: Über 7 % des Trinkwassers auf der Erde werden dem Grundwasser entnommen. Für die Pflanzenwelt hat es große Bedeutung. Liegt nämlich der Grundwasserspiegel unter dem Wurzelbereich, können die Pflanzen ihren Wasserbedarf nur aus dem Sickerwasser, also dem Regenwasser, decken.

Nur wenige Menschen in den Industriestaaten sind sich der elementaren Bedeutung des Wassers bewusst. Besonders die Industrie verschlingt viel Wasser: Die Herstellung einer Getränkedose verbraucht zehn Liter Wasser, von einem Kilogramm Stahl 20 – 130 Liter, von einem Kilogramm Papier bis zu 1000 Liter und von einem Pkw ca. 380 000 Liter. In Kohle- und Kernkraftwerken nutzt man Wasser als Kühl- und Wärmetransportmittel.

Der Wasserhaushalt reagiert jedoch auf Schwankungen, Belastungen und übermäßigen Verbrauch sehr sensibel. So führt z. B. die Erwärmung des gebrauchten Kühlwassers von Kraftwerken zu einem erhöhten Sauerstoffverbrauch.

Die Salzbelastung mit Chloriden und Sulfaten stammt größtenteils aus Kaligruben und aus der chemischen Industrie. Einleitungen aus der Industrie gelangen auch über die Luft und den Boden in Oberflächen- und Grundwasser.

Eine erhebliche Gefahrenquelle stellen Sickerwässer aus Mülldeponien und die unsachgemäße Lagerung von Abfallstoffen im Einzugsbereich von Gewässern dar. Eine besondere Belastung, vor allem im Mündungsbereich von Flüssen, ist Hafenschlick, der Verklumpungen von Abfallstoffen, Öl und Schwermetallen enthält. Weil er die Schifffahrt im Hafen behindert, wird er regelmäßig ausgebaggert und im Meer verklappt.

Trinkwasser wird in Deutschland zu 71 % aus Grundwasser gewonnen. Seit Jahren belastet die Landwirtschaft das Grundwasser durch Mineraldünger und Pestizide. Die Folge sind Schließungen von Brunnen, da sie z. T. zu hohe Nitratkonzentrationen aufweisen. Nitrat kann sich in das giftige Nitrit umwandeln, das schwere gesundheitliche Schäden hervorruft.

1. Durch welche Schadstoffe werden die Gewässer belastet?
2. Welche Bedeutung hat das Grundwasser?
3. Vergleiche den Wasserverbrauch einer Familie mit dem bei der Herstellung eines Autos.

Wasserbelastung am Beispiel einiger Schadstoffe		
Schadstoffe	Herkunft	Gefahren
Quecksilber	Papierindustrie, Plastikproduktion und Düngemittelherstellung	Anreicherung im Nervensystem, Bewegungs- und Sprachstörungen
Cadmium	Erdölraffinerien, Petrochemie, Batterieherstellung	Schädigung des Knochenmarks, Skelettveränderungen
Phosphate/ Nitrate, Chlorid	Landwirtschaft, Waschmittel, Kalibergbau	Entkalkung des Körpers, Krebsbildung, Beeinträchtigung von Trink- und Bewässerungswasser

„Wasserarm" ist ein Staat, in dem weniger als 1000 Liter Wasser pro Person und Jahr (2,74 Liter pro Tag) zur Verfügung stehen. Am meisten Wasser (65 % des globalen Konsums) wird in der Landwirtschaft verbraucht, 25 % in der Industrie und nur 10 % in den Haushalten.

Land	insgesamt	Haushalte	Landwirtschaft	Industrie/ Energie	tägl. Verbr. in l/EW
USA	1958	211	796	951	397
Japan	731	132	504	95	379
D	610	80	4	526	145
Indien	612	18	569	25	25

175.1 Wasserverbrauch im Jahr m^3/Person (Anf. 90er-Jahre)

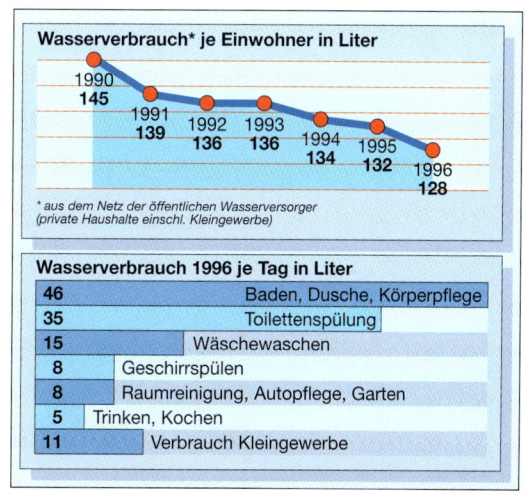

Wasserverbrauch* je Einwohner in Liter

- 1990: 145
- 1991: 139
- 1992: 136
- 1993: 136
- 1994: 134
- 1995: 132
- 1996: 128

* aus dem Netz der öffentlichen Wasserversorger (private Haushalte einschl. Kleingewerbe)

Wasserverbrauch 1996 je Tag in Liter	
46	Baden, Dusche, Körperpflege
35	Toilettenspülung
15	Wäschewaschen
8	Geschirrspülen
8	Raumreinigung, Autopflege, Garten
5	Trinken, Kochen
11	Verbrauch Kleingewerbe

175.2 Trinkwasserverbrauch einer deutschen Familie pro Tag

Lebensgrundlage Luft

1960

1985

176.1 Folgen der Luftverschmutzung

Kohlendioxid-Emissionen

Kohlendioxid entsteht bei der Verbrennung fossiler Brennstoffe, aber auch beim Abbrennen tropischer Regenwälder (vgl. S. 36). Beim Verbrennen einer Tonne Steinkohle werden 2,2 Tonnen CO_2 frei. CO_2 ist mit 0,03 % ein natürlicher Bestandteil der Atmosphäre. Es verhindert, dass zu viel Wärme in den Weltraum zurückgestrahlt wird. Zusätzlich gelangen jährlich drei Milliarden Tonnen vom Menschen verursachtes Kohlendioxid in die Atmosphäre. Zu viel Kohlendioxid führt aber zu einer allmählichen Erwärmung des Erdklimas.

Smog

Normalerweise nimmt die Lufttemperatur mit zunehmender Höhe ab. Bei einer **Inversionswetterlage** aber liegt eine wärmere Luftschicht über der kälteren Luftschicht. Die Warmluft verhindert das Aufsteigen der bodennahen Kaltluft. Schädliche Abgase können nicht mehr in höhere Schichten entweichen. Ein Austausch zwischen verschmutzter und sauberer Luft ist nicht mehr möglich. Es entsteht der gefürchtete Smog. Die Behörden lösen Smog-Alarm aus: Autos haben Fahrverbot, Kraftwerke und Industriebetriebe müssen die Produktion drosseln.

1. Smog gefährdet unsere Gesundheit. Begründe diese Aussage.

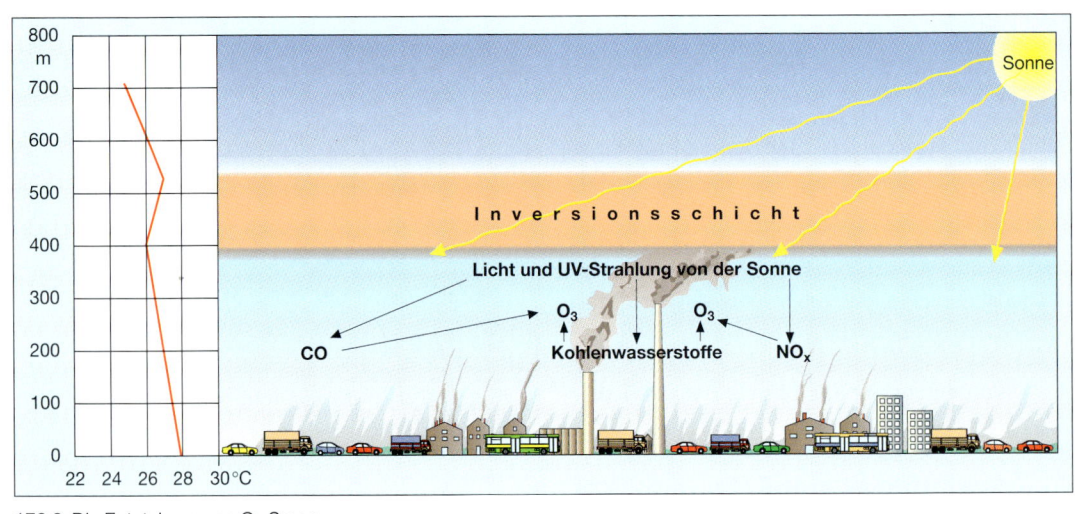

176.2 Die Entstehung von O_3-Smog

Projekt

Das Ozonloch

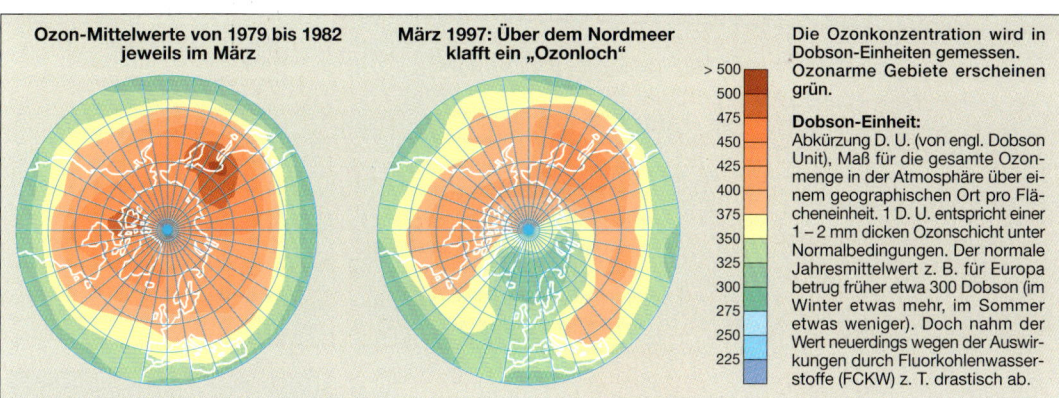

Ozon-Mittelwerte von 1979 bis 1982 jeweils im März

März 1997: Über dem Nordmeer klafft ein „Ozonloch"

> 500
500
475
450
425
400
375
350
325
300
275
250
225

Die Ozonkonzentration wird in Dobson-Einheiten gemessen. Ozonarme Gebiete erscheinen grün.

Dobson-Einheit:
Abkürzung D. U. (von engl. Dobson Unit), Maß für die gesamte Ozonmenge in der Atmosphäre über einem geographischen Ort pro Flächeneinheit. 1 D. U. entspricht einer 1 – 2 mm dicken Ozonschicht unter Normalbedingungen. Der normale Jahresmittelwert z. B. für Europa betrug früher etwa 300 Dobson (im Winter etwas mehr, im Sommer etwas weniger). Doch nahm der Wert neuerdings wegen der Auswirkungen durch Fluorkohlenwasserstoffe (FCKW) z. T. drastisch ab.

FCKW (Fluorchlorkohlenwasserstoffe) werden als Treibmittel für Spraydosen, als Kältemittel in Kühlschränken und als Gas zum Aufschäumen von Kunststoffen benutzt. Sie steigen nach ihrer Freisetzung langsam in die Atmosphäre auf und erreichen nach 10 bis 15 Jahren die Stratosphäre, wo sie die **Ozonschicht** ausdünnen, die uns vor den gefährlichen UV-Strahlen der Sonne schützt. In vielen Staaten ist deswegen seit 1996 Produktion und Verbrauch von FCKW verboten.

1. Ist die Gefahr nach dem Verbot nun vorbei?

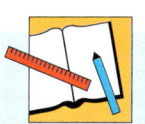

Stellt Bildmaterial, Daten, Fakten über das Thema Ozon zusammen. Informationen könnt ihr erhalten beim Umweltbundesamt in Berlin, beim Alfred-Wegner-Institut für Polar- und Meeresforschung in Bremerhaven und bei Greenpeace in Hamburg.

Merke:
Langes Sonnenbaden verursacht Hautkrebs!

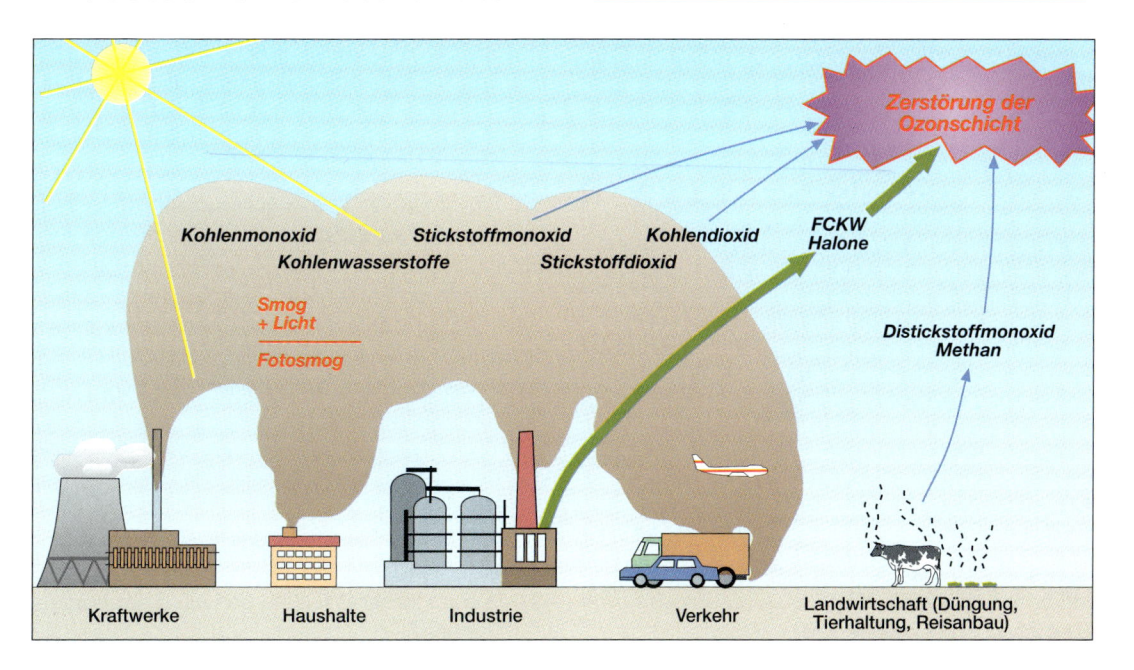

Zerstörung der Ozonschicht

Kohlenmonoxid   Stickstoffmonoxid   Kohlendioxid   FCKW Halone
Kohlenwasserstoffe   Stickstoffdioxid

Smog + Licht
Fotosmog

Distickstoffmonoxid
Methan

Kraftwerke   Haushalte   Industrie   Verkehr   Landwirtschaft (Düngung, Tierhaltung, Reisanbau)

Waldschäden in Europa

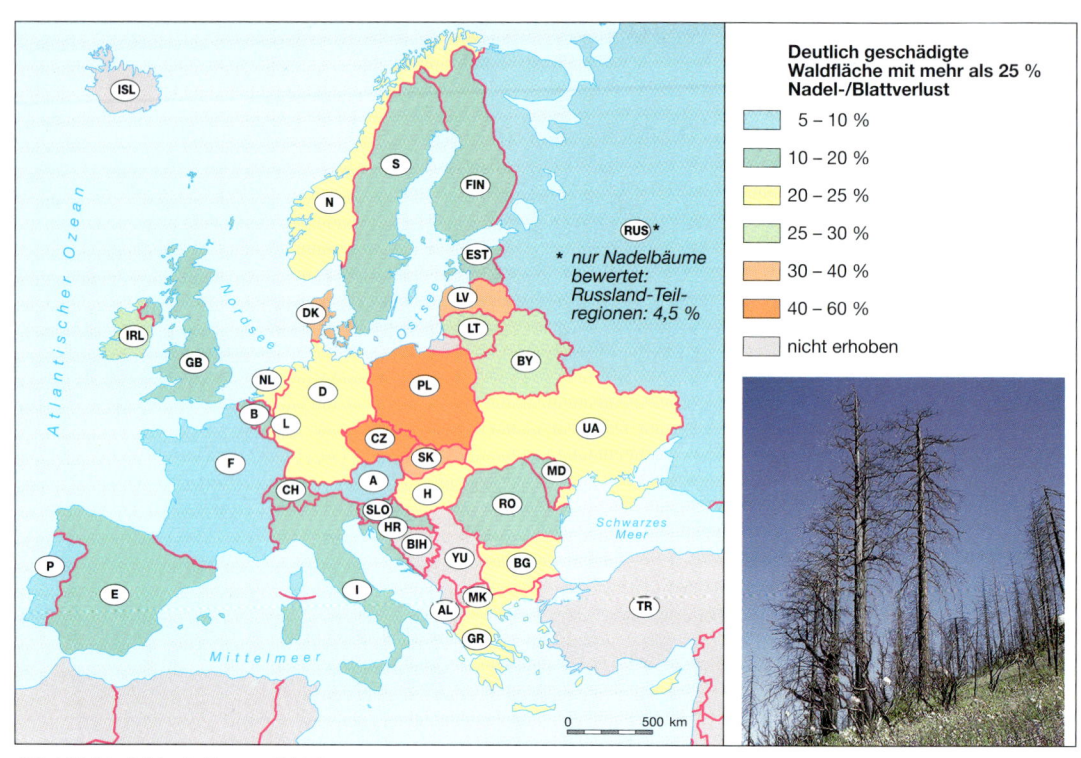

Deutlich geschädigte Waldfläche mit mehr als 25 % Nadel-/Blattverlust
- 5 – 10 %
- 10 – 20 %
- 20 – 25 %
- 25 – 30 %
- 30 – 40 %
- 40 – 60 %
- nicht erhoben

* nur Nadelbäume bewertet: Russland-Teilregionen: 4,5 %

178.1 Waldschäden in Europa (1997)

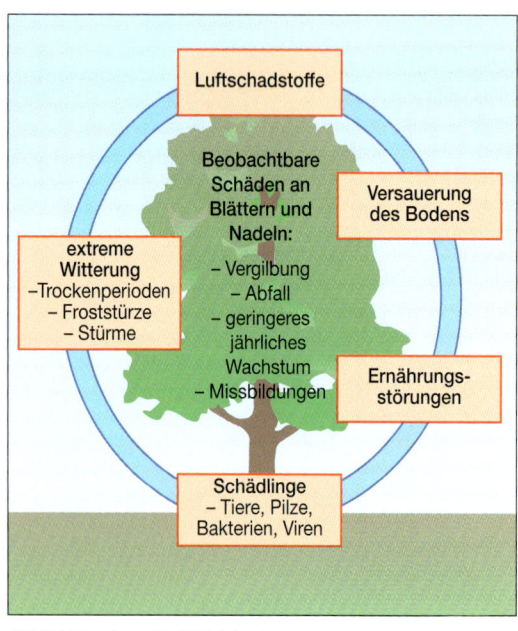

178.2 Ursachen des Waldsterbens

- Luftschadstoffe
- Beobachtbare Schäden an Blättern und Nadeln:
  – Vergilbung
  – Abfall
  – geringeres jährliches Wachstum
  – Missbildungen
- Versauerung des Bodens
- extreme Witterung
  – Trockenperioden
  – Froststürze
  – Stürme
- Ernährungsstörungen
- Schädlinge
  – Tiere, Pilze, Bakterien, Viren

Waldsterben in Europa

Unsere Luft wird verschmutzt durch Abgase aller Art. Autos, Flugzeuge und Schiffe, unsere Heizungen, kleine und große Industriebetriebe, Wärmekraftwerke, aber auch Brandkatastrophen tragen dazu bei.

Eine Folge der Luftverschmutzung ist der saure Regen. Schwefeldioxid und Stickstoffoxide werden in der Atmosphäre zu Schwefelsäure und Salpetersäure umgewandelt. Diese Säuren gelangen zusammen mit anderen schädlichen Verbindungen als saurer Regen wieder zur Erde zurück. Hier belasten sie vor allem das Wasser, den Boden, die Pflanzen und den Wald.

1. Beschreibe das Entstehen des „sauren Regens".
2. Erkläre die Ursachen des Waldsterbens anhand der Grafik 178.2.
3. Warum ist das Waldsterben ein europäisches Problem?

Waldschäden bei Laub- und Nadelbäumen 1995

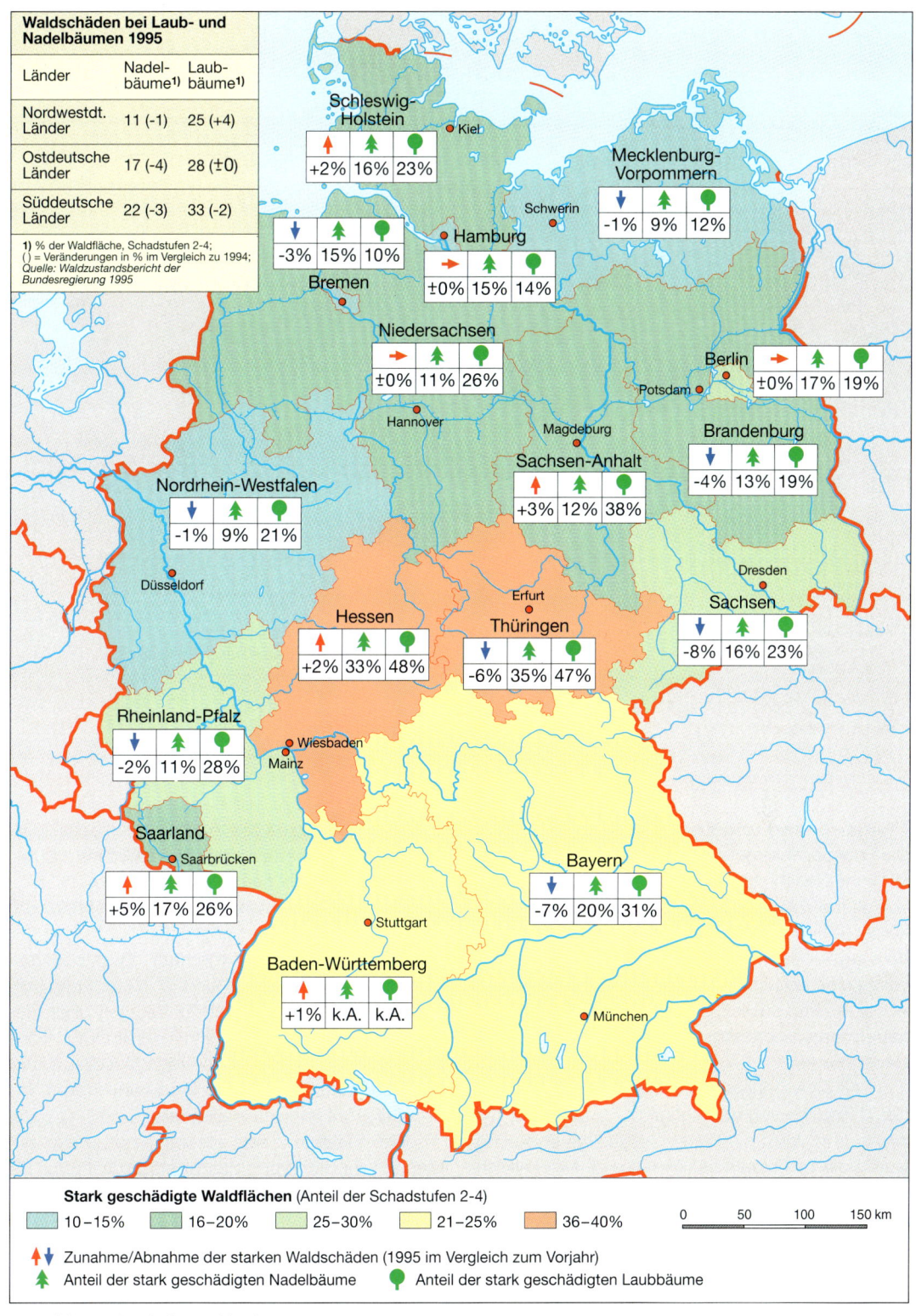

Länder	Nadelbäume[1]	Laubbäume[1]
Nordwestdt. Länder	11 (-1)	25 (+4)
Ostdeutsche Länder	17 (-4)	28 (±0)
Süddeutsche Länder	22 (-3)	33 (-2)

[1] % der Waldfläche, Schadstufen 2-4; ( ) = Veränderungen in % im Vergleich zu 1994; Quelle: Waldzustandsbericht der Bundesregierung 1995

Schleswig-Holstein: +2% 16% 23%
Mecklenburg-Vorpommern: -1% 9% 12%
Hamburg: -3% 15% 10%
Bremen: ±0% 15% 14%
Niedersachsen: ±0% 11% 26%
Berlin: ±0% 17% 19%
Brandenburg: -4% 13% 19%
Sachsen-Anhalt: +3% 12% 38%
Nordrhein-Westfalen: -1% 9% 21%
Sachsen: -8% 16% 23%
Hessen: +2% 33% 48%
Thüringen: -6% 35% 47%
Rheinland-Pfalz: -2% 11% 28%
Saarland: +5% 17% 26%
Bayern: -7% 20% 31%
Baden-Württemberg: +1% k.A. k.A.

Stark geschädigte Waldflächen (Anteil der Schadstufen 2-4)
- 10–15%
- 16–20%
- 25–30%
- 21–25%
- 36–40%

↑↓ Zunahme/Abnahme der starken Waldschäden (1995 im Vergleich zum Vorjahr)
🌲 Anteil der stark geschädigten Nadelbäume
🌳 Anteil der stark geschädigten Laubbäume

179.1 Waldsterben in Deutschland

Energie – Grundlage unseres Wohlstandes

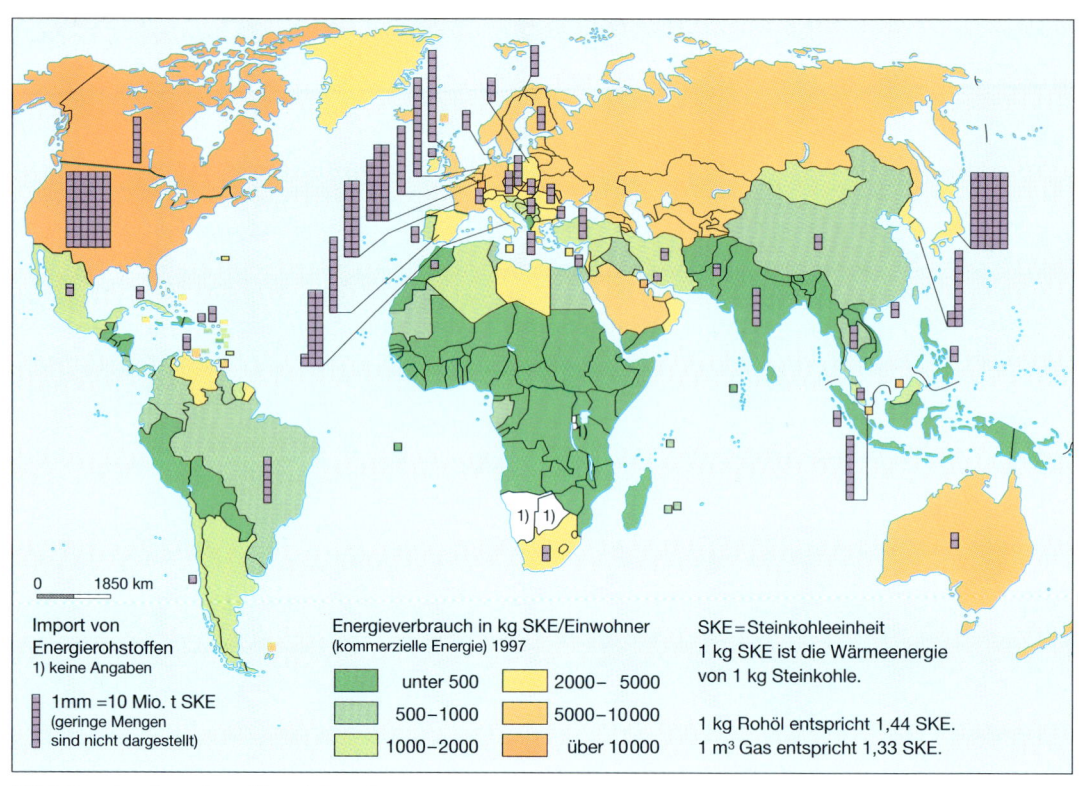

180.1 Energieverbrauch und Energieimport

Legende:
- Import von Energierohstoffen
  - 1) keine Angaben
  - 1 mm = 10 Mio. t SKE (geringe Mengen sind nicht dargestellt)
- Energieverbrauch in kg SKE/Einwohner (kommerzielle Energie) 1997
  - unter 500
  - 500–1000
  - 1000–2000
  - 2000–5000
  - 5000–10000
  - über 10000
- SKE = Steinkohleeinheit
  1 kg SKE ist die Wärmeenergie von 1 kg Steinkohle.
  1 kg Rohöl entspricht 1,44 SKE.
  1 m³ Gas entspricht 1,33 SKE.

Energiebedarf und Energieverbrauch

Die Energieversorgung der Menschheit ist eine unendliche Geschichte: Sie beginnt mit der Nutzung von Wind, Wasser und Holz und geht über die kurze Zeit von Kohle, Öl und Gas. Danach folgen der ungewisse Werdegang der Kernenergie, der wechselhafte Einsatz von Sonnenenergie und Windkraft und schließlich die Erforschung von erneuerbaren Energieträgern für die zukünftigen Generationen.

Seit jeher hängen Lebensweise und Leistung der Menschen von der Menge der Energie ab, die ihnen zur Verfügung steht. Jahrtausendelang waren die Menschen auf ihre eigene Muskelkraft sowie auf die Kraft von Sonne, Wasser und Wind angewiesen. Erst durch die Nutzung der **fossilen Energieträger** Kohle, Öl und Gas konnte im 19. Jahrhundert die Industrialisierung beginnen. Dort, wo diese Voraussetzungen fehlten, blieb die industrielle Entwicklung aus.

Die USA sind heute die größten Energieverbraucher der Welt. Ihr Anteil an der Weltbevölkerung beträgt 6 %, am Weltenergieverbrauch aber 25 %.

Die Energieprobleme der meisten Länder der Dritten Welt sind in der ungleichen Verteilung der fossilen Energieträger begründet. Zwar befinden sich rund 84 % der Erdöl- und 47 % der Erdgasreserven auf der nördlichen Halbkugel, aber der größte Teil davon gehört den wenigen OPEC-Ländern. Rund 90 Entwicklungs- und Schwellenländer besitzen nahezu keine fossilen Energieträger; sie sind auf teure Importe angewiesen.

Die Weltbank hat ausgerechnet, dass ein Mensch zur Sicherung des Existenzminimums für Nahrung, Schutz vor Kälte und für ein Grundmaß an Gesundheitspflege und Bildung jährlich mindestens 1200 bis 1400 kg SKE benötigt. Etwa drei Viertel der Weltbevölkerung müssen jedoch mit einer Energiemenge von 700 kg SKE pro Kopf und Jahr auskommen.

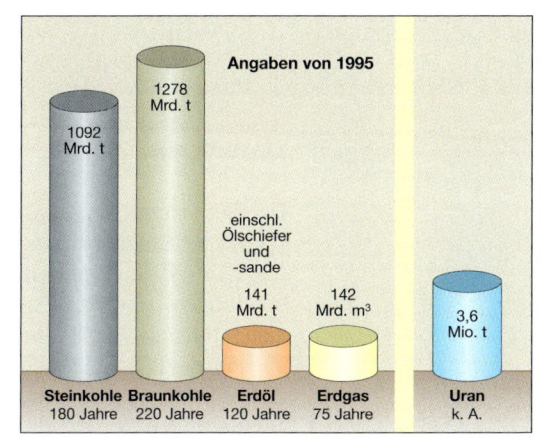

181.1 Weltvorräte an Energieträgern und Reichweite

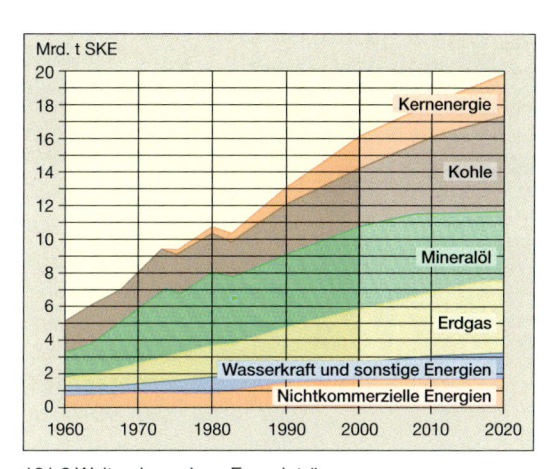

181.3 Weltverbrauch an Energieträgern

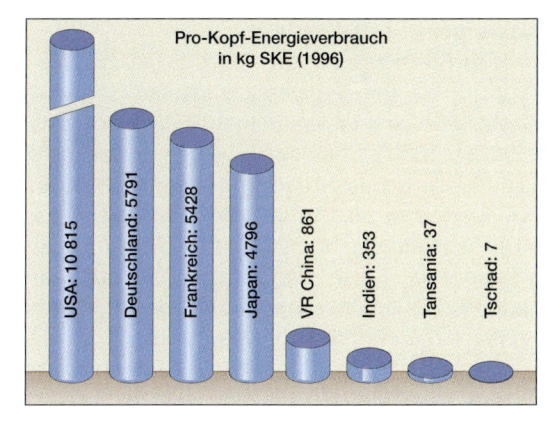

181.2 Energiegefälle

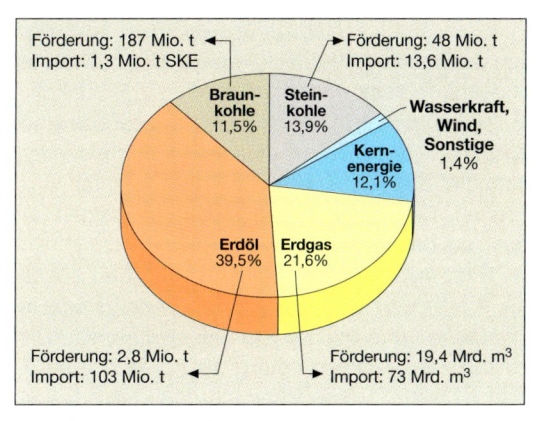

181.4 Energieträger in Deutschland 1996

In den ländlichen Gebieten der Entwicklungsländer beruht die Energieversorgung überwiegend auf den traditionellen Energiequellen wie Brennholz und getrocknetem Dung. Mehr als 2,5 Mrd. Menschen sind auf diese Quellen angewiesen. Der Brennholzbedarf steigt ständig. In der Umgebung von Städten und Siedlungen werden daher die Bäume radikal abgeholzt. In Tansania und Nepal z. B. sind auf diese Weise ganze Regionen völlig entwaldet worden. Die Folgen sind verheerend: Der Boden wird durch die Erosion abgetragen und das Land verwandelt sich in eine Steppen- oder Wüstenlandschaft.

Deutschland besitzt nur wenige Energierohstoffe. Die Ölvorräte und die Reserven an Erdgas reichen vielleicht noch für Jahrzehnte. Bei der Steinkohle schätzen Experten die Reichweite, d. h., bis wann die Vorräte erschöpft sind, auf 80 bis 100 Jahre. Die Braunkohlenvorräte sind hingegen deutlich größer als die der Steinkohle.

„Nur die reichen Industrieländer können Auswege aus den Energie- und Klimaproblemen weisen. Denn was und wie sie konsumieren, wird unvermeidlich den Maßstab liefern für den Rest der Welt. „Wie im Westen, so auf Erden" – dieser Traum von Milliarden ist bislang unerfüllbar: Allein beim Verbrauch von Kohle, Öl und Gas leisten sich 81 Mio. Deutsche anderthalbmal so viel wie 930 Mio. Inder. Wollte die ganze Menschheit so leben wie wir, brauchten wir noch drei weitere Planeten."

(Der Spiegel 13/1995)

1. Die Energieversorgung der Menschheit ist eine „unendliche Geschichte". Erläutere.
2. Ermittle mithilfe von Karte 180.1 Länder mit sehr geringem Energieverbrauch.
3. Begründe den Begriff „Nord-Süd-Gefälle" in Bezug auf den Energieverbrauch.
4. Überlege, warum wir uns über die Energievorräte Gedanken machen müssen.

Traditionelle Energien

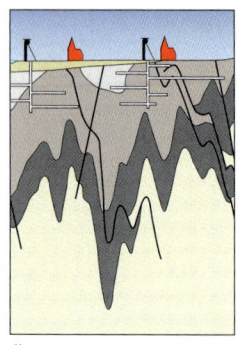

Steinkohle

Voraussetzungen für die Entstehung waren ein tropisches Klima, Moore und Sumpfwälder mit einem üppigen Pflanzenwachstum wie in der **Karbonzeit** vor etwa 350 Millionen Jahren.

Landsenkungen sowie Überschwemmungen führten zum Absterben der Pflanzen. Unter Luftabschluss entstand **Torf,** der von Sedimenten überdeckt wurde. Die Erdwärme und großer Druck wandelten den Torf in Braunkohle und schließlich in Steinkohle um. Die Flöze sind durch kohlenfreie Zwischenschichten voneinander getrennt. Steinkohle ist auf allen Kontinenten vorhanden. Die Hauptverbreitungsgebiete liegen jedoch auf der nördlichen Halbkugel.

Erst mit der **industriellen Revolution** setzte der Siegeszug der Steinkohle als Brennmaterial in Haushalten und bei der Eisenherstellung ein. Bis zum Ersten Weltkrieg betrug die Förderung weltweit 1,2 Mrd. t. Diese Menge förderte allein China im Jahr 1995. 1996 betrug die **Weltförderung** 3,6 Mrd. t. Der Anteil am **Weltenergieverbrauch** ist von 58% (1950) auf unter 30% (1996) gesunken.

Unterschiedliche Nutzung der Steinkohle:
a) Die Steinkohle dient zur Erzeugung von Wärme. Sie wird auch in „veredelter" Form als Koks oder Briketts in Kohleöfen von privaten Haushalten verbrannt oder in Kraftwerken eingesetzt. Hier erfolgt die Umwandlung über eine Dampfmaschine in mechanische Energie und weiter in elektrische Energie.
b) Die Metallindustrie setzt Kohle, die in Koks umgewandelt wird, in der Hüttenindustrie ein.
c) Die chemische Industrie verarbeitet Steinkohle.

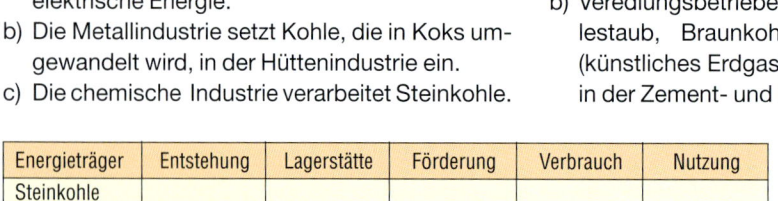

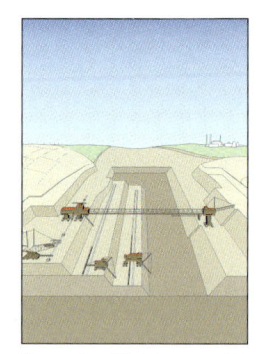

Braunkohle

Die Braunkohle ist ähnlich wie die Steinkohle aus abgestorbenen Wäldern entstanden. Sie bildete sich hauptsächlich im **Tertiär** aus. Da bei der Entstehung geringere Temperaturen herrschten als bei der Steinkohle, liegt der **Kohlenstoffgehalt** nur bei ca. 70 %. Der Wassergehalt ist jedoch höher.

Der Steinkohlebergbau kann wegen des Gebirgsdrucks, der Temperaturzunahme und der Wasserprobleme im Untertagebau nicht tiefer als 1500 bis 1600 m betrieben werden. Braunkohle liegt meist in ungestörten Schichten relativ nahe an der Oberfläche. Die **Braunkohleförderung** erfolgt oft im Tagebau. Die bis zu 200 m mächtigen Deckgebirge aus Tonen und Sanden werden abgeräumt. Die größten **Braunkohlevorräte** besitzt Russland mit 3200 Mrd. t, gefolgt von den USA mit 1000 Mrd. t. Weltweit größter **Braunkohleproduzent** war 1996 Deutschland mit 192 Mio. t. Hauptfördergebiete sind das Rheinische Revier, die Lausitz und das mitteldeutsche Revier um Halle/Leipzig. Die **Weltförderung** belief sich 1996 auf 1 Mrd. t.

Braunkohle wird in zwei Bereichen eingesetzt:
a) Wegen des geringeren Heizwertes im Vergleich zur Steinkohle und des Wassergehaltes der Rohbraunkohle sind weite Transportwege zu kostspielig. Die Kraftwerke liegen daher meist in der Nähe der Tagebaue. Sie verfeuern den Energierohstoff und erzeugen elektrischen Strom.
b) Veredlungsbetriebe stellen Briketts, Braunkohlestaub, Braunkohlekoks und Synthesegas (künstliches Erdgas) her. Braunkohlestaub wird in der Zement- und Kalkindustrie eingesetzt.

Energieträger	Entstehung	Lagerstätte	Förderung	Verbrauch	Nutzung
Steinkohle					
Braunkohle					
Erdöl					
Erdgas					

1. Übertrage die Tabelle in dein Heft und fülle sie aus.
2. Vergleiche die traditionellen Energieträger.

Erdöl

Vor mehreren hundert Millionen Jahren lagerte sich auf dem Meeresboden **abgestorbenes Plankton** ab, das anschließend von Sedimenten überdeckt wurde. Unter Luftabschluss entstand Faulschlamm. Bakterien wandelten den Faulschlamm in Bitumen um, den Grundstoff des Erdöls. Sobald der Druck der darüber liegenden Sedimente zunimmt, verlässt das Erdöl das **Muttergestein**, in dem es sich gebildet hat, und steigt in Rissen und Poren auf. An der Erdoberfläche oxidiert es zu Bitumen oder Ölsanden. Versperren undurchlässige Schichten wie Salz oder Ton den Aufstieg, sammelt sich das Erdöl im darunter liegenden **Speichergestein**. Zwei Drittel der Felder liegen auf dem Festland, ein Drittel befindet sich **offshore**.

Der Nahe Osten ist das erdölreichste Gebiet der Erde. 1996 betrug die gesamte **Weltförderung** 3,4 Mrd. t. Größter Produzent war Saudi-Arabien mit 400 Mio. t. Der Anteil des Erdöls am **Weltenergieverbrauch** ging von 48% (1974) auf 36% (1996) zurück.

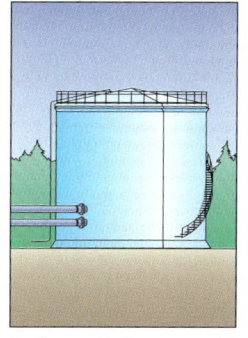

Erdgas

Das geruchlose und leicht entzündliche Gas entstand unter den gleichen Bedingungen wie Erdöl und tritt häufig in den gleichen Lagerstätten auf. Es bildete sich im Muttergestein und stieg in das Speichergestein auf. Aufgrund des spezifischen Gewichtes sammelt sich Erdgas oben in der Lagerstätte und darunter das Wasser, auf dem das Erdöl schwimmt. Bei der Bohrung nach Erdöl entweicht das Erdgas wegen der Druckentlastung. Erdgas kommt auch in der Erdkruste vor. Es bildet sich ebenfalls bei der **Inkohlung**, d. h. bei der Umwandlung pflanzlicher Organismen zu Torf, Braunkohle und Steinkohle.

Die größten **Erdgaslagerstätten** liegen in Russland und im Nahen Osten. 1996 betrug die **Weltförderung** 2255 Mrd. m^3. Die beiden größten Produzenten waren Russland (591 Mrd. m^3) und die USA (573 Mrd. m^3). Größere Mengen von Erdgas werden bei der Ölförderung abgefackelt. Der Anteil von Erdgas am **Weltenergieverbrauch** lag 1996 bei 25 %.

Diese Rohstoffe und Energieträger finden in folgenden Bereichen Verwendung:
– Für die Raumheizung: In den Industrieländern werden veraltete Kohle- und Ölheizungen durch Gasheizungen ersetzt. – Zur Stromerzeugung in Kraftwerken. – Als Motorentreibstoff für Pkw. – Als Grundstoff in der Petrochemie.

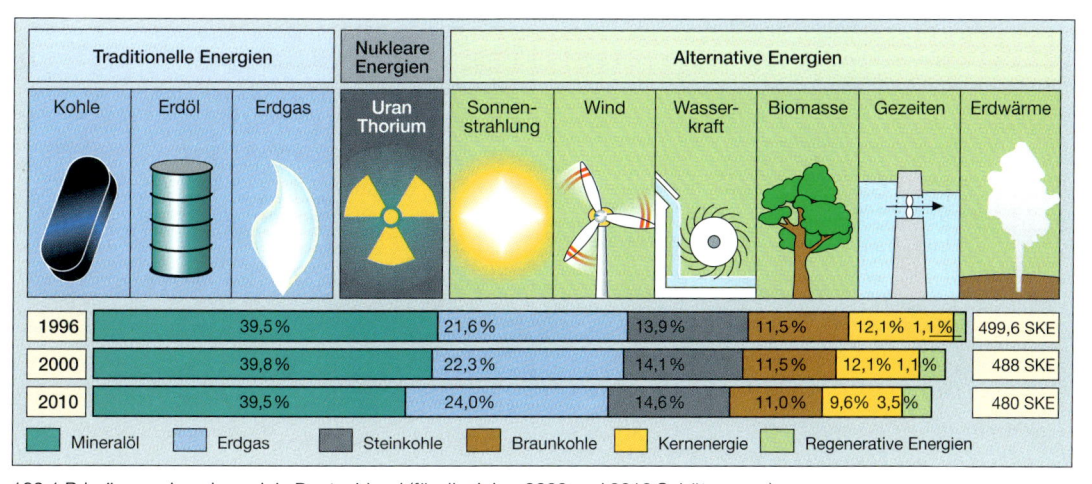

	Traditionelle Energien			Nukleare Energien	Alternative Energien					
	Kohle	Erdöl	Erdgas	Uran Thorium	Sonnenstrahlung	Wind	Wasserkraft	Biomasse	Gezeiten	Erdwärme
1996		39,5%		21,6%		13,9%		11,5%	12,1% 1,1%	499,6 SKE
2000		39,8%		22,3%		14,1%		11,5%	12,1% 1,1%	488 SKE
2010		39,5%		24,0%		14,6%		11,0%	9,6% 3,5%	480 SKE

Legende: Mineralöl – Erdgas – Steinkohle – Braunkohle – Kernenergie – Regenerative Energien

183.1 Primärenergieverbrauch in Deutschland (für die Jahre 2000 und 2010 Schätzungen)

Ausstieg aus der Kernenergie?

**Viel Strom.
Wenig
Zustimmung.
Kein CO_2.**

Kernkraft: viel Strom.
Kein CO_2.
Künftig mehr Zustimmung?

Ihre Stromversorger

184.1 Werbung der Stromversorger

Dafür und dagegen

Das erste deutsche Kernkraftwerk ging 1966 ans Netz. In der friedlichen Nutzung der Kernenergie sahen die verantwortlichen Politiker und auch die Stromversorgungsunternehmen eine Möglichkeit die Abhängigkeit von Erdölimporten zu verringern. Zusammen mit der heimischen Kohle sollte die Kernenergie unsere Stromversorgung langfristig sichern. Heute wird etwa ein Drittel des deutschen Stromverbrauchs aus Kernkraftwerken gedeckt.

Der Ausbau der Kernenergie war in der Diskussion von Anfang an umstritten: Während die Befürworter die Versorgungssicherheit in den Vordergrund stellen, weisen die Gegner auf die unkalkulierbaren Gefahren bei einem Unfall hin. Nach dem Reaktorunfall von Harrisburg (USA) 1979 und der Katastrophe von Tschernobyl (Ukraine 1986) ist die Diskussion um die Kernenergie nicht mehr abgerissen.

Während die einen den völligen Ausstieg fordern, sehen die anderen in der Nutzung der Atomkraft weiterhin einen Beitrag die knapper werdenden Energierohstoffe zu schonen und die Umwelt zu entlasten. Nur so könne Deutschland seine Zusage erfüllen bis zum Jahr 2005 den Ausstoß an Kohlendioxid um 25 Prozent zu senken.

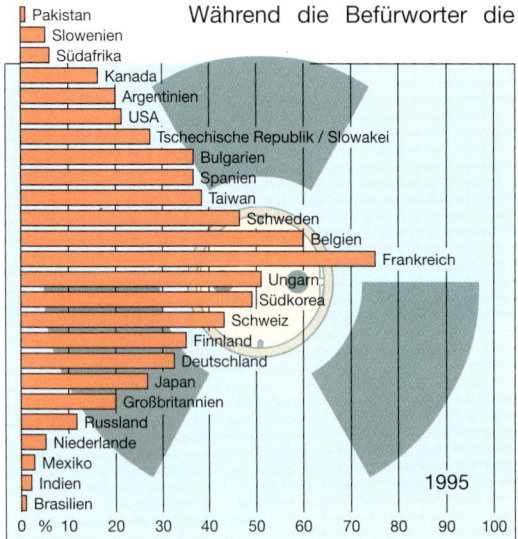

184.2 Anteil der Kernenergie an der Stromversorgung

184.3 Kernkraftwerke weltweit

Kernenergie wirkt still und umweltfreundlich. Kein Rauch, kein Ruß, keine Schadstoffe belasten unser Leben. Das Kernkraftwerk ist eine der umweltfreundlichsten Anlagen zur Stromerzeugung. Es gibt keine Schadstoffe wie bei der Verbrennung von Stein-, Braunkohle und Erdöl ab. Es verbraucht keinen Sauerstoff und es erzeugt kein Kohlendioxid. Seine kontrollierte Abgabe von Radioaktivität ist geringfügig und liegt weit unter der Grenze, bei der sie Schaden anrichten könnte. Ein Kernkraftwerk gibt praktisch nichts Belastendes an die Umwelt ab.
(Kernenergie in Deutschland, 1986)

Als am 26. April 1986 der Reaktor 4 des Kernkraftwerks Tschernobyl außer Kontrolle gerät, lösen 180 000 kg hoch radioaktiven Materials – das entspricht der Ladung von 1000 Hiroshima-Atombomben – die bis dahin größte Explosion der Menschheitsgeschichte aus. Trotz größten Einsatzes von Menschen und Material brennt das atomare Höllenfeuer 14 Tage lang. Dann ist es endlich eingedämmt und mit Tausenden von Tonnen Beton von Hubschraubern aus zugeschüttet. Die Retter der ersten Stunde sind schon nach wenigen Tagen gestorben.
Die Zahl der Menschen, die an den Folgen der Katastrophe gestorben sind, geht in die Tausende. Sechsmal ziehen die radioaktiven Wolken um die Welt. Sie haben dabei das Moos in Lappland, die erste Heuernte am Bodensee, den feinen Sandstrand Kaliforniens und das ewige Eis Grönlands verstrahlt. *(Der Spiegel, 17/1990)*

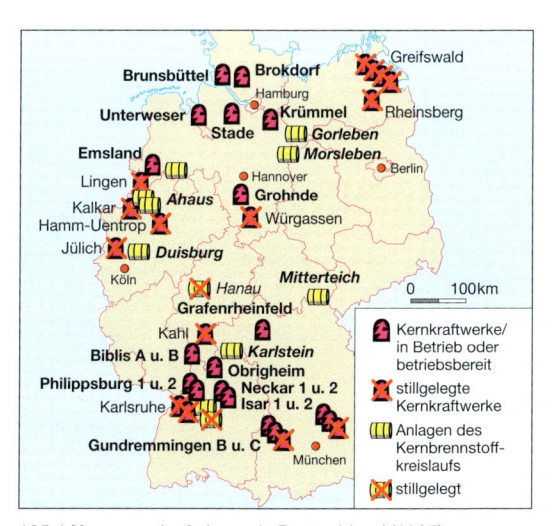

185.1 Kernenergie-Anlagen in Deutschland (1997)

1. Informiere dich, wie ein Kernkraftwerk arbeitet (Lexikon, Physikunterricht).
2. Vergleiche die Nutzung der Kernenergie in den verschiedenen Staaten.
3. Erkundige dich über die Wirkung von radioaktiver Strahlung (Lexikon: Hiroshima).
4. Nenne Folgen der Atomkatastrophe von Tschernobyl.
5. Sammle Informationen darüber, was mit dem radioaktiven Müll geschieht.
6. Diskutiert die Argumente der Befürworter und Gegner der Kernenergie. Welche Interessengruppen könnten dahinter stehen?

Größter **A**nzunehmender **U**nfall (GAU).
Kernschmelze: Austreten radioaktiven Materials, Verstrahlung der Umgebung, weltweite Auswirkungen für Menschen, Tiere und Pflanzen

Kernkraftbefürworter argumentieren:

– KKW sind umweltfreundlich: keine CO_2- und SO_2-Emissionen.
– KKW haben einen hohen Sicherheitsstandard; die Wahrscheinlichkeit eines GAU ist 1 : 1 Milliarde.
– KKW vermindern die Abhängigkeit vom Erdöl.
– Kernenergietechnik sichert Arbeitsplätze.
– KKW erzeugen preiswerten Strom und tragen damit zur Sicherung unseres Lebensstandards bei.
– Kernenergie schont fossile Brennstoffe, die auch als Rohstoffe benötigt werden.

Kernkraftgegner argumentieren:

– KKW sind umweltschädigend: Emission radioaktiver Gase.
– Kernenergie birgt Risiko durch menschliches Versagen.
– Das Schadenausmaß bei atomaren Unfällen ist räumlich und zeitlich höher als bei allen anderen Technologien.
– Die Endlagerung von radioaktiven Abfällen ist nicht gesichert.
– Radioaktiver Müll strahlt Jahrtausende.
– Die Strahlenbelastung durch kerntechnische Anlagen führt zu erhöhtem Krebsrisiko.
– Strom aus Kernenergie ist teuer: Außer den laufenden Kosten müssen auch die Kosten für die Entsorgung berücksichtigt werden.

Alternative Energieträger

1. Wasserkraft

Eine besonders umweltfreundliche Art der Elektrizitätsgewinnung ist die Stromerzeugung aus Wasserkraft. Hierbei lässt sich das Dynamo-Prinzip einfach anwenden: Das Wasser treibt Turbinenschaufeln, die sich drehen und in Generatoren den Strom erzeugen. Bei Öl-, Gas-, Kohle- und Kernkraftwerken muss dagegen erst Dampf erzeugt werden, der die Turbinen antreibt. Dabei gehen zwischen 50 % und 64 % der Energie durch Umwandlungs- und Wärmeverluste verloren.

In Deutschland decken Wasserkraftwerke ca. 5 % der Stromerzeugung. Würde man die stillgelegten kleinen Wasserkraftwerke wieder in Betrieb nehmen, weitere Laufwasserkraftwerke und wieder Wassermühlen an Bächen oder kleineren Flüssen bauen, könnte der Anteil an der Stromerzeugung von 5% auf mehr als 10% erhöht werden.

Gezeitenkraftwerke: Diese Anlagen nutzen die Gezeitenenergie, die durch den Höhenunterschied zwischen Ebbe und Flut zustande kommt. Dabei ist allerdings ein Tidenhub von mehreren Metern notwendig. Außerdem muss eine Trichtermündung vorhanden sein, die den Wasserdruck erhöht. Deshalb gibt es in Europa nur ein Gezeitenkraftwerk bei Saint-Malo in Frankreich. Dort beträgt der Tidenhub durchschnittlich 8,4 m, in der Deutschen Bucht weniger als 3 m.

Langzeitspeicher: Diese Kraftwerke sind als Talsperren oder Stauseen bekannt – obwohl sie auch nur Trinkwassertalsperren sein können und nicht immer der Stromerzeugung dienen. Es gibt sie vor allem in Mittel- und Hochgebirgen, also in Landschaften mit großen Höhenunterschieden. Im Kraftwerk von Silvretta beträgt der Höhenunterschied über 1000 m. Nachteilig ist, dass die Landschaft durch ein solches Bauwerk stark verändert wird. Aus den Tälern müssen Menschen und Tiere umgesiedelt werden. Daher werden in Deutschland solche Langzeitspeicher nicht mehr gebaut.

Laufwasserkraftwerke stehen an Flüssen mit starker Wasserführung. Sie wandeln die Bewegungsenergie des Wassers in elektrische Energie um. Die niedrige Bauweise stört das Landschaftsbild kaum. Da in den letzten Jahren die Turbinentechnik verbessert wurde, muss die Fließgeschwindigkeit nicht mehr so hoch sein. Deshalb könnten weitere Laufwasserkraftwerke gebaut werden.

Pumpspeicher: Er dient der Stromerzeugung während der Hauptverbrauchszeit. In der Nacht und zu Zeiten, an denen der Stromverbrauch gering ist, wird der Strom genutzt um Wasser in einen höher gelegenen Speicher zu pumpen. Während der Hauptverbrauchszeit stürzt das Wasser hinunter, treibt die Turbinen an und erzeugt Strom. Dies ist eine der wenigen Möglichkeiten elektrische Energie auf dem Umweg über die Bewegungsenergie des Wassers zu speichern.

Wasserkraft in der EU

Land	%	Land	%
Österreich	69,6%	Griechenland	9,9%
Luxemburg	66,9%	Irland	6,6%
Schweden	46,7%	Deutschland	4,8%
Portugal	27,6%	Großbritannien	2,1%
Finnland	19,9%	Belgien	1,2%
Italien	18,1%	Dänemark	0,1%
Frankreich	16,1%	Niederlande	0,1%
Spanien	15,5%		

186.1 Anteil an der Stromerzeugung in % (1995)

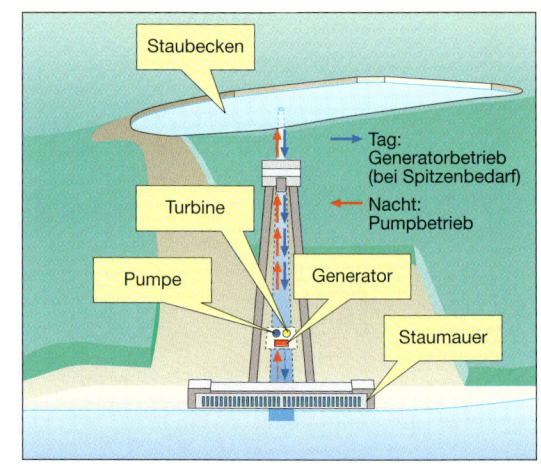

186.2 Arbeitsweise eines Pumpspeicherwerkes

2. Windenergie

Einfache Formen der Windnutzung waren schon vor tausenden von Jahren bekannt. Segel unterstützten die Muskelkraft von Ruderern und Galeerensklaven. Vom Wind getriebene Wasserpumpen bewässerten die Felder an Euphrat und Tigris. Noch um 1900 gehörten zahllose Windräder und Windmühlen in Europa zum gewohnten Bild. Allein in Deutschland drehten sich 20 000 Windmühlen.

Nachdem die technische Nutzung des elektrischen Stroms gelungen war, liefen schon vor 100 Jahren in Norddeutschland Windräder, die mithilfe von Generatoren nach dem Dynamoprinzip Gleichstrom erzeugten.

Die heute am häufigsten aufgestellten Windkraftanlagen besitzen eine waagerecht angeordnete Welle, eine horizontale Achse, wie sie auch schon bei den historischen Windmühlen gebaut wurde. Die sich drehende Achse treibt einen Generator an. Flügelblätter (Rotoren) übertragen die Rotationsenergie auf die Windradwelle. Die Zahl der Rotoren kann unterschiedlich sein: Es gibt sie als Ein-, Zwei- und Dreiblattrotoren.

„Windstrom" hat nicht dieselbe Qualität wie Strom aus Wärmekraftwerken. Im Unterschied zu diesen Kraftwerken steht bei den Windkraftanlagen, in der Fachsprache Windkonverter, die installierte Leistung nicht ständig zur Verfügung. Sie laufen nur dort, wo die Windgeschwindigkeit ungefähr 3 m/s beträgt. Windkonverter können die Stromversorgung nur ergänzen, aber jedes vom Wind erzeugte Megawatt (MW) spart 215 000 Liter Heizöl und verringert den CO_2-Ausstoß um 500 t.

Leistung von Windenergieanlagen (1996):
Weltweit: 6000 MW
USA: 1600 MW, Dänemark 825 MW
Deutschland: 1550 MW mit 4326 Anlagen
Anteil an der deutschen Stromversorgung: 0,5 %
(Schleswig-Holstein 8 %; bis 2010: 25 %)

1. Finde zu jedem Typ von Wasserkraftwerk mindestens ein Beispiel im Atlas.
2. Warum ist die Energieversorgung durch Wasserkraft nicht beliebig zu steigern?
3. Stelle fest, wo in Deutschland günstige Standorte für Windenergieanlagen sind.
4. Bildet zwei Gruppen und diskutiert die Vor- und Nachteile von Windkraftanlagen.

Mittlere Windgeschwindigkeit, gemessen in 10 m Höhe:
4-5 m/s   5-6 m/s   6-7 m/s   über 7 m/s

187.1 Windenergie

„Natürlich wollen wir „die Windkraft", diese saubere Stromerzeugung aus der erneuerbaren Ressource Wind. Keine Abgase, kein Fallout aus Atomkraftwerken.
Haben wir nicht alle Ursachen, die Erfindungskraft der Ingenieure, der Mechaniker, der Handwerker zu achten, wenn sie uns Gebilde schaffen, die die Gesellschaft vor den Folgen der atomaren Zeitbombe retten? Sind die Windrotoren nicht sehr hübsche Erscheinungen? Sind sie nicht sogar viel versprechend als Wirtschaftsfaktor?
Windkraftanlagen müssen dort aufgestellt werden, wo der Wind weht. Mitten in den Großstädten, den Ballungsräumen, da wo der meiste Strom verbraucht wird, geht es nicht. Sie brauchen nämlich viel Platz, wegen des Lärms, den sie erzeugen, wegen der Unfalldistanz (rund 80 m), die sie aus Sicherheitsgründen brauchen. Eine 500 kW-Anlage ist nämlich so hoch wie ein zwanzigstöckiges Hochhaus. Man braucht jene Landstriche, die von der Industrie bisher verschont waren…"

(nach Uwe Herms:
in Norddeutsche Rundschau 29. 6. 1994)

3. Sonnenenergie

In nur 20 Minuten strahlt die Sonne so viel Energie auf die Erde, wie die Menschheit in einem Jahr verbraucht. Doch fast alle Industrieländer mit ihrem hohen Energiebedarf liegen in den gemäßigten Breiten, in denen die Strahlungsleistung der Sonne im Verhältnis z. B. zur Sahara gering ist. In den Monaten November bis Februar mit dem höchsten Heizenergiebedarf wird nur ein Achtel der jährlichen Energiemenge eingestrahlt. In Deutschland machte 1996 der Anteil der Sonnenenergie an der Stromversorgung 1 % aus.

Die Nutzung der Sonnenenergie:
- **Sonnenkollektoren für die Warmwasserbereitung:** Ein Kollektor in Form eines rechteckigen Kastens sammelt die einfallende Sonnenenergie und gibt sie an Wasser ab. Damit lässt sich ein Haus heizen. Für 200 – 300 Liter Warmwasser werden ca. 58 m^2 Kollektorfläche benötigt. Kollektoren kann man sinnvoll mit einer Zusatzheizung kombinieren, die dann Wärme liefert, wenn die Sonne nicht scheint.
- **Sonnenkraftwerke zur Stromerzeugung:** Spiegel bündeln auf „Sonnenfarmen" die aufgefangene Sonnenenergie und lenken sie an einen Empfänger. Dieser gibt die thermische Energie über einen Wärmetauscher in einen Wasser-Dampf-Kreislauf. Nachteilig sind der geringe Wirkungsgrad und der hohe Flächenbedarf. Nördlich des 40. Breitengrades sind Sonnenkraftwerke unwirtschaftlich, weil die direkte Sonneneinstrahlung zu gering ist.

---

kWh (Kilowattstunde) steht für Energie. Die Sonne strahlt auf einen Quadratmeter bis etwa 1kW ein.

100 kWh mit Solarstrom erzeugt
- ersparen bis zu 26 l Heizöl oder 30 kg Steinkohle oder 50 kg Braunkohle,
- vermeiden die Entstehung von 57 kg Kohlendioxid, 71 g Schwefeldioxid und 75 g Stickoxiden.

Ein 40-Watt-Fernsehgerät, das 25 Stunden läuft, verbraucht 1 kWh.

---

1. Welche Nutzungsformen der Sonnenenergie kennst du aus eigener Anschauung?
2. Erläutere die Vor- und Nachteile, die bei der Nutzung der Sonnenenergie auftreten.

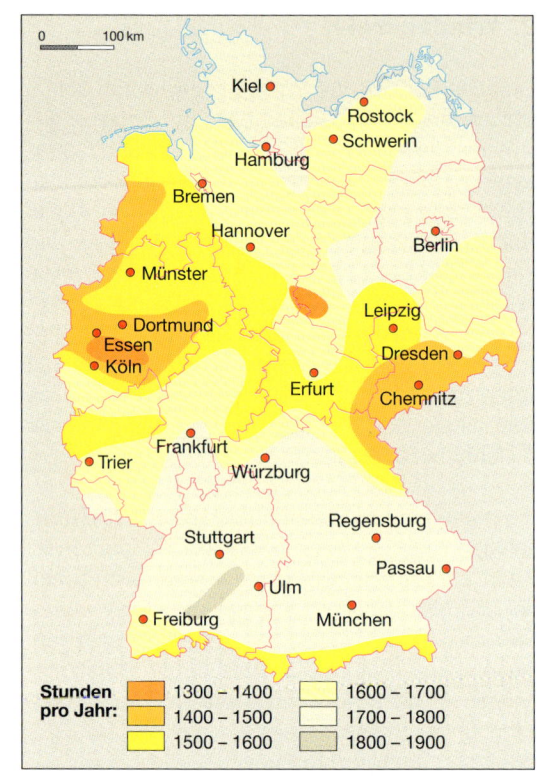

188.1 Durchschnittliche Sonnenscheindauer

4. Erdwärme

In manchen Gebieten der Erde wird das Grundwasser von der Wärme des tiefer gelegenen Magmas (vgl. S. 151) aufgeheizt. Dies geschieht vor allem in den Schwächezonen der Erdkruste, in der Nähe von Vulkanen. Vor einigen Jahrzehnten hat der Mensch begonnen auch diese Energiequelle zu nutzen. So beheizen die Isländer nicht nur ihre Gewächshäuser, sondern auch ganze Stadtteile von Reykjavik mit dem Wasser aus den heißen Quellen. San Francico deckt fast seinen gesamten Strombedarf durch Erdwärme.

Ganz so einfach geht es in Deutschland nicht. Zwar gibt es auch bei uns in manchen Gebieten warmes Tiefenwasser, doch ist dessen Temperatur meistens nicht hoch genug. In Waren wurde 1984 eine Erdwärme-Anlage in Betrieb genommen, die aus 1600 m Tiefe 60 °C warmes Wasser fördert. Es kann jedoch nicht direkt in die Heizung eingespeist werden, weil es zu salzhaltig ist und die Rohre rosten würden. Stattdessen gibt es seine Wärme in Wärmetauschern an den Heizwasserkreislauf.

189.1 Erdwärme

Temperaturen in 2000 m Tiefe: 50 °C, 60 °C, 70 °C, 80 °C, 90 °C, 100 °C, 110 °C

Auch in Schleswig-Holstein gibt es Gebiete mit warmem Tiefenwasser, so bei Pinneberg-Kaltenkirchen, bei Preetz und im Raum Horst-Elmshorn-Barmstedt-Uetersen. Bei dem jetzigen Stand der Energiepreise ist eine Nutzung aber noch unwirtschaftlich. Zur Gewinnung von Elektrizität ist Erdwärme ebenfalls ungeeignet.

Doch auch das Grundwasser, das in 7 m Tiefe ganzjährig eine Temperatur von 10 °C hat, lässt sich im Winter zum Heizen nutzen. Dazu braucht man eine **Wärmepumpe,** die nach dem gleichen Prinzip wie ein Kühlschrank funktioniert. Dieser kühlt den Innenraum, indem er die Umgebung erwärmt; die Wärmepumpe kühlt die Umgebung und erwärmt dabei den Innenraum (das Haus).

1. Stelle zusammen, wo es in Deutschland nutzbare Erdwärme gibt.
2. Gibt es in Deutschland Schwächezonen in der Erdkruste?
3. Welche Erdplatten (S. 151) treffen bei Island aufeinander (Atlas)?
4. Welche Probleme gibt es bei der Nutzung des Wasserstoffs als Energieträger?

5. Energieträger Wasserstoff

Wasserstoff (H) kommt in der Natur nur in gebundener Form vor, z. B. in Verbindung mit Sauerstoff (O). Die bekannteste Verbindung ist Wasser (H_2O).

Durch den Einsatz von elektrischem Strom kann Wasser in seine Elemente Wasserstoff und Sauerstoff zerlegt werden. Diesen Vorgang bezeichnet man als Elektrolyse. Durch sie kann aus ganz gewöhnlichem Wasser der Energieträger Wasserstoff gewonnen werden.

Dieser Wasserstoff kann z. B. abgasfrei ein Auto antreiben. Aus dem Auspuff kommt dann nur unschädlicher Wasserdampf. Erste Versuchsfahrzeuge gibt es bereits. Im Jahr 2005 sollen die ersten serienmäßigen Pkw mit diesem Antrieb verkauft werden. Besonders umweltfreundlich ist Wasserstoff, wenn bei der Elektrolyse eine alternative Energiequelle genutzt wird.

Als nachteilig erweist sich, dass bei der Elektrolyse verwendetes Süßwasser zuvor entmineralisiert und Meerwasser kostenaufwendig entsalzt werden muss. Für den Wasserstofftransport eignen sich Erdgaspipelines nicht, weil die Stahlrohre spröde würden. Folglich müssen anders beschaffene Rohre und neue Kompressoren gebaut werden. Kostengünstig ist dagegen die Nutzung der bisherigen Trassen für Erdgaspipelines. Beim Seetransport sind die Kühltankschiffe für flüssiges Erdgas z. B. von Algerien nach Europa oder von Bahrain nach Japan ein Vorbild. Ähnlich wie beim Erdgas muss Wasserstoff verdichtet, d. h. verflüssigt werden. Es hat dann eine Temperatur von −235 °C. Gut isolierte Tanks für Flüssigwasserstoff sind bei Raketen schon im Einsatz.

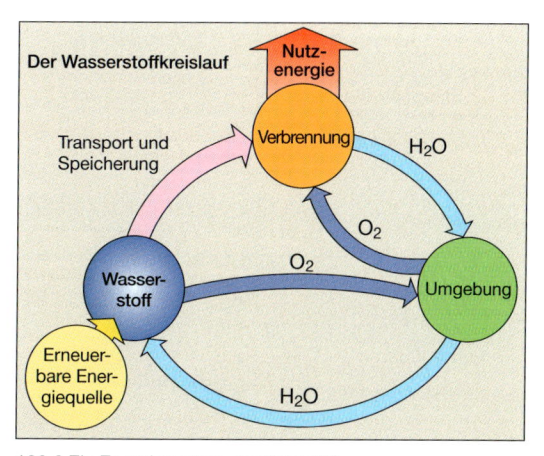

189.2 Ein Energiesystem der Zukunft?

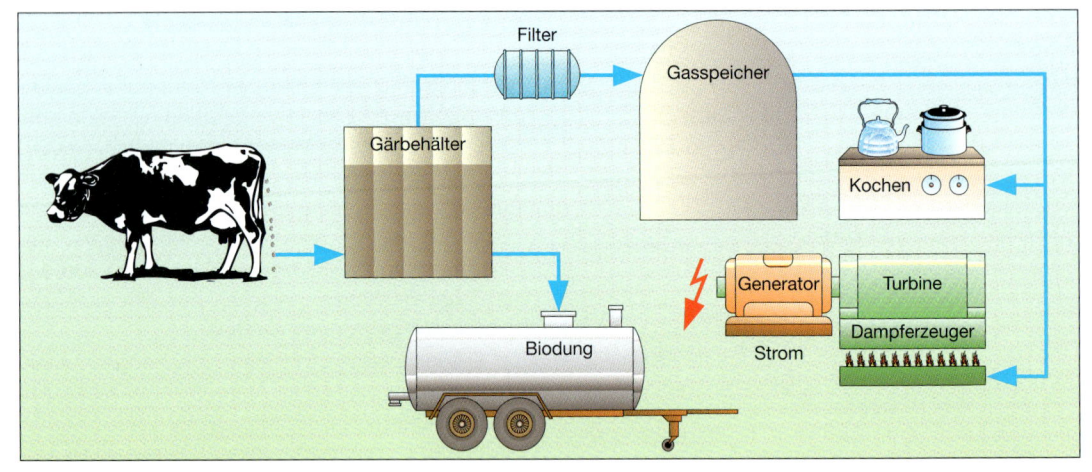

190.1 Biogas-/Biodung-Anlage

6. Energie aus Biomasse

Biomasse enthält die von Pflanzen mithilfe der Sonne (Fotosynthese) gespeicherte Energie. Jährlich erzeugt die Natur zehnmal so viel Biomasse wie auf der Erde an Energie verbraucht wird. Zur Energieerzeugung eignen sich alle Pflanzen mit hohem Zucker- oder Stärkeanteil wie Zuckerrüben, Mais und Kartoffeln, aber auch Holz aus schnell wachsenden Weiden und Pappeln sowie pflanzliche Abfälle und Fäkalien. Biomasse kann in Wärme, Treibstoff oder elektrische Energie umgewandelt werden.

Unter Luftabschluss zersetzen sich die organischen Bestandteile mithilfe von Bakterien zu **Faulgas**. Die Hauptbestandteile sind Methan, Kohlendioxid und Wasser. Das Gas Methan bildet sich auch in den Faultürmen von Kläranlagen. Der zurückbleibende Faulschlamm gilt in der Landwirtschaft als hochwertiger Dünger.

Mit einfachen Anlagen decken Chinesen und Inder seit längerem einen Teil ihres Energiebedarfs. In Deutschland hatten 1995 die 700 Biogasanlagen einen Anteil von 0,2 % an der Stromerzeugung. Da die landwirtschaftliche Nutzfläche in Deutschland begrenzt ist, können **nachwachsende Rohstoffe** langfristig höchstens 10 % des Energiebedarfs decken.

1. Erkläre die Funktionsweise einer Biogas/Biodung-Anlage.
2. Nenne Vorteile und Hinderungsgründe, die sich bei der Verwendung von Biomasse als Energieträger ergeben.

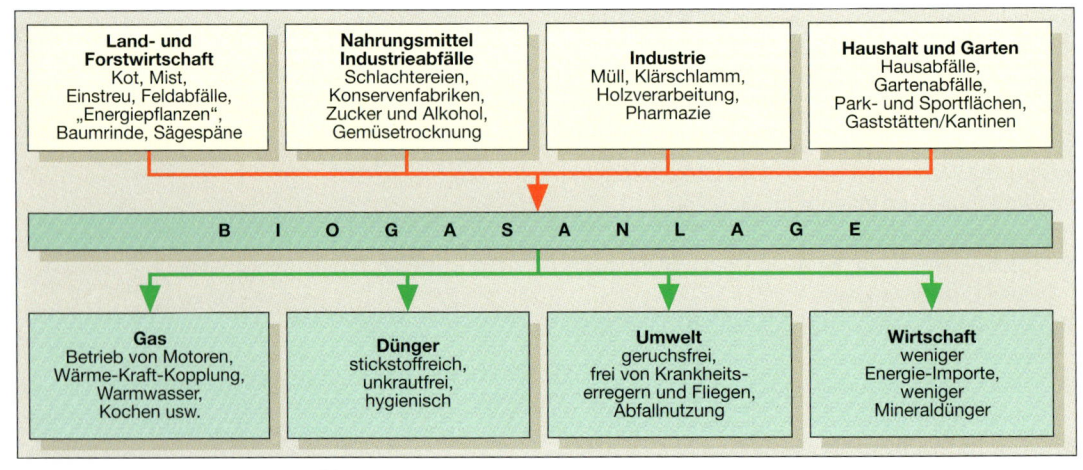

190.2 Entstehung und Nutzung von Biogas

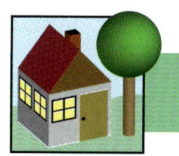

Projekt
Unsere Schule spart Heizenergie und Strom

Heizenergie
- Standort der zentralen Heizanlage _____
- Womit wird die Schule beheizt? _____
- Wie viel Heizenergie (Heizöl, Erdgas, Fernwärme, sonstiges) benötigt die Schule jährlich?
- Messt die Temperatur in der Klasse morgens, mittags und nachmittags. Stellt den Mittelwert fest.
- Wie hoch sind die Kosten für die Heizenergie im Jahr? _____
  Preise: Informiert euch beim Ölhändler, beim Versorgungsunternehmen, in der Tagespresse.
- Welche Möglichkeiten seht ihr den Energieverbrauch für die Heizung in der Schule zu senken? _____

1 l Heizöl entspricht 10 kWh, 1 m^3 Erdgas 9,6 kWh, Fernwärme wird in kWh oder MWh abgerechnet; 1 kWh kostet 0,25 – 0,30 DM.
Wird die Heiztemperatur um 1 °C verringert, ergibt sich eine Energieersparnis von ca. 6 %.

Stromverbrauch bei elektrischen Geräten

Gerät, z. B.	Standort/Zahl	Leistung (W) auf dem Typenschild	Betriebsdauer für 1 kWh Strom	Stromverbrauch (kWh) pro Jahr	Vorschlag zum Energiesparen
Overheadprojektor		500 W	2 Stunden		Stufe 1 genügt
Kopiergerät					
Computer					
Fernsehgerät					
Videorekorder					
Filmprojektor					
Diaprojektor					
Brennofen					
Kühlschrank					
Kaffeemaschine					

- Ermittelt bei einem Rundgang durch die Schule die Zahl der Geräte.
- Schätzt die durchschnittliche Benutzungsdauer und berechnet die jährlichen Stromkosten.

Beleuchtung

Raum	Beleuchtungssituation	Vorschlag zum Energiesparen	Gesparte Kosten
Klassen			
Fachräume			
Eingangshalle			
Treppenhaus			
Außen			

- Zählt die Lichtquellen in eurer Klasse und notiert die elektrische Leistung.
- Beobachtet eine Woche lang die Einschaltdauer der Lichtquellen. Leuchtstoffröhren und Energiesparlampen dürfen nicht zu oft aus- oder eingeschaltet werden, da sich sonst ihre Lebensdauer verkürzt. Geringste Brenndauer: 2 Stunden
- Berechnet die Stromkosten für eure Klasse pro Jahr (200 Schultage).

① Küstenseeschwalbe
② Garnele
③ Scholle
④ Miesmuschel
⑤ Seepocken
⑥ Strandschnecken
⑦ Bäumchen- oder Röhrenwurm
⑧ Schlickkrebs
⑨ Herzmuschel
⑩ Wattringelwurm
⑪ Sandpier
⑫ Sandklaffmuschel
⑬ Pfeffermuschel
⑭ Eikapsel des Nagelrochen
⑮ Wellhornschnecke
⑯ Strandkrabbe
⑰ Queller

192.2 Wattwürfel

192.1 Ölförderung im See von Maracaibo

Ökosystem Weltmeer

193.1 Hinweis auf einem Schiff

193.2 Weltmeer – Ursprung des Lebens

Weltmeere und Kontinente

Warum heißt dieser Planet nicht „Wasser"? Sieben Zehntel seiner Oberfläche sind von Ozeanen bedeckt. Sie bestimmen maßgeblich unser Leben. Ohne die Weltmeere würde unser Himmelskörper auf der Tagseite glühen und auf der Nachtseite gefrieren. Ohne Wasser hätte die Erde die 22-fache Oberflächentemperatur, den 60-fachen Luftdruck und das 3000-Fache an Kohlendioxid, aber nur Spuren von Sauerstoff. Die Atmosphäre wäre so lebensfeindlich wie auf der Venus.

Ohne die Meere wäre kein Leben entstanden. Erst in der Tiefe des Ur-Ozeans, genauer: zehn Meter unter der Wasseroberfläche, konnten sich erste Organismen entwickeln, weil sie vor der damals lebensfeindlichen UV-Strahlung geschützt waren.

Auch heute sind Ozeane wahre Lebensspender: 1338 Millionen Kubikkilometer Wasser bieten Nahrung, Energie und Rohstoffe zugleich. Der Mensch befährt schon seit Jahrtausenden alle drei großen Ozeane und 16 Nebenmeere und ernährt sich von Meerestieren.

(aus: WWF- Journal 3/93; Ozeane – Unser blaues Wunder)

Unsere Erde – ein Wasserplanet

1961 umrundete der Russe Jury Gagarin als erster Raumfahrer die Erde. Er bestätigte, dass die Erde eher ein Wasserplanet ist. Die hellblaue Farbe ist ihr Hauptkennzeichen. Das Wasser des Weltmeeres bedeckt den festen Erdkörper nur wie eine dünne, salzhaltige Haut. Auf einem Globus mit 175 cm Durchmesser würde das Wasser nur 0,5 mm ausmachen. Das Meer bildet eine zusammenhängende Fläche, aus der die Kontinente wie Inseln herausragen. Der Kontinentanteil an der Erdoberfläche beträgt nur ca. 30 Prozent.

Das Verhältnis von Festland und Meeresspiegel änderte sich mehrfach. In den Kaltzeiten bedeckten gewaltigen Mengen an Inlandeis die Kontinente. Der Meeresspiegel senkte sich. Landsenkungen im Mittelmeerraum ließen vor 3000 Jahren mehr als 150 Küstenstädte im Meer versinken.

1. Ordne den Begriffen in der Legende die Meeresnamen zu (Abb. 194.1).

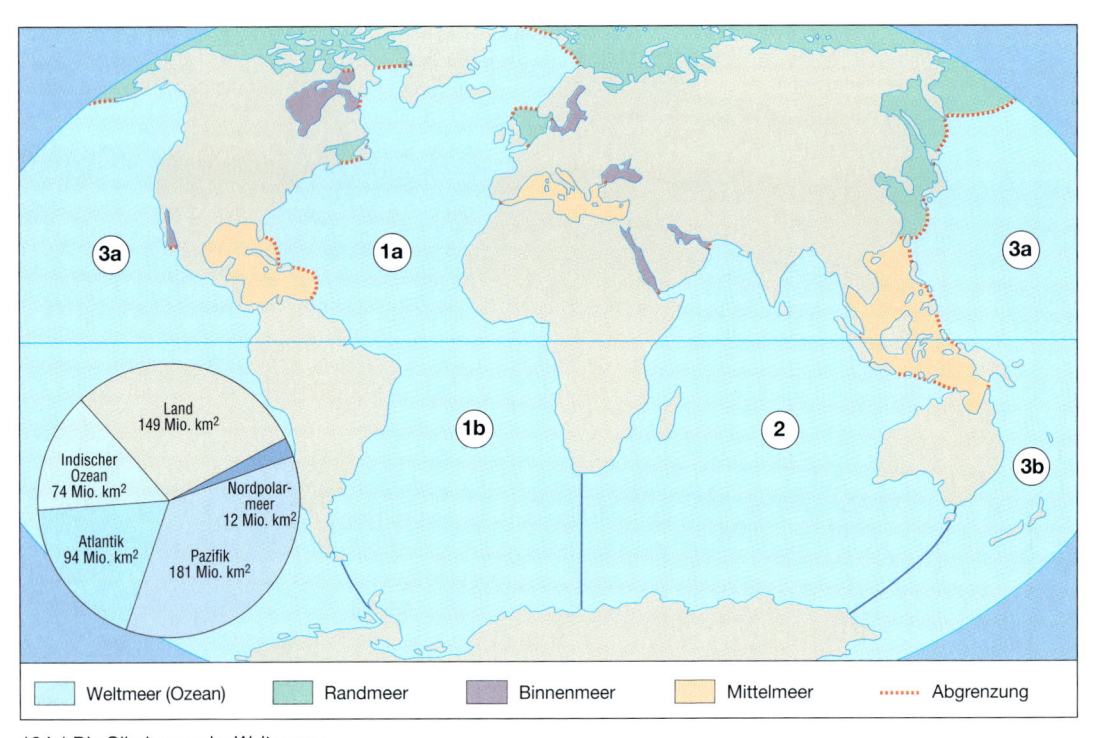

194.1 Die Gliederung der Weltmeere

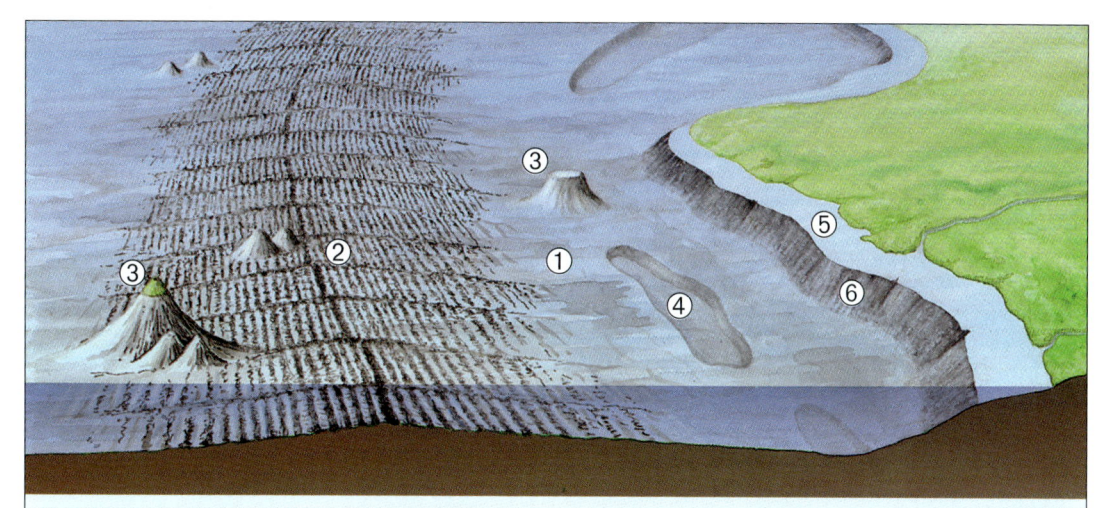

Der Tiefseeboden besteht vorwiegend aus Ablagerungen von abgestorbenen Meeresorganismen. Beim Verlegen des ersten Telegrafenkabels zwischen Europa und Amerika stellten die Seeleute fest, dass der **Tiefseeboden** nicht eben ist. Das Kabel musste über ein untermeerisches Gebirge verlegt werden. Dieser **Mittelozeanische Rücken** erstreckt sich über alle Ozeane. Er ist 60 000 km lang und ragt 2000 bis 3000 m über dem Meeresboden auf. Viele Inseln in den Ozeanen sind **Vulkane.** Die tiefsten Senken im Meeresboden, die **Tiefseegräben,** begrenzen den Pazifik. Die Challenger-Tiefe im Marianengraben ist über 11 km tief. Das **Schelfmeer** am Rand der Kontinente reicht bis in 200 m Tiefe und gehört noch zu den Kontinenten. Der **Kontinentalabhang** bildet die Flanken der Kontinente und stürzt steil zum Tiefseeboden ab.

195.1 Reliefformen auf dem Meeresboden

Die mittlere **Temperatur** des Meerwassers beträgt nur 3,8 °C. An der Oberfläche bestimmt die Sonnenstrahlung die Temperatur. Wellen und Wind durchmischen das Wasser bis 40 m Tiefe. Diese Deckschicht wird durch eine Sprungschicht von dem darunter liegenden, kühleren Wasser getrennt. In den Tropen liegt die Grenzschicht zwischen warmem und kaltem Wasser bei 400 m. Die Abkühlung der Wassermassen erfolgt von der Oberfläche her. Kaltes Wasser ist schwerer und sinkt. Ab 4000 m Tiefe herrscht eine gleich bleibende Temperatur zwischen 0 und 5 °C.

Der mittlere **Salzgehalt** des Meerwassers beträgt 35 Gramm gelöstes Salz in einem Liter Wasser. Die im Meer gelöste Salzmenge würde ausreichen den Meeresboden mit einer 62 m hohen Salzschicht zu bedecken. In Gebieten mit hoher Verdunstung und geringen Niederschlägen liegt der Salzgehalt über dem Durchschnitt. In Zonen mit hohen Niederschlägen und im Mündungsgebiet großer Flüsse liegt der Salzgehalt unter dem Durchschnitt.

Die **Dichte** des Meerwassers wird durch Temperatur und Salzgehalt bestimmt. Bei 4 °C erreicht das Wasser seine größte Dichte. Fällt die Temperatur unter 4 °C, verringert sich die Dichte. Beim Erreichen des Gefrierpunktes erhöht sich die Ausdehnung um 9 %. Das Eis schwimmt auf und bildet eine schützende Decke gegen eine weitere Auskühlung des Wassers. Mit einem Salzanteil von 35 Gramm pro Liter gefriert Meerwasser erst bei −1,9 °C.

Die **Farbe** des Meerwassers hängt von der Eindringtiefe des Sonnenlichtes sowie von der Färbung des Himmels und von der Wolkenbildung ab. Blaues Licht gelangt in größere Tiefen. Reines, warmes, salzreiches und tiefes Meerwasser wirkt deshalb kobaltblau. Grünfärbung weist auf eine Häufung von Plankton hin, Gelbfärbung auf Humusstoffe und Sedimente. Farbige Schwebstoffe reflektieren das Licht entsprechend ihrer eigenen Farbe. Unter 1000 m Tiefe dringt kein Licht mehr vor. Für das menschliche Auge herrscht bereits ab 330 m Dunkelheit.

195.2 Eigenschaften des Meerwassers

Nahrung und Rohstoffe aus dem Meer

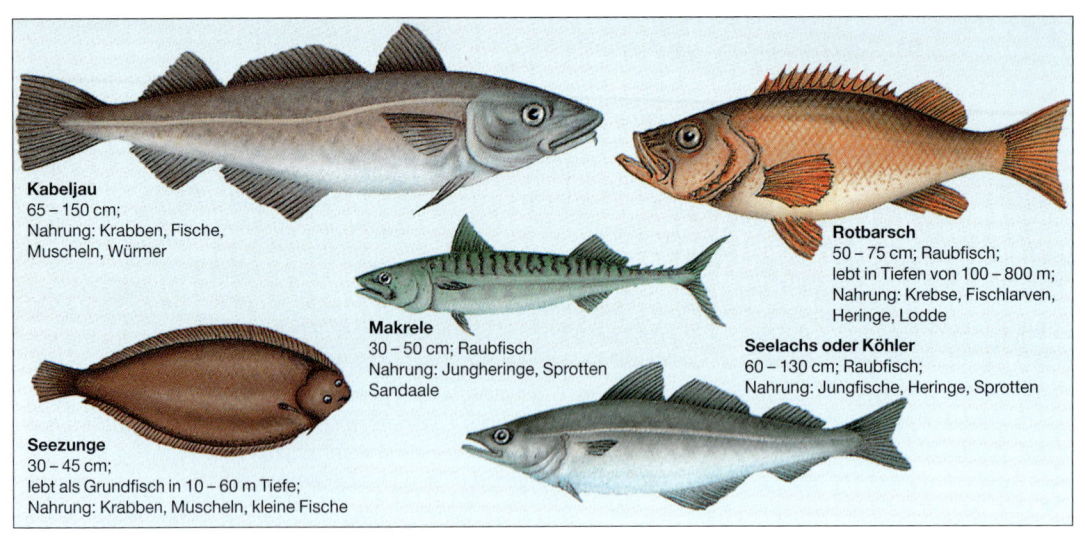

Kabeljau
65 – 150 cm;
Nahrung: Krabben, Fische, Muscheln, Würmer

Rotbarsch
50 – 75 cm; Raubfisch;
lebt in Tiefen von 100 – 800 m;
Nahrung: Krebse, Fischlarven, Heringe, Lodde

Makrele
30 – 50 cm; Raubfisch
Nahrung: Jungheringe, Sprotten Sandaale

Seelachs oder Köhler
60 – 130 cm; Raubfisch;
Nahrung: Jungfische, Heringe, Sprotten

Seezunge
30 – 45 cm;
lebt als Grundfisch in 10 – 60 m Tiefe;
Nahrung: Krabben, Muscheln, kleine Fische

196.1 Einige wichtige Seefischarten

Seefisch ist das reinste Fitness-Center

Vitamine sind – neben den Grundnährstoffen – die wertvollsten Ergänzungsstoffe im Fisch. Jedes Vitamin hat seine besondere Aufgabe bei der Aufrechterhaltung der lebenswichtigen Funktionen im menschlichen Körper. Hier einige Beispiele:

Vitamin A – das Schönheits-Vitamin! Es sorgt für schöne Haut, glänzende Haare – und es stärkt die Sehkraft.

Vitamin D – sorgt für gesunde Knochen und kräftige Zähne.

Vitamin B – Vitamine der B-Gruppe: B_2 B_6 B_{12} – Sie sorgen für gute Nerven, gesundes Blut und leistungsfähige Muskeln.

Eine Portion Fisch (200 g Filet) enthält z. B. den Drei-Tage-Bedarf an Vitamin B_{12} und erhebliche Mengen des Tagesbedarfs an Vitamin A.

1. Fisch – ein Grundnahrungsmittel

Nachfrage nach Fisch. Jeder Deutsche isst im Durchschnitt 14 kg Fisch im Jahr, ein Japaner sogar 72 kg. Den Bewohnern der Industrieländer steht dreimal mehr Fisch zur Verfügung als den Menschen in der Dritten Welt. Weltweit werden 15 % des Bedarfs an tierischem Eiweiß aus den Ozeanen gedeckt. In den ärmeren Ländern versorgen sich vornehmlich die Küstenbewohner mit dem Fischeiweiß. Ins Landesinnere lässt sich dort Frischfisch nur selten transportieren, da meist keine Kühlanlagen vorhanden sind. Länder ohne Zugang zum Meer stehen beim Fischverbrauch mit 1 bis 5 kg am Ende der Verbraucherliste.

In den Industrieländern steigt der Fleischverbrauch und damit die Nachfrage nach Fischmehl. Ein Drittel aller gefangenen Fische wird zu Fischmehl, Fischöl oder Dünger verarbeitet. Für eine halbe Tonne Schweinefleisch oder Geflügel benötigen die Tiermäster eine Tonne Fischmehl. Die größte Verschwendung leisten wir uns, wenn wir das Fischmehl als Dünger auf Getreidefelder bringen und das Korn anschließend an Schweine und Hühner verfüttern. In Asien wird Fischmehl als Futter für Garnelen und Lachse verwendet. Fischöl ist ein Zusatz bei der Herstellung von Margarine und Kerzenwachs.

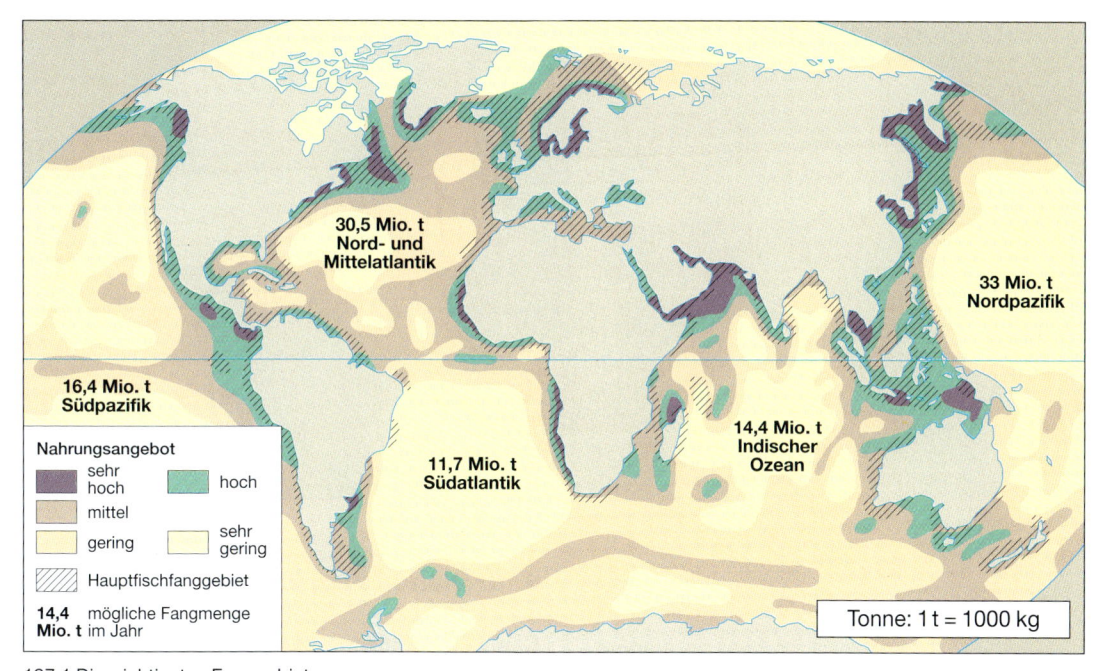

197.1 Die wichtigsten Fanggebiete

Die Nahrungskette. Das Sonnenlicht dringt bis 1000 m tief in das Meerwasser ein. In der obersten Wasserschicht bilden sich pflanzliche Kleinstlebewesen, das Phytoplankton. Sie sind das „Weidegras" für mikroskopisch kleine Wassertiere, für Fische, Garnelen, Quallen und Krebse. Von den Tierfressern, dem Zooplankton, ernähren sich andere Fische. Auf jeder Stufe der Nahrungskette gehen bis zu 90 Prozent in Form von Wärme und unverdaulichem Abfall verloren. 100 kg Phytoplankton ernähren 10 kg Krebse. Diese reichen aus um einen Fisch mit 1 kg Gewicht zu ernähren.

Fruchtbare und unfruchtbare Meeresgebiete. Wo abgestorbene Meereslebewesen auf den Grund sinken, geht das Nährstoffangebot an der Oberfläche zurück. So weist die blaue Wasserfarbe in den Tropen und im Mittelmeer auf einen Mangel an Phytoplankton hin. Das Meer hat regelrechte „Wüsten". Anders verhält es sich in Küstennähe, wo Nährstoffe eingeschwemmt werden. Auch dort, wo kaltes Auftriebswasser durch Strömungen, Landwind oder den langsamen Austausch von Oberflächen- und Tiefenwasser die Sinkstoffe wieder nach oben bringt, ist die Produktivität von Plankton hoch.

1. Nenne Gründe, warum Fisch als Nahrungsmittel gefragt ist.

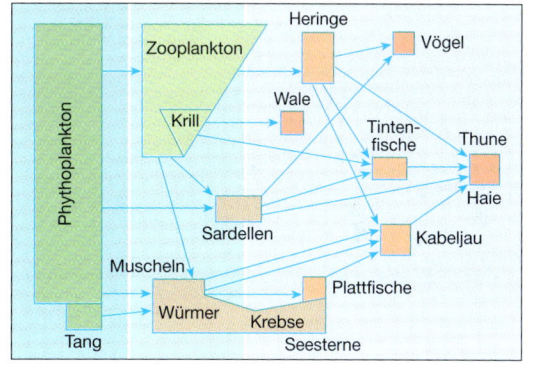

197.2 Die Nahrungskette im Meer

Land	1980 Mio. t	1995 Mio. t	Land	1980 Mio. t	1995 Mio. t
China	4,2	24,4	Philippinen	1,6	2,3
Japan	10,4	6,8	Dänemark	2,0	2,0
Peru	2,7	8,9	Island	1,5	1,6
Chile	2,8	7,6	Spanien	1,2	1,3
SU/Russland	9,4	4,4	Kanada	1,3	0,9
USA	3,6	5,6	Mexiko	1,2	1,4
Indien	2,4	4,9	Vietnam	1,0	1,2
Indonesien	1,9	4,2	Bangla Desh	0,7	1,2
Südkorea	2,0	2,7	Großbritann.	0,8	1,0
Thailand	1,7	3,5	Myanmar	0,6	0,8
Norwegen	2,4	2,8	Deutschland	0,6	0,3

197.3 Größte Fangländer (See- und Binnenfischerei)

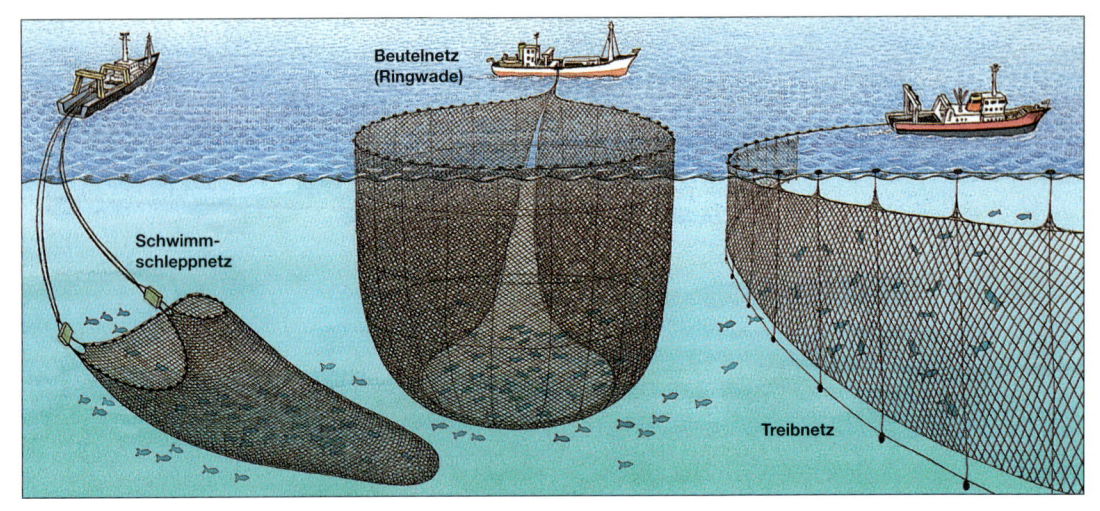

198.1 Fangmethoden

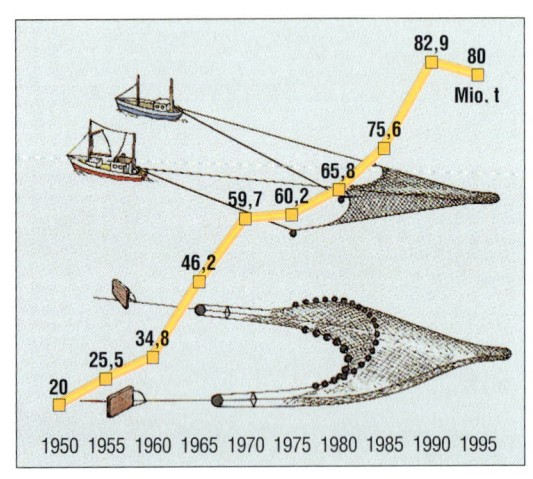

198.2 Seefischfänge weltweit

2. Drohende Überfischung

Das **Schwimmschleppnetz** besteht aus einem Unter- und einem Obernetz und wird durch Scherbretter offen gehalten. Das **Beutelnetz** arbeitet nach dem Prinzip eines Einkaufsbeutels mit Zugschnur. **Stellnetze** stehen auf dem Meeresboden, während **Treibnetze** im Wasser hängen mit Schwimmern oben und Senkern unten. In Küstennähe wird geangelt.

1. 1950 wurden 20 Mio. t Seefische gefangen. Um das Wievielfache hat sich die Fangmenge bis 1990 gesteigert?
2. Vermute, warum von 1990 bis 1995 die Seefischfänge leicht zurückgegangen sind.

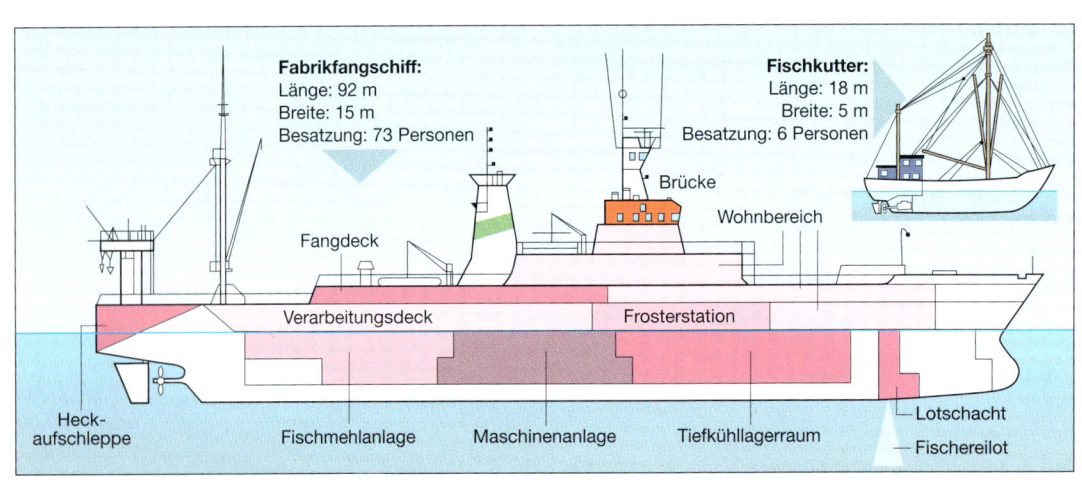

198.3 Modernes Fabrikfangschiff und Fischkutter im Vergleich

Die Gefährdung der Meere

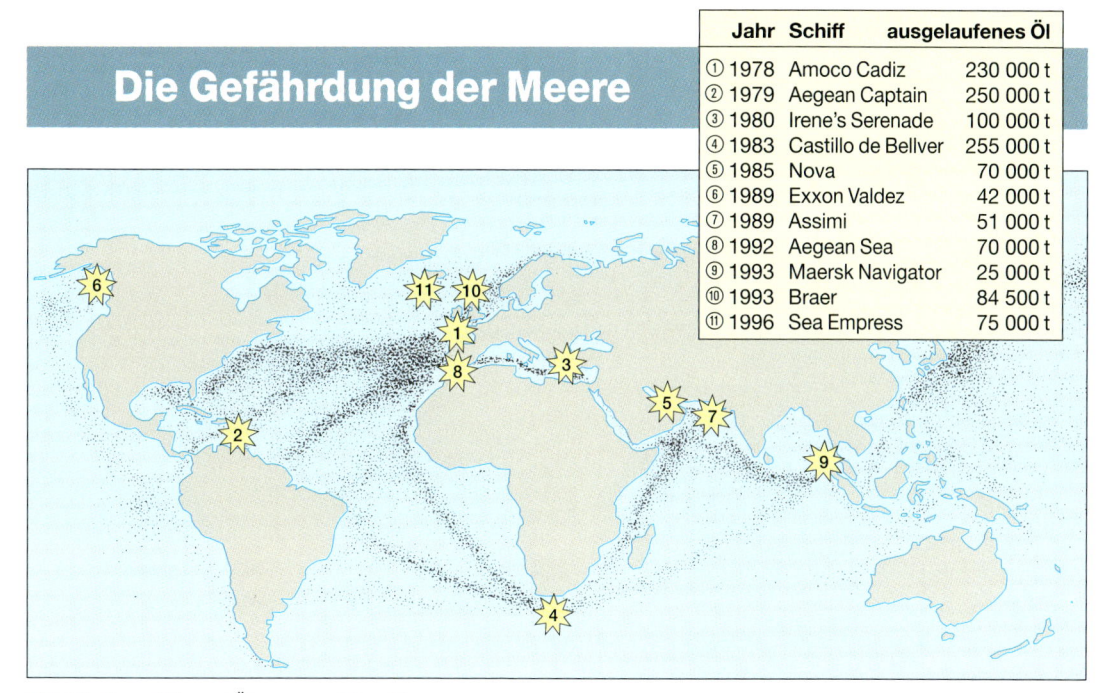

Jahr	Schiff	ausgelaufenes Öl
① 1978	Amoco Cadiz	230 000 t
② 1979	Aegean Captain	250 000 t
③ 1980	Irene's Serenade	100 000 t
④ 1983	Castillo de Bellver	255 000 t
⑤ 1985	Nova	70 000 t
⑥ 1989	Exxon Valdez	42 000 t
⑦ 1989	Assimi	51 000 t
⑧ 1992	Aegean Sea	70 000 t
⑨ 1993	Maersk Navigator	25 000 t
⑩ 1993	Braer	84 500 t
⑪ 1996	Sea Empress	75 000 t

199.1 Tankerunfälle und Ölspuren auf dem Meer

1. Verschmutzung durch Öl

Gelangt Öl in das Meer, bildet sich bei glatter See ein dünner Ölfilm. Hohe Sonneneinstrahlung und leichter Wind lassen einen Teil des Öls verdunsten. Es kommt jedoch mit dem Niederschlag wieder zurück. Bei rauer See verwandelt sich der Ölteppich zu Ölschlamm, wobei die wasserlöslichen Bestandteile freigesetzt werden. Die Hauptmenge des Rohöls zersetzt sich in 10 bis 15 Jahren. Widerstandsfähige Teerklumpen sinken auf den Meeresboden. Neben ölverschmierten Seevögeln sterben die Lebewesen der niedrigen Stufen in der Nahrungskette (Plankton, Würmer, Muscheln, Algen).

Die Schädigung des Ökosystems hängt von der geographischen Lage ab: In tropischen Gewässern findet ein Abbau schneller statt als in den kalten Breiten. Auf hoher See wiegen Ölunfälle weniger schwer als im Wattenmeer oder an tropischen Korallen- und Mangrovenküsten mit ihrer Artenvielfalt. Hier würde das Ökosystem zusammenbrechen. Das Watt gehört zu den produktivsten Meeresteilen: Der Wechsel von Ebbe und Flut garantiert die Durchmischung des Wassers und sichert einen hohen Nährstoff- und Sauerstoffgehalt. Darauf beruhen der Planktonreichtum und die verzweigte Nahrungskette.

24. 3. 1989. Der Supertanker Exxon Valdez läuft auf einen Felsen. 42 000 Tonnen Öl strömen aus, Wind und Strömung verteilen es über 2000 km entlang der Küste. 12 000 Arbeiter schöpfen das Öl in Eimern ab, spülen heißes Wasser auf die Felsen. 40 000 Seevögel, mehr als 3000 Seeotter und 150 Seeadler kommen um. Unbekannt ist, wie viele Wale und Robben der Ölpest zum Opfer fallen; ihre toten Körper sinken unbemerkt auf den Meeresboden.

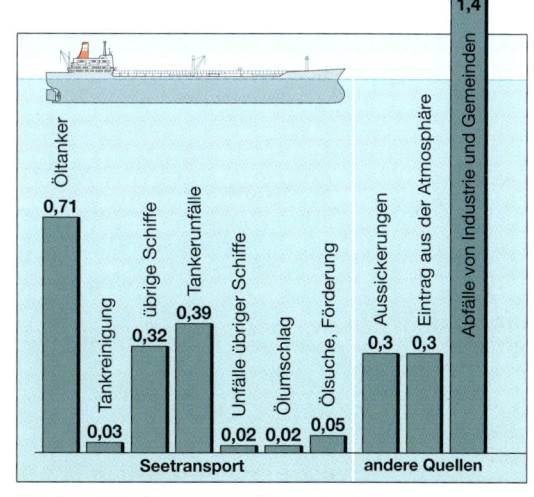

Seetransport:
- Öltanker: 0,71
- Tankreinigung: 0,03
- übrige Schiffe: 0,32
- Unfälle übriger Schiffe: 0,02
- Tankerunfälle: 0,39
- Ölumschlag: 0,02
- Ölsuche, Förderung: 0,05

andere Quellen:
- Aussickerungen: 0,3
- Eintrag aus der Atmosphäre: 0,3
- Abfälle von Industrie und Gemeinden: 1,4

199.2 Erdöl im Meerwasser (Mio. t/Jahr)

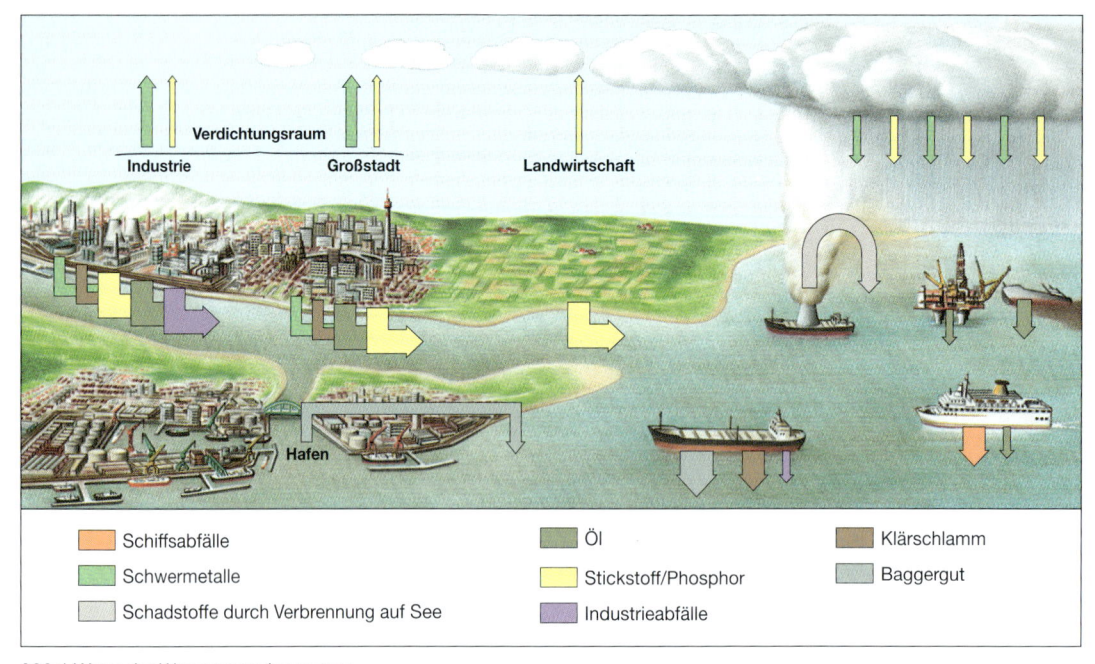

200.1 Wege der Wasserverschmutzung

Eintrag von festen Abfällen	
durch Handelsschiffe	Ladungsverlust 5,6 Mio. t durch Mannschaft 110 000 t
durch Fischerei	Gerät/Material 100 000 t durch Mannschaft 340 000 t
Sportboote 103 000 t Marine 74 000 t	Seeunfälle 100 000 t Passagierschiffe 28 000 t
Zersetzungsdauer von festen Abfällen im Meer	
Fahrschein 2 – 3 Wochen Baumwollhemd 1 – 5 Monate	Dose (Alu) bis 500 Jahre Flasche (Kunststoff) 450 Jahre

200.2 Müll am Strand

2. Belastungen des Ökosystems durch Nähr- und Schadstoffe

Haus- und Industriemüll werden in vielen Ländern einfach ins Meer gekippt. Zahllose Flüsse sind zu Kloaken verkommen, weil Kläranlagen noch nicht gebaut wurden. Wasch- und Reinigungsmittel gelangen über die Flüsse ins Meer. Bei der Massentierhaltung fallen große Mengen an Gülle an, von der ein Teil zusammen mit anderen Düngemitteln ins Meer gespült wird. Die Algen vermehren sich wegen des großen Nahrungsangebotes explosionsartig. Wenn sie absterben, werden sie von Bakterien zersetzt. Dadurch wird Sauerstoff verbraucht, der den Meerestieren fehlt. Schleimige Algen an den Stränden und dicke Schaumteppiche sind ein Zeichen für die Überdüngung der Meere.

Einige chemische Verbindungen aus Kunststoffen und Schädlingsbekämpfungsmitteln werden im Meer biologisch nicht abgebaut. Besonders gefährlich sind die Salze der Schwermetalle Blei und Quecksilber. Sie sind giftig und reichern sich in der Nahrungskette bis zum Menschen an.

1. Verfolge den Weg der Schad- und Nährstoffe vom Erzeuger bis zum Meer.
2. Erläutere am Beispiel der Ölverschmutzung die Auswirkungen auf das Wasserökosystem.

3. Die Ostsee – ein sterbendes Meer?

Die engen und flachen Verbindungswege zur Nordsee behindern den Wasseraustausch mit dem offenen Ozean. 25 bis 50 Jahre vergehen, bis das Ostseewasser einmal vollständig ausgetauscht ist. Zahlreiche hintereinander liegende Meeresbecken schränken die Wasserbewegungen zusätzlich ein. Steigt der Salzgehalt an, so wird das Wasser schwerer und sinkt ab. Das schwerere Nordseewasser schiebt sich unter das Süßwasser der 200 Zuflüsse. Die Grenze zwischen Salz- und Süßwasser wirkt wie eine Sperrschicht, die den Wasseraustausch zwischen Oberflächen- und Tiefenwasser verhindert. Eine weitere Sperrschicht entsteht im Frühjahr: Das Oberflächenwasser erwärmt sich, während das Tiefenwasser kalt bleibt.

Die Sauerstoffkonzentration in der oberen Wasserschicht beträgt 7 bis 10 ml (Milli-Liter) je Liter Wasser. Hauptgrund für die Sauerstoffabnahme ist die Überdüngung. Die Algen vermehren sich bei dem guten Nährstoffangebot und verwesen nach dem Absterben auf dem Ostseeboden. Dabei wird Sauerstoff verbraucht, der anderen Meereslebewesen fehlt. Bei nur 2 ml Sauerstoff pro Liter Wasser sterben die Fische. Wo kein Sauerstoff mehr vorkommt, zersetzen Schwefelbakterien die Tier- und Pflanzenreste. Dabei wird giftiger Schwefelwasserstoff frei. Selbst die Salzwassereinbrüche aus der Nordsee bei Sturm schaffen nur anfangs Abhilfe. Zuerst reichert sich wieder Sauerstoff an. Aus den Sedimenten und dem Tiefenwasser düngt das aufgewirbelte Phosphat die oberen Wasserschichten. Die Planktonproduktion nimmt zu, die Algen sterben ab, Sauerstoff wird verbraucht und Schwefelwasserstoff gebildet.

Durch Abwassereinleitungen verringert sich der Sauerstoffgehalt weiter. So entstehen z. B. in den Zellstoff- und Papierfabriken bei der Papierherstellung chemische Verbindungen, die den Sauerstoff im Ostseewasser aufzehren (siehe Abb. 201.2). Die Abwässer sind sehr giftig, nur schwer abbaubar und reichern sich in Fischen, Muscheln und Wasserpflanzen an.

1. Beschreibe die Wasserschichtung der Ostsee.
2. Wer und was verschmutzt u. a. die Ostsee?
3. Wie wirken die giftigen Abwässer auf das Ökosystem der Ostsee? Welche Auswirkungen hat das auf den Menschen?

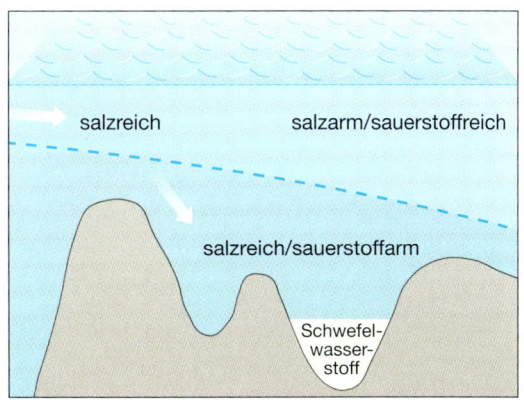

201.2 Grenzschicht im Ostseewasser

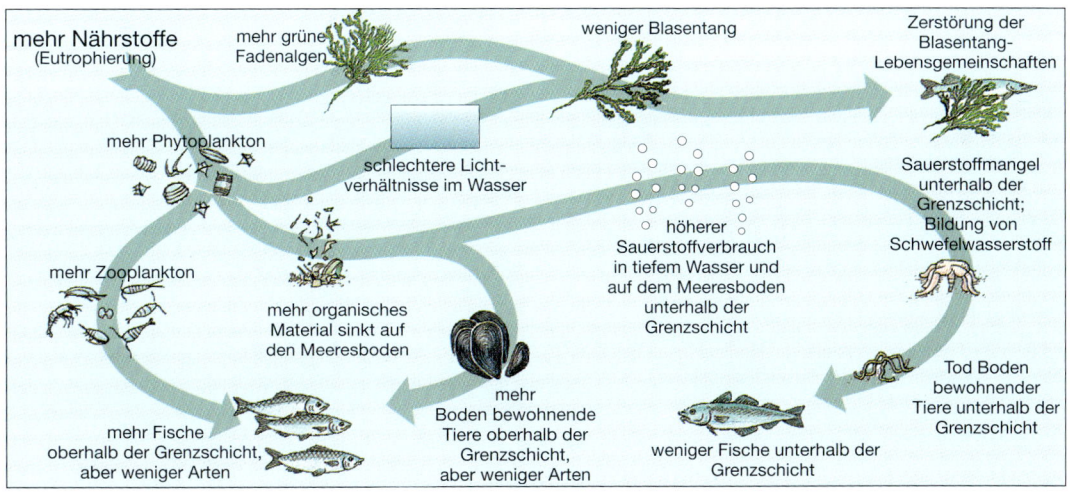

201.1 Wozu mehr Nährstoffe führen (nach Greenpeace, Ostsee)

Die Bedeutung des Meeres für das Klima

1. Wassermassen und Meeresströmungen

Wellen und Gezeiten. Selten ist die Oberfläche des Meeres völlig eben. Weht Wind über offenes Wasser, wird die Oberflächenspannung zerstört und das Wasser kräuselt sich. Von einem festen Standort aus glaubt der Beobachter, das Meer bewege sich an ihm vorbei. Tatsächlich führen die Wasserteilchen nur kreisförmige Bewegungen aus.

Abhängig von der Windgeschwindigkeit verändern sich die Wellenlängen, d. h. die Entfernung von einem Wellenkamm zum nächsten. Der Winddruck bestimmt auch die Wellenhöhe, also den Unterschied zwischen Wellenberg und Wellental. Wellenlängen können bis zu 1 km betragen, Wellenhöhen bei Windstärke 12 bis zu 35 m. Solche Riesenwellen sind jedoch selten. Eine Welle bricht und bildet Schaumkronen, wenn der Wellenkamm einen Winkel von 120° erreicht oder die Wassertiefe weniger als die 1,3-fache Wellenhöhe ausmacht.

Die Anziehungskraft von Mond und Sonne beeinflusst Ebbe und Flut. Ebenso hat die Fliehkraft Einfluss, eine Kraft, die durch die Drehung der Erde entsteht und vom Erdmittelpunkt aus wirkt. Das Steigen und Fallen dauert 12 Stunden und 25 Minuten. Vor der Elbemündung macht der Wasserunterschied zwischen Ebbe und Flut drei Meter aus. Die Gezeitenströme betragen in der Einfahrt nach Cuxhaven bis zu fünf Knoten (1 Knoten [1kn] = 1 Seemeile [sm] pro Stunde = 1,852 km/h).

Der Wind rollt die Wellen vorwärts. Wodurch wird die Rollbewegung gebremst? Was geschieht mit dem Kamm der Welle? Wohin fließt das Wasser?

202.1 Wellenbewegungen

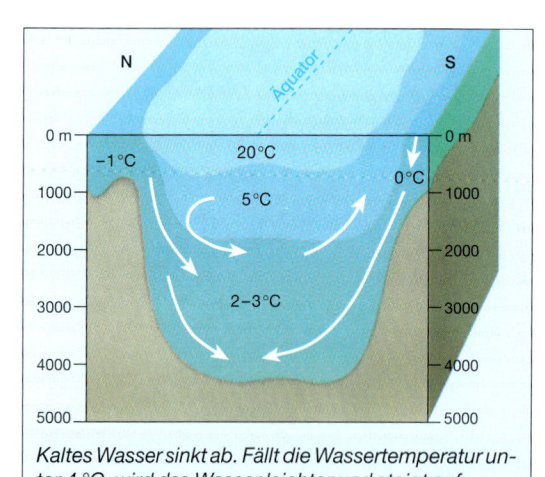

Kaltes Wasser sinkt ab. Fällt die Wassertemperatur unter 4 °C, wird das Wasser leichter und steigt auf.

202.2 Der Wasserkreislauf im Atlantik

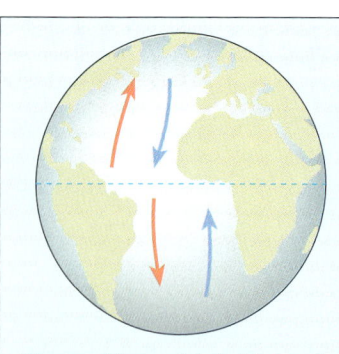

Warmes Wasser dehnt sich aus. In welcher Klimazone ist das Wasser am wärmsten? Wohin strömt es? Was geschieht bei Abkühlung?

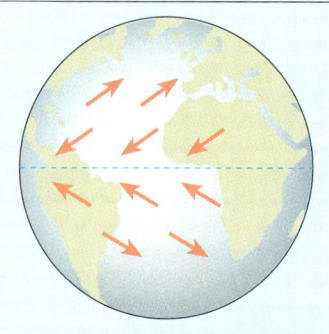

Winde spielen eine wichtige Rolle bei der Entstehung von Meeresströmungen. Wie heißen die „beständigen Winde"?

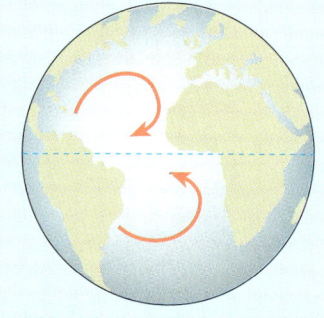

Durch die Erddrehung werden Wind und Meeresströmungen abgelenkt. Vergleiche Nord- und Südhalbkugel.

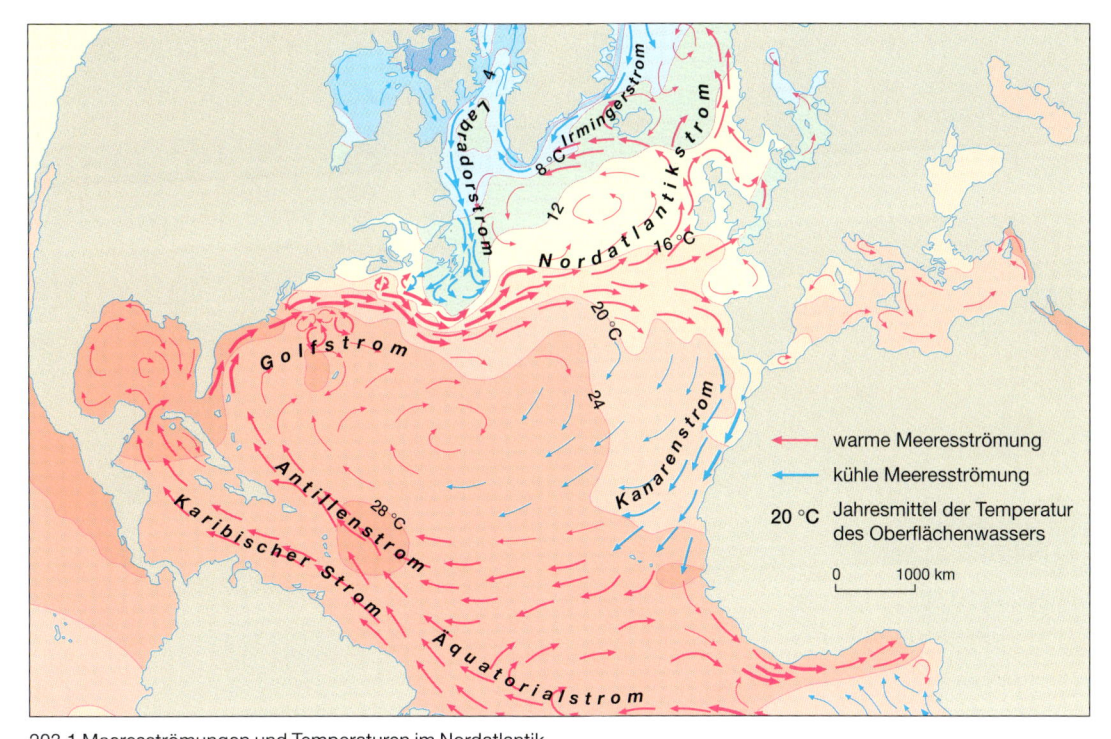

203.1 Meeresströmungen und Temperaturen im Nordatlantik

Ströme im Meer. In den Weltmeeren findet ein ständiger Wasseraustausch statt: vertikal zwischen Oberflächen- und Tiefenwasser, horizontal von einer Klimazone in eine andere. Das warme Oberflächenwasser steht mit dem Land und der Luft in enger Wechselwirkung. Es verdunstet und wird von den Flüssen des Festlandes wieder mit Süßwasser und Nährstoffen versehen. Das Sonnenlicht ermöglicht Planktonwachstum. In der Tiefsee lagern sich die Überreste und Ausscheidungen der oberflächennahen Lebewelt ab. Aufsteigendes Tiefenwasser ist deshalb viel nährstoffreicher als Wasser in Oberflächennähe. Vor allem aus dem Antarktischen Meer kommen Tiefenströme, die ihre nährstoffreiche Salzladung nach oben bringen.

Ein Motor für die Strömungen in den Ozeanen ist die einstrahlende Sonne. Die Meere speichern ihre Energie und verteilen sie. Meeresströmungen transportieren Wärme aus den Tropen Richtung Polargebiete. Dabei geben sie fortwährend Wärme an die Luft ab. Einer dieser warmen Meeresströme ist der **Golfstrom.** Er transportiert warmes Wasser durch die Meerenge zwischen Florida und den Bahamas. Nördlich von Kap Hatteras biegt er nach Osten in Richtung Europa ab. Er bewegt hundertmal so viel Wasser wie alle Flüsse der Erde zusammen. Seine Tiefe beträgt etwa 150 m.

Das Wasser vor der Küste Perus wird mit kaltem, nährstoffreichem Auftriebswasser vermischt. Die Strömung des kalten **Humboldtstromes** kommt dadurch zustande, dass die Passatwinde das warme Oberflächenwasser nach Westen treiben. Es wird durch kaltes aufsteigendes Wasser ersetzt. Das kalte Oberflächenwasser kühlt die darüber liegenden Luftmassen ab.

In manchen Jahren fließt, häufig zur Weihnachtszeit, vor der peruanischen Küste ein warmer Strom aus der Äquatorgegend nach Süden und verdrängt den Humboldtstrom. Die peruanischen Fischer nannten diese warme Strömung, die ihnen schlechte Fangerträge brachte, **El Niño,** das spanische Wort für (Christ-)Kind. Heute weiß man, dass die Auswirkungen von El Niño auch bis nach Australien und Asien reichen und dort die Ernteergebnisse erheblich beeinträchtigen können.

1. Beschreibe den Verlauf des Golfstromes und die Veränderung der Oberflächentemperatur.
2. Welche Bedeutung hat er für Europa?
3. Wie schnell kann das Wasser der Nordsee in die Elbmündung strömen?

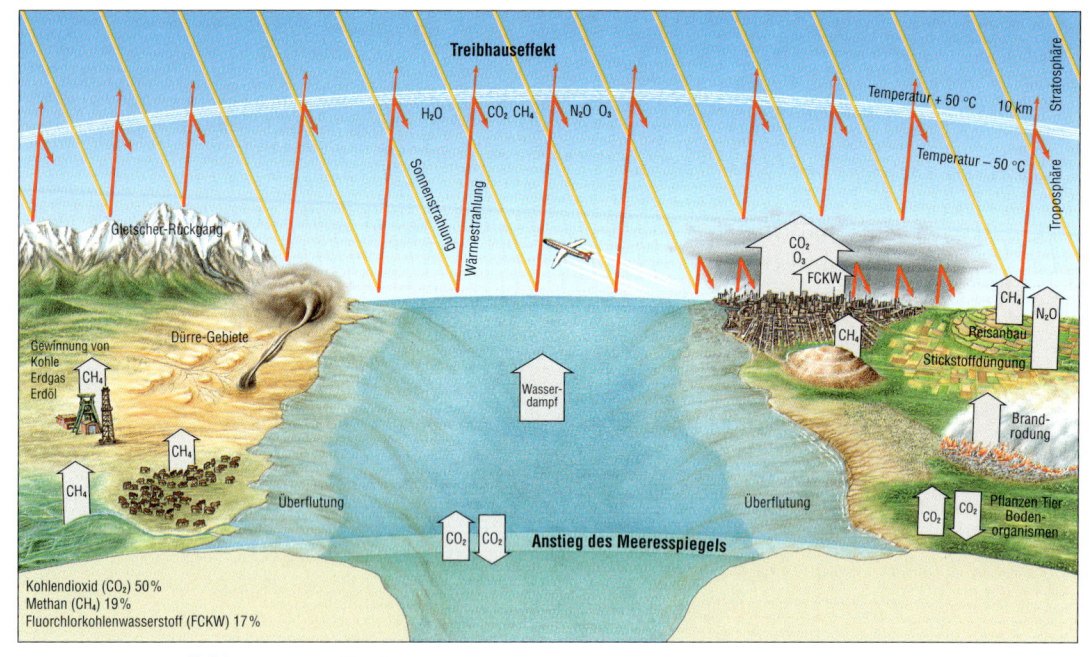

204.1 Kohlendioxid (CO_2) und andere „Treibhausgase"

Kohlendioxid (CO_2) 50%
Methan (CH_4) 19%
Fluorchlorkohlenwasserstoff (FCKW) 17%

Treibhauseffekt: Farbloses Glas lässt die Sonnenstrahlen ungehindert durch, die Wärme wird dagegen im Glashaus (= Treibhaus) zurückgehalten. Ganz ähnlich wirkt die Erdatmosphäre. Ohne diese Schutzschicht würde die Temperatur über dem Boden nicht + 15 °C, sondern – 18 °C betragen.

Verursacher	Eingesetzte Energieträger	Beispiele für Energiewandler, die CO_2 freisetzen
Verkehr	Flugtreibstoffe, Diesel, Benzin	Dieselmotor, Ottomotor — 17%
Haushalte, Kleinverbraucher	Heizöl, Gas, feste Brennstoffe	Raumheizungsanlagen — 24%
Industrie	Öl, Gas, feste Brennstoffe	Industriefeuerungen, Anlagen zur Gewinnung von Prozesswärme — 24%
Kraftwerke, Heizkraftwerke	Kohle	Kohlekraftwerke — 35%

204.2 CO_2-Verursacher in Deutschland

2. Treibhauseffekt und Meeresspiegelanstieg

Jahr für Jahr verbrennen wir ungeheure Mengen an Erdöl, Erdgas und Kohle. Wir roden den tropischen Regenwald durch Abbrennen. Auch dabei entsteht das farb- und geruchlose Gas Kohlendioxid (CO_2). Im Jahr setzen wir 22 Mrd. t CO_2 frei. Das macht pro Person 4500 kg. Etwa die Hälfte des Kohlendioxids bleibt in der Luft und hält neben anderen Spurengasen einen Teil der Sonneneinstrahlung auf der Erde zurück.

Stellen wir uns das Weltmeer als zweistöckiges Aquarium vor, oben für das warme Oberflächenwasser, unten für das kalte Tiefenwasser. An der Oberfläche entziehen die Meerespflanzen dem Wasser Kohlenstoff, den sie zum Wachsen benötigen. Auch das Zooplankton verbraucht Kohlenstoff, etwa zum Aufbau der Gehäuseschalen. Sterben die Lebewesen ab, sinken sie in das Tiefenwasser und nehmen den Kohlenstoff mit. Abgestorbene Muscheln und Schnecken bilden mächtige Kalkablagerungen. Sie sind dem Kreislauf zunächst entzogen.

Die Zerstörung des Planktons durch Umwelteinflüsse hätte für das Weltklima einschneidende Folgen: Der CO_2-Gehalt der Luft würde stark ansteigen und die schädlichen Auswirkungen des Treibhauseffektes noch verstärken.

Bislang wirkt das Oberflächenwasser noch wie ein Puffer. Es kann aber nur begrenzt CO_2 aufnehmen. Temperatur und Salzgehalt spielen dabei eine Rolle. Das ist wie bei einer Limonade. Bleibt die Flasche geöffnet, entweicht die Kohlensäure.

Bei unserem Aquarium hat der untere Teil eine noch größere Bedeutung. Kaltes Wasser kann erheblich mehr CO_2 speichern als warmes. Im Nordpolarmeer sinkt Wasser ab und zieht als kalte Tiefseeströmungen durch die Ozeane. Dabei wird Kohlendioxid in untere Wasserschichten verfrachtet. Das kalte Tiefenwasser braucht viele Jahrzehnte um wieder aufzusteigen. Was wird in der Zukunft passieren?

Zwei Möglichkeiten sind denkbar:
- Das Kohlendioxid gelangt auf den Meeresboden und wird in Ablagerungen eingeschlossen.
- Das Kohlendioxid bleibt im Meerwasser gelöst, steigt wieder auf, gelangt in die Luft und verstärkt den Treibhauseffekt.

205.1 Folge der Erwärmung: Abschmelzen der Polkappen?

Eine Reise in die Zukunft

Norddeutschland im Jahr 2080: Die Menschen haben große Sorgen. Die Deiche müssen weiter erhöht werden. Neue Sperrwerke sind in Planung. Wo früher die Elbe durch Hamburg floss, reicht jetzt eine Bucht weit ins Land. Auch am Rhein sieht es kaum anders aus. Überall auf der Erde überflutet das Meer die Mündungstrichter der großen Ströme. Die Unterläufe von Ganges, Nil und Mississippi gibt es nicht mehr.

Damals, als der Meeresspiegel nur um einen Meter angestiegen war, herrschte schon große Not. Rotterdam und Amsterdam gingen verloren. Millionen von Menschen mussten die Hafenstädte Barcelona, Houston und Tokio verlassen. Besonders hart traf es Bangla Desh, wo ein Zehntel des Landes unter Wasser stand. Inzwischen ist alles noch schlimmer geworden. Auf Grönland und in der Antarktis ist das Eis fast abgeschmolzen und das Meer ist weiter gestiegen. In New York ragen die Wolkenkratzer wie Riffe aus dem Meer. Die Hafenstädte Hamburg, London und Kopenhagen bestehen schon lange nicht mehr. Wenn alles Eis abgetaut sein wird, wird der Meeresspiegel erheblich höher liegen als im Jahr 2000.

205.2 Folge der Erwärmung: Mehr und höhere Sturmfluten?

1. Erkläre mit deinen eigenen Worten den Treibhauseffekt.
2. Welche Gefahr besteht, wenn das Polareis weiter abschmilzt?

205.3 Überflutete Gebiete bei einem Meeresspiegelanstieg

Register

A
Agrobusiness 65
Aktiengesellschaft 104 f.
Almosen 12
alternativer Energieträger 186
American Way of Life 76 f.
Anbauzone 64
Angloamerikaner 80
APEC 155
arid 43
ASEAN 154
Automobilindustrie 69

B
Ballungsraum 147
Basar 16
Belt 64
Besiedelung 60
Betriebsform 126
Bevölkerungs-
explosion 128, 133
Bevölkerungsplanung 128
Bevölkerungspyramide 131
Bevölkerungswachstum 128
Bewässerung 17
Bewässerungsprojekt 28
Billiglohnland 171
Biomasse 190
Bodenschatz 46, 94, 180 ff.
Bodenversalzung 19
Brandrodungsfeldbau 44
Braunkohle 182

C
Central Business District 78
Commercial Farming 66
Computertechnik 71

D
Dauerfrostboden 88, 92 f.
Diagramm 130
Dienstleistungs-
gesellschaft 72 f., 162 f.
Downtown 78

E
Ein-Kind-Familie 129
Einwanderer 60
Eisen- und Stahlindustrie 69

Eisenbahngesellschaft 61
Eiswüste 88
Energie 18 f.
Energiebedarf 180
Energieverbrauch 180
Entwicklungsland 47, 134 ff.
Erdbeben 150 f.
Erdgas 20, 96 f., 183
Erdkruste 150 f.
Erdmantel 151
Erdöl 7, 20 ff., 30, 31, 183, 199
Erdwärme 188 f.
Erosion 107
Erschließung 60 f., 92
Ertragssteigerung 124

F
Fächerübergreifendes
Arbeiten 56
Faulgas 190
Faustskizze 132
Favela 48
FCKW 177
feedlot 65
Fellache 18
Felswüste 8
Fermer 102 f.
Flugzeugindustrie 71
Flussoase 18
fossile Energie 180
Freihandelsabkommen 154
Fruchtbarkeit 34
Fundamentalist 14

G
Gemeinschafts-
unternehmen 126
generalisieren 74
Genossenschaft 103
„Geöffnetes Küstengebiet" 127
Gesellschaftsordnung 114
Gezeiten 202
Gezeitenkraftwerk 186
Glaubensbekenntnis 12
Gottesstaat 13 f.
„Großer Sprung nach vorn" 125
Große Mauer 125
Großmacht 82
Grundnahrungsmittel 196
Grundwasservorrat 6
Grüne Revolution 118

H
Hacienda 54
Handelsriese 146
Hinduismus 114
Hispanic 62
Hochleistungssorte 118
humid 43
Hunger 38, 134 ff.
Hungerkatastrophe 40

I
immergrüner Regenwald 34 ff.
Indianer 61 ff.
Indio 54 f.
Industrial Farming 66
Industriegesellschaft 162 f.
Industriegigant 146
Industrieland 50
industrielle Revolution 166, 182
Industriemacht 125
Industrieraum 162
Infrastruktur 125, 147
Innenhofhaus 16
Intensivierung 64
Inversionswetterlage 176
Islam 11 ff.

K
Kakaobaum 45
Kaffeestrauch 57
Kartenskizze 132
Kaste 114
Kernenergie 184
Kieswüste 9
Kinderarbeit 128
Klima 34, 43, 89
Klimadiagramm 43
Kohlendioxid-Emission 176
Kolchosbauer 102 f.
Kolonie 60
Kolonist 54
Kombinat 104 f.
Konflikt 28, 31
Kontinentalabhang 195
Konzentrationsprozess 65
Koran 11
Koranschule 16
Kreole 55
Kultur 140
kulturelle Vielfalt 159
Kulturerdteil 140 f.

L

Land-Stadt-Wanderung	120
Landklima	88
Landwirtschaft	64 ff., 103, 118 ff.
Langzeitspeicher	186
Latifundie	54
Laubwaldzone	88
Laufwasserkraftwerk	186
Lebensgrundlage	174, 176
Lebensraum	173 f.
Legende	74 f.
Lohnkosten	51, 154, 170 f.
Lohnnebenkosten	51

M

Machtfaktor	7
Magma	150 f.
Mangelernährung	39
Manufacturing Belt	68
Marktwirtschaft	45, 98, 122 f.
Massenproduktion	66, 69
Mechanisierung	64
Meeresspiegelanstieg	204
Meeresströmung	202
Meerwasserentsalzung	24
Megalopolis	78
melting pot	62
Merkskizze	132
Mestize	54
Metropole	52, 80 f.
Minderheit	62
Mischwaldzone	88, 90
Mitgift	117
mobile Gesellschaft	76
Moschee	16
Mulatte	54 f.

N

Nadelwald	88
NAFTA	154
Nährstoffkreislauf	35
Nahrungskette	197
Nation	60

O

Oase	17
Offshore	183
Ökosystem	193, 200
Ölreserve	7
Ozonloch	177
Ozonschicht	177

P

Pflichtgebet	12
physische Karte	74 f.
Pipeline	20, 96 f.
Plantage	45, 54
Planwirtschaft	87, 98, 125
Platte	151
primärer Sektor	73, 166
Produktionsform	44
Projekt	49, 27, 82, 191
Pull-Faktor	121
Pumpspeicher	186
Push-Faktor	121

Q

quartärer Sektor	166

R

Ramadan	12
Ranch	65
Rasse	140
Raumenge	149
Raumproblem	149
Regenwald	34 ff., 55
Rentnerstadt	77
Reservat	61 f.
Riesenstadt	78
Rohstoffzwerg	146
Russifizierung	108

S

Sandwüste	9
Schelfmeer	195
Schmelztiegel	62, 80
Schwächezone	151
Schwarze	62
Seebeben	151
sekundärer Sektor	73, 166
Signatur	74
Smog	176
Sonnenenergie	188
Speichergestein	183
Stadtmauer	16
Standortfaktor	68, 147
Staudamm	28
Steinkohle	182
Steppe	88, 90
Stockwerkanbau	18
Strukturwandel	67, 164 f.
Suburb	79
Sun Belt	70

T

Tabelle	130
Taiga	88, 90, 107
Tankschiff	21, 199
technologische Revolution	166
tertiärer Sektor	72 f., 166
Teufelskreis	136 f.
thematische Karte	74 f.
Tiefseeboden	195
Tiefseegraben	195
Tigerstaat	153
Trail	61
Transamazonica	49
Treibhauseffekt	107, 204 f.
Trinkwasser	24
Tropen	34
Tundra	88, 90

U

Überfischung	198
Umwelt	30
Umweltbelastung	150
Umweltkatastrophe	40
Umweltproblem	106, 149
Unberührbarer	115
Unterentwicklung	138

V

Verschmutzung	199
Viehwirtschaft	65
Vier Modernisierungen	125
Vulkan	151, 195
Vulkanismus	150 f.

W

Wachstumsindustrie	70
Wachstumsland	152
Waldschaden	178
Waldsterben	178 f.
Wallfahrt	12
Wanderfeldbau	44
Wärmepumpe	189
Wasser	7
Wasserbelastung	175
Wasserkraft	186
Wasserkraftwerk	186
Wasserkreislauf	174
Wassermasse	202
Wasserplanet	194
Wasserstoff	189

wechselfeucht	43	Weltproblem	134	Wolkenkratzer	78
weiterverarbeitende		Weltwirtschaft	46, 143 ff.	Wüste	8 ff.
Industrie	69	Wiederaufforstung	42	Wüstengebiet	8, 88
Weltbevölkerung	133	Windenergie	187		
Welthandelsmacht	146	Wirtschaftsfaktor	29	**Z**	
Weltmacht	58, 82	Wirtschaftsgemeinschaft	154	Zentralverwaltungs-	
Weltmeer	193 f.	Wirtschaftsregion	99	wirtschaft	87
Weltpolitik	82	Wohnquartier	16	Zitadelle	16

Bildquellen:

Vorderer Vorsatz
links: Gerster, Zumikon: 3, Kaufmann, Hamburg: 4, Kleine, Harsewinkel: 2, Raach, Merzhausen: 1
rechts: Fiedler, Güglingen: 4, Goerisch, München: 3, Miotke, Garbsen: 1, Rohmeyer, Ottersberg: 2

Bavaria, Gauting: 7.1 (Scholz), 61.2 (Picture Finders), 84.1 (Kanus), 144 (Mitte links) (Viesti), 144 (unten rechts) (Picture Finders), 173.2 (Hiroshi Higuchi)
Bilderberg, Hamburg: 36 (rechts) (Scholz), 37.1 (Grames), 92.2, 97 (unten)
Böhn, Gerbrunn: 122.1, 122.2, 123.1, 123.2, 123.3, 124.2, 129.1
Bohle, Heidelberg: 118.4
Deutsche Luftbild, Hamburg: 163.1
Deutsche Presse-Agentur, Frankfurt/M.: 30.2, 50.1, 106.1 (Lehtikuva Oy), 110 g, 120.2(1) (Mayr), 135.1, 135.2, 135.4 (2 Fotos), 150.1, 156 (oben), 172.2
Ehrich, Düsseldorf: 162.2
Ertel, Dortmund: 113.1
Fiedler, Güglingen: 44.2, 140.2(4)
Fischer, Oelixdorf: 5, 6.1, 6.2, 11.1, 13.2, 14.3, 27.1, 48.2, 54.1, 112.1, 114.1, 115 (oben), 115 (unten), 116.1, 116.2, 118.1, 120.1, 121.3, 124.1, 124.3, 140.1(4), 140.1(5), 140.2(1), 140.2(5), 142.1, 143.1, 158(1–6), 162.1, 192.1, 193.1, 193.2, 200.2
Ford, Köln: 69.1
Fregien, Laatzen: 8 (oben Mitte), 9 (oben links), 17.1(2)
Frenzel, Sylt: 205.2
Gerstenberg, Wietze: 159.1
Geo-Media Bronny, Castrop-Rauxel: 90.1(2), 91 (Mitte rechts)
Gerster, Zumikon: 34.1(1), 40.1, 135.3, 149.1
Geyer, Köln: 62.1, 173.1
Greenpeace, Hamburg: 205.1
Husumer Schiffswerft, Husum: 187 (unten rechts)
Ibrahim, Wunstorf: 18.2, 42.3
IFA, Taufkirchen: 10.1 (Everts), 16.1 (Riedl)
Infozentrum Schokolade, Düsseldorf: 45.1, 45.2
Interfoto, München: 140.1(2) (Deichmann), 140.1(3) (Braasch)
Janicke, München: 48.1
Jansen, Klein Nordende: 3, 8 (oben links), 14.2, 15.1, 57 (links), 57 (unten rechts)
Japanische Botschaft, Bonn: 144 (unten Mitte), 145 (oben links), 145 (oben rechts), 145 (Mitte rechts), 146.1, 151 (oben rechts)
Jünger-Verlag, Offenbach: 23.3
Jürgens Ost + Europa Photo, Berlin: 84.3, 90.1(1), 91 (Mitte links), 92.1, 93 (oben), 94.2, 95.2, 97 (oben), 103.1, 110 a, 110 c, 110 f
Julius, Vöhl: 17.1(1), 28.1, 172.3
Krensel, Hameln: Titelfoto, 23.1, 120.2(2), 140.2(3)
Kuwait Airways, Frankfurt: 24.1
Lade, Frankfurt: 157.1 (BAV), 159.4
Landesdenkmalamt Lippe-Estfalen, Münster: 176.1 (2 Fotos)
Manshard, Freiburg: 150.2
Mauritius, Berlin: 58.1 (Kord), 66.1 (Raye), 127.1 (Weber)
Mayer, Hattingen: 144 (unten links), 145 (Mitte links)
Misereor, Aachen: 128.2 (Nett)
Mittag, Borken: 140.1(1)
Müller, Düsseldorf: 159.2
Müller-Moewes, Königswinter: 55.1, 55.3, 63 (oben rechts), 77.2, 133.1
Ohl, Reutlingen: 144 (oben rechts)
Opel AG, Rüsselsheim: 69.2
Reinhard, Heiligkreuzsteinach: 91 (oben links)
Reinert, Reutlingen: 9 (unten rechts) (2 Fotos)
Rudyk, Wiesbaden: 57 (oben rechts)
Ruppert, Bayreuth: 38.2, 41.2
Seidel, Baden-Baden: 112.2
Steenmans, Mönchengladbach: 4, 63 (unten links), 63 (unten rechts), 76.1
Steinbreier, Münster: 144 (Mitte rechts)
Stiftung Preußischer Kulturbesitz (Bildarchiv), Berlin: 60.1, 61.1
Superbild, Grünwald: 30.3, 79.1
Taubert, Springe: 40.3, 42.2
The Image Bank, München: 34.1(2)
Thumerer, Flensburg: 81.1
Transglobe Agency, Hamburg: 70.1
Verlagsarchiv: 8 (unten rechts), 20.2, 32/33, 44.1, 54.2, 63 (oben links), 69.3, 71.2, 77.1, 80.1, 82.1, 91 (unten), 92.3, 94.1, 100.1, 108.1(4–6), 110 e, 128.1, 140.2(2), 149.2, 159.3
Visum, Hamburg: 38.1 (Suau), 100.2 (Rautert), 100.3 (Rautert), 101.1 (Ludwig), 104.1(1), 107.1 (Ludwig), 110 b, Volkswagen AG, Wolfsburg: 50.2
Walther, Grömitz: 172.1, 172.4, 179.1E
Wilczek, München: 37.2
Windhorst, Vechta: 66.2
Wostok, Berlin: 84.2, 85.1, 95.1, 104.1(2), 105.1, 108.1(1–3), 110 d,
Zefa, Düsseldorf: 53.1 (Damm), 53.3 (Sunak), 65.1 (Heilmann), 78.1 (Damm), 113.2 (Mayer), 148.1 (Koch)

Kulturpflanzen

Kaltgemäßigte Zone
Roggen, Kartoffel

Kühlgemäßigte Zone
Gerste, Hafer, Weizen, Wein, Obst

Warmgemäßigte Zone
Ölbaum, Reis, Wein, Zitruspflanzen, Mais, Baumwolle

Tropisch wechselfeuchte Zone
Dattelpalme, Hirse, Banane, Erdnuss

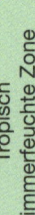

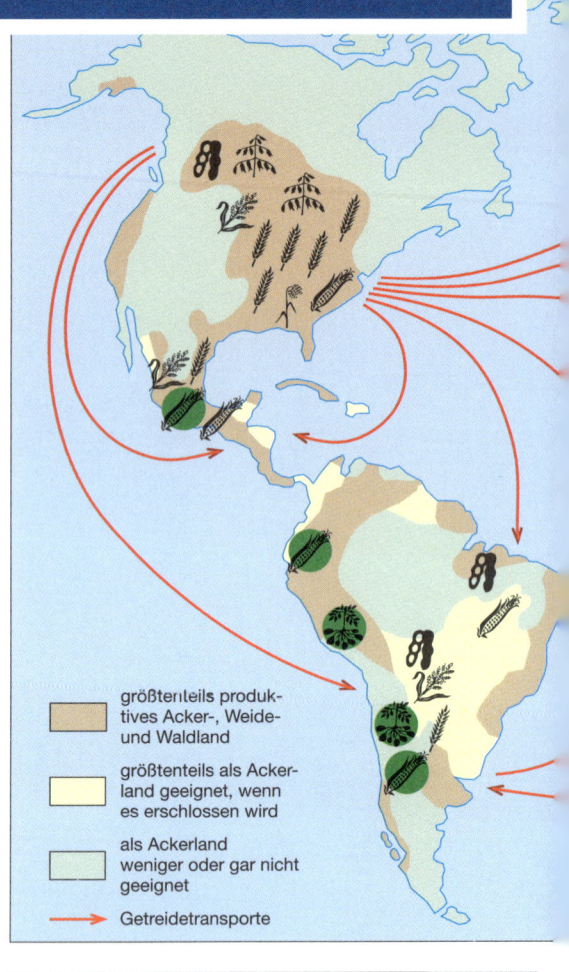

Tropisch immerfeuchte Zone
Ölpalme, Zuckerrohr, Mais, Kakao, Yams, Kaffee, Kautschuk

- größtenteils produktives Acker-, Weide- und Waldland
- größtenteils als Ackerland geeignet, wenn es erschlossen wird
- als Ackerland weniger oder gar nicht geeignet
- → Getreidetransporte

Wie der Mais diente auch die **Kartoffel** den Inkas als stärkereiches Grundnahrungsmittel. 100 Jahre bevor die Spanier im frühen 16. Jahrhundert dort ankamen, waren die Inkas nichts als ein kleiner Stamm, der am Titicacasee lebte, dem höchst gelegenen See der Welt. Als dann die Konquistadoren die Zivilisation der Inkas zugrunde richteten, regierten die Inkas über einen riesigen Streifen des Andenterritoriums von Quito im heutigen Ecuador im Norden bis in die Gegend des heutigen Santiago und Valparaiso in Chile im Süden. Ihr Zentrum war Cuzco, wo es die größten Silbervorkommen der Welt gab.
Gold und Silber machten die Inkas für die Spanier interessant; was sie jedoch wirklich der Welt schenkten, waren Mais und Kartoffeln.